LITTÉRATURE, HISTOIRE, POLITIQUE
sous la direction de Catherine Coquio, Lucie Campos
et Emmanuel Bouju
49

Poétique de l'exil

Ce volume paraît sous la responsabilité éditoriale de Catherine Coquio.

Ouvrage publié avec le soutien du Centre interdisciplinaire d'étude des littératures (CIELAM) et de l'université d'Aix-Marseille

Stéphane Cermakian

Poétique de l'exil

Friedrich Hölderlin, Arthur Rimbaud et Nigoghos Sarafian

PARIS
CLASSIQUES GARNIER
2021

Stéphane Cermakian est agrégé de lettres modernes et docteur en littérature générale et comparée. Ses recherches portent sur l'exil et la migration, les transferts culturels, la théologie (ancienne et moderne) et la mythopoétique, particulièrement dans les littératures française, allemande et arménienne. Il est également poète et enseigne la littérature.

ISBN 978-2-406-11357-7 (livre broché)
ISBN 978-2-406-11358-4 (livre relié)
ISSN 2259-9479

ABRÉVIATIONS

ŒUVRES ORIGINALES DU CORPUS

DKV-II Friedrich Hölderlin, *Sämtliche Werke und Briefe* [Œuvres et correspondance complètes], éd. Jochen Schmidt, Frankfurt-am-Main, Deutscher Klassiker Verlag, 2005-2008, t. II (inclut *Hyperion*).

ՎԱ Նիկողոս Սարաֆեան [Nigoghos Sarafian], *Վէնսէնի անտառը* [*Le Bois de Vincennes*], éd. Krikor Beledian, Paris, 1988.

TRADUCTIONS DES ŒUVRES DU CORPUS

Hy *Hypérion*, trad. Jean-Pierre Lefebvre, Paris, Flammarion, coll. « GF », 2005.

SE *Une saison en enfer* ; *Œuvres complètes*, éd. André Guyaux, Paris, Gallimard, « Bibliothèque de la Pléiade », 2009.

BV *Le Bois de Vincennes*, trad. Anahide Drézian, Marseille, Parenthèses, coll. « Arménies », 1993.

ÉDITIONS UTILISÉES POUR LES AUTRES ŒUVRES DES AUTEURS DU CORPUS

DKV-I, DKV-II, DKV-III	Friedrich Hölderlin, *Sämtliche Werke und Briefe* [Œuvres et correspondance complètes], éd. Jochen Schmidt, Frankfurt-am-Main, Deutscher Klassiker Verlag, 2005-2008, t. I-III.
H-Pl	Friedrich Hölderlin, *Œuvres*, éd. Philippe Jaccottet, Paris, Gallimard, « Bibliothèque de la Pléiade », 1967.
R-Pl	*Œuvres complètes*, éd. André Guyaux, Paris, Gallimard, « Bibliothèque de la Pléiade », 2009.
Չե	Նիկողոս Սարաֆեան [Nigoghos Sarafian], *Չափածոյ երկեր* [*Œuvres en vers*], Antelias, Catholicossat arménien de Cilicie, 1982.

AVERTISSEMENT

Ce travail de recherche s'inscrit dans une démarche comparatiste ; le corpus a donc été étudié avant tout dans le texte original, qui a toute sa place au sein du développement. Il est suivi de la traduction.

Nous donnons en français tous les autres textes cités, que ce soit le texte original ou la traduction, et quelle que soit la langue d'origine, car ils viennent en appui aux textes principaux et à notre développement critique et ne constituent pas l'objet d'étude premier. Toutefois, il nous a semblé judicieux de donner à lire dans la langue originale les textes qui n'ont fait l'objet d'aucune traduction ou tradition critique, pour laisser le lecteur maîtrisant cette langue se faire une idée de son contenu, de ses enjeux et de son potentiel sémantique. Dans ce cas, nous donnons le texte original, puis notre propre traduction à la suite, à titre indicatif. Nous cherchons alors à être au plus près du sens de l'original.

Nous avons procédé par endroits à la transcription de certains mots arméniens pour le lecteur ne lisant pas cette langue, notamment lorsqu'il s'agit d'un concept ou d'un mot clé évoquant un thème important pour l'auteur, ou encore dans le cadre de la réflexion spécifique sur la poétique. Nous avons alors opté pour la solution de clarté et de simplicité, en donnant le son correspondant dans l'alphabet latin français. La prononciation retenue est celle de l'arménien occidental, parlé par Sarafian (*cf.* annexe II).

AVANT-PROPOS

Avant d'aborder le sujet proprement dit, de définir les raisons scientifiques de mon choix et de cerner la perspective adoptée, il me semble nécessaire d'évoquer brièvement le cheminement personnel qui m'y a mené au fil du temps.

Descendant de rescapés du génocide des Arméniens, petit-fils d'exilés, ayant vécu dans plusieurs pays et m'étant peu à peu réapproprié mon héritage identitaire, national et culturel, j'étais prédisposé à aborder un sujet comme l'exil, sous tous ses angles. Les thèmes qui croisent celui de l'exil ont été pour moi des problématiques personnelles, avant d'être des problématiques littéraires et universitaires. Le chemin parcouru fait que je peux en parler à présent avec tout le recul nécessaire pour intégrer cette réflexion dans la vaste discipline comparatiste et ses exigences méthodologiques. Mais il faut savoir que le désir vient de ce parcours personnel. Toute étude sur un sujet, aussi scientifique soit-il et aussi éloigné parfois de certaines préoccupations quotidiennes, vient d'un désir personnel et d'un parcours unique, celui qui est donné à chaque être humain dans sa traversée terrestre.

Bien avant de savoir l'arménien, j'ai grandi avec Rimbaud, avec sa révolte, ses lignes de fuite, ses élans purs, ses parcours infatigables de chercheur d'or, son exil enfin. Avant même de comprendre ce qu'il racontait, je comprenais le sentiment qui sous-tendait l'œuvre – comme pour, je crois, la plupart de ceux qui ont aimé cet auteur.

Avant de savoir l'arménien, j'ai appris l'allemand, une très belle langue qui est avant tout une langue de poètes. La lecture de *Hypérion* de Hölderlin m'a aidé à comprendre l'amour de la patrie – même si, là aussi, je ne comprenais pas toute l'œuvre au premier abord. Ses longues phrases lyriques pour exprimer une nostalgie, ou plutôt une *Sehnsucht*, pour exprimer la nation qui n'est plus ou la nation qui n'est pas encore, pour exprimer cet exil de la Nature originelle et de l'unité primordiale, m'ont donné envie d'approfondir l'étude de cette pensée et de cette langue.

C'est en traduction que j'ai lu pour la première fois *Le Bois de Vincennes* de Nigoghos Sarafian, sans savoir grand chose sur lui si ce n'est qu'il portait comme moi cette histoire terrible et qu'il était arrivé en France, enfin qu'il avait écrit ce vaste récit poétique pour dire son histoire. Quand j'ai lu là aussi ces longues phrases amples peuplées d'images foisonnantes, j'ai senti qu'on pouvait dire beaucoup de choses, même indicibles, de cette histoire. Presque sans la nommer. Qu'à travers ces absences évoquées, ces teintes discrètes, ces allusions et ces contrastes, tout cet héritage resurgissait dans une langue qui pouvait enfin dire ce qui est extrêmement brutal dans le langage quotidien. Non seulement la Catastrophe en soi, mais aussi toute la tradition qui l'avait précédée, et l'exil qui l'avait suivie, et qui faisait qu'en Diaspora on grandit toujours entre plusieurs terres, et que peu à peu vient une étrange impression qu'une troisième terre apparaît au loin encore indistinctement. Et c'est sur cette troisième terre que s'interroge le comparatisme.

Et je me suis dit : cette œuvre, et toutes les autres œuvres qui disent ce que la langue quotidienne ne peut dire, il ne m'est plus possible de les lire seulement en traduction, je dois les lire dans le texte. Et j'ai appris la langue de mes origines. Le comparatisme me semblait le terrain privilégié pour étudier cet auteur que j'avais découvert en traduction, puis retrouvé dans le texte original avec une saveur approfondie, enfin dont j'avais approfondi l'étude par un aller-retour entre l'original et la traduction.

Je jetais des ponts entre les œuvres, les corpus, les époques. Dans le lyrisme d'un Sarafian venant après la Catastrophe, je voyais le lyrisme d'un Hölderlin avant la Catastrophe, et les longues proses poétiques se rejoignaient dans cette expression de l'exil, encore très enflammée pour Hölderlin, sans illusion pour Sarafian. Puis est venu s'adjoindre *Une saison en enfer*, aussi récit d'une quête esthétique, poétique, philosophique, avec des sursauts de lyrisme, de révolte et d'irréductibilité. On me disait souvent : quel lien entre ces auteurs qui ne se connaissent pas, qui n'ont pas vécu les mêmes choses ni vécu à la même époque ? Quelle pertinence de les rassembler ? Je répondrai à cette question dans les pages qui suivent, et je me bornerai ici à dire que lorsqu'un sentiment encore informe permet de faire un lien, même inexplicable, il convient alors de suivre cette piste, car un sens doit apparaître. Je l'ai fait.

L'histoire de ces exils est aussi l'histoire du cheminement identitaire d'êtres, de ces êtres qui refusent de s'arrêter à ce qu'on leur impose une fois pour toutes et qui ne les fait pas grandir ; d'êtres qui refusent de se corrompre, et qui recherchent la vérité ; d'êtres enfin, qui cherchent à dire des choses importantes que bien souvent on renonce à dire, ou que l'on déconsidère pour la simple raison que l'on n'arrive pas à les dire, ou bien dont on va jusqu'à oublier l'existence juste parce qu'on n'est pas arrivé à les dire. Mais la vérité ressort toujours, et triomphe de la douleur. Ces trois auteurs, comme tous les auteurs de l'exil, ont été quelque part, à un moment, sur le chemin de la vérité. J'ai souhaité m'interroger sur ce chemin qu'ils ont accepté de suivre.

Ce livre reprend avec de légères modifications la thèse pour le doctorat de littérature générale et comparée que j'ai soutenue à Aix-Marseille Université le 18 décembre 2013.

Je tiens à remercier chaleureusement Fridrun Rinner et Anaïd Donabédian, pour leurs conseils et encouragements, ainsi que Jürgen Wertheimer, Alexis Nuselovici et Krikor Beledian, qui a suivi de près mes recherches ; Pierre Brunel ; Marc Nichanian ; ma famille, mes proches, pour leur soutien constant.

INTRODUCTION

L'exil est ancien comme l'humanité. La Genèse raconte que le premier homme et la première femme furent exilés du Paradis terrestre et condamnés à vivre des jours difficiles pour se racheter du péché originel. Il semble bien que l'exil fasse partie de la condition humaine. Tous les exils ramènent à une situation universelle, quelle que soit la forme de ceux-ci. On pourrait partir de ce postulat pour donner une typologie de l'exil, qui ramène, au-delà des différences, à une expérience commune, ou du moins vécue dans un sentiment similaire, sans évoquer la question (pour le moins polémique) de l'intensité de l'épreuve. Les différentes expériences ne ramènent pas forcément à un sentiment identique ; et les réactions provoquées sont aussi variables. Il conviendrait d'examiner les invariants et les différences de diverses expériences d'exil telles qu'elles se manifestent dans l'œuvre littéraire.

Le thème de l'exil a donné lieu à de nombreux colloques et études de cas ces trente dernières années[1]. Le XXe siècle est considéré comme

1 Il ne serait pas possible de recenser toutes les manifestations scientifiques et les groupes de recherches universitaires qui ont développé les questions d'exil et de migration (et les problèmes de définition et de distinction entre les notions), en des domaines aussi variés que la littérature, la philosophie, l'anthropologie ou la psychanalyse. Parmi de nombreux événements et groupes, on peut citer le séminaire « Exil et migrations » (organisé par Alexis Nuselovici au Collège d'études mondiales – Fondation Maison des Sciences de l'Homme) ; l'équipe multidisciplinaire « Non-lieux de l'exil » (2011, dirigée par Alexandra Galitzine-Loumpet depuis janvier 2016, à l'École des Hautes Études en Sciences Sociales) ; en Allemagne, la *Gesellschaft für Exilforschung* (depuis 1984 ; concentre ses activités plus précisément sur l'exil depuis 1933) ; en Autriche, la *Österreichische Gesellschaft für Exilforschung* (depuis 2002) ; l'Université de Montréal, le groupe Poexil (fondé en 2001). Parmi les colloques, citons « Langues et cultures de l'exil » (Lille 3 – Paris 3, 2017) ; « Étudier l'exil » (CIELAM, Aix-Marseille Université – Non-lieux de l'exil, Fondation Maison des Sciences de l'Homme, 2016) ; « Figurer l'exil » (AMU, Paris 8, FMSH, IEA, 2014) ; « Exils en France au XXe siècle » (Centre Culturel International de Cerisy-la-Salle, 2006) ; « Migrations, exil et traduction » (Université de Tours, 2005). En ce qui concerne les revues, nous pouvons évoquer entre autres « Hommes & Migrations » (depuis 1965) ; « Subjectivités face à l'exil », hors-série du *Journal des anthropologues*, n° 5, 2018, et notamment l'article de Marie-Caroline Saglio-Yatzimirsky, « Face à l'exil au

le siècle de l'exil, de l'exode de peuples entiers, de déportations, de génocides, de transferts de populations, de guerres qui déracinent les individus et détruisent leur patrie. Mais l'exil, comme nous le disions, a sans doute toujours existé. Les civilisations antiques nous le montrent bien. La littérature d'exil est ancienne comme la littérature même. Outre la Genèse, les premières épopées en font état ; Homère est considéré comme un auteur de l'exil ; de même pour Ovide, pour ne citer qu'eux.

Or, à travers ce foisonnement, force est de constater que la théorisation n'est pas encore très développée, et la tentative de déceler la possibilité même d'une poétique de l'exil est rare. Évidemment, quand nous employons l'expression « Poétique de l'exil », nous sommes obligés de préciser un ou plusieurs corpus, voire des auteurs, car, à moins de vouloir rédiger une encyclopédie, la tâche s'avère impossible si elle s'étend à l'humanité et à toutes les époques. Il est toutefois possible, dans la perspective d'une universalité de l'exil, et en prenant des cas précis et représentatifs d'un type, de traverser les époques et les frontières. C'est ce que nous développerons plus loin. De même, nous pouvons parler d'exil dans un sens figuré. Il existe plusieurs types d'exil, qu'il convient ici de définir avant d'aborder le sujet proprement dit.

---

risque des subjectivités » (p. 7-17), qui a aussi co-signé avec Alexandra Galitzine-Loumpet « Traduire l'exil : l'enjeu central des langues » dans *Plein droit*, vol. 124, n° 1, 2020, p. 3-8 ; le salon LittExil a réuni des éditeurs qui ont débattu de l'évolution éditoriale sur les questions d'exil, de migration et de mémoire (voir le tableau brossé par Yannick Kéravec dans « Revues Plurielles : "Les écritures en exil et de l'exil" au salon LittExil », *Hommes & Migrations*, vol. 1327, n° 4, 2019, p. 136-140) ; on peut attirer l'attention sur la revue *Mémoires* du Centre Primo-Lévi, vol. 72, n° 1, 2018, numéro sur « Les effets de l'exil », et particulièrement l'article d'A. Nuselovici, « Le secret du nulle part », p. 5-7 ; le Centre Primo-Lévi a aussi fait paraître, sous la direction de Helena D'Elia et Nathalie Dollez, *Exil et violence politique, les paradoxes de l'oubli*, ERES, 2019 ; enfin, d'A. Nuselovici, voir aussi « Littérature, exil et migration », *Hommes & Migrations*, vol. 1320, n° 1, 2018, p. 161-164, et surtout son livre *La condition de l'exilé. Penser les migrations contemporaines*, Paris, Maison des Sciences de l'Homme, coll. « Interventions », 2015. Cette liste ne prétend évidemment pas à l'exhaustivité.

DÉFINIR L'EXIL ET LA POÉTIQUE

EXIL

L'exil (du latin *exsilium* : relégation, exil, bannissement) est l'expulsion d'une personne de son pays d'origine, de sa patrie, de la nation où elle a ses racines familiales, culturelles, personnelles. Il constitue une contrainte mettant en jeu le plus souvent la vie ou l'intégrité morale d'une personne. C'est pourquoi la notion même d'« exil volontaire[2] » est à entendre dans le sens d'une action qui va contre l'élan naturel du sujet : la personne se sent obligée de partir pour se préserver. L'exilé ne peut revenir dans son pays d'origine (du moins temporairement).

L'exil au sens figuré apparaît souvent en deuxième ou troisième entrée dans les dictionnaires. Une personne peut être exilée dans son propre pays, lorsqu'elle se sent marginalisée, que ce soit dans les structures sociales ou dans l'identification à la culture dominante. Les poètes maudits en France dans la seconde moitié du XIXe siècle, comme Baudelaire, ont écrit sur la condition du poète exilé parmi les siens. Une personne peut aussi être exilée quand elle est éloignée d'un être qu'elle aime, ou à l'écart d'un lieu, d'une société ou d'une personne qui lui est essentielle.

Depuis l'édition de 1798 du Dictionnaire l'Académie française, repris par le Littré au XIXe siècle, on signale que l'exil peut revêtir une dimension métaphysique : la terre serait le lieu d'exil de l'homme, qui attend de retrouver sa patrie céleste. C'est un thème fréquent dans la littérature religieuse, par exemple celle des Pères de l'Église des premiers siècles de l'ère chrétienne. De cette définition on peut élargir la perspective en évoquant un exil spirituel, chez tout auteur qui se sent à l'étroit dans l'existence qui lui est donnée, dans ce territoire terrestre qui n'est pas à la hauteur de ses aspirations célestes par exemple (on pense notamment aux écrivains romantiques). L'édition de 1762 du Dictionnaire l'Académie abordait déjà la notion dans le sens très général (et non exclusivement national) d'un éloignement du lieu où une personne vit habituellement de façon agréable.

Cette typologie fait apparaître un point commun : l'éloignement d'une condition d'origine idéale, voire substantielle ou fondamentale.

2 L'expression se retrouve dans le Dictionnaire l'Académie française en 1832.

L'exil serait déchirement de l'être, ou manque d'être, puisqu'il serait le lieu où l'être ne peut se vivre pleinement et en toute intégrité.

L'exil n'est pas la migration, l'émigration, l'errance, ni le voyage.

La migration est un déplacement de population, sans forcément introduire la notion de contrainte ou de traumatisme.

L'émigration est le mouvement d'une personne qui quitte son pays pour aller s'établir dans un autre. L'intensité de la contrainte ou du sentiment n'est pas déterminante ici : l'acte peut provenir du simple choix d'une personne, mais aussi résulter d'une difficulté vécue dans le pays d'origine.

L'exode est un départ en masse d'une population donnée, sous une contrainte marquée ou une violence.

L'errance est un déplacement (au propre ou au figuré) sans but précis. L'origine ou le point d'arrivée n'est pas précisé. Il semble bien que l'absence de point fixe soit incluse dans le sens du terme. Errer, au sens figuré, c'est aussi s'éloigner de la vérité, être dans « l'erreur ».

Le voyage est le déplacement volontaire d'une personne, souvent dans un lieu lointain ou étranger, répondant à des objectifs variés (se dépayser, connaître de nouvelles cultures, etc.).

Ainsi, l'exilé vit une forme de migration, mais la migration reste trop générale pour le définir vraiment. De même, un exilé, dans son parcours, peut errer d'un lieu à l'autre ou, dans les souffrances, errer intérieurement, car le traumatisme remet en question certaines vérités acquises.

Il faut signaler le terme « bannissement », peu utilisé dans la littérature moderne. Le bannissement est l'exclusion d'un individu de la cité, sans retour possible. Le Dictionnaire de l'Académie précise dès 1762 que le bannissement est infamant et que l'exil ne l'est pas. C'est le bannissement qui est suivi d'une réprobation morale, alors que l'exilé n'a pas à avoir honte, car il n'a accompli aucune action immorale qui justifierait son exclusion par l'État.

Notre recension des diverses acceptions du mot « exil » dans les dictionnaires et encyclopédies confirme notre hypothèse selon laquelle la réflexion sur ce thème n'est pas encore pleinement problématisée et reste à développer. Ainsi, si les dictionnaires courants de la langue française donnent des définitions de l'exil, certaines encyclopédies ne l'ont pas toujours reçu parmi leurs articles détaillés, tout au long du XXe siècle.

Le *Dictionnaire des termes littéraires* publié chez Champion Classiques donne la définition suivante à l'article « Exil (littératures de l'–) » :

> Production littéraire composée durant un exil imposé ou volontaire, celui-ci étant provoqué par des dissensions de type politique, éthique ou religieux, qui opposent des écrivains ou artistes et leurs autorités. Selon les cas, elle met en valeur le sentiment national, le mal du pays, la dissidence, le déracinement, ou les origines culturelles[3].

La critique allemande restreint en général le champ de l'*Exilliteratur* à la production littéraire allemande des années 1933-1945 (les écrivains qui ont fui le nazisme et ont écrit à l'étranger).

On reconnaît néanmoins à chaque littérature nationale les auteurs de l'exil : par exemple, Ovide au Iᵉʳ siècle, Dante entre 1301 et 1321, et Victor Hugo entre 1851 et 1870. Il convient par le fait même de distinguer « auteurs de l'exil » ou « littérature d'exil », et « œuvres ayant pour thème l'exil ». Mais comme nous acceptons la définition au sens figuré, c'est-à-dire « l'exil intérieur » (esthétique, social, philosophique), un auteur, sans être exilé physiquement de son pays, peut être considéré comme un « auteur d'exil » – ou du moins, son œuvre, comme « littérature d'exil », puisqu'elle fait état d'un exil qui a forcément à voir avec la vie de l'auteur et son rapport au monde.

L'exil nous semble être par essence l'un des terrains privilégiés du comparatisme, par sa relation internationale et interculturelle obligée. Comme nous l'avons dit, on recense de nombreuses études de cas sur le thème, mais peu de théorisation. Quelques définitions émaillent les études de cas, dont l'une a retenu notre attention :

> *Exil umfaßt sowohl die erzwungene wie auch die freiwillige gewählte Trennung eines Menschen von dem ihm vertrauten natürlichen Ort, und d. h. von seiner Familie, seiner Vergangenheit, seinem Erbe, von seinem gesellschaftlichen Kontext und seiner kulturellen Sprache, womit wörtlich die Muttersprache bzw. im übertragenen Sinne die angeeigneten kulturellen Regeln und Bräuche gemeint sein können*[4].

---

3 « Exil (littératures de l'–) », in *Dictionnaire des termes littéraires*, Hendrik van Gorp *et al.* (dir.), Paris, Honoré Champion, coll. « Champion Classiques », série « Références et Dictionnaires », 2005.

4 Elisabeth Bronfen, « Exil in der Literatur : Zwischen Metapher und Realität » [L'exil dans la littérature : entre métaphore et réalité], in *Arcadia*, 28, 1993, p. 169. (Nous traduisons.)

> « *Exil* comprend la séparation aussi bien forcée que librement choisie d'un homme du lieu qui lui est naturel et familier, c'est-à-dire de sa famille, son passé, son héritage, son contexte social et sa langue culturelle, ce qui peut signifier littéralement la langue maternelle, ou encore, au sens figuré, les us et coutumes acquis. »

Ici l'auteur insiste sur la séparation avec la famille, le passé, l'héritage, la langue maternelle et la culture en générale. Cette définition déploie une constellation thématique qu'on se doit d'aborder de toute évidence.

Sur la question du genre, sur laquelle nous reviendrons, la réflexion sur une poétique de l'exil est singulière, et engendre des concepts qui lui sont propres. Dans sa *Poetik des Exils*, Bettina Englmann redéfinit ainsi la logique de la lecture :

> *Die Exilliteratur entwirft eine eigene poetische Logik, die sich von der Eindeutigkeit des Rationalismus distanziert und sich – zum Beispiel – der* anderen *Logik des Mythos bedient. Der Leser wird gezwungen, konventionelle Lektüren zu durchbrechen, um den Text zu folgen. Die Autoreflexivität der Exilliteratur bewirkt ein verfremdendes Erzählen, dekonstruktive Mimesis ; erzählt werden Geschichten von Texten als Gegenwelten zu Geschichten der Realität*[5].

> « La littérature d'exil conçoit sa propre logique poétique, qui se distancie de l'univocité du rationalisme et, par exemple, se sert de l'*autre* logique du mythe. Le lecteur, pour suivre le texte, est forcé de rompre avec ses habitudes de lecture conventionnelles. Dans la littérature d'exil, la réflexivité de l'auteur provoque une narration étrangéisée, une mimesis déconstructive ; les histoires narrées dans les textes le sont comme des contre-mondes des histoires de la réalité. »

La « mimesis déconstructive » est en effet liée à une déréalisation de l'expérience éprouvante de l'exil, puisqu'elle fait appel à un monde que l'on a quitté, que l'on ne peut revoir que dans la mémoire, avec toutes les altérations que cela suppose. C'est le sens du « contre-monde » que décrit l'œuvre d'exil : l'irruption du monde d'autrefois ou d'ailleurs est troublant, car il y a un décalage, et ce monde n'est pas forcément reconnu par tous, et n'est pas encore devenu langage. L'œuvre-témoin est une conquête difficile ; chaque mot est gagné sur le silence destructeur. L'œuvre d'exil n'appelle-t-elle donc pas une poétique spécifique, vu qu'elle génère un langage et une lecture qui lui sont propres ?

---

5 Bettina Englmann, *Poetik des Exils. Die Modernität der deutschsprachigen Exilliteratur* [Poétique de l'exil. La modernité de la littérature d'exil de langue allemande], Tübingen, Niemeyer, Untersuchungen zur deutschen Literaturgeschichte (109), 2001, p. 424. (Nous traduisons.)

Cette analyse rejoint celle de Jean Bessière dans son ouvrage *Déracinement et littérature* :

> Déliaison, jeu des contraires et synthèse paradoxale font ainsi du lieu romanesque de l'exil un lieu spécifique que la contradiction et la synthèse paradoxale confondent peu à peu avec le non-lieu : là, tout rapport de réciprocité entre le moi et le réel semble aboli, et, dans cette intransitivité, s'établit néanmoins une consonance entre dedans et dehors[6].

Cette réflexion induit plusieurs thèmes complémentaires que nous évoquerons plus loin, comme l'identité du sujet, la frontière, le rapport à l'étranger, qui attestent d'autant plus la possibilité d'un exil intérieur, qu'il naisse d'une expérience géographique bien réelle ou d'une volontaire déterritorialisation créatrice.

Il faut signaler aussi la distinction que font Jean Bessière et André Karatson entre *émigration* et *déracinement* :

> L'émigration [...] paraît l'exact contraire du déracinement : elle réalise le transfert hors des lieux nationaux d'une parole nationale. [...] Or le oui est absent de la littérature du déracinement, non par choix de quelque réserve de jugement, mais par l'évidence que l'occasion n'est plus donnée d'une telle simplicité de l'adhésion. Ce défaut du oui se distingue de l'élection du non[7].

Nous nous permettons ici d'émettre une petite réserve : si d'une part l'émigration *peut* s'accompagner d'une parole nationale (ce n'est pas forcément le cas), d'autre part le déracinement peut aussi induire un tel transfert, même avec un refus de la nouvelle condition. L'absence de possibilité de choisir ou de refuser cette nouvelle vie n'empêche pas de porter à l'étranger cette parole, qu'elle soit nostalgique, revendicatrice ou simplement affirmatrice d'une identité. Il est vrai que l'émigration est consentie et n'inclut pas la contrainte présente dans l'exil – qu'il soit volontaire ou pas. L'exil volontaire aussi est plus contraignant que l'émigration libre (sans aucune pression) même pour raisons politiques. Les auteurs semblent faire un amalgame entre acceptation et référence nationale, puisque plus loin ils affirment que le mentalisme auquel est

---

6 Jean Bessière, « Exil et œuvres de l'exil », in *Déracinement et littérature*, Université de Lille III, 1982, p. 97.

7 *Ibid.*, p. 7-8 (introduction).

confiné le déraciné « ruine la référence nationale[8] », ce dont nous ne voyons pas la justification, puisque manifestement l'exilé peut toujours se définir par rapport à sa nation, voire espérer un retour, même si le pays ne sera plus jamais le même.

Quoi qu'il en soit, la parole d'exil induit indéniablement la question de la parole nationale, ou du moins identitaire et liée à un peuple. L'auteur en exil ne veut pas forcément revenir au pays, mais la référence existe toujours. La pensée, courante en psychanalyse, que pour l'exilé une mort symbolique a eu lieu et qu'il faille faire le « deuil » du pays d'origine ne nous semble pas fondée, en ce sens que le prétendu deuil implique au préalable la décision (plus ou moins avouée) de ne pas revenir (ou ne pas tenter de le faire, même par une longue lutte), et de ne pas considérer le pays comme toujours « vivant » – puisqu'il faut ici employer les termes symboliques de « vie » et de « mort ». Or, on occulte souvent cette question du choix de l'exilé ; en éludant cette étape, on amalgame un concept important (le deuil) avec une situation (celle de l'exilé) que l'on croit inéluctable. En tous les cas, cette approche ne nous semble pas convenir à la nôtre. C'est pourquoi nous n'avons pas retenu de nombreuses références de la littérature psychanalytique. Nous nous sommes contenté de donner à titre indicatif quelques ouvrages sur la question.

La « littérature d'exil » peut ainsi évoquer une production littéraire conséquente à l'éloignement d'un élément fondamental dans l'identité ou témoignant de cet éloignement. Il est en définitive extrêmement malaisé de définir une notion mouvante par essence, et dont le propre est de ramener à un état fuyant, introduisant des métamorphoses et interrogeant l'identité même d'un auteur. Nous constatons néanmoins bien souvent la présence d'une composante nationale. Nous avons tenté dans notre recherche de ne jamais trop nous éloigner de cette composante, et même quand nous le faisons, nous avons constaté que le chemin revenait toujours tôt ou tard à la question de la nation ou de la culture d'origine, même si elle n'en est pas la seule composante. En fait, l'exil commence par la nation et la culture d'origine, passe par la langue puis s'élève au domaine spirituel dans le tracé que nous avons suivi à partir des œuvres. Plus largement donc, l'exil serait une expulsion hors de soi-même entendu comme le dépositaire d'une tradition, d'une

8 *Ibid.*, p. 9.

langue, d'une culture, d'une nation, d'une origine et d'un rapport au monde. La littérature d'exil est celle qui témoigne de cette expérience à travers un langage approprié, qui non seulement aborde l'exil mais constitue aussi une *langue d'exil*.

POÉTIQUE

Tout thème peut donc appeler une poétique. Mais l'exil est, de façon assez paradoxale, particulièrement propice à une telle approche, puisqu'il fait état d'un manque de la langue. L'exil est en soi une expérience bouleversante ; dire l'exil permet de donner une existence à ce qui a disparu ; mais comment en parler avec ce qui précisément manque, la langue ? Or, c'est cette inscription dans la langue qui permet d'éviter l'extinction. La formation d'une poétique de l'exil est inhérente à une littérature d'exil, puisqu'un écrivain cherchera à faire entendre justement une langue qui exprime cette absence de la langue et de la culture données. C'est principalement sous cette forme qu'elles pourront exister, tant qu'elles vivent hors du lieu d'origine.

L'exil se traduit dans la langue. C'est en ce sens que l'on peut parler de « poétique de l'exil ». Établir la poétique d'un thème précis, c'est chercher à définir la façon dont un thème est façonné par l'écrivain, que ce soit par les réseaux thématiques mis en place, les motifs, la construction du discours, la façon de considérer le langage – et son envers, le silence, c'est-à-dire en quoi le silence et le non-dit (ou l'incapacité de dire) expriment aussi à leur manière le thème en soi.

Le terme de « poétique » a eu au travers des siècles une dimension nettement programmatique. Au XXe siècle, il désigne davantage la poéticité d'une œuvre : ce qui fait qu'une œuvre appartient au champ de la littérature. C'est dans les dernières décennies que s'est développé dans le champ critique l'usage que nous privilégions pour ce terme, à savoir les caractéristiques d'une langue pour un thème précis.

Pour le *Dictionnaire des termes littéraires*, « le terme s'applique aux choix (thématiques, stylistiques, etc.) qui caractérisent une œuvre singulière, un auteur ou un mouvement[9] », mais aussi un thème en littérature, puisque l'auteur fait allusion en ce sens à la « Poétique du christianisme » qui constitue une partie du *Génie du christianisme* (1802) de Chateaubriand.

---

9 « Poétique », in *Dictionnaire des termes littéraires*, *op. cit.*

Chercher à définir la poétique de l'exil reviendrait à examiner si l'on peut parler du façonnement d'une langue de l'exil, propre à l'exil et construite par cette expérience. Singulière approche, quand on pense que cette expérience fait bien souvent état du manque d'une langue, d'un pays, d'une culture. Il semble clair que l'exil introduit un langage spécifique, et qu'il convient de cerner les éventuelles constantes de ce langage, au-delà des langues nationales ou liées à une époque. C'est en ce sens que l'on peut se demander si une poétique de l'exil, lorsqu'on examine la structure de la langue et l'imaginaire déployé, peut transcender les époques et les pays, et donner lieu, du point de vue de la langue, à une approche transnationale et transhistorique, qui se penche à la fois sur les similitudes et les différences.

Cela suppose qu'il y ait des invariants, au-delà des types d'exil et des époques et moyens d'expression. La typologie de l'exil sert à ne pas confondre les réalités, mais notre approche suppose évidemment que cette simple catégorisation peut être dépassée, et que les différentes formes d'exil se rejoignent au-delà de leurs divisions en catégories, et elles se rejoignent donc forcément sur l'expérience intérieure d'exil. Cette démarche ne revient-elle pas à postuler que toute expérience d'exil renvoie à une expérience d'exil fondamentale ? Nous n'entrerons pas dans la question de l'intensité du sentiment d'exil et de ses réalités, question polémique qui ne sert pas notre propos ; nous n'évoquerons que la nature du sentiment. Quoi qu'il en soit, il n'est donc plus nécessaire d'en rester à l'étude d'influences. Elle pourra servir à établir quelques remarques thématiques ou stylistiques sur un auteur, mais ne constituera pas le socle de notre approche.

Quand nous écrivons « poétique », nous ne parlons pas uniquement du style. Nous évoquons davantage un mode d'investigation et de production, aux résultats variés, sinon nous aurions l'expression plus générale de « langue de l'exil ». Englmann va en ce sens :

> *Die Besonderheit der Exilliteratur besteht nur darin, daß die Kommunikation zwischen Text und Wirklichkeit ebenso gestört wurde wie die Kommunikation zwischen Text und Leser. Das Scheitern dieser Kommunikation bewirkt, daß das kulturelle System im Exil vor allem in seinen Aporien erfahren wird, was starke Auswirkungen auf das Schreiben im Exil hat. Jeder fiktionale Text der Exilliteratur antwortet auf diese Aporien durch den Entwurf eines eigenen Welt- und Kulturmodells, und nimmt so eine Haltung ein, die diese Differenz zu konventionellen Konzepten von Wirklichkeit poetisch umsetzt. Dabei geht es nicht nur um eine inhaltliche Problematik, nicht nur*

um die Frage, was *erzählt werden soll oder kann, sondern in verstärken Maße darum,* wie *erzählt werden soll – oder kann*[10].

« La particularité de la littérature d'exil consiste en ceci que la communication entre le texte et la réalité est détruite, tout comme la communication entre le texte et le lecteur. L'échec de cette communication a pour effet que le système culturel en exil est expérimenté avant tout dans ses apories, ce qui a des effets puissants sur l'écriture en exil. Chaque texte fictionnel de la littérature d'exil répond à ces apories à travers l'ébauche d'un modèle du monde et de la culture, et prend ainsi une position qui remplace poétiquement ces différences par des concepts conventionnels de réalité. Il ne s'agit donc pas seulement d'une problématique liée au contenu, ni même de la question de *ce* qui est ou peut être raconté, mais, pour une large mesure, de *comment* cela est – ou peut être – raconté[11]. »

Le discours sur la réalité est ainsi particulièrement important lorsqu'il est lié à une réalité qui n'est plus présente, ou en pleine transformation, comme le monde de l'exilé. Le « comment » est capital, puisqu'il est questionnement sur le matériau utilisé (la langue). Ceci nous confirme l'idée qu'une tentative de recherche d'une *poétique* de l'exil (le *comment* d'une parole d'exil) est non seulement valable, mais aussi inhérent à la question même de l'exil. Ce thème plus que tout autre peut-être appelle la recherche d'une poétique, justement là où le texte et sa communication viennent à manquer.

Mais l'auteur insiste aussi sur ce déplacement dans la langue même, écho du déplacement traumatique dans la réalité : « *Eine* Poetik des Exils *beschreiben heißt, ein literaturwissenschaftliches Modell zu konstruieren, das ästhetische Strukturen von Texten ebenso einbezieht wie ihre literaturhistorische Verortung*[12] » (« Décrire une *poétique de l'exil* signifie construire un modèle littéraire qui prenne en compte à la fois les structures esthétiques des textes et la délocalisation historico-littéraire[13]. ») D'où la nécessité d'examiner la construction littéraire tout en la ramenant à son contexte, même si l'analyse historique ne constitue pas un élément clé de notre approche, mais se borne à une contextualisation, voire à une compréhension de quelques éléments essentiels.

---

10 Bettina Englmann, *Poetik des Exils. Die Modernität der deutschsprachigen Exilliteratur*, *op. cit.*, p. 12-13.

11 Nous traduisons.

12 *Ibid.*, p. 12.

13 Nous traduisons.

ÉTAT DES LIEUX ET PERSPECTIVES

Peu de recherches ont été menées sur le thème de l'exil dans la direction que nous venons de décrire. Nous avons cité *Poetik des Exils*, publié en 2001 à Tübingen, mais l'auteur, Bettina Englmann, s'attache à l'étude très historiquement déterminée de ce que l'on appelle l'*Exilliteratur* allemande des années 1933-1945, alors que notre approche consiste précisément à interroger le dépassement possible des époques et des cultures. Nous avons cependant déjà signalé certains points théoriques qui présentent un réel intérêt pour notre travail. De même, *Poetik der Migration* de Eva Hausbacher nous apporte quelques remarques intéressantes du point de vue de la théorie, mais se situe en dehors de notre champ d'étude précis.

Francis Claudon emploie l'expression « poétique de l'exil » précisément pour Hölderlin et Rousseau, qu'il met en parallèle dans un article que nous évoquerons plus loin. Il explore la notion de façon très générale, tout en plaçant l'exil au-delà d'un simple parcours géographique lié à une nation bien déterminée : « Nature, patrie, innocence, simplicité, tels sont les maîtres-mots de la poétique de l'exil chez Hölderlin comme chez Rousseau[14]. » Krikor Beledian, dans la préface à l'*Anthologie de la poésie arménienne contemporaine*[15] publiée chez Parenthèses en 2006, utilise également l'expression « poétique de l'exil » pour exprimer l'idée que l'épreuve de l'étranger en est la qualité distinctive. Dans *Cinquante ans de littérature arménienne en France*, il s'attache à étudier plus généralement la formation d'une langue nouvelle, celle des exilés arméniens en France après la Catastrophe de 1915, et montre bien de quelle façon l'expérience de confrontation avec l'étranger et l'altérité a mené à l'invention d'une langue créatrice. L'expression « poétique de l'exil » est donc peu à peu employée, sans que nous ayons encore une théorie universellement développée.

---

14 Francis Claudon, « Exil et création littéraire : Hölderlin et Rousseau », in *Exil et littérature*, présenté par Jacques Mounier, Université des langues et des lettres de Grenoble, 1986, p. 264.

15 Krikor Beledian, « Pourquoi des poètes ? », in *Avis de recherche. Une anthologie de la poésie arménienne contemporaine*, Marseille, Parenthèses, 2006. Il est à noter que le titre reprend le début du vers de Hölderlin : « Pourquoi des poètes en temps de manque ? » (« Wozu Dichter in dürftiger Zeit ? »)

Par ailleurs, bien des livres existent autour du *thème* de l'exil, mais l'approche thématique est insuffisante pour nous et se borne bien souvent à une étude de cas, sans grand développement théorique. Nous avons néanmoins relevé quelques ouvrages que nous avons exploités. Ainsi, *Exil in der Literatur : Zwischen Metapher und Realität*, de Elisabeth Bronfen, apporte quelques éléments intéressants. Il faut autrement aller chercher des thèmes parallèles, comme l'étranger ; par exemple, *Topographie de l'étranger*, de Bernard Waldenfels. Sur l'altérité, nous avons consulté Homi K. Bhabha, bien que ses livres (comme *Les lieux de la culture. Une théorie postcoloniale*) s'appliquent davantage à la littérature postcoloniale et ne conviennent pas tout à fait à notre approche. On peut aussi évoquer les nombreux essais d'Octavio Paz sur la question de l'altérité, notamment *L'Arc et la Lyre* auquel nous nous référons à maintes reprises. Entre 2007 et 2011, Les Presses universitaires de Bordeaux ont entrepris la publication, sous la direction de Danièle Sabbah, d'actes de colloques sur l'exil, avec des remarques théoriques intéressantes et une tentative de circonscrire les notions à travers une approche à la fois linguistique et historique[16]. Dans une parution en 2011, Martine Lussier aborde la question avec une approche psychanalytique dans *Terre d'asile, terre de deuil*. Elle avait été précédée par Janine Altounian qui analysait les œuvres non seulement arméniennes, mais aussi de plusieurs autres corpus, à la lumière de la psychanalyse, notamment dans *La survivance, Traduire le trauma collectif* en 2000. L'éminent travail d'Alexis Nuselovici dans le domaine de l'exil et de la migration est évidemment à signaler[17]. Il faut mentionner la parution en janvier 2013 d'*Écrire en exil* de Ralph Schor, étude générale sur les auteurs en exil à Paris dans l'entre-deux-guerres. Quelques études très anciennes présentent une certaine utilité, tout en restant bien souvent dans les généralités, comme *Sur l'exil* de Plutarque.

Ces dernières années ont vu une floraison de romans et récits d'exil, mais nous ne disposons pas de réelle somme théorique sur le thème de l'exil en littérature, encore moins de traités sur la poétique de l'exil. Il a ainsi fallu collecter quelques réflexions à l'intérieur de divers ouvrages, sans pouvoir se référer de façon constante à un corpus précis, puisqu'il n'existe pas encore. Les rares ouvrages allant dans le sens d'une réflexion

16 Notamment dans la présentation de *Écritures de l'exil*, textes réunis par Danièle Sabbah, Presses universitaires de Bordeaux, « Eidôlon », n°85, 2009.

17 *Cf.* p. 15, note 1.

sur l'exil en littérature dans la perspective d'une poétique ne nous semblent pas suffisamment étoffés théoriquement pour que nous puissions y puiser des notions que nous pourrions appliquer à d'autres auteurs. Or, ce devrait être précisément l'intérêt de tels livres : dépasser l'étude de cas pour donner des outils méthodologiques suffisants permettant de dégager une réflexion générale sur l'exil en littérature, donnant à voir des invariants d'une époque et d'un genre à l'autre, et fournissant aux chercheurs des notions utilisables dans plusieurs cas de figures.

Nous cherchons donc ici à évaluer la possibilité d'une poétique de l'exil dans le cadre d'un corpus centré sur les littératures allemande, française et arménienne, ce qui pourrait au premier abord sembler affaiblir la proposition d'une langue de l'exil. En effet, cette réflexion ne peut que prendre appui sur un corpus, puisque nous nous situons dans le champ de la littérature, et que l'étude de la littérature s'appuie évidemment sur des œuvres existantes. Il ne peut y avoir une langue de l'exil sans œuvres de l'exil. Y a-t-il *une* poétique pour plusieurs exils ? Le mode d'investigation est le même ; les résultats sont à maintes reprises différents. Nous ne cherchons pas uniquement les similitudes dans la forme ou dans l'expression, mais aussi les différences. Nous postulons cependant que certaines différences ramènent à une identité ontologique. Des œuvres d'auteurs d'époques très variées, s'exprimant sur des types d'exil très différents, suscitent un sentiment similaire et se développent au travers d'un certain nombre d'invariants. Pourquoi en est-il ainsi ?

La typologie de l'exil est utile pour analyser les œuvres, mais elle doit être dépassée pour cerner leur dimension universelle. Pour expliciter concrètement notre pensée, demandons-nous si un exilé politique, à travers ce qu'il a vécu et le sentiment que l'expérience a laissé en lui, peut se reconnaître dans la ligne de fuite esthétique d'un Rimbaud et son sentiment (tout à fait personnel) d'avoir traversé un « enfer ». De même, un homme marginalisé, mis individuellement au ban de la société, peut-il comprendre les écrits d'un auteur comme Sarafian lorsqu'il parle d'exil de sa nation et de ses répercussions sur la vie de tous les jours (solitude, mise à l'écart, sentiment permanent d'être étranger en tout lieu…) ? Nous chercherons dans notre étude à examiner les correspondances possibles.

ARTICULER LA LANGUE ET L'EXIL

Une telle optique nous met en face d'une question fondamentale : qu'est-ce que la langue face à l'exil ? Quel est son rôle ? Existe-t-elle vraiment ? Dit-elle l'exil, ou ne dit-elle qu'une expérience subséquente, comme la confrontation avec l'étranger ou l'altérité ? Constitue-t-elle une réparation de l'exil ? Une forme de nouveau territoire, en l'absence de celui d'origine ? Quelle est la répercussion de l'exil sur la langue d'un auteur ? Une telle recherche engage donc à la fois une réflexion sur le style et l'imaginaire, mais aussi sur les réseaux thématiques comme l'étranger, l'altérité, les frontières, les limites, la patrie, la nation, le retour possible, le lieu réel versus le lieu symbolique, la langue d'origine, la reconquête d'un espace… et le silence de tout ceci ; car l'exil est fait de ce que l'on quitte et qui ne peut être dit. Cette abolition dans le langage, dont il a été question plus haut, marque les limites certaines d'une réflexion approfondie sur l'exil, puisqu'elle ouvre sur un espace de ce qui n'est plus – ou plutôt, pour reprendre les analyses de Maurice Blanchot[18], sur ce qui se situe à la limite de ce qui n'est plus et n'est pas encore, dans le silence de la nuit sans parole, entre la nuit de la mort et la nuit de la création.

RASSEMBLER ET SINGULARISER PAR LE CORPUS

CHOIX DES ŒUVRES

Il est difficile de définir un corpus pour une expérience aussi fondamentale : si l'exil s'exprime dans des littératures et des langues aussi variées et de tout temps, son terrain est par essence celui du comparatisme. Le même phénomène se retrouve dans des cas très différents, exprimé pourtant de façon très similaire, à des siècles d'intervalle.

18 Notamment dans *L'espace littéraire*. *Cf.* « L'expérience originelle » et « L'itinéraire de Hölderlin », in *L'espace littéraire* [1955], Paris, Gallimard, coll. « Folio essais », 2005, p. 313-334 et p. 363-374.

Le sentiment d'exil dans le cas de la formation nationale présente un certain intérêt, car il n'a pratiquement pas été étudié. On a l'impression que l'exil va en un mouvement contraire, et que la formation d'une nation correspond à la fin de l'exil. C'est vrai dans une certaine mesure, mais il ne faut pas oublier que c'est entre autres le sentiment d'être exilé de sa propre patrie qui relance l'éveil des nationalités, tel qu'on l'a vu chez les nations européennes à partir du XVIIIe siècle. Âge d'or mythique ou réelle nation autrefois bien existante, l'exil de ce « jadis » est bien présent.

Hölderlin n'est pas présenté au premier abord comme un auteur de l'exil. La *Internationale Hölderlin-Bibliographie*[19] ne relève pas d'emploi du mot par l'auteur lui-même. Or, son cas est particulièrement intéressant : l'auteur souabe a su allier le sentiment d'exil d'une Germanie mythique à l'esthétisme grec et au panthéisme spinoziste et néo-stoïcien de l'Allemagne du XVIIIe siècle, notamment dans son roman *Hypérion*, publié chez l'éditeur Cotta à Tübingen en 1797 (première partie) et 1799 (seconde partie). L'Allemagne telle que se la représentait Hölderlin est devenue le creuset à la fois d'un exil et d'un espoir national, le tout imprégné de piétisme et de philosophie antique et contemporaine. Mais le cas est doublement remarquable, en ce que la quête de la nation résultant d'un sentiment d'exil aboutira à l'exil, et l'auteur s'éloignera doublement de sa patrie en s'étant plongé dans les abîmes métaphysiques de la philosophie de son époque et en ayant voulu posséder le feu sacré de la poésie. L'exil national aboutit dans son cas à l'exil métaphysique : cas singulier qui vaut la peine d'être étudié, afin de présenter l'œuvre sous un autre angle. L'auteur vit indéniablement un exil sous plusieurs formes et l'exprime tout au long de son œuvre, même s'il ne l'appelle pas ainsi. Nous ne pourrons donner à notre étude toute l'étendue souhaitée, car il importe ici de croiser les œuvres et les corpus variés, et c'est pourquoi nous avons restreint l'analyse à *Hypérion*, bien que l'étude de l'exil dans l'œuvre entière de Hölderlin puisse présenter par ailleurs un intérêt certain.

On ne parle presque jamais de Rimbaud comme d'un poète de l'exil. Quelques allusions sont faites à l'exil intérieur nécessaire à la création,

---

19 *Internationale Hölderlin-Bibliographie (IHB)*, hrsg. Hölderlin-Archiv der Württembergischen Landesbibliothek Stuttgart Erste Ausgabe 1804-1983, bearb. Maria Kohler, Stuttgart, Frommann-Holzboog, 1985.

dans des publications critiques sur l'auteur. On évoque davantage la notion pour les années d'errance, sur lesquelles nous développerons une réflexion, mais cette époque est post-littéraire pour lui. Il faut noter que Rimbaud emploie très peu le mot. On le retrouve sous sa plume alors qu'il écrit à Georges Izambard le 25 août 1870 : « On est exilé dans sa patrie[20] ! ! ! ! » Il parle alors de l'ennui profond, voire du dégoût, qu'il éprouve dans sa Charleville natale, alors qu'il ne rêve que d'aller à Paris et de vivre sa poésie. « Exil » est aussi le titre d'un court poème satirique en vers, inclus dans l'*Album zutique*[21] et qu'il fait dire à Napoléon III, ce qui ne présente pas un grand intérêt pour nous ici. L'étude de l'œuvre de Rimbaud sur le plan de l'exil nous semble d'autant plus justifiée qu'elle n'a pas été traitée jusqu'à présent, et cette démarche nous permet d'envisager l'ensemble d'un écrit comme *Une saison en enfer* du point de vue de l'exil en tant que pivot et élément constitutif central de l'œuvre. Publiée en 1873 à l'Alliance typographique à Bruxelles, écrite dans une nation bien constituée comme la France de 1870, il est intéressant de se pencher sur un auteur qui a pu se désolidariser de son pays pour prendre une ligne de fuite, rendue possible par la solidité des frontières et de l'identité nationale. Dans le cas de Rimbaud, l'exil volontaire de l'identité, tel que représenté dans la généalogie d'*Une saison en enfer*, se double très vite d'une exploration créatrice par l'expérience de l'alchimie du verbe, entreprise que les lettres du voyant annonçaient déjà comme prométhéenne. L'exil spirituel que traverse là aussi l'auteur est une conséquence de cet exil premier et de cette fuite, créatrice dans un premier temps, mais qui se révèle bien vite illusoire. Comme pour Hölderlin, on constate un exil précédant et suivant l'œuvre, qui constitue un pivot inachevé et se terminant sur le point d'interrogation du silence ; son auteur demeure cloîtré dans une tour sur le bord du Neckar pour Hölderlin, et repoussé vers des horizons d'un Orient et d'une Afrique toujours plus lointains pour Rimbaud.

L'exil est plus évident dans le cas d'un génocide, comme celui des Arméniens en 1915-1922. Les survivants, pourchassés, persécutés, menacés de disparition avec toute leur nation, arrivent dispersés dans des pays d'accueil, réfugiés apatrides ne pouvant plus revenir dans leur pays d'origine, et condamnés à affronter la dure réalité du déracinement

20 Lettre à Georges Izambard du 25 août 1870, de Charleville, R-Pl, p. 331.

21 « Exil », in *Contributions à l'« Album zutique »*, R-Pl., p. 177.

et tous les questionnements liés à l'altérité et à la crainte de disparaître. Même dans le cas des auteurs qui ont continué d'écrire en arménien, la question de la confrontation avec la différence culturelle s'est posée, à la fois comme thème et comme langue littéraire, comme c'est le cas pour la longue prose poétique qu'est *Le Bois de Vincennes* (publié en feuilleton aux éditions Naïri à Alep en 1947) de Nigoghos Sarafian, exilé en France dans les années 1920. Ce n'est donc pas dans le cadre de la formation de la nation (comme pour Hölderlin) que se situe son œuvre, mais plutôt dans un exil post-catastrophique. Cependant, le questionnement a lieu toujours dans la perspective de trouver le langage qui dise l'exil ou sa résolution. On assiste à la formation d'une langue littéraire doublée d'un positionnement face à la nation, comme dans le cas de Rimbaud, mais de façon beaucoup plus marquée.

Dans les trois cas il s'agit de trouver une langue qui ne cherche pas à nier l'expérience de l'exil, mais bien de trouver « le lieu et la formule » (Rimbaud) afin de retrouver le « feu divin » (Hölderlin), pour le Hamlet des temps modernes devant l'abîme de la question « Écrire ou ne pas écrire ? » (Sarafian). Il a semblé intéressant de rechercher un point commun dans la diversité : ce sont trois auteurs profondément ancrés dans leur pays, au-delà de leurs errances, doutes ou reniements. Ils ont leur racine dans l'identité culturelle et religieuse de leur pays, et tout leur questionnement tourne autour de cet axe solide, même au cœur de leur éloignement et de leur révolte. C'est à partir de ce point commun par rapport à la nation qu'un questionnement sur l'exil nous a semblé possible, même si par la suite l'exil accède à d'autres niveaux (langagier, métaphysique). Si l'exil, au premier abord, a toujours rapport avec le pays d'origine, très vite apparaît une dimension symbolique et identitaire, voire spirituelle, puisque dans l'exil il y a toujours une impossibilité de retrouver intégralement ce que l'on a laissé.

Comme nous le disions plus haut, nous avons été obligé de recourir à des ouvrages critiques ayant trait à des thèmes parallèles à l'exil. Il en est de même pour les auteurs choisis : peu de livres font une allusion claire à l'exil des auteurs et déploient une étude suffisante sur la question. On doit se contenter d'allusions, parfois de brefs développements. Cela a considérablement restreint le champ bibliographique qui, du reste, demeure immense, tous thèmes confondus, pour Hölderlin et Rimbaud. Il a fallu là aussi puiser dans des études évoquant d'autres thèmes liés à ces auteurs. Néanmoins, si nous avons eu recours à de nombreux ouvrages concernant tous ces thèmes, nous n'avons pas cru qu'il y eût là un devoir d'exhaustivité : l'objectif de cette recherche n'était pas de faire un relevé approfondi de tous les ouvrages ou articles faisant allusion aux thèmes complémentaires mais de baliser la recherche d'un certain nombre de références permettant avant tout de cerner la problématique et d'y répondre d'une façon adéquate.

Sarafian est davantage considéré comme un poète de l'exil, mais la bibliographie est peu développée. Nous avons signalé *Cinquante ans de littérature arménienne en France*, remarquable étude de Krikor Beledian dans laquelle figurent des analyses du *Bois de Vincennes*. Nous avons pu aussi recourir à l'étude de Janine Altounian (qui privilégie une approche psychanalytique) dans *La survivance*. Mais nous ne disposons pas de biographie de l'auteur. Quant à Hölderlin, il est rarement considéré comme un poète de l'exil. Maurice Blanchot consacre à Hölderlin un court chapitre intitulé « L'exil » dans *L'espace littéraire*. Nous avons vu que Francis Claudon avait employé l'expression « poétique de l'exil » pour Hölderlin, sans toutefois laisser place à une théorisation approfondie. Des auteurs s'efforçant d'être au plus près de la conscience de l'écrivain, comme Armel Guerne ou Albert Béguin, et développent une réflexion sur Hölderlin et sur Rimbaud (le premier dans *L'Âme insurgée*, le second dans *L'Âme romantique et le rêve*) qui vient étayer certaines de nos idées sur l'exil spirituel des auteurs. Pour Rimbaud, on a pu trouver dans des œuvres de Daniel-Rops certains rapprochements (certes en dehors du champ strict des recherches universitaires, notamment dans *Rimbaud. Le drame spirituel*, 1937) ; mais Rimbaud n'est pas considéré non plus comme un poète de l'exil – mis à part dans le silence qui succède à son œuvre proprement dite. Notre façon de le considérer, qui s'appuie sur le rapport à son propre pays et à la langue tel qu'il en témoigne dans *Une saison en enfer*, ne se rattache à aucune étude recensée qui serait entièrement consacrée à ce sujet. Nous avons trouvé de nombreuses remarques utiles dans certains travaux, comme dans la précieuse édition critique de Pierre Brunel[22], ou encore dans *Combat spirituel ou immense dérision ? Essai d'analyse textuelle d'« Une saison en enfer »*, de Yoshikazu Nakaji.

Il a donc fallu avancer des idées qui n'avaient pas forcément été énoncées jusque-là, sans pouvoir s'appuyer fermement sur un corpus

22 Aux Éditions José Corti, 1987.

critique existant. Nous avons écrit que l'approche empirique révélant une éventuelle influence entre les auteurs n'avait pas été retenue ici. Quelques tentatives ont eu lieu[23], mais le plus important était de rester dans les limites de notre problématique et de notre approche critique.

GENRE DES ŒUVRES

Il nous a également semblé nécessaire de nous limiter à une œuvre par auteur et choisir de préférence des textes de forme similaire. Il est frappant de voir que les trois auteurs se sont essayé à la longue prose poétique, dans laquelle le mélange de poésie, de méditation philosophique, de narration, d'essai et d'autobiographie est couramment pratiqué. Les trois œuvres précitées contiennent tous ces genres.

Hypérion s'apparente davantage au roman, mais dès la parution du livre, les critiques s'entendent pour dire qu'il s'agit plus de poésie que de roman. Ainsi s'exprime Karl Philip Conz dès 1801 : « *Das Ganze ist, nach unsrer Ansicht, mehr ein Poëm, als ein Roman : ein lyrisches Gedicht von grösserer Ausdehnung könnte man es nennen*[24]. » (« De notre point de vue, le tout est davantage un poème qu'un roman : on pourrait dire que c'est un poème lyrique de la plus grande ampleur. ») L'auteur insiste par ailleurs sur la peinture d'un caractère et d'une vision du monde, plus propre à la poésie qu'une action détaillée et suivie qui serait alors proche du roman. En 1824 encore, à l'occasion de la deuxième édition, Gustav Schwab parle d'*œuvre d'art* : « *so verdient er vielleicht, als Kunstwerk betrachtet, den Namen eines Romans nicht*[25]. » (« considéré comme une œuvre d'art, il n'acquiert peut-être pas le nom de roman. ») Susette Gontard évoquera « *ein schönes Gedicht*[26] » (« un beau poème »). Au XXe siècle, Stefan Zweig écrit : « son *Hypérion* est absolument du domaine de l'*a priori* ; il est antérieur à toute expérience ; il n'est que rêve et poésie ; il n'est

23 Par exemple l'étude de Werner Dürrson, qui compare Hölderlin et Rimbaud ; *cf.* « Rimbaud und die Hölle » [Nachwort], in *Une saison en enfer. Eine Zeit in der Hölle*, éd. bilingue, übertragen und hrsg. W. Dürrson, Stuttgart, Reclam, 2011 (1992), p. 99-109. *Cf.* aussi Maxime Alexandre, *Hölderlin le poète*, Marseille, Robert Laffont, 1942.

24 Tübingische gelehrte Anzeigen, 1801. Cité dans Friedrich Hölderlin, *Sämtliche Werke*, éd. Friedrich Beißner, t. 7, « Dokumente », éd. Adolf Beck, 4e partie, « Rezensionen. Würdigungen. 1791-1847 », Kohlhammer, Stuttgart, 1977, p. 72. (Nous traduisons.)

25 Literarisches Conversations-Blatt, 1824. Cité dans Friedrich Hölderlin, *ibid.*, p. 89. (Nous traduisons.)

26 *Ibid.*, p. 74. (Nous traduisons.)

qu'un monde-refuge, au lieu du véritable monde des vivants[27] ». De façon générale, les « Allemands [...] appellent roman ce qui n'est, pour moitié, que le carnet de leurs rêveries et, pour moitié, le carnet de notes de leur sensibilité, ce qui n'a aucune forme concrète et se perd dans les lointains[28] ». Zweig va même jusqu'à la qualifier d'« anti-roman[29] ». Ce qui touche dans ce roman n'est pas la fable, bien vite oubliée : « Rien dans *Hypérion* [...] n'appartient à Hölderlin, sinon ce qu'il y a dans cet ouvrage de plus essentiel, c'est-à-dire l'élan extraordinaire de la sensibilité, et ce rythme bondissant du discours qui déferle si admirablement vers l'infini. [...] ce roman n'a d'intérêt que comme musique[30] [...]. » Cette œuvre serait donc avant tout rythme, musique, poésie, et les caractères ne compteraient pas. Tout ce qui fait en général un roman passe ici au dernier plan et n'est qu'un prétexte : « La musique d'un pressentiment, tel est *Hypérion*, rien de plus, ni un véritable poème, ni une œuvre complète[31] [...]. » Les divers échos se rejoignent donc : il s'agit d'une longue prose poétique, avec des figures et des idées plus que des personnages.

Inversement, *Une saison en enfer* de Rimbaud, récit qui tourne parfois presque à l'incantation poétique, a pu être qualifiée par Verlaine, au moment de sa parution, de « prodigieuse autobiographie psychologique, écrite dans cette prose de diamant qui est sa propriété exclusive[32] ». Pour Jean-Yves Tadié, insistant sur le caractère fragmentaire de l'œuvre, il s'agit d'une « autobiographie éclatée[33] ». Mais les critiques en général s'accordent à dire que la part d'invention et de fantaisie est grande. Curieuse autobiographie imaginaire[34] ! En tous les cas, l'œuvre est du moins projection de son auteur tel qu'il se représente lui-même, que les faits aient eu lieu ou non ; un peu comme Hypérion pour Hölderlin, même si la part narrative de la *Saison* est beaucoup plus fragmentée.

27 Stefan Zweig, *Le Combat avec le démon*, trad. Alzir Hella, Le Livre de Poche, coll. « Biblio essais », 2004, p. 172.

28 *Ibid.*, p. 173.

29 *Ibid.*

30 *Ibid.*, p. 174-175.

31 *Ibid.*, p. 179.

32 Paul Verlaine, « Les Hommes d'aujourd'hui », in *Œuvres en prose complètes*, Paris, Gallimard, « Bibliothèque de la Pléiade », p. 802.

33 Jean-Yves Tadié, *Introduction à la vie littéraire du XIXe siècle*, Paris, Dunod, coll. « Lettres Sup », 1998, p. 16.

34 Faut-il y voir une préfiguration des méandres réinventés du moi dans les détours du labyrinthe borgésien ?

Quant au *Bois de Vincennes* de Sarafian, on peut même difficilement faire de l'œuvre un récit : aucune narration ; seulement des images et des micro-événements souvent refermés sur eux-mêmes, comme autant d'allusions imaginaires pour exprimer un drame bien réel. Si le récit existe, c'est par bribes, et dans une composition où le sentiment général d'exil compte plus que les très courtes séquences qui tissent le texte.

Les trois œuvres rejoignent par un aspect ou un autre la définition du récit poétique que donne Jean-Yves Tadié, mais Sarafian en est le plus éloigné, car si le récit existe, c'est de façon morcelée, sans aucune perspective de continuité. Toutefois, Tadié montre bien que, s'il y a récit, son déroulement est brisé et favorise la discontinuité. Il est avant tout « l'histoire d'une expérience et d'une révélation[35] ». Si le récit poétique met en place des « personnages auxquels il arrive une histoire en un ou plusieurs lieux », « des procédés de narration renvoient au poème : il y a là un conflit constant entre la fonction référentielle, avec ses tâches d'évocation et de représentation, et la fonction poétique, qui attire l'attention sur la forme même du message[36] ». La question du mythe est évoquée et rejoint particulièrement Rimbaud, et dans une moindre mesure Sarafian : « Le récit poétique est un récit qui reprend, en prose, les moyens du poème, et définit un univers privilégié, un paradis perdu et retrouvé[37]. » On trouve aussi une esquisse de définition qui n'est pas sans rappeler *Hypérion* de Hölderlin, et, en partie, Sarafian et Rimbaud : « Le récit poétique témoigne, sous la forme banale du roman, de l'ambition la plus haute de la littérature, entre le mythe, qui se souvient de l'origine, et la prophétie, qui parle au nom de l'absolu, révèle ce qui est caché, annonce le futur[38]. » Quoi qu'il en soit, cette similarité formelle facilite la comparaison et donne une base générique commune à la comparaison d'auteurs très différents, tout en permettant une exploitation du fond même du problème, à savoir l'écriture de l'exil.

Le genre poétique est donc bien présent dans les trois œuvres. Les mots y sont considérés dans leur polysémie et la phrase déploie un rythme visiblement recherché, ce qui rejoint la réflexion de Paul Valéry : « La poésie résulte de la multiplicité, de la non-uniformité des significations

35 Jean-Yves Tadié, *Le récit poétique*, Paris, Gallimard, coll. « Tel », 1994, p. 11.
36 *Ibid.*, p. 8.
37 *Ibid.*, p. 197.
38 *Ibid.*, p. 198.

– ou plutôt des *effets* d'un signe[39]. » C'est pourquoi, dans la recherche d'une poétique, nous devons être particulièrement attentif au texte dans sa dimension sonore et rythmique, et dans la constitution de ses images, de ses réseaux thématiques et de sa polysémie. Il semble bien que dans les trois œuvres étudiées, on puisse également parler d'état émotif, comme le fait aussi Valéry : « Le poète n'a pas pour but de communiquer une "pensée", mais de faire naître en autrui l'état émotif auquel une pensée *analogue* (mais non identique) à la sienne convient. "L'idée" ne joue (dans lui comme dans l'autre) qu'un rôle partiel[40]. » Le choix d'œuvres poétiques nous semble particulièrement intéressant dans le cadre d'une recherche sur la poétique de l'exil ; il semblerait que la poésie ait comme constante la recherche de création d'une langue, bien souvent au-delà d'une simple transmission de message. Comme si l'objectif poursuivi était de faire entendre un principe ou un thème (comme l'exil), sans l'expliquer rationnellement, mais avec les outils du langage, dans toute sa matérialité sonore et suggestive (images, figures). La poésie semble d'emblée un terrain propice à l'étude de la création d'un langage.

LA TRAVERSÉE CRITIQUE VERS UNE LANGUE

Notre approche nous amènera à traiter souvent de points théoriques sur l'écriture d'exil, que l'on appliquera ensuite aux auteurs retenus, puisqu'il ne s'agit pas de traiter exclusivement d'une œuvre ou d'un écrivain mais d'étudier la langue de l'exil, telle qu'elle se manifeste chez tel auteur ou dans telle œuvre. Avant de développer ce point, il nous faut revenir brièvement sur la question de la poétique afin de voir de quelle manière celle-ci peut s'articuler avec le corpus choisi.

Le terme « poétique » pourrait nous engager à envisager le langage comme structure, dans la mouvance structuraliste. Certes, quelques éléments nous semblent convergents ; chez Genette par exemple, « chaque

39 « Poésie », in *Ego scriptor* [Extraits des *Cahiers*], Paris, Gallimard, coll. « Poésie », 1992, p. 131.
40 *Ibid.*, p. 135.

unité [est] définie en termes de relations et non plus de filiations[41] ». Il est vrai que nous souhaitons multiplier les modes d'investigation sans pour autant enlever toute possibilité de voir une filiation dans une œuvre : influence d'un philosophe, d'un écrivain du siècle précédent, etc. Mais chez Genette, l'œuvre est principalement considérée comme structure, et bien souvent au détriment du sens. L'étude d'agencements linguistiques ne doit pas nous priver de voir dans l'œuvre un message d'une portée éthique, ou du moins une dimension extérieure à l'œuvre même, incluant la part biographique.

Meschonnic écrivait : « Une linguistique avoue ou cache une métaphysique[42]. » Il s'agit donc de saisir l'écriture de l'œuvre et non seulement l'organisation grammaticale ; c'est-à-dire effectuer une « recherche des principes d'identification du monde chez un écrivain[43] ». Mais nous ne pouvons pleinement appliquer cette démarche, vu que nous entendons croiser les œuvres d'auteurs et époques variés. Notre poétique cherche à unifier plus qu'à singulariser – en soulignant au besoin les différences éventuelles.

Certes, Meschonnic se montre critique à l'égard de Genette et de Barthes, et de tout système mettant excessivement l'accent sur une rhétorique. D'un autre côté, l'évocation d'une langue plurielle pour une pluralité des sens a quelque chose d'intéressant chez Barthes :

> [...] c'est une mythologie de l'œuvre qui nous attend ; elle aura pour objet non des œuvres *déterminées*, c'est-à-dire inscrites dans un procès de détermination dont une personne (l'auteur) serait l'origine, mais des œuvres *traversées* par la grande écriture mythique où l'humanité essaye ses significations, c'est-à-dire ses désirs[44].

De cet exposé nous gardons la possibilité d'un ensemble d'« œuvres *traversées* par la grande écriture mythique » de l'humanité, ce qui a pour nous une résonance universelle ; mais la présence d'une forme d'hypertexte n'amène pas forcément un anonymat : l'auteur a son importance, avec sa trajectoire. La poétique analyse des œuvres écrites par des humains, et à notre avis on ne peut occulter l'humain dans son expérience de chair.

41 Gérard Genette, *Figures I*, Paris, Seuil, coll. « Tel Quel », 1966, p. 153.
42 Henri Meschonnic, *Pour la poétique I*, Paris, Gallimard, coll. « Le Chemin », 1970, p. 31.
43 *Ibid.*, p. 161.
44 Roland Barthes, *Critique et vérité*, Paris, Seuil, coll. « Tel Quel », 1966, p. 61-61.

Mais la perspective de Barthes ouvre la voie à une pensée commune et universelle, faite d'un tissu de références, de motifs et de langages variés.

L'étude de l'expression de l'exil dans des œuvres littéraires d'époques et d'aires géographiques différentes a semblé présenter un intérêt particulier. Il s'agit non pas de voir les manifestations d'exil dans des corpus similaires, mais au contraire de voir les similitudes dans des cultures très différentes, par-delà les frontières, dans une perspective transnationale. C'est une expérience intérieure commune qui relie les auteurs, et non l'influence concrète. Cette première optique peut aller de soi : étudier les différentes formes littéraires que peut prendre le thème de l'exil et repérer les invariants tout comme les différences, à travers les siècles et les cultures variées.

Nous avons cru bon également de comparer des expériences littéraires liées à des exils typologiquement différents. Cette approche part d'un présupposé qu'il s'agira de vérifier : les expériences précises de formes d'exil données renvoient à une expérience commune d'exil intérieur, au-delà des questions (éventuellement polémiques) d'intensité de chaque type d'exil. Il ne s'agit pas de décider qui, de l'exilé apatride ou de l'artiste vivant dans son pays et traversant un exil intérieur, souffre le plus : question vaine et infructueuse. Il est plutôt intéressant de se demander si l'expérience de l'exil, tout à fait différente d'un cas à l'autre, donne à voir un terrain commun sur lequel il est possible de faire des liens. Partant de là, nous examinerons dans quelle mesure la parenté ontologique nous permet de parler d'une langue de l'exil qui irriguerait tout un faisceau de langues apparentées ou de langages.

C'est ici que l'on doit revenir à la typologie de l'exil. Différencier les types d'exil, soit, pour servir de base à une différenciation dans l'expérience des auteurs. Mais nous dégageons l'hypothèse suivante : les divers types d'exil peuvent-ils renvoyer à un sentiment commun bien entendu au-delà de toute question polémique d'intensité de la douleur (qui ne constitue pas ici le propos) ? S'il y a certes différence d'intensité, on ne compare pas pour la cerner, mais pour trouver au contraire des points de convergence qui correspondent à une exigence éthique de compréhension réciproque. Autrement dit : en quoi peut-on comprendre autrui dans des expériences extrêmement différentes mais renvoyant à un sentiment commun d'arrachement, quelle que soit sa force et même sa forme ? Doerte Bischoff a d'ailleurs cru bon de souligner qu'il existe une « *Unterscheidung von ästhetisch formulierter Heimatlosigkeit und einer durch politische Gewalt erzwungenen Vertreibung aus dem geographischen und kulturellen Raum, an den eine persönliche Identität und Geschichte etwa durch die Muttersprache gebunden ist, schwierig oder unmöglich*[45] ». (« … différence entre la perte du pays d'origine formulée esthétiquement et un déplacement forcé – dû à une violence politique – hors d'un espace géographique et culturel auquel sont plus ou moins liés une identité et une histoire personnelles à travers la langue maternelle, difficile ou impossible ».) Mais selon notre approche, il n'est pas interdit de comparer, d'abord parce que comparer n'est pas amalgamer, mais aussi parce que cela nous permet de confronter des textes d'origines différentes, en une approche transhistorique. Par ailleurs, l'écrivain exilé suite à une violence politique ne rejoint-il pas celui qui ressent un exil intérieur plus esthétique, même s'il n'a pas vécu les mêmes expériences ou avec la même intensité ? De plus, le premier, quoi qu'il en soit, donne forme esthétiquement à son expérience. C'est sur la base de cette mise en forme esthétique, l'œuvre littéraire, que nous parlons d'expériences transformées, des expériences du langage sous le signe de la métamorphose, appelant une poétique de l'exil, dans le domaine de la littérature précisément – et non de la sociologie ou de l'anthropologie, par exemple. Nous voyons bien que le fait de transcender la typologie et les époques ouvre la voie à un nouveau type de mise en relation et à un nouveau sens de la parole littéraire qu'il conviendra de sonder dans ce travail.

LA CONVERGENCE TRANSHISTORIQUE

L'approche transnationale des textes littéraires est aujourd'hui admise sans que le chercheur développe obligatoirement une étude d'influences : on peut comparer des auteurs sur un thème similaire, ayant vécu à peu près à la même époque. Si nous admettons le principe d'une comparaison d'auteurs n'ayant pu s'influencer profondément ou même avoir connaissance de l'œuvre d'autrui (donc une comparaison

45 *Avantgarde und Exil. Else Lasker-Schülers « Hebräerland »*, in *Exilforschung*, 16, 1998, p. 109. Cité par Bettina Englmann, *op. cit.*, p. 6. (Nous traduisons.)

plus structurelle que génétique), pourquoi ne pas admettre, sur le même principe, la comparaison d'auteurs d'époques différentes ? L'approche transhistorique ne nous semble en effet pas encore très développée. On s'y hasarde le plus souvent lorsque l'on peut y amalgamer une étude d'influences. Or, si nous reconnaissons l'expérience humaine universelle, malgré des changements formels, pourquoi refuser la comparaison de ce qui, sur le fond, présente une similitude ? À partir de l'acceptation de ce postulat, nous ne craignons plus les différences : elles peuvent, comme tout élément de l'expression littéraire, être relevées, puisque nous ne cherchons pas forcément à rapprocher des expressions semblables. En fait, il s'agit de constater les constantes et les différences non seulement à travers les cultures d'une même époque mais à travers l'Histoire. Il nous semble qu'une telle approche permet un regard éthique de compréhension mutuelle au-delà non seulement des frontières mais aussi des siècles, à travers l'étude du langage qui sert à dire l'expérience en question.

Nous serons donc amené à suivre le cheminement intérieur des auteurs étudiés. Ce processus emprunte forcément certains procédés à la critique dite de la conscience. Il faudra faire allusion à la correspondance, aux écrits intimes, à la biographie des auteurs, non pas dans un intérêt biographique proprement dit, mais en ce que ces informations peuvent nous orienter sur le sens de ce chemin d'exil intérieur. En même temps la question d'une *poétique* de l'exil nous invite à examiner les textes d'un angle davantage stylistique que ne le fait la critique de la conscience, puisqu'il s'agit de déterminer une langue de l'exil. Ce qui ne laisse de soulever d'autres questions : peut-il y avoir une langue commune pour des expériences si différentes – *même si* elles renvoient à une expérience commune d'exil intérieur ? Qu'est-ce qu'une langue commune ? Est-il possible d'évoquer une langue commune dans le cas de corpus d'aires culturelles différentes ? Y a-t-il donc une supra-langue, au-delà de toutes les langues ? Ou une infra-langue, langue dans laquelle toutes les langues trouvent leur origine ? Ne serait-il pas plus juste, comme nous l'écrivions plus haut, de parler d'une langue déployant un faisceau de langages, renvoyant eux-mêmes à une expérience ontologique similaire ?

Tous ces questionnements trouveront ici une réponse dans une sphère proprement littéraire. Nous sommes dans le champ de la littérature générale et comparée, non de la philosophie ou de la théologie, mais le recours à ces disciplines viendra en appui à la démarche. En fait il s'agit d'examiner l'expression littéraire de ces questionnements humains. Peut-on constater concrètement une langue singulière, renvoyant à une compréhension du monde fondamentale et fondatrice ? Ces problèmes lèvent inévitablement la question de l'au-delà du langage, du silence, et de la spiritualité : ces éléments sont examinés en tant que thèmes et structures textuelles.

Nous ne nous livrerons cependant pas à des analyses chiffrées ; nous oserons par endroits avancer des réflexions hypothétiques, concernant cette matière littéraire qui reste aussi mystérieuse que la matière dont elle traite : l'humain. Albert Béguin, que l'on rattache à la critique de la conscience, écrivait :

> On peut douter que les lettres soient et puissent être [...] un objet de science ; leur nature même réclame probablement une autre sorte de connaissance. [...] Les moyens d'expression et de connaissance de la littérature sont par définition extra-scientifiques ; ils ont un caractère propre, auquel on les soustrait dangereusement en les exposant à certain type d'investigation. Les exigences d'objectivité, de mensuration chiffrée, d'analyse systématique que comporte la science sont particulièrement étrangères à la démarche naturelle des arts, et surtout des arts du langage[46].

Béguin, écrivant après la Seconde Guerre mondiale, reconnaît l'engagement du critique sans avoir pour autant une position militante liée à un parti. Il confère à la littérature une dimension éthique. Mais il ne définit pas toujours cette « autre sorte de connaissance », précisément parce que le chercheur ne connaît pas encore ce qu'il cherche (sinon il ne le chercherait pas, il l'aurait trouvé), non seulement sur le fond mais aussi dans la *manière* de le chercher. La recherche est aussi mystérieuse que l'objet recherché. Se glisser excessivement dans une méthodologie et une approche déterminées et fixées d'avance peut figer le sens et orienter les résultats avant même de les avoir trouvés. D'ailleurs, Béguin lui-même semble utiliser conjointement plusieurs approches apparemment contradictoires, et qui révèlent en réalité plusieurs aspects d'un même phénomène.

S'il nous faut reconnaître néanmoins quelques approches qui s'imposent à notre démarche (non comme des obligations mais comme des outils ou des pistes utiles), plusieurs voies s'offrent à nous. Le caractère hybride du genre des œuvres étudiées, doublé d'une dimension fortement

46 Albert Béguin, « Critique de la critique. Questions de méthode » in *Création et destinée. Essais de critique littéraire*, Paris, Seuil, 1973, p. 178.

métaphorique, nous invite à multiplier les approches critiques. Nous avons déjà vu que dans le cas de l'exil il faudrait forcément se pencher sur la conscience du sujet écrivant afin de chercher à comprendre son parcours humain et esthétique. Le rôle de l'imagination doit être pris en compte, à travers l'étude des réseaux thématiques et des transformations des motifs, comme on peut le voir chez Gaston Bachelard. Il est assez intéressant de constater d'ailleurs que ses œuvres abordent les questions de poétique liées à un thème (comme *Poétique de l'espace*). Jean-Pierre Richard également a étudié l'évolution des motifs et la texture des images chez Rimbaud. Mais n'oublions pas qu'il ne s'agit pas d'étudier un simple thème.

De même, cette étude ne s'inscrit pas du tout dans une perspective structuraliste ou sémiotique, puisqu'elle nécessite un regard sur le parcours de l'auteur (à mettre constamment en lien ave l'œuvre) et ne considère le texte que dans son lien avec la conscience écrivant et avec son envers, le silence. Quelques allusions néanmoins peuvent être faites à l'école de Tartu, mais uniquement pour quelques points précis des écrits de Jouri Lotman, sans corroborer l'ensemble du système. Nous pouvons prendre appui sur les lignes suivantes pour justifier notre approche consistant à croiser des œuvres d'aires géographiques et d'époques très différentes ne s'étant pas particulièrement influencés :

> Ainsi, on présuppose dès le début une co-existence des deux degrés d'objectivité : le monde qui appartient à la langue (et qui est objective, du point de vue linguistique) et le monde extra-linguistique.
>
> Une des questions principales est celle de la transposition du contenu du système (sa réalité intérieure) dans la réalité qui se trouve en dehors de la langue. Il en découle deux conditions plus spécifiques :
>
> 1) Il est nécessaire de disposer de plus d'une langue (au minimum, deux) pour refléter la réalité extra-linguistique ;
>
> 2) Il est inéluctable que l'espace de la réalité ne puisse être englobé par aucune langue isolée, mais seulement par un ensemble de langues[47].

D'où la nécessité de croiser les œuvres très diverses, dans la perspective d'une poétique de l'exil – doublement dans le cas de l'exil, puisque l'exil est en soi un déplacement dans la langue, et qu'on ne peut le sonder sans se situer dans cet espace culturel intermédiaire.

---

47 Jouri Mikhailovitch Lotman, *L'explosion et la culture*, trad. Inna Merkoulova, Limoges, Pulim, coll. « Nouveaux actes sémiotiques », 2004, p. 22-23.

> Cette incapacité même n'est pas un défaut mais une condition d'existence car c'est justement elle qui dicte la nécessité de *l'autre* (autre personnalité, autre langue, autre culture). L'image du modèle optimal avec une seule langue parfaite cède la place à une structure comprenant au moins deux langues, ou toute la liste ouverte des langues diverses qui sont indispensables les unes aux autres, faute d'exprimer le monde séparément. Ces langues se superposent en reflétant, chacune à sa manière, la même chose, et elles s'installent « sur le même plan » en y définissant les frontières intérieures. [...] La situation de la pluralité des langues [...] sert de base pour la tendance à une langue unique et universelle (à une vérité unique et finale)[48].

C'est cette universalité de l'exil à laquelle nous faisions allusion. Mais la réflexion de Lotman, si elle présente ainsi isolée quelque intérêt pour notre recherche, se situe davantage dans la perspective d'un questionnement sur la littérarité de l'œuvre insérée dans un ensemble multilinguistique. De plus, elle demeure dans le champ précis de la sémiotique.

Cette réflexion à la fois linguistique, philologique et philosophique rejoint par ailleurs celle de Walter Benjamin :

> Toute parenté transhistorique entre les langues repose bien plutôt sur le fait qu'en chacune d'elles, prise comme un tout, une seule et même chose est visée qui, néanmoins, ne peut être atteinte par aucune d'entre elles isolément, mais seulement par la totalité de leurs intentions complémentaires, autrement dit le pur langage. En effet, alors que, dans des langues étrangères les unes aux autres, tous les éléments singuliers, les mots, les phrases, les enchaînements s'excluent, ces langues se complètent dans leurs intentions mêmes[49].

Cette théorie rejoint notre pensée sur la convergence des œuvres concernant un phénomène universel, au-delà des langues, des cultures et des époques. Ce postulat rendrait possible la comparaison en dehors des traditionnelles études d'influence, mais également sur des phénomènes différents du point de vue existentiel ramenant toutefois à une expérience similaire du point de vue ontologique et essentiel. Il repose sur la certitude d'une signification supérieure présente dans le texte même si elle n'est pas toujours perceptible par le signe.

Cette approche rejoint par ailleurs les études de littérature générale, qui ont trait aux convergences dans l'expression des divers thèmes, au

48 *Ibid.*, p. 23.

49 Walter Benjamin, « La tâche du traducteur » in *Œuvres*, trad. Maurice de Gandillac, Paris, Gallimard, coll. « Folio essais », 2000, t. I, p. 250-251.

sein d'une littérature qui ne serait plus examinée en fonction de son aire géographique mais d'une signification universelle :

> Mais le rapport ainsi conçu, ce rapport très intime entre les langues, est celui d'une convergence originale. Elle consiste en ce que les langues ne sont pas étrangères les unes aux autres, mais, *a priori* et abstraction faite de toutes relations historiques, apparentées en ce qu'elles veulent dire[50].

La littérature générale et comparée nous semble le champ d'études propice à une telle recherche fondé sur l'idée d'une expérience transnationale et universelle. Les liens entre les auteurs se situent ici au niveau des idées, non des relations humaines et des influences. Même si l'étude du contexte historique s'avérera par endroits nécessaire, la perspective choisie n'est pas tellement temporelle : il s'agit d'assister au dévoilement progressif d'une parole sur l'exil à travers le déploiement d'une langue. Mais il ne faut pas non plus perdre de vue que l'exil est lié à une expérience nationale, et que l'approche transnationale ne peut occulter ce fait sans perdre son sens.

Nous avons décidé de rester dans le champ littéraire au sens strict (avec la méthodologie qu'il implique), tout en recourant, quand le besoin s'est fait sentir, à des ouvrages plus philosophiques, notamment sur certains thèmes complémentaires. Il existe une abondante littérature sur la question de l'altérité, du métissage, de l'étranger, mais notre recherche ne porte pas précisément sur ces thèmes. Nous avons donc utilisé certaines études en appui à notre travail ; nous nous serions cependant écarté de notre objectif à vouloir trop développer sur chacun de ces thèmes parallèles. Pour développer dans le champ de la recherche une théorie sur l'exil, il faudra peu à peu, à notre avis, mettre en avant davantage l'exil lui-même plutôt que de toujours s'appuyer sur ce qui existe et qui n'est pas directement le thème en question – surtout dans le cadre d'une poétique. Car la poétique est recherche d'une langue, et si les approches thématique et philosophique soutiennent le champ encore inexploré, elles ne doivent pas se substituer à lui, et d'ailleurs ne constituent pas l'essentiel du propos : la poétique, nous l'avons dit, est la tentative de trouver la façon dont se manifeste tel ou tel thème dans des corpus littéraires donnés plus que d'ériger un système philosophique sur la question, même si, nous le répétons, la philosophie permet de cerner davantage les questions de style, de discours, de thèmes, etc.

---

50 *Ibid.*, p. 248.

Mais il est possible que cette manière de concevoir la poétique ouvre la voie, de façon tout à fait inattendue, à un champ beaucoup plus large impliquant obligatoirement une philosophie plus systématique ; ce à quoi nous serions entièrement ouvert, puisque, comme nous l'avons écrit plus haut, nous ne pouvons d'ores et déjà connaître entièrement ce que nous allons trouver, puisque nous le cherchons ; et ce, autant au sein de l'objet d'étude que dans l'approche et la méthode que nous jugeons nécessaires, vu la nouveauté du sujet.

DE L'EXIL GÉOGRAPHIQUE AU SPIRITUEL EN PASSANT PAR LA LANGUE

Le premier axe d'un travail d'ensemble sur l'exil doit logiquement se rattacher à la première définition de l'exil, qui est géographique. Mais l'espace géographique ne croise-t-il pas bien vite d'autres thèmes, comme l'enfance, elle aussi lieu d'origine ? À l'exil des origines géographiques correspond étrangement celui des origines de la vie, ou du moins des débuts de la vie. Le questionnement est réversible ; qu'on nous permette la réversion « Exil de l'origine, origine de l'exil », qui prépare la perception d'un exil au second degré, plus spirituel. L'exil du pays d'origine amène forcément la question de la confrontation avec l'étranger, la notion d'altérité, la peur de l'altération ou de la disparition. Ainsi, les interrogations angoissées d'un Sarafian sur le devenir de l'Arménien apatride en Diaspora croisent celle d'un Hölderlin qui écrit, peu avant de sombrer dans la folie : « [...] *wir* [...] *haben fast / Die Sprache in der Fremde verloren*[51]. » (« [...] nous avons presque / Perdu notre langage en pays étranger[52]. ») Mais l'exil est aussi plus largement interrogation sur l'identité et sur ce qui la compose – ou ceux qui la composent : la perception du soi unitaire et multiple. L'exil géographique est le point de départ pour la constitution d'un réseau thématique où doivent être examinés la récurrence des thèmes et motifs et leurs transformations. C'est la première étape d'une investigation sur la poétique de l'exil, qui

51 « Mnemosyne », DKV-I, p. 1033.
52 « Mnemosyne », H-Pl., p. 879.

effectue donc un trajet partant de la communauté première, pour suivre le parcours de l'exilé : enfance, départ, errance, arrivée, puis confrontation avec l'étranger, avec les perspectives d'une fondation nouvelle. Ce parcours croise divers concepts, comme la déterritorialisation et l'altérité, qu'il conviendra d'examiner.

Cette investigation nous amène tout naturellement à la question de l'exil et de la langue. À travers les questionnements identitaires liés à l'exil, la langue est au cœur de la réflexion. L'arrachement à la terre ne se transpose-t-il pas dans le domaine de la langue, et ne nous amène-t-il pas à envisager un exil à la fois *de* la langue et *dans* la langue ? Ainsi, si la première partie avait une orientation critique nettement thématique, la deuxième laissera davantage la place à une dimension stylistique. Il est nécessaire d'examiner comment l'exil est caractérisé dans l'énonciation, la narration, le genre, entre autres : c'est l'approche adéquate pour un questionnement sur l'auteur exilé de sa langue ou en recherche d'un nouveau langage. Quelle adéquation peut-on faire entre la langue vernaculaire et le langage littéraire inventé (ou à inventer) ? La langue est-elle un refuge pour l'exilé ? Est-elle un lieu à conquérir ? Cette difficulté de situer le poète exilé par rapport à la langue est le reflet du bouleversement des cadres opéré par l'exil. L'exilé doit chercher à trouver son nouvel espace ; ce dernier ne devient-il pas poétique ? De la question du langage naît alors une interrogation sur la langue comme habitat et comme lien à la communauté, perdue ou retrouvée. Il était tout naturel qu'un tel questionnement, central pour notre problématique, trouve sa place en deuxième partie de notre travail.

L'étude de la langue en tant que manifestation de sens par l'assemblage de ses signes nous porte vers une interrogation sur le silence entre ses signes, surtout lorsque l'on sait que l'exil est une expérience faite du silence de ce que l'on ne retrouvera pas, comme nous l'avons écrit plus haut. C'est la partie la plus délicate : comment parler de ce qui n'est pas ? Est-ce permis ? Nous croyons pouvoir le faire, nous appuyant sur l'idée que l'on ne peut faire l'impasse de cet aspect du cheminement des auteurs, si l'on considère la pensée comme l'ensemble de ce qui est exprimé, que ce soit par le langage ou son envers, le silence. Bien entendu nous devrons aborder le sujet non sans quelque prudence, et ce que nous dirons aura bien souvent valeur d'hypothèse. Cette approche semble d'autant justifiée que nous nous interrogeons sur l'exil et la création d'une langue, et que la parole de l'auteur reste bien souvent au seuil : thèmes et outils linguistiques concordent autant dans ce qui est dit que ce qui ne l'est pas. L'exil et l'au-delà du langage, c'est aussi le risque prométhéen de l'écrivain qui risque sa vie pour avoir voulu inventer un verbe : Hölderlin et Rimbaud en paieront cruellement les frais, par leur silence et leur proximité avec la folie. L'exil ne devient-il pas spirituel ? C'est le cas de Sarafian également, qui inventera une prose poétique très personnelle pour dire son sentiment d'exil métaphysique, qui confine bien souvent l'auteur à la menace du silence ou de la disparition. L'exil est aussi, nous l'avons vu, fuite hors du langage, littéraire du moins ; il rejoint l'exil géographique d'un Rimbaud ; à l'exil de la langue correspond l'exil spirituel, si la langue est interrogation créatrice face à ce que la terminologie théologique considère comme le Verbe. Force est de constater que les auteurs que nous avons choisis se positionnent toujours par rapport à leur héritage religieux. Enfin, chez tous ces auteurs se pose la question de l'exil sur terre, ou du moins du sens de cette vie agitée ici-bas. Il sera logique de commencer par le parcours spirituel des auteurs, avant de montrer en quoi ils se sont tôt ou tard éloignés (et bientôt exilés) de cette source première. Quelle incidence cela a-t-il eu ? L'exil, véritable fracture existentielle, donne lieu à une dialectique complexe dans la quête intérieure, telle qu'elle ressort dans les écrits d'exil. Entre parole et silence, n'y a-t-il pas, encore et toujours, une recherche d'unité ? N'est-ce pas là un écho de l'arrachement premier ?

À chaque complexe thématique correspond donc une approche qui lui est cohérente : à l'exil de l'origine correspond une approche thématique, à l'exil de langue, une approche plus stylistique, et à l'exil spirituel et la question de l'au-delà du langage, une approche qui, dans une certaine mesure, combine à la fois des éléments de biographie et de philosophie (et par endroits de théologie, ou plus largement de spiritualité). Cette investigation exige une étude des manifestations de l'exil autant dans l'usage littéral que dans la perspective métaphorique, distinction qui, quoique claire, induit forcément un mouvement d'alternance et de mise en question réciproque.

RESTREINDRE POUR MIEUX CERNER

Les limites d'une poétique de l'exil résident principalement dans le fait que cette poétique ne peut prendre appui que sur des œuvres variées et que les invariants ne sont pas toujours de l'ordre du visible et du « sémiotisable ». C'est ce qui, à notre avis, rend cette recherche audacieuse, il faut le reconnaître, mais c'est aussi ce en quoi nous croyons qu'elle peut apporter une contribution non négligeable, dans la mesure où nous sommes en face d'un phénomène mouvant dont la particularité est justement d'échapper aux catégories et de bouleverser les normes et les codes. Nous l'avons dit, un très grand nombre d'études de cas sur des auteurs d'exil ont été publiées, et la plupart marquent leurs limites face à une théorisation de l'exil. Nous n'avons pas non plus trouvé de traité de l'exil en littérature. Notre ambition n'est pas d'en établir un, mais d'aller plus loin que la simple monographie ayant pour thème l'exil. Nous menons notre propos en tentant spécifiquement de mettre en avant la langue qui se dégage d'une telle expérience, et avant tout d'interroger si un tel phénomène peut laisser place à une expression précisément liée à cette expérience.

Il a donc fallu limiter le corpus. Nous aurions voulu évoquer d'autres œuvres. On peut parler d'exil dans la Négritude, dans les littératures africaines, amérindiennes, sud-américaines. Toutes peuvent contribuer à élaborer une poétique de l'exil. Il faut choisir. Nous croyons toutefois que, si trois auteurs étaient nécessaires pour établir des constantes et faire des parallèles, nous pourrions inversement multiplier à l'infini les auteurs sans que ne change le principe même d'une poétique : il ne s'agit pas de multiplier à tout prix les cas, mais de voir, à travers quelques cas, ce que révèle l'écriture d'exil.

Le choix d'auteurs éloignés tant sur le plan de l'aire géographique que de l'époque et que du type d'exil nous semble, vu notre approche, d'autant plus approprié, en ce qu'il nous permettra de vérifier notre hypothèse d'une langue de l'exil au-delà des catégories, ainsi que la possibilité d'un lien transnational et transhistorique. À défaut de trouver une seule langue ou de confirmer une similarité frappante qui ramènerait à une identité ontologique, on pourra malgré tout essayer la pensée sur la comparabilité d'œuvres éloignées, ouvrant là aussi un terrain favorable à de nouvelles méthodes. Notre hypothèse est donc liée à la fois au contenu et à la méthode : donner les caractéristiques d'une langue de l'exil, et voir en quoi l'approche envisagée est exploitable pour ce champ encore nouveau de la recherche.

NOTICES BIOGRAPHIQUES ET RÉSUMÉS DES ŒUVRES

FRIEDRICH HÖLDERLIN

Friedrich Hölderlin est né le 20 mars 1770 à Lauffen sur le Neckar (Souabe). Il perd son père à l'âge de trois ans et ressentira toujours une vive douleur de ne pas l'avoir vraiment connu. Il est élevé par sa mère, avec sa sœur Friederike et son demi-frère Karl, avec lesquels il entretiendra une correspondance sa vie durant. Son père était administrateur au « *Stift* » (séminaire protestant) de Lauffen, et sa mère était elle-même fille de pasteur. Remariée, elle vivra à Nürtingen jusqu'à sa mort en 1828.

Hölderlin étudie dès 1784 au séminaire de Denkendorf près de Nürtingen. Il y apprend le latin, le grec et l'hébreu. Il part continuer ses études au séminaire de Maulbronn deux ans plus tard, où il vit une amitié intense avec Immanuel Nast et fréquente la cousine de cet ami, Louise. Un lien amoureux s'établit ; il rompra quelques années après, ne voyant pas la possibilité de poursuivre une relation suivie alors qu'il se sent destiné à une carrière créatrice qui exige de lui une grande solitude.

En 1788, il entre pour cinq ans au séminaire de Tübingen. Durant ses années d'étude, il se lie d'amitié avec Magenau, Neuffer, Hegel, Schelling et surtout Isaac von Sinclair, qui restera l'ami fidèle jusqu'à la fin. En 1793 il est diplômé du séminaire et, malgré l'insistance de sa mère, refuse de faire carrière comme pasteur. Il trouve un premier poste de précepteur à Waltershausen, avant de s'installer à Iéna où il fréquente Schiller pour lequel il a une véritable vénération. Il suit les cours de Fichte.

Pendant ce temps, il écrit *Hypérion*, dont un fragment paraît dans *Thalia*, la revue de Schiller. En 1795 il devient précepteur du fils du banquier Gontard à Francfort et entretient une liaison avec la femme du banquier, qui donnera lieu à une correspondance passionnée et transparaîtra à travers la relation entre Hypérion et Diotima. En 1796, Hölderlin termine *Hypérion* qui paraît chez l'éditeur Cotta à Tübingen en deux livraisons, la première en 1797, la seconde en 1799. La relation adultère ayant été découverte, Hölderlin doit partir.

Il se retrouve à Hombourg où il se lance dans la composition d'une tragédie, *Empédocle*, qui restera inachevée. Il écrit aussi des essais philosophiques et esthétiques. Il tente de fonder une revue littéraire avec l'appui de Schiller, sans succès. Il se met alors à écrire les grands poèmes de la maturité tout en obtenant des postes de précepteur qu'il ne pourra garder : Hölderlin n'arrive pas à se fixer géographiquement et professionnellement.

Il est précepteur quelques mois à Bordeaux en 1802, avant de revenir en Allemagne, atteint d'un surcroît de souffrances psychiques déjà bien perceptibles auparavant. Sa santé se dégrade ; il continue d'écrire des poèmes dont un bon nombre restent inachevés. Il glisse peu à peu vers la folie et est interné en 1806.

Un an plus tard, le menuisier Zimmer, touché par une lecture publique de *Hypérion*, l'accueille dans sa demeure à Tübingen ; le poète occupe alors le premier étage d'une tour. Il y écrit des poèmes principalement sur les saisons qui défilent sous ses yeux : sa chambre donne sur le Neckar et la nature environnante. Il ne retrouvera pas la raison, même s'il s'apaise au fil des années. Il rend l'âme le 7 juin 1843.

Hypérion est réédité en 1822 ; suivront des poèmes les années suivantes. On découvre tout au long du XIXe siècle un grand auteur. Mais c'est au XXe siècle qu'il acquiert une véritable notoriété avec la redécouverte et la publication de ses œuvres par Norbert von Hellingrath au début du siècle.

HYPÉRION

Depuis la parution de *Hypérion*, on constate quelque hésitation à présenter cette œuvre comme un roman. Les longues méditations lyriques sur la nature, la religion et la patrie, les réflexions philosophiques sur la société idéale, le caractère abstrait ou stéréotypé des personnages, enfin la langue poétique chargée d'images et d'états d'âme font que les recensions le désignent tour à tour comme un roman par lettres, une épopée en prose, un long poème ou un récit poétique.

Tome I, Livre premier : un jeune Grec du nom de Hypérion (qui selon Hésiode est le fils du Soleil dans la mythologie grecque) raconte en des lettres majoritairement adressées à un destinataire du nom de Bellarmin, ses aventures successives en Grèce et en Allemagne. Dès le début du roman, sur l'isthme de Corinthe, il évoque son sentiment d'exil dans sa propre patrie, la Grèce de 1770, alors sous le joug turc. L'exil de la patrie se double rapidement d'un sentiment d'exil de la Nature qui se présente comme une forme d'entité sacrée. Le héros ressent une grande nostalgie et le désir de retour à cette pureté originelle. Il fait un acte de foi panthéiste, qui s'inspire manifestement des Stoïciens et de Spinoza.

Hypérion fait ensuite le récit de sa formation auprès d'un mentor nommé Adamas, dont il doit se séparer. Son père lui conseille alors d'aller à Smyrne pour se former. Il y rencontre un patriote révolutionnaire du nom d'Alabanda, avec lequel il discute passionnément de la patrie à venir et de la future Église, nouveau lien fraternel entre les hommes. Mais la séparation est rapide, lorsque Alabanda présente Hypérion à la Ligue de Nemesis, société occulte que Hypérion perçoit comme une imposture. Il quitte Smyrne et plonge dans un profond désespoir.

Tome I, Livre deuxième : Hypérion renaît à la vie, à Salamine, île d'Ajax. Il y sent l'harmonie de la nature. Il tombe amoureux d'une jeune femme, Diotima, qui représente un absolu pour lui. Loin d'elle à présent, avec le recul des années, il se sent exilé. Pour l'instant, il vit des moments de félicité. Une discussion a lieu avec des amis : on parle de nouvelle société, des siècles d'or, du monde perdu, d'Athènes, de l'Antiquité, de la religion, de l'art et de la poésie.

Tome II, Livre premier : la guerre russo-turque est déclenchée. Hypérion laisse Diotima et part à la guerre pour la patrie. Le combat a lieu. Au milieu de ce récit sont développées diverses considérations sur la religion de la nature, le paganisme et la philosophie. Le camp grec finit dans la débandade.

Tome II, Livre deuxième : Hypérion retrouve Alabanda. Leur relation est manifestement très intime. Hypérion médite à nouveau sur la Nature et développe des pensées s'apparentant au panthéisme et au paganisme. Diotima et Hypérion se séparent par lettre. Hypérion fait ses adieux à Alabanda. Diotima écrit à Hypérion pour lui dire qu'elle ressent un appel de la mort pour aller s'unir à la Nature. Elle veut être brûlée. Hypérion est à la fois rongé intérieurement et apaisé. Il part alors en Allemagne où il développe un long réquisitoire contre le peuple allemand qu'il compare à des barbares, matérialistes et éloignés du divin. Un exil semblable à celui du début se fait sentir. Ainsi, quand Hypérion souhaite quitter l'Allemagne, son éventuel départ s'apparente à celui d'un patriote qui quitterait son pays avec une grande déception. Mais la nature le retient, et il élève son dernier chant panthéiste où il exprime la résolution des contradictions du monde dans le retour à l'unité de l'éternelle Nature : la boucle est bouclée, et la *Sehnsucht* du début trouve un écho dans la dernière lettre.

ARTHUR RIMBAUD

Arthur Rimbaud est né le 20 octobre 1854 à Charleville. Son père est alors capitaine et part longtemps à la guerre ou en garnison loin de Charleville avant de se retirer de l'armée et de partir sans laisser de nouvelles à la famille. Rimbaud est alors enfant. Il a deux jeunes sœurs, Vitalie et Isabelle, et un frère aîné, Frédéric. Dès le collège, il montre de réelles aptitudes à l'écriture et remporte des prix d'excellence, notamment en langue française, en récitation classique et en instruction religieuse. Il reçoit les conseils bienveillants de son jeune professeur de français, Georges Izambard. En 1870, il écrit à Théodore de Banville. La guerre franco-prussienne éclate. Rimbaud s'ennuie terriblement à Charleville. Il rêve de fréquenter les milieux littéraires de Paris et de partir à l'aventure. Il fait des fugues qui le ramènent immanquablement à la maison, chez sa mère qui veille avec autorité à son éducation. Il continue d'écrire des poésies, dont certaines paraissent dans des revues locales. Rimbaud mène une vie errante entre Paris et Charleville pendant la guerre. Il est possible qu'il ait été présent à la Commune de Paris.

Revenu à Charleville, il ne rêve que de Paris d'où Verlaine et le cercle des Vilains-Bonshommes l'appellent. Il finit par s'y rendre, et durant l'année 1872 il mène une vie de bohème, écrit et fréquente les cercles littéraires où il fait forte impression. Une relation très forte le lie à Verlaine avec qui il partira à Londres, puis à Bruxelles l'année suivante. Il aurait composé *Une saison en enfer* entre avril et août 1873, d'après l'inscription en bas du manuscrit, donc entre Bruxelles et Paris, mais plus vraisemblablement à la ferme familiale de Roche (canton d'Attigny) ; du moins il l'aurait complété dans ce lieu en retrait après le drame de Bruxelles : Verlaine, dans l'été 1873, tire un coup de revolver sur Rimbaud et le blesse. Rimbaud se remet sur pied et renonce à toute action en justice. *Une saison en enfer* est imprimée à l'Alliance typographique à Bruxelles en octobre, et Rimbaud, n'ayant pas payé les frais d'impression, n'en retire que quelques exemplaires qu'il distribue. Ce sera la seule publication d'une œuvre intégrale qu'il aura lui-même dirigée.

Il écrit les *Illuminations* vraisemblablement en 1874 (on a cru longtemps qu'elles étaient antérieures à la *Saison*). Il se trouve alors à Londres avec un ami poète, Germain Nouveau. À part peut-être quelques poèmes épars, il n'écrira plus à partir de 1875, année où il commence une vie d'aventures à travers le monde, passant par Stuttgart, Naples (1876), Stockholm (1877), Chypre (1879), Alexandrie (1880), villes dans lesquelles il cherchera et souvent trouvera un travail temporaire, avant de repartir pour Aden et l'Abyssinie où il devient négociant durant plusieurs années. Véritable exil dans un climat très difficile et des conditions sociales éprouvantes, il revient en 1891 à Marseille où il rend l'âme le 10 novembre. Il n'aura pas connu la notoriété de son vivant. Après avoir tourné le dos à la littérature et aux milieux littéraires parisiens, d'anciens collègues lui avaient écrit de Paris, l'appelant pour le consacrer dirigeant du mouvement symboliste. Il n'avait pas donné de suite. Il avait tourné la page. Le succès, surtout posthume, ira grandissant, jusqu'à façonner un véritable mythe au XXe siècle.

UNE SAISON EN ENFER

Une saison en enfer emprunte à plusieurs genres. On peut la considérer comme une forme d'autobiographie en partie imaginaire (dans laquelle le délire et la fantaisie ont une part) développant une prose poétique qui suspend le fil de la narration et procède par tableaux successifs.

Le narrateur raconte son parcours de poète sous la forme d'un drame lié d'une part à son éducation chrétienne, et d'autre part à son projet créateur d'« alchimie du verbe » consistant à trouver un verbe poétique résumant toute l'expérience humaine ; expérience prométhéenne, suivi d'un châtiment et d'un adieu à la littérature. C'est en ce sens qu'on y a vu une forme d'autobiographie, puisque, malgré l'absence du nom du narrateur, tous ses propos concordent avec la vie de l'auteur, qui cite ses propres poèmes. Le narrateur fait le récit de sa traversée de ce qu'il considère comme l'enfer, référence chrétienne dont il accomplit toutefois la subversion, ne serait-ce que par le titre : si l'enfer est le lieu des tourments éternels, comment peut-on n'y passer qu'une saison ? Vaste fresque polyphonique aux élans très variés et souvent contradictoires, *Une saison en enfer* peut être considérée comme le témoignage du parcours créateur d'un jeune homme d'abord exilé de sa propre tradition culturelle (de par sa volonté créatrice révolutionnaire), puis exilé de la littérature dans laquelle il avait mis tous ses espoirs, enfin exilé de la religion chrétienne dont la pratique d'enfance semble avoir étouffé son sentiment de liberté.

Le prologue annonce le projet : suite à une révolte qui s'apparente à une transgression, le narrateur est exilé du festin originel. Il se considère comme un damné qui se doit de faire à Satan le récit de sa chute et de sa quête.

« Mauvais sang » : le narrateur retrace sa généalogie gauloise et glisse insensiblement vers l'imaginaire et le délire. Il se place d'emblée en situation de porte-à-faux face au christianisme, se présentant comme païen, esclave de son baptême.

« Nuit de l'enfer » : le narrateur fait le récit de son mal-être, de sa lutte et de ses hallucinations, qui peuvent être vues déjà comme la narration de l'expérience créatrice, ou du moins du prix à payer pour s'être éloigné de la norme sociale. Le narrateur a conscience de son orgueil ; il voudrait mettre fin à ses souffrances et revenir à la vie.

« Délires I. Vierge folle. L'époux infernal » : récit d'une histoire entre une mystérieuse vierge folle (le narrateur) et l'époux infernal, relation qui participe de la décadence du narrateur. Certains critiques y ont vu l'histoire de Verlaine et de Rimbaud, d'autres la relation de Rimbaud à lui-même (deux tendances contradictoires en lui). L'auteur, en reprenant des termes bibliques, fait peut-être une parodie religieuse blasphématoire.

« Délires II. Alchimie du verbe » : le narrateur raconte l'histoire de son aventure créatrice qui consistait à inventer un verbe créateur, opération de transgression entre toutes car elle amenait à diviniser le poète et à chercher à remplacer le Créateur. L'auteur cite ses propres poèmes en les intégrant au récit de sa vie. Il finit par évoquer son étiolement – qui l'a mené jusqu'au seuil de la mort – comme une conséquence de l'expérience poétique. Il laisse finalement entendre qu'il y a renoncé.

« L'impossible » : il s'agit d'une évocation de l'enfance, de l'Orient, de la foi chrétienne et les contradictions dans lesquels le narrateur se débat. Le tableau se termine par un regret de la pureté perdue.

« L'éclair » : évocation de la nécessité du travail humain ; l'homme est rendu à ses devoirs.

« Matin » : le narrateur affirme qu'il est sorti de l'enfer et accepte la vie.

« Adieu » : le narrateur dit adieu à son passé créateur et, sorti de l'enfer, il se déclare déterminé à avancer, coûte que coûte.

NIGOGHOS SARAFIAN

Nigoghos Sarafian est né le 14 avril 1902, le jour de Pâques, sur un bateau qui le menait de Constantinople à Varna avec ses parents. Il est le cadet de la famille. Ses parents venaient de la région d'Agn en Arménie occidentale (dans l'Empire ottoman). Ils avaient été exilés en Bulgarie au moment des massacres d'Arméniens ordonnés par le sultan Abdul-Hamid II en 1894-1896. Le peu de renseignements que nous avons sur son enfance nous viennent en grande partie de ses œuvres. Nous ne connaissons pas de livre entièrement consacré à la vie de Sarafian.

À Varna, il étudie au collège Djierdjian. Les divers écrits qu'il fera paraître plus tard dans son exil parisien (*Le Bois de Vincennes* ainsi que des articles dans les revues arméniennes de Paris) évoquent à plusieurs reprises une enfance douce, solitaire et rêveuse, dans la nature et à la ville, entouré de parents aimants. C'est l'enfance des fêtes religieuses et familiales, qui constituait un refuge contre les agressions du monde à venir. Sarafian, au cœur de ses grandes crises spirituelles, reviendra toujours aux célébrations chrétiennes de l'enfance, porteuses d'une magie dans laquelle il retrouve une vérité.

La Première Guerre mondiale éclate et ses parents l'envoient chez son frère en Roumanie, puis à Odessa et Rostov, où il est témoin d'horreurs qu'il évoquera dans *Le Bois de Vincennes*. Il revient alors à Varna et apprend le français au Lycée Saint-Michel. En 1919, il part avec sa famille à Constantinople où il étudie au Lycée Central. Il a pour professeurs les célèbres écrivains Hagop Ochagan et Vahan Tékéyan qui l'encouragent à poursuivre la littérature. Au moment des persécutions kémalistes de 1922, il doit s'exiler en Bulgarie, puis en Roumanie. La période suivante est mal connue ; il aurait traversé une partie de l'Europe avant d'arriver à Paris en passant par Marseille.

À Paris, il exerce le métier de typographe à France-Soir tout en fréquentant les milieux littéraires arméniens. Son premier recueil de poésies, *La Conquête d'un espace*, est publié en 1928. Suit le recueil *14* en 1933, puis *Flux et reflux* en 1939. *Citadelle* est publié en 1946, et il se tourne alors exclusivement vers la prose. *Le Bois de Vincennes* paraît en feuilleton aux Éditions Nayri à Alep en 1947. Il travaille ensuite principalement dans la presse arménienne, publiant des articles de critique littéraire et de réflexion sur le devenir du peuple arménien en Diaspora, dans des journaux tels que *Haratch*, *Menk*, *Anahid* et *Hayrenik*. Tout au long de ces années, il se tient au courant des diverses tendances littéraires et philosophiques, qui contribuent à sa réflexion sur le monde. Il revient à la poésie avec *Méditerranée* en 1971, avant de rendre l'âme le 16 décembre 1972. Depuis quelques années, il travaillait à une suite du *Bois de Vincennes*, restée inachevée sous le titre de *Dans le brouillard* (non traduit).

Sarafian a eu un lectorat principalement arménien, publiant toute sa vie en langue arménienne. Ses œuvres comportent donc *en arménien* (fait à signaler, puisqu'il constitue un point de vue bien précis) une réflexion sur l'exil et le devenir de la langue en terre étrangère.

Faisons un bref rappel historique pour bien comprendre certains aspects de l'œuvre de l'auteur. Sarafian ne se trouvait donc vraisemblablement pas dans les provinces d'Arménie occidentale de l'Empire ottoman au moment du génocide des Arméniens, mais il a su ce qui s'y passait et a connu de nombreux rescapés de la déportation et des massacres. Le 24 avril 1915, plusieurs centaines d'intellectuels, artistes, écrivains et hommes politiques arméniens, principalement à Constantinople, sont arrêtés et exécutés dans d'atroces souffrances. Talaat Pacha, alors Ministre de l'Intérieur Jeune Turc de l'Empire ottoman, ordonne la déportation et l'anéantissement de tous les Arméniens, jusqu'au dernier. Toutes les provinces sont vidées de leur population arménienne. Suivent les marches de la mort jusque dans les déserts syriens dont bien peu reviendront. L'armistice de 1918 empêche momentanément de poursuivre les opérations, déjà très avancées cependant ; des Arméniens arrivent ainsi à rester à Constantinople et dans quelques provinces. Mais Mustapha Kemal Atatürk, à son arrivée au pouvoir, poursuit le processus génocidaire, vidant les provinces restantes de leur population arménienne et persécutant les populations restées à Constantinople, où ne resteront finalement que quelques dizaines de milliers d'Arméniens. La fondation de la République de Turquie en 1922, avec le concert des nations (qui avaient participé au crime, par les accords avec la Turquie et par le silence complice), donne à bien des Arméniens un sérieux doute sur la possibilité de revenir dans leur foyer, d'autant que les rescapés arrivant en France se voient inscrire sur leur carte de réfugié la mention « Sans retour possible », ce qui prend une importance dans les œuvres littéraires des exilés. Entre les massacres hamidiens, ceux ordonnés par les Jeunes Turcs en 1915, puis par Atatürk en 1922, c'est plus de deux millions d'Arméniens qui périrent, ce qui est une proportion considérable au regard de la population d'alors (environ trois millions sur les territoires historiques).

La petite République d'Arménie intégrée à l'Union soviétique, d'une superficie minime au regard des territoires historiques, lance un appel aux Arméniens de la Diaspora en 1946. De nombreux Arméniens répondront à l'appel, et un bon nombre d'entre eux seront envoyés au Goulag où ils mourront dans des conditions atroces.

En littérature, le génocide est aussi évoqué par le terme de *Catastrophe*, qui correspond à l'arménien *Aghed*.

LE BOIS DE VINCENNES

Le Bois de Vincennes est également d'un genre difficile à définir. Il ne se prête pas tout à fait à la définition du récit poétique : les séquences narratives sont très courtes et l'histoire ne présente pas de fil conducteur. Ce fil est à déceler bien davantage dans la méditation sur l'exil, la vie à l'étranger et la pensée en général. Sarafian habitait à Vincennes, juste à côté du Bois. Dans ce paysage qu'il voyait chaque jour venait se présenter en surimpression le paysage d'autrefois : celui de l'enfance, du pays natal et du pays d'origine. C'est pourquoi cette œuvre d'exil prend la forme d'une vaste métaphore filée qui parcourt l'ensemble. Le narrateur évoque toutes sortes d'éléments constitutifs du Bois ; tout en ne faisant que rarement allusion à la Catastrophe, l'auteur parvient à faire sentir à la fois le monde dont il est exilé et le décalage avec le lieu d'exil en France, à travers un geste, une lumière, une couleur, un motif environnant qui croise un motif d'autrefois. Les espaces se confondent tout au long de l'œuvre, laissant entendre et voir le drame de l'exil à travers cette perte des repères et ce bouleversement des frontières et des images. Il s'agit d'une véritable tentative de donner forme à l'exil dans la langue, non seulement à travers les thèmes mais aussi la forme littéraire et les figures du langage.

Le Bois est tour à tour le lieu de naissance, le lieu d'une guerre, d'un tribunal, le lieu de la foi avec des anges en hiver, des ombres du passé la nuit venue. On y entend la voix du père, la voix des Pères spirituels de la nation. Mais on y croise aussi des réflexions sur l'existence et sur la philosophie de l'existence, sur le doute qui ronge le narrateur mais libère en lui des espaces nouveaux et un nouveau rapport au monde. On assiste à une remise en question de toutes les idéologies, révolutions, religions, de tous les idéaux dont l'exilé est revenu. La patrie est rarement nommée mais curieusement présente dans son silence constitué de tous les motifs qui l'évoquent. L'auteur rappelle qu'il est né à l'étranger et que son exil est un second exil, venu s'ajouter à l'exode de son peuple. Le questionnement sur le devenir de l'Arménien en Diaspora et sur l'Arménie soviétique est aussi développé, toujours de façon allusive, comme un fleuve qui passe, comme sous le pont Mirabeau que cite l'auteur parmi d'autres œuvres de la littérature occidentale qu'il a assimilées.

Le Bois de Vincennes est une prose qui confronte les univers, les pensées, les perspectives. Elle est aussi le témoignage d'un cheminement spirituel, où sont évoqués à la fois les grands mystiques comme Grégoire de Narek ou saint Jean de la Croix, et l'itinéraire de l'auteur même dans sa traversée d'une nuit obscure, celle de son exil… avant de renaître à la lumière, dans une nouvelle identité qu'il ne reconnaît pas encore. Questionnement sur l'identité, sur l'altérité, sur la peur et la fascination du monde étranger, sur l'espoir enfin, sur ce qui reste à l'humain quand il a perdu son sol. Le lieu devient un vaste espace qui porte cette méditation et fait entendre la voix de l'auteur – *la* voix ou *les* multiples voix ; car l'œuvre est tentative aussi de retrouver l'unité, même dans la douleur de l'exil et de la dispersion.

PREMIÈRE PARTIE

EXIL ET PAYS

INTRODUCTION
À LA PREMIÈRE PARTIE

La première définition de l'exil est l'expulsion du pays d'origine sous la contrainte. C'est l'aspect géographique qui définit donc en premier lieu ce mouvement qui est toujours forcé ou poussé par une nécessité vitale. Est exilé celui que l'on arrache à son pays ou qui s'arrache lui-même de son territoire ou de sa culture ancestrale. Par pays il faut entendre le territoire géographique et le peuple dont fait partie l'exilé, mais aussi le territoire culturel, au-delà des frontières visibles sur la carte. C'est un territoire, parfois indépendant de la définition des frontières par les grandes puissances, qui a une valeur affective et représente un espace de filiation. La patrie, terme actuellement plus connoté, peut également être employée. N'oublions pas l'étymologie : la patrie est le pays du père[1]. On peut donc parler aussi d'exil culturel, toujours lié au territoire physique, et soulignant un décalage entre les frontières géographiques et l'espace de l'exilé. De même, un écrivain peut se sentir en exil à l'intérieur des frontières nationales, quand le décalage psychologique, philosophique ou moral se fait sentir à l'égard de ses compatriotes. La notion de territoire est donc protéiforme et à manier avec une extrême prudence.

La poétique de l'exil est donc l'étude de toutes les formes que peut prendre ce phénomène en littérature (dans le cadre de notre corpus, bien entendu). Comme la première définition de l'exil est géographique, il convient d'examiner les réseaux thématiques liés à ce déplacement forcé. L'approche thématique est liée à l'exil sous sa forme visible, c'est-à-dire territoriale, et au sein du cheminement d'une conscience humaine. Mais ce cheminement s'élabore à travers un parcours géographique… et psychique. Il s'agira donc d'examiner les thèmes complémentaires engendrés par le premier rapport au sol fondateur ; ces thèmes sont liés à une expérience intérieure et sont consécutifs à l'exil. On tentera de

1 *Vaterland* en allemand, *Հայրենիք* (prononcer *Hayrénik* – de *Hayr*, père) en arménien.

distinguer l'exil géographique et l'exil métaphorique et intérieur, qui sont à la fois différents et constamment en interrelation.

Nous ne traiterons donc pas immédiatement de la langue de l'exil du point de vue du style, du genre et de la rhétorique, aspects que nous laissons pour la deuxième partie, qui traite spécifiquement de l'exil du point de vue langagier.

Nous examinerons dans un premier temps le parcours de l'exilé, d'abord dans son espace fondateur, c'est-à-dire son sol d'origine mais aussi son enfance. L'exil du pays est presque toujours rattaché à la question de l'enfance : revenir au pays, c'est aussi revenir à cet espace d'innocence et à la pureté des jours anciens. Enfance au pays, mais aussi enfance de la vie, refuge face aux difficultés de l'âge mûr. Quelle forme prend l'enfance dans les récits poétiques ? Comment est-elle considérée ?

L'enfance d'un Hypérion est le lieu d'avant la connaissance (faisant ressortir le thème du paradis originel, dans une perspective curieusement panthéiste) ; tandis que chez Rimbaud l'enfance est le lieu précédant l'aventure du voyant, donc lieu de l'innocence aussi en quelque sorte, pourtant déjà imprégné de révolte ; tout comme Sarafian, qui cependant, et malgré la douceur des jours anciens, vivait déjà son enfance sous le signe de l'exil en Bulgarie. On voit donc que l'espace d'origine, même s'il est plus serein que les turpitudes qui doivent suivre, n'est pas si uniforme et idyllique que pourrait le faire croire la représentation traditionnelle de l'enfance comme âge d'or. Et les espaces géographiques et psychiques, qu'il convient de distinguer d'une point de vue méthodologique, s'interpénétrent malgré tout, ou plutôt créent de multiples lieux réciproques de résonance.

Nous aborderons ensuite la représentation du pays d'avant l'exil : Allemagne ou Grèce antique imaginée pour Hölderlin, Ardennes et plus généralement France pour Rimbaud, Arménie et Bulgarie pour Sarafian. L'exil peut se fait à partir d'un territoire réel mais aussi dans la représentation d'un territoire et de sa culture – ce qui rend possible un exil intérieur sans déplacement géographique.

Nous examinerons par la suite l'arrachement à cet espace d'origine et le passage. Le passage est transition vers un autre pays ou culture ou encore mode d'existence, mais aussi vers un autre rapport au monde et à l'écriture, comme c'est le cas pour Hölderlin ou Rimbaud. Enfin, il s'agira d'examiner la représentation du territoire d'accueil réel (ou imaginaire, dans le cas d'une expérience esthétique comme celle de Rimbaud) et la notion de territorialisation qui s'y rattache.

Dans un dernier temps nous nous pencherons sur les réseaux thématiques ouverts par l'espace exilique : la confrontation avec le monde étranger, la représentation de soi et de l'autre, l'altérité et l'hybridité. La nation comme mythe étant un sujet à part entière, il y aura lieu de considérer ici précisément la façon dont le mythe est lié à l'exil dans l'imaginaire des auteurs. Enfin, la question de l'altérité et de la nation nous porte à examiner le rôle fondateur de l'identité nationale, ce qui ne laisse pas de poser une question complexe : l'altérité est-elle également fondatrice, ou n'est-elle qu'une étape du parcours de l'écrivain exilé ?

L'EXIL DES ORIGINES

L'ENFANCE

HÖLDERLIN

Hölderlin bénéficiait de l'affection d'une famille qui, visiblement sans comprendre les élans de sa sensibilité poétique, lui prodiguait tout de même une grande attention et un soutien (matériel et moral) constant, le tout assorti d'une éducation chrétienne et de l'amour des belles-lettres. Tout se passe néanmoins comme s'il lui avait manqué une assise dès l'enfance. La perte du père alors qu'il avait à peine trois ans y est peut-être pour quelque chose : il la ressentira toujours comme une grande douleur, et *Hypérion* témoigne de cette quête du père dans la figure du mentor Adamas, puis du modèle révolutionnaire Alabanda. Cette instabilité caractéristique se manifeste aussi dans ses relations de jeunesse, notamment dans la liaison adultère avec la femme du banquier Gontard (qui semble avoir inspiré le personnage de Diotima, amour impossible du jeune Hypérion), mais aussi auparavant avec Louise Nast, cousine du camarade d'études Immanuel. La relation passionnelle laisse la place à un retrait fulgurant du jeune poète. Un jour, il lui écrit qu'il souhaite se séparer : elle ne pourrait être heureuse avec son ami sombre et maussade qui risquait de ne jamais voir l'ambition de sa vie satisfaite : « *Der unüberwindliche Trübsinn in mir [...] ist wohl nicht ganz, doch meist – unbefriedrigter Ehrgeiz. Hat dieser einmal, was er will, dann, und bälder nicht, werd' ich ganz heiter, ganz froh, u. gesund sein*[1]. » (« [...] mon insurmontable mélancolie – provient sinon entièrement, du moins *en grande partie*, de mon ambition inassouvie. Une fois qu'elle aura obtenu ce qu'elle veut, alors, et pas avant, je serai tout à fait gai, content et

1 Lettre à Louise Nast, avril 1789, de Tübingen, DKV-III, p. 59.

bien portant[2]. ») Il ne la reverra pas, malgré le désir de sa mère. On observe déjà une propension à fuir le bonheur possible et se réfugier dans la mélancolie et le sentiment d'une vocation d'exception exigeant un sacrifice intégral.

De façon générale, les lettres de cette époque montrent un jeune homme hypersensible, exalté et déjà déchiré par une nette dualité entre un enthousiasme et un désespoir qui iront grandissant, comme si le monde n'était pas à la mesure de son élan vers l'idéal, tout nourri qu'il est d'une certaine vision de la Grèce antique et des grandeurs passées, vision qui sera développée et systématisée dans les années de la maturité poétique. Hölderlin s'efforce déjà de donner forme à son idéal dans un monde qu'il perçoit comme beaucoup plus bas et grossier, et il tombe par le fait même de désillusion en désillusion. Stefan Zweig, dans sa biographie de Hölderlin, a analysé ce comportement préromantique qui se manifeste dès les jeunes années :

> C'est donc ici, si tôt, dans la pénombre de l'enfance, durant les années décisives de la formation que commence, dans l'être d'Hölderlin, cette déchirure incurable, cette césure implacable entre le monde réel et son monde à lui. Et cette déchirure ne se cicatrisera jamais : éternellement il gardera le sentiment d'être un enfant exilé dans un horizon lointain, éternellement il gardera la nostalgie d'une patrie bienheureuse prématurément perdue, qui parfois lui apparaît comme un mirage, dans un nuage poétique, fait de pressentiments et de souvenirs, de rêves et de musique. Sans cesse, cet éternel enfant se sent arraché des cieux de sa jeunesse, de ses premières pensées, d'un monde primitif et inconnu, il se sent brusquement précipité sur cette dure terre, dans une sphère qui lui est contraire ; et c'est depuis ces tendres années, depuis cette première rencontre brutale avec la réalité que suppure dans son âme blessée le sentiment de l'obscurité universelle[3].

Zweig nomme donc « exil » ce déchirement, cet éloignement irréversible de l'enfance, véritable « patrie » perdue trop tôt et ne reparaissant que comme un mirage. Le biographe opère donc un glissement connotatif entre les jeunes années du poète souabe, le pays d'origine et la vie spirituelle. Cette page fait écho à celle de Rousseau, que Hölderlin avait lu assez tôt et qu'il admirait :

2 H-Pl, p. 58.

3 Stefan Zweig, *Le Combat avec le démon* [1925], trad. Alzir Hella, Paris, Librairie Générale Française, coll. « Biblio essais », 2004, p. 100.

> Jeté dès mon enfance dans le tourbillon du monde, j'appris de bonne heure, par l'expérience, que je n'étais pas fait pour y vivre, et que je n'y parviendrais jamais à l'état dont mon cœur sentait le besoin. Cessant donc de chercher parmi les hommes le bonheur que je sentais n'y pouvoir trouver, mon ardente imagination sautait déjà par-dessus l'espace de ma vie à peine commencée, comme sur un terrain qui m'était étranger, pour se reposer sur une assiette tranquille où je pusse me fixer[4].

Hölderlin, dans sa correspondance de l'époque de *Hypérion*, exprime des propos tout à fait similaires. Très tôt apparaît donc le sentiment d'être exilé de la société de ses semblables. Quitter l'enfance semble bien équivaloir à s'exiler du monde, et d'une certaine manière de soi aussi, puisque l'auteur perd sa sérénité et le sentiment d'unité. Cette même fêlure existentielle ressort dès les premières pages de *Hypérion* ; le héros s'attriste d'avoir perdu son innocence dans la société des hommes et recherche à s'unir toujours davantage avec la nature.

Les poésies de cette période montrent déjà l'élan romantique du jeune Hölderlin, cet élan vers le ciel doublé de l'ombre d'un désespoir encore latent. C'est lorsqu'il ira continuer ses études au séminaire de Tübingen en 1788 que les poèmes dédiés à l'enfance perdue verront le jour. Jusque là ses poésies gardent un tour conventionnel, et font nettement sentir l'influence de Klopstock, par exemple dans le poème « *Die Meinige*[5] » (« Les miens[6] »), mais derrière le côté presque épique de cette fresque lyrique on sent la ferveur religieuse qui anime le jeune homme. Le poète lance un appel à Dieu et à l'éternité, devant le Neckar où il se représente avec son demi-frère, et il lui vient une évidence : « [...] *wir wollen beten*[7] *!* » (« Il faut prier[8] ! »)

De façon générale, la correspondance du jeune Hölderlin montre une grande piété. La première lettre qui nous est restée, écrite à quatorze ans, est adressée à Nathanaël Köstlin, diacre à Nürtingen, estimé pour la vie chrétienne qu'il mène et duquel Hölderlin attend les conseils d'un père et guide spirituel. Il s'y manifeste une dualité qui le fait osciller

4 Jean-Jacques Rousseau, *Les Rêveries du promeneur solitaire*, éd. Louis Martin-Chauffier, Paris, Gallimard, « Bibliothèque de la Pléiade », 1933, p. 668.

5 DKV-I, p. 19-25.

6 H-Pl, p. 5.

7 DKV-I, p. 23.

8 H-Pl, p. 5. François Garrigue traduit par : « viens et prions ! » (*Œuvre poétique complète*, trad. François Garrigue, Paris, La Différence, 2005, p. 77.) Nous pouvons traduire aussi par : « Nous voulons prier ! ».

entre le besoin de solitude, allant parfois jusqu'à la misanthropie, et le désir d'être un parfait chrétien vivant en harmonie avec ses semblables :

> *Und heute* [...] *faßte* [*ich*] *den festen Entschluß, ein Christ und nicht ein wankelmütiger Schwärmer, klug, ohne falsch und menschenfeindlich zu werden, gefällig gegen den Menschen, ohne mich nach ihren wahrhaftig sündlichen Gewohnheiten zu richten; Ich weiß gewiß Gott wird durch seinen h. Geist mein Herz leiten; und nun bitte ich Sie gehorsamst, Teuerster HE. Helfer, sein Sie mein Führer, mein Vater, mein Freund* [...][9].
>
> « [...] j'ai pris la ferme résolution d'être un chrétien et non un exalté irrésolu, un être raisonnable, ni hypocrite ni misanthrope, complaisant envers les hommes, sans me régler sur leurs habitudes véritablement coupables. Je suis certain que, par l'intercession de son Saint-Esprit, Dieu saura orienter mon cœur ; et, dès lors, je vous prie humblement, très cher Monsieur le Diacre, d'être mon guide, mon père, mon ami [...][10]. »

Nous pouvons voir ici un épanchement profond et rempli de confiance, qui nous instruit sur la foi de l'adolescent et ses questionnements qui sont tout à fait ceux d'une vie chrétienne.

Quelque temps après, Hölderlin écrit à Immanuel Nast et lui témoigne son insatisfaction et le vide qu'il ressent ; il écrit même (ce qui peut avoir un double sens) : « [...] *der Abend da ist wieder so, und da denk ich nimmer an die vergnügte Stunden, die mir Gott schon auf dieser lieben Erde gegeben hat ; ich bin undankbar gegen ihn – recht undankbar*[11] *!* » (« [...] c'est encore une de ces mauvaises soirées où j'oublie les heures de joie que Dieu m'a déjà accordées sur cette terre ; je suis ingrat, très ingrat envers lui[12] ! ») Ce désespoir est-il la marque d'un passage à vide momentané, ou d'une pente qui l'éloignera de la foi chrétienne ? Dans la lettre précédente, il remerciait Nast avec enthousiasme pour son œuvre « Apollon » qu'il lui avait envoyée. Le poème « *Hero* », daté de 1788[13], déploie un lyrisme plus ample encore que celui du poème « *Die Meinige* » (de 1786), mais cette fois envers les dieux grecs. Il semble que dès cette époque l'influence d'auteurs grecs ait été très forte. Néanmoins, la pensée d'une vie après la vie demeure : « *Es ist*

9 Lettre à Nathanaël Köstlin, printemps 1785, de Denkendorf, DKV-III, p. 12. H-Pl, p. 16.

10 H-Pl, p. 16.

11 Lettre à Immanuel Nast, fin octobre 1787, de Maulbronn, DKV-III, p. 27.

12 H-Pl, p. 28.

13 Une lettre à Magenau, datée du 10 juillet 1788, évoque toutefois l'existence d'une version antérieure du poème.

des Menschen seligster Gedanke, der Gedanke an die Ewigkeit[14] – » (« L'idée d'éternité est la suprême béatitude de l'homme[15]. »)

L'entrée de Hölderlin au séminaire de Tübingen ouvre une période nouvelle dans sa vie. Il serait utile de dire quelques mots sur la formation qu'il y reçut, car elle montre le parcours qu'il a suivi et les effets sur sa personnalité et ses idées. L'expérience fut certainement déterminante dans l'exil ultérieur du poète.

Au programme d'étude du séminaire, les antiquités gréco-latines étaient à l'honneur. Histoire antique (Hérodote, Plutarque), belles-lettres (Hésiode, Homère, Eschyle, Sophocle, les présocratiques, Platon, Marc Aurèle, Cicéron, Sénèque, Diogène Laërce...), apprentissage de l'hébreu, du grec et du latin ; philosophie antique et moderne, sciences, théologie... Hölderlin compléta par des lectures plus contemporaines ou en suivant des cours après avoir été diplômé du Séminaire, comme ceux de Schelling et de Fichte à Iéna. L'influence de Kant fut aussi déterminante. La Bible était abordée évidemment sous l'angle de la Réforme. La mythologie grecque et la philologie bénéficiaient aussi d'une étude approfondie.

Quelle place pour l'héritage littéraire allemand, par exemple le Moyen Âge des *Minnesänger* ? Il semble minime, d'autant que Herder ne l'avait remis à la mode que depuis peu. Maître Eckhart revenait sur la scène, et Hölderlin l'a certainement lu, de même que les écrits de certains moines qui ont été réédités à la faveur du mouvement piétiste, comme saint Macaire, dont on sent l'influence chez Hölderlin[16]. Et pourtant, c'est dans ces milieux humanistes (qui voient la Grèce comme modèle) que renaîtra l'idée d'une nation allemande. Mais la *Théogonie* et l'*Iliade* sont plus de mise que le *Nibelungenlied*. L'exil d'une nation d'origine et la renaissance allemande chez Hölderlin doivent être examinés à partir de l'idéalisme néo-hellénique de l'Allemagne du XVIIIe siècle, comme nous le verrons plus loin.

On peut d'ailleurs considérer que les quatre « maîtres à penser » de Hölderlin furent Homère, Sophocle, Platon et Pindare (dont il traduisit de nombreuses odes). Ils ont été pour lui certes une école des valeurs, comme les stoïciens (Les *Pensées* de Marc Aurèle étaient un de ses livres

14 Lettre à Immanuel Nast, fin avril 1788, de Maulbronn, DKV-III, p. 39.

15 H-Pl, p. 40.

16 C'est ce que fait ressortir Jean-Michel Garrigues dans « Du "Dieu présent" au "Dieu plus médiat d'un Apôtre" », in *Hölderlin, Cahiers de l'Herne*, 57, dir. Jean-François Courtine, Paris, 1989, p. 370-398.

de chevet, et on en retrouve de nombreux accents dans le style et l'orientation morale de la correspondance du jeune poète), mais ils lui ont aussi amené l'idée d'une tension permanente entre le céleste et le terrestre devant le gouffre créateur. Cet élément, constitutif des derniers hymnes, est perceptible déjà dans le lyrisme de Hypérion et ses contradictions qui semblent insolubles.

Œdipe et Achille furent deux très fortes figures d'identification du jeune Hölderlin. L'éloignement du christianisme se fait déjà sentir par cette exclamation qui place la philosophie au-dessus du christianisme, englobant celui-ci dans celle-là, tout en divinisant Platon : « *Ich glaube, wir werden am Ende alle sagen : heiliger Plato, vergib ! man hat schwer an dir gesündigt*[17]. » De même lorsqu'il écrit : « *Kant ist der Moses unserer Nation*[18] » (« Kant est le Moïse de notre nation[19] ») ; c'est faire symboliquement de Kant le transmetteur d'une loi sacrée propre à la nation allemande. Hölderlin s'était donc éloigné très tôt de ce qui avait formé sa prime jeunesse. Le séminaire protestant semble avoir guidé Hölderlin (et une partie de sa génération) vers le paganisme esthétique par lequel inventer une mythologie au goût du jour semblait devenir une nécessité et une exigence pour mettre fin au sentiment d'exil d'une nation encore incréée.

Ce qui acheva de diviser l'esprit du jeune Hölderlin fut sans doute la séduisante découverte des écrits de Spinoza, philosophe alors très en vogue, ayant renouvelé une forme de panthéisme hérité des stoïciens et reportant Dieu sur un plan d'immanence. À la même époque il fait état de son chemin spirituel et philosophique dans une lettre à sa mère qui s'inquiète de ne pas le voir s'empresser à suivre un chemin ecclésiastique :

> *Ich studierte denjenigen Teil der Weltweisheit, der von den Beweisen der Vernunft für das Dasein Gottes und von seinen Eigenschaften, die wir aus der Natur erkennen sollen, handelt* [...]. *Ich ahnete nämlich bald, daß jene Beweise der Vernunft fürs Dasein Gottes, und auch für Unsterblichkeit, so unvollkommen wären, daß sie von scharfen Gegnern ganz* [...] *würden umgestoßen werden können. In dieser Zeit fielen mir Schriften über und von Spinoza, einem großen edeln Manne aus dem vorigen Jahrhundert, und doch Gottesleugner nach strengen Begriffen, in die Hände.* [...] *daß man,* [...] *mit der Vernunft, der kalten vom Herzen verlassenen Vernunft auf*

17 DKV-II, p. 257 : « Je crois qu'à la fin nous nous écrierons tous : saint Platon, pardonne-nous ! nous avons gravement péché contre toi. » (H-Pl, p. 1150.) Cette exclamation se trouve dans la préface à une version provisoire de *Hypérion* en 1795.

18 Lettre à son frère du 1er janvier 1799, de Hombourg, DKV-III, p. 331.

19 H-Pl, p. 690.

> *seine Ideen kommen muß, wenn man nämlich alles erklären will. Aber da blieb mir der Glaube meines Herzens, dem so unwidersprechlich das Verlangen nach Ewigem, nach Gott gegeben ist, übrig*[20].
>
> « Les preuves de l'existence de Dieu et de ses qualités, révélées par la Nature, preuves que nous fournit la raison, ont fait [...] l'objet de mes études [...]. Je n'ai pas tardé à m'apercevoir, en effet, que ces preuves de l'existence de Dieu et de l'immortalité que fournit la *raison* étaient si imparfaites qu'un adversaire résolu en réfuterait sans peine l'ensemble [...]. C'est à ce moment que me sont tombés entre les mains des écrits de *Spinoza*, grand homme du siècle passé qui, bien qu'athée au sens strict du terme, ne manque pas de noblesse. [...] la *raison*, la *froide* raison que le cœur délaisse, nous amène forcément à adopter ses idées, si l'on veut tout expliquer. Mais que faire alors de la foi de mon cœur, qu'anime de façon irrécusable le désir d'éternité, de Dieu[21] ? »

Mais, plus près de Hölderlin, Kant, auquel s'abreuvait toute une génération, Kant qui, aux dires de Stefan Zweig,

> [...] a infiniment entravé la pure productivité de l'époque classique [...] ; il a fait un tort infini à tous les artistes en leur ôtant une partie de leurs qualités concrètes, de leur allégresse naturelle, de leur libre imagination, pour les détourner stérilement vers un criticisme esthétique. [...] Et Hölderlin aussi, cet esprit essentiellement inspiré et illogique, dont la nature rejetait tout systématisme, cet homme en qui tout était sentiment et qui n'avait rien d'intellectuel, ni de volontaire, se ratatine dans l'étau des concepts abstraits, des analyses philosophiques [...]. Car Hölderlin est, pour ainsi dire, le type d'un esprit anti-intellectuel [...][22].

Pratiquement à la même époque, au début du XIXe siècle, Germaine de Staël constatait cette tendance chez les écrivains allemands[23]. De façon générale, l'attachement excessif à la spéculation a pu contribuer à éloigner Hölderlin du réel et à étouffer une poésie spontanée, tout en lui laissant élaborer une poétique sophistiquée et conceptuelle. Il fut très tôt conscient de cette tendance (notamment dans *Hypérion*) tout en la recherchant ; cette contradiction est à la base de sa production poétique.

---

20 Lettre à sa mère du 14 février 1791, de Tübingen, DKV-III, p. 78-79.

21 H-Pl, p. 70.

22 Stefan Zweig, *Le Combat avec le démon*, *op. cit.*, p. 145-148.

23 « [...] la solitude porte à se livrer aux spéculations abstraites ou à la poésie ; il faut vivre dans le foyer des passions humaines pour sentir le besoin de s'en servir et de les diriger. Les écrivains allemands ne s'occupaient que de théories, d'érudition, de recherches littéraires et philosophiques [...]. » Germaine de Staël, *De l'Allemagne* [1813], Paris, Flammarion, coll. « GF », 1968, p. 120.

L'imposante formation dispensée au séminaire avait donc de quoi rendre rationalistes les esprits les plus sensibles et rêveurs. Le programme couvrait l'ensemble de la littérature gréco-latine. La formation humaniste et l'exégèse méticuleuse étaient très axées sur l'accumulation de connaissances ; mais y avait-il toujours une place pour le Dieu qu'étaient appelés à servir les séminaristes, futurs ministres du culte évangélique ? S'ajoutait à cela un mode de vie extrêmement austère. Cette insoluble contradiction évoquée plus haut et l'aridité de telles études trouveront leur expression dans cette exclamation du jeune Hypérion, au début du roman :

> *Ach! wär' ich nie in eure Schulen gegangen. Die Wissenschaft, der ich in den Schacht hinunter folgte, von der ich, jugendlicht töricht, die Bestätigung meiner reinen Freude erwartete, die hat mir alles verdorben.*
>
> *Ich bin bei euch so recht vernünftig geworden, habe gründlich mich unterscheiden gelernt von dem, was mich umgibt, bin nun vereinzelt in der schönen Welt, bin so ausgeworfenaus dem Garten der Natur, wo ich wuchs und blühte, und vertrockne an der Mittagssonne.*
>
> *O ein Gott ist der Mensch, wenn er träumt, ein Bettler, wenn er nachdenkt, und wenn die Begeisterung hin ist, steht er da, wie ein mißratener Sohn, den der Vater aus dem Hause stieß* [...][24].

> « Ah, que n'ai-je évité d'aller dans vos écoles. La science que j'ai suivie dans les profondeurs qu'elle creuse, et dont, dans la folie de la jeunesse, j'attendais qu'elle conforte mes joies pures, la science a tout abîmé.
>
> Chez vous je suis devenu tout à fait raisonnable, j'ai appris à me distinguer avec rigueur de ce qui m'environne, et maintenant je me trouve isolé dans la beauté du monde, expulsé loin du jardin de la nature où j'ai grandi et me suis épanoui, et je me dessèche au soleil de midi.
>
> Ah, l'homme est un dieu quand il rêve, et un mendiant quand il réfléchit, et quand l'enthousiasme ne l'inspire plus, il est là comme un fils raté que le père a chassé de la demeure [...][25]. »

Hölderlin avait donc puisé cette douleur non seulement dans sa propre expérience, mais aussi dans certaines lectures de jeunesse comme le *Discours sur les sciences et les arts* de Rousseau. De façon générale, en tentant de faire une synthèse de tous ces courants théologiques, philosophiques et philologiques, il a pu niveler ce que son jeune esprit sentait avec acuité au tout début. Il a été tenté par une forme de syncrétisme qui

---

24 DKV-II, p. 16-17.

25 *Hy*, p. 69-70.

l'éloignait des convictions de son enfance et qui signa le début de son exil, avant de le formuler dans l'œuvre.

La correspondance de cette époque brosse le portrait d'un jeune homme très sensible, affectueux et rempli de sollicitude vis-à-vis de sa famille, également à l'écoute de la littérature de son temps, mais il semble souffrir d'une certaine désorientation ; il se laisse happer par des philosophies à la mode se présentant comme intemporelles et universelles. Cette errance se traduira chez Hypérion : « *Ich war aufgewachsen, wie eine Rebe ohne Stab* [...]. *Ich schweifte herum,* [...] *und die unbehülflichen Kräfte matteten vergebens sich ab. Ich fühlte, daß mir's überall fehlte, und konnte doch mein Ziel nicht finden*[26]. » (« J'avais poussé comme une vigne sans son tuteur [...]. J'errais sans but, [...] et mes forces désœuvrées s'étiolaient sans servir à rien. Je sentais que partout il me manquait quelque chose, sans parvenir cependant à trouver mon but[27]. »)

Dans la correspondance, la phrase est ample, très rationalisante et comporte de nombreux détours quand il s'agit de justifier sa situation auprès de ses proches. À l'exil de l'enfance répond bientôt l'exil plus discret (et aussi plus insidieux) de la pensée innocente ; une forme d'exil spirituel qui se cache déjà sous le masque triomphant de la raison et de la philosophie spéculatrice en vogue, et qui ne cessera dès lors de broyer les élans naturels du jeune homme et de déformer les idéaux purs en systèmes de pensée qui ne sont pas faits pour un rêveur. Dans son propre pays, Hölderlin vit déjà un exil intérieur.

Sans doute la lecture de Marc Aurèle à la lumière des systèmes de Kant ne fut pas non plus un bonheur. Marc Aurèle évoquait le caractère éphémère et fuyant de la vie, donnant la philosophie comme seul remède :

> [...] les choses de l'âme ne sont que songe et fumée, la vie est une guerre et un séjour étranger ; la renommée qu'on laisse, un oubli. Qu'est-ce qui peut la faire supporter ? Une seule chose, la philosophie. Elle consiste à garder son démon intérieur à l'abri des outrages, innocent, supérieur aux plaisirs et aux peines, ne laissant rien au hasard[28].

---

26 DKV-II, p. 20.

27 *Hy*, p. 74-75.

28 Marc Aurèle, *Pensées*, II, 17 ; *Les Stoïciens*, éd. Pierre-Maxime Schuhl, Paris, Gallimard, « Bibliothèque de la Pléiade », 1962, p. 1150.

Par philosophie, il fallait entendre sagesse et sérénité devant l'ordre du monde, loin de la tension mentale à laquelle Hölderlin se soumit peu à peu.

Ce détachement progressif de la révélation chrétienne – au sein même de la formation protestante –, assorti d'une étude de la philosophie, va ouvrir la voie à une quête prométhéenne, forme de vocation poétique qui l'éloignera des espoirs que nourrit sa mère à son égard.

C'est à la même époque (en juin 1788) qu'il fait un voyage près du Rhin, qui le marquera durablement. Le fleuve en particulier lui laisse une forte impression, de même que le chemin qui longe le Neckar et les forêts denses. Le Rhin est un spectacle spirituel pour lui. Avant de devenir la représentation même d'une exploration métaphysique de la nation, il fut considéré par Hölderlin, lors d'un voyage qu'il fit à vingt ans et qu'il relate dans sa correspondance, comme un haut lieu d'inspiration et d'identité nationale :

> *Ich glaubte neugeboren zu werden über dem Anblick, der sich mir darstellte. Meine Gefühle erweiterten sich, mein Herz schlug mächtiger, mein Geist flog hin ins unabsehliche – mein Auge staunte* [...].
>
> *Man denke sich, der majestätischruhige Rhein, so weit her, daß man die Schiffe kaum noch bemerkte – so weit hinaus, daß man ihn fast für eine blaue Wand ansehen könnte, u. am gegenseitigen Ufer dicke, wilde Wälder –* [...] *u. an der Seite hinab eine unermeßliche Ebene – u. alles so voll Seegen des Herrn –* [...] *ich ging gerührt nach Haus, und dankte Gott, daß ich empfinden konnte, wo tausende gleichgültig vorübereilen, weil sie entweder den Gegenstand gewohnt, oder Herz, wie Schmer, haben*[29].

> « J'ai cru renaître à la vie au spectacle qui s'offrait à moi. Mes sentiments s'épanouirent, mon cœur se mit à battre plus fort, mon esprit s'envola vers l'infini – j'étais saisi d'étonnement [...].
>
> Qu'on s'imagine le Rhin dans sa majesté tranquille, venant de si loin qu'on ne distingue presque plus les bateaux – s'en allant si loin qu'on le prendrait pour un pan de mur bleu, et la rive opposée couverte d'épaisses forêts sauvages – [...] latéralement une plaine infinie – le tout respirant la bénédiction du Seigneur – [...] je suis rentré tout ému, remerciant le Seigneur de m'avoir rendu sensible à un spectacle auquel des milliers de passants affairés restent indifférents, soit parce qu'ils y sont habitués, soit parce qu'ils ont un caillou à la place du cœur[30]. »

L'évocation à la fois de l'infini et de Dieu montre bien la dimension spirituelle de cette expérience, qui ouvre l'être entier du poète et

29 Lettre à sa mère du 5 juin 1788, de Maulbronn, DKV-III, p. 49.
30 H-Pl, p. 48.

qui ressortira dans le célèbre hymne de la maturité « *Germanien* » (« La Germanie »).

Il faut noter que durant son adolescence Hölderlin évoque peu l'Allemagne, sans doute parce qu'il ne ressent pas encore l'exil de son pays et de son identité, et que ce sont les années, la démarche littéraire s'affermissant et, plus tard, l'éloignement physique qui lui feront ressentir ce sentiment d'exil. Remarquons qu'un an avant la lettre évoquant le Rhin, il avait déjà composé le poème « *Auf einer Heide geschrieben* » (« Écrit sur une lande ») qui se termine par l'évocation d'un « *echten germanischen Mannsinns* » (« vraie virilité germanique ») :

> [...] – *Und ihr, ihr edlere, kommet !* [...]
> *Laßt uns Hütten baun – des echten germanischen Mannsins*
> *Und der Freundschaft Hütten auf meiner einsamen Heide*[31].
>
> « [...] – Et vous, plus nobles, arrivez, [...]
> Que nous bâtissions chalets – de vraie virilité germanique,
> Oui, et chalets à l'amitié sur ma lande solitaire[32]. »

On y sent toutefois l'influence encore prégnante de Klopstock et de Friedrich Leopold Graf zu Stolberg.

Hölderlin revient au séminaire et s'y sent à l'étroit. C'est alors qu'il se met à écrire des poèmes sur l'enfance et sur l'exil de la nature bien-aimée, qui se double indistinctement là aussi d'une dimension spirituelle. L'élégie « *Einst und jetzt*[33] » se termine par la strophe suivante :

> *Lebt wohl, ihr güldnen Stunden vergangner Zeit,*
> *Ihr lieben Kinderträume von Größ' und Ruhm,*
> *Lebt wohl, lebt wohl ihr Spielgenossen,*
> *Weint um den Jüngling er ist verachtet*[34] *!*
>
> « Adieu donc, vous, heures d'or du temps passé,
> Chers rêves d'enfant de grandeur et de gloire,
> Adieu, adieu ! compagnons de jeux,
> Pleurez pour le jeune homme, on le dédaigne[35] ! »

---

31 DKV-I, p. 32.
32 *Œuvre poétique complète*, trad. François Garrigue, *op. cit.*, p. 119.
33 « Jadis et maintenant ».
34 DKV-I, p. 84.
35 *Œuvre poétique complète*, *op. cit.*, p. 171.

C'est dans « *An die Natur*[36] » (1795) que s'effectue la jonction entre l'exil de l'enfance et la séparation de l'Unité originelle, avec en fond la patrie inaccessible, ouvrant ainsi la voie au roman *Hypérion* :

Tot ist nun, die mich erzog und stillte,
Tot ist nun die jugendliche Welt, [...]
Aber hin ist meines Lebens Morgen,
Meines Herzens Frühling ist verblüht. [...]
Da der Jugend goldne Träume starben,
Starb für mich die freundliche Natur ;
Das erfuhrst du nicht in frohen Tagen,
Daß so ferne dir die Heimat liegt,
Armes Herz, du wirst sie nie erfragen,
Wenn dir nicht ein Traum von ihr genügt[37].

« Morte est donc ma nourrice féconde,
Morte est donc la jeunesse du monde, [...]
Mais plus n'est le matin de ma vie,
Est fané le printemps de mon cœur. [...]
De la mort des rêves d'or d'enfance,
Morte est pour moi l'aimable Nature ;
Tu ne l'as pas su, aux jours de joie,
Qu'au pays la distance est si longue,
Pauvre cœur, jamais tu ne l'auras,
Si de lui ne te contente un songe[38]. »

RIMBAUD

Comme Hölderlin, Rimbaud grandit sans père à ses côtés. Sa mère fait ce qu'elle peut pour l'élever dans de bonnes conditions. Il semble avoir été aimé de ses sœurs et de son frère. L'amour de sa sœur Vitalie s'exprime dans le journal intime qu'elle a tenu de 1873 à 1875[39]. De même, l'amour de sa sœur Isabelle l'accompagnera jusqu'à sa mort[40].

36 « À la Nature ».

37 DKV-I, p. 165.

38 *Œuvre poétique complète*, *op. cit.*, p. 313-315. Notons que « *Heimat* » est traduit par « pays » ; il faut l'entendre dans le sens patriotique de la terre natale chère au poète.

39 C'est le sentiment qui ressort de sa relation du voyage à Londres en 1874 avec sa famille, en visite auprès d'Arthur. Elle raconte également comme il prend soin d'elle avec gentillesse ; de quoi nuancer tout ce qui a pu être dit sur le caractère de Rimbaud ! *Cf.* Vitalie Rimbaud, *Journal et autres écrits*, Charleville-Mézières, Musée-Bibliothèque Arthur Rimbaud, 2006.

40 Elle a laissé un témoignage touchant des derniers jours de son frère dans sa correspondance. Un bon nombre de critiques se sont acharnés à vouloir discréditer son témoignage ;

Adolescent, Arthur se rebellera contre l'autorité de sa mère, ce que n'ont pas manqué de souligner un nombre impressionnant de critiques ; mais bien peu ont parlé du rôle de l'absence de père dans l'instabilité émotionnelle du jeune poète. Or, en voulant dépasser les limites que lui imposait tout naturellement sa mère, ne cherchait-il pas plutôt cette autorité paternelle ?

Avant d'aborder *Une saison en enfer*, il faudrait revenir sur un poème écrit probablement en 1872, « Mémoire[41] », où le paysage d'enfance est associé au drame du poète enfant : la séparation de la mystérieuse dame et de l'homme qui s'éloigne irréversiblement est probablement une réminiscence de la séparation des parents. Le poème, qui s'intitulait « Famille maudite » dans une première version, retrace cette configuration familiale en des touches impressionnistes où pèse un immense chagrin, dans un paysage pur puis corrompu qui reflète la pureté perdue, le tout mis en place par le poète qui commence son texte par « L'eau claire » et qui le termine avec la « boue ». Chaque fois que Rimbaud évoque la pureté perdue dans la *Saison* (par exemple dans « L'Impossible »), on peut y voir un écho de cette douleur des premières années[42].

Le motif du paysage d'enfance accompagne souvent les récits d'exil, car c'est le cadre dans lequel a évolué l'auteur à un moment fondateur de sa vie. Toujours avec un ton élégiaque, les paysages de Rimbaud sont comme désormais absents de ce monde : « Ah ! l'enfance, l'herbe, la pluie, le lac sur les pierres[43] » ; plus loin : « Ah ! mon château, ma Saxe, mon bois de saules[44]. » Il ne restera qu'une solution : remplacer les paysages révolus par les « climats perdus[45] » loin de l'Europe, sous un soleil dur près d'une mer. C'est la lettre avant l'action, l'Abyssinie que Rimbaud verra quelques années plus tard. Rimbaud s'exprime souvent en des élans lyriques à la frontière de l'autodérision, dans une

---

l'argumentation développée à maintes reprises ne nous a pas convaincu. De plus nous ne comprenons pas en quoi le fait que Rimbaud ait traversé ce chemin de foi poserait un problème d'ordre littéraire. *Cf.* Isabelle Rimbaud, *Rimbaud mourant*, éd. Éric Marty, Houilles, Éditions Manucius, coll. « Littéra », 2009.

41 « Mémoire », in R-Pl, p. 234-235.

42 Plus généralement, sur la thèse d'un Rimbaud resté enfant et l'exprimant dans ses œuvres, *cf.* C. A. Hackett, *Le Lyrisme de Rimbaud*, Nizet et Bastard, 1938, et aussi *Rimbaud : l'enfant*, 1947.

43 *SE*, p. 256.

44 *SE*, p. 257.

45 *SE*, p. 249.

prose hachée d'exclamations, pour marquer la rupture, puis le constant douloureux de cette rupture, suivie d'un second revirement violent : le motif du départ, que nous examinerons plus loin.

Analyser l'exil de Rimbaud au regard de son enfance, c'est presque directement analyser son œuvre, puisque l'ayant rédigée principalement entre quatorze et vingt ans, l'arrêt de l'écriture correspond à peu près à son passage à l'âge adulte. Nous ne nous étendrons donc pas sur le sujet, qui sera naturellement traité tout au long de cette étude.

SARAFIAN

La prose ample de Sarafian évoque avec de douceur les paysages de l'enfance. Même lorsque les côtes houleuses de la mer Noire épousent le tumulte intérieur du poète, le calme finit par revenir sur cette vaste étendue marine où le poète est né, au milieu des vagues. « Ու ծովը մերթ սեւ, հսկայ թռչուն մըն էր գիշերուան մէջ[46] » (« Et la mer parfois noire était un oiseau immense dans la nuit[47] »), voulant sans cesse s'élever davantage : toujours cette volonté d'élévation, même dans la tourmente.

L'enfance est le domaine de l'innocence et des possibles, comme le montre le récit « Մանկութիւն եւ լոյս[48] » (« Enfance et lumière[49] »). Le poids des années n'empêche pas le poète adulte de percevoir cette époque révolue comme un refuge.

Si l'évocation de l'enfance glisse souvent vers l'élégie, la présence de la nature redonne une lumière natale, si bien que la nature environnante du poète au moment où il écrit (c'est-à-dire ce qui sera son lieu d'exil) est transformée par le souvenir :

> Ձմեռը, ձիւնին տակ՝ ճերմակ թեւերը շարժող հրեշտակներ են ծառերը: Անոնք կը խօսին կորսուած երկինքէ մը: Պատանքով մեռելներ են անոնք գիշերը, լուսինին գացող քնաշրջիկներ: Ձիւնը շաքարի փոշի մըն է անոնց վրայ: Ու այդ ձիւնը, երբ առատ է, վերջալոյսին տակ, սառած ջուրերուն անուշապուրին քով, կ'արտացոլայ տղայութեան կաղանդներուն լոյսով: [...] Առասպել մըն է կեանքը հոս[50]:

46 *ՎԱ*, p. 43.
47 *BV*, p. 64.
48 In *ՎԱ*, p. 162-166.
49 In *Nos terres d'enfance. L'Arménie des souvenirs* [anthologie], trad. Anahide Drézian, Marseille, Parenthèses, coll. « Arménies », p. 179-184.
50 *ՎԱ*, p. 14.

« L'hiver, sous la neige, les arbres sont des anges qui agitent leurs ailes blanches. Ils parlent, ces anges, d'un ciel perdu. La nuit ce sont des linceuls de neige, des somnambules qui vont sous la lune. La neige est une poudre de sucre qui les recouvre. Et cette neige, lorsqu'elle est abondante, près des eaux gelées, comme notre gâteau de fête, sous la lumière du crépuscule, scintille avec la lumière des jours de l'An de mon enfance. […] Dans ce lieu, la vie est un conte[51]. »

Mais étant né en Diaspora, l'enfance est aussi pour lui le premier lieu de confrontation avec l'étranger, notamment à l'école, dans l'apprentissage de la langue :

[…] երբ տղայ էր, օտար, պզտիկ քաղաքի մը մէջ, օտար դպրոցի մը մէջ, կը սորվէր օտար լեզուն իր մտքի հայրենիքին: Ամէն մէկ բառը, երբ տղայ էր, կը մեծնար իր մէջ արտակարգ հմայքով մը, որ կ'աղուորցնէր գալիք իրականութիւնը: Տղան հասած է հիմա իր երազին ծայրը ու ան մարդ մըն է արդ, երեսուն տարիներ վերջ, որ կը վերադառնայ, նայելով զետին, այն օրերուն՝ երբ այդ երազը կը ծնէր իր մէջ: Ու կը նայի[52]:

« […] quand il était enfant, étranger, dans une petite ville, dans une école étrangère, il apprenait la langue étrangère, celle de sa patrie en esprit. Chacun des mots, quand il était enfant, grandissait en lui avec un charme extraordinaire qui embellissait la réalité à venir. L'enfant est au bout de son rêve, et trente ans après, il est maintenant un homme qui revient cherchant sa trace vers les jours où ce rêve a pris naissance. Et il regarde[53]. »

L'écrivain revit son enfance et s'examine aujourd'hui sous le mode du dédoublement :

Ու կը շարունակուի հոգեկան այս զարմանալի կրկներեւոյթը: Մէկը իր լոյսը կ'անցընէ միւսին […]: Ու մէկուն երազը եւ միւսին գիտութիւնը գեղեցկութեան կը վերածեն պահ մը՝ տարիներուն դառնութիւնը: Մէկուն խաթարումի սպասող անմեղութիւնը: Միւսին մաքրութեան կարօտ խաթարումը[54]:

« Et cet étonnant dédoublement psychique se poursuit. L'un transmet sa lumière à l'autre […]. Et le rêve de l'un et le savoir de l'autre embellissent un instant les années d'amertume. De l'un, l'innocence en attente d'être corrompue. De l'autre, la corruption qui aspire à la pureté[55]. »

---

51 *BV*, p. 21.
52 *ՎԱ*, p. 15.
53 *BV*, p. 22-23.
54 *ՎԱ*, p. 15.
55 *BV*, p. 23.

L'angoisse prend le dessus : « Ու միշտ, հեռուն, եռագոյնը կը ծփայ մանկութեան օրերուն պէս, դպրոցին դրօշին նման: Ու միշտ կը ծփայ անձկութիւնը[56]: » (« Et toujours, au loin, le drapeau tricolore flotte comme celui de l'école maternelle. Et toujours flotte l'angoisse[57]. ») Les deux drapeaux, symboles tricolores des nations française et arménienne, se superposent avec une dissonance : l'un est le rappel de l'autre, et le temps est aboli.

L'irréversible mène le narrateur au désespoir :

> Կ՚երթամ երբեմնի խանդավառութեան ու երազներուս, ըմբռնելով հանդերձ անոնց պատրանքը: Խաթարում մըն է տարիներու գումարը, յիմար վատնում մը: Բայց մեր խռովքը ունայնութեան առջեւ՝ իր մխիթարութիւնը կը փնտռէ անցեալ այդ երազներուն մէջ[58]:
>
> « Je retourne vers mon enthousiasme et mes rêves d'antan, tout en les sachant illusoires. L'accumulation des ans est une détérioration, un gaspillage insensé. Mais notre trouble devant la vanité des choses cherche sa consolation dans ces rêves anciens[59]. »

L'enfance est irrévocablement une patrie où l'on ne revient plus, mais qui nous réchauffe en rêve, avant de disparaître derrière l'angoisse de la vanité de toute chose. Cette époque révolue reste alors une consolation, et l'exilé se situe toujours dans cette contradiction entre l'enfance réconfortante et inaccessible, et le présent imprégné d'une crainte de stérilité ; ce sont deux pôles d'un même axe, toujours en contact sans pouvoir être réunis. La parole poétique est au centre de cet axe qui témoigne d'une fracture. Le texte de Sarafian croise ainsi la réflexion de Jankélévitch, qui écrit dans son essai sur la nostalgie : « L'exilé a ainsi une double vie, et sa deuxième vie, qui fut un jour la première, et peut-être le redeviendra un jour, est comme inscrite en surimpression sur la grosse vie banale et tumultueuse de l'action quotidienne [...][60]. » L'ensemble du *Bois* fait défiler des images qui donnent constamment l'impression de se superposer à celles d'autrefois et de les exprimer implicitement, en un procédé que dévoile parfois l'auteur : « Բայց ո՞ւր գտնել երազը,

56 *ՎԱ*, p. 16.
57 *BV*, p. 23.
58 *ՎԱ*, p. 19.
59 *BV*, p. 28.
60 Vladimir Jankélévitch, *L'Irréversible et la nostalgie*, Paris, Flammarion, coll. « Champs essais », 1974, p. 346.

քաղցրութիւնը զորս կու տային անձրեւին կաթիլները մանկութեան օրերուս… Ներկայ է միշտ մէջս ճնշող իրականութիւնը[61]: » (« Mais où découvrir le rêve, la douceur des gouttes de pluie du temps de mon enfance ? La réalité, oppressante, est toujours présente en moi[62]. ») Cette réalité reprend le dessus, mais pas suffisamment pour faire disparaître l'ancienne, et l'exilé, au cœur de la confrontation entre son moi ancien et son moi nouveau, entre son milieu d'autrefois et son milieu d'aujourd'hui, reste toujours en situation très inconfortable. Sarafian, avant de citer « Le pont Mirabeau » d'Apollinaire, évoque cette irréversibilité sur le pont du Bois :

> Կը սահի կամուրջը եւ ես երգելու կարօտը կը զգամ մանկութեան օրերուս պէս, երբ կառքին մէջէն կը դիտէի ճամբուն վազքը, կամ նաւակին զարնուող, սահող ալիքները: Հին է անցնելու այս սէրը մէջս: Հիմա խոնջէնք մը՝ հոսող, այլակերպուող արժէքներուն առջեւ[63]:
>
> « Il glisse, le pont, et moi je ressens l'envie de chanter comme au temps de mon enfance, quand de la voiture je regardais filer la route, ou encore quand je regardais les vagues cogner et glisser contre le bateau. Il est très ancien en moi, ce désir de passer. Maintenant, il y a une lassitude devant les valeurs qui s'écoulent et se transforment[64]. »

Il n'y a plus d'abri, et le poète ne peut plus reculer ; il doit faire face à son présent et toutes ses angoisses. Mais la désillusion est suivie d'une volonté de ne plus se laisser illusionner, et le narrateur avance sur son chemin : « Կը բաղձամ անդորրութիւնը եւ խյդ բաղձանքը կը վերածուի մէջս փոթորիկի մը: Կ'երթամ երբեմնի տղուն, եւ անբաղձալի կը զանեմ զայն[65]… » (« J'aspire au calme et cette aspiration devient en moi une tempête. Je reviens au garçon d'autrefois et ne l'envie pas[66]… ») Inversement, l'enfant qu'a été Sarafian devrait enseigner à l'adulte à exister et à suivre sa vocation : « Ի՞նչ կ'արժէ ապրիլը երբ պիտի չլուծուի չարիքին դէմ վրէժը, երբ պիտի չհասնինք ըլլալ այն ինչ որ դրած ենք մեր մտքին պատանութեան օր մը[67]: » (« À quoi sert de vivre, tant que ne sera pas accomplie la vengeance du malheur, tant que nous n'arriverons pas à

61 *Վ.Ա.*, p. 26.
62 *BV*, p. 39.
63 *Վ.Ա.*, p. 26.
64 *BV*, p. 52.
65 *Վ.Ա.*, p. 19.
66 *BV*, p. 29.
67 *Վ.Ա.*, p. 21.

être celui que nous avions imaginé d'être un jour de notre enfance[68]. ») En fait, une continuelle contradiction se joue dans l'être intime du narrateur : « Ու հոգիս կը մնայ կիսուած՝ տղուն ու տարիքոտ մարդուն միջեւ[69]։ » (« Et mon être reste partagé entre le garçon et l'homme déjà âgé[70]. ») La poétique de Sarafian est bien exprimée dans cette idée de Jankélévitch :

> L'image de la patrie lointaine fait de notre présence au monde une présence distraite, une présence absente ; le nostalgique, troublé par la douceur du vague à l'âme, envoûté par l'alibi du passé, est comme un somnambule ici-bas. Et inversement les lieux lointains de l'absence deviennent pour le nostalgique le théâtre d'une seconde vie, d'une vie poétique et rêveuse, d'une vie fantomale qui se déroule en marge de la première ; [...] une vie onirique [...] irréelle comme un songe[71].

Lorsque l'exilé renaît à la vie en réussissant à sortir de sa nuit intérieure, comme à la fin du *Bois*, l'adulte retrouve l'enfant dans l'unité et la sérénité :

> Այսպէս է որ ամէն առաւօտ՝ ներկաս կը քալէ զուգահեռական մանկութեանս հետ։ [...] Ու կը կատարուի հրաշքը։ Տղան սրբութեան մը կը վերածէ դառնութեանս արջասպն իսկ որմէ կ'առնէ իր անդորրութիւնը։ Ու կ'ըլլայ ներդաշնակութիւն։ Այդ արջասպը կը դառնայ բարութիւն, կարեկցութիւն ու հայրենասիրութիւն[72]։
>
> « C'est ainsi que chaque matin mon présent chemine au côté de mon enfance. [...] Et le miracle s'accomplit. Le garçon transforme en sainteté le vitriol même de mon amertume d'où il puise sa tranquillité. Et c'est l'harmonie. Ce vitriol devient bonté, compassion et amour de la patrie[73]. »

L'exilé adulte retrouve donc la patrie en esprit, à partir du pain amer de l'expérience, et de la transmutation de celle-ci. Pour le narrateur, cette élévation s'apparente à une grâce et à une victoire.

---

68 *BV*, p. 31.
69 *ՎԱ*, p. 30.
70 *BV*, p. 45.
71 Vladimir Jankélévitch, *L'Irréversible et la nostalgie*, *op. cit.*, p. 346-347.
72 *ՎԱ*, p. 60-61.
73 *BV*, p. 91.

L'ÉLÉGIE

L'enfance, nous l'avons vu, est considérée par bien des auteurs comme le lieu de la paix, à plus forte raison par contraste avec l'exil de leur vie présente. Le contraste est tel dans l'esprit que les auteurs peuvent en venir à idéaliser le monde d'autrefois et à le considérer comme un véritable âge d'or. Ce n'est pas ce qui frappe le plus chez les trois auteurs étudiés ici, mais nous pouvons relever par endroits de brèves allusions. Ainsi Hypérion s'exclame-t-il dès le début du roman : « *Ruhe der Kindheit! himmlische Ruhe! wie oft steh' ich stille vor dir in liebender Betrachtung, und möchte dich denken*[74] *!* » (« Paix de l'enfance ! Paix céleste ! Que de fois je te contemple en silence, amoureusement, et voudrais penser ce que tu es[75] ! ») Il le concevra plus tard, en un symbolisme des saisons lié en quelque sorte à la croyance panthéiste : « *Daß man werden kann, wie die Kinder, daß noch die goldne Zeit der Unschuld wiederkehrt, die Zeit des Friedens und der Freiheit, daß doch Eine Freude ist, Eine Ruhestätte auf Erden*[76] *!* » (« Et dire qu'on peut encore redevenir comme les enfants, que reviendra l'âge d'or de l'innocence, l'ère de paix et de liberté, qu'il existe quand même Une joie, un havre de paix sur terre[77] ! ») La vie sur terre est rythmée par la succession des saisons ; et si le printemps revient toujours, la saison difficile aussi, qui rappelle pour le personnage la condition humaine d'exil terrestre.

L'élégie appliquée précisément au monde de l'enfance exprime un exil de cet âge d'or, paradis originel que le poète a été amené à quitter. Hypérion est exilé de son enfance entre autres par les études de philosophie qu'il a accomplies, et dont il ne commencera à guérir que par l'action bénéfique d'un mentor, Adamas, figure paternelle adorée. Il est possible d'avancer que l'adoration de Hypérion face à cette figure découle de l'absence paternelle du jeune Hölderlin dès le plus jeune âge et des regrets qu'il éprouvait à cet égard. Mais Hypérion vit également un exil ontologique qui dépasse la simple figure familiale ; nous reviendrons sur ce type d'exil.

74 DKV-II, p. 17.
75 *Hy*, p. 70.
76 DKV-II, p. 60.
77 *Hy*, p. 126.

Une saison en enfer s'ouvre sur le festin des jours anciens que le poète a quitté pour sa tentative prométhéenne (voire faustienne) d'exploration poétique. Ces lignes restent ambiguës et ont suscité de nombreuses interprétations, notamment sur la nature de la charité (chrétienne ou pas ?), et la place de l'inspiration de ce texte dans la problématique du rejet du christianisme. L'exil du poète de ce festin de jeunesse reste clair et la plongée en enfer, même si elle ne doit durer qu'une saison, ne laisse d'interroger quand on sait qu'elle dura plusieurs saisons de la vie de Rimbaud après qu'il eût arrêté d'écrire.

Les lignes élégiaques sont plus surprenantes chez un Rimbaud révolté, plus enclin à montrer un ton désinvolte depuis le début d'*Une saison en enfer* (et dans le reste de l'œuvre). Aussi sommes-nous surpris de trouver, au début de l'avant-dernier chapitre (« L'impossible »), l'évocation nostalgique de l'enfance… qui tourne vite au sarcasme (« quelle sottise c'était[78] »), avant de terminer le chapitre sur un cri fortement ponctué d'exclamations (« Ô pureté ! pureté ! […] Déchirante infortune[79] ! »). C'est le constant aller retour entre lucidité et jugement sur soi, comme si une instance infernale le jugeait par la moquerie (« ô ma charité merveilleuse ! […] *De profundis Domine*, suis-je bête[80] ! »). Cette attitude est constitutive de l'expérience rimbaldienne, selon Daniel-Rops :

> Car à partir du moment où il a pris conscience de cette rupture, tout l'effort de Rimbaud va être pour retrouver son enfance perdue, – son enfance, c'est-à-dire le sentiment de plénitude, d'intégrité, d'éternité, qu'il a possédé, quelques années durant, et dont désormais, il se sent *veuf*[81].

C'est ainsi qu'il convient de lire le cri « Ô pureté !… », selon Daniel-Rops. Il s'agit de la « tragédie de la pureté ». « Pour vivre, ce qu'il faudra abandonner, c'est une certaine intégrité, c'est son enfance. Tel est le drame[82]. » Et le drame est « spirituel », comme l'auteur l'indique dans le titre de son ouvrage, car survient alors la tentation de retrouver la splendeur des jours anciens en ne comptant que sur ses propres

78 *SE*, p. 271.
79 *SE*, p. 273.
80 *SE*, p. 249.
81 Daniel-Rops, *Rimbaud. Le drame spirituel*, Paris, Plon, 1936, p. 84.
82 *Ibid.*, p. 78.

forces : c'est le propre de la pureté blessée[83]. Cette nostalgie correspond à l'archétype du Paradis originel perdu : « L'homme qui s'est exalté démesurément retombe. Désormais, il sera amer, malheureux, sachant que la vie ne lui restituera jamais le Paradis perdu, et que les voies par lesquelles il a essayé d'y parvenir le conduisent à une impasse[84]. » On retrouve cette nostalgie irrémédiable entre autres dans les deux derniers chapitres de la *Saison*[85]. Ce sentiment d'exil est aussi à rattacher sans doute au drame familial de la séparation irréversible des parents de Rimbaud, qui ressort nettement dans le poème « Mémoire ».

L'élégie peut se comprendre davantage chez Sarafian, exilé du pays de son enfance, et l'association transparaît souvent, notamment dans ses proses comme « *Զատիկ*[86] » où pays, enfance et pratique chrétienne sont associés pour donner l'image d'un havre de paix qui redonne force à l'exilé dans les moments de tourment. C'est le berceau où il revient toujours pour se régénérer. Dans *Le Bois de Vincennes*, l'enfance qui passe est associée aux « նուաղուն խաղերը նախնական երաժշտութեան մը[87] » (« accents langoureux d'une musique primitive[88] »), en une phrase langoureuse à l'image de ce qu'il évoque : les générations qui se succèdent sans retour.

L'enfance évoque toujours un monde d'innocence et une rupture inévitable, et la langue des auteurs l'exprime : cassures et points d'exclamation tranchants chez Rimbaud, longues phrases amples et contournées alliant images lumineuses et révolues chez Sarafian. L'exil se fait entendre dans le manque d'une terre qui n'est plus ainsi que dans l'habitation de cette terre par la mémoire, d'autant plus douloureusement qu'elle est considérée comme un monde de beauté et d'harmonie. On voit donc ici comment se construit l'articulation entre l'exil de l'enfance et l'exil du pays, sans qu'aient forcément lieu les deux exils.

---

83 De même, Raymond Clauzel fera un lien entre ce passage de la *Saison* et la question de l'errance telle qu'évoquée dans le Deutéronome XXVIII, 20 : « Tu tâtonneras en plein midi. » Raymond Clauzel, Une saison en enfer *et Arthur Rimbaud*, Paris, Société française d'éditions littéraires et techniques, 1931, p. 131.

84 Daniel-Rops, *Rimbaud. Le drame spirituel*, *op. cit.*, p. 94-95.

85 Il s'agit respectivement de « Matin » (*SE*, p. 277-278) et « Adieu » (p. 279-280).

86 Prononcer « *Zadig* » : « Pâques », in *Վէնսէնի անտառը*, *op. cit.*, p. 78-81.

87 *ՎԱ*, p. 35.

88 *BV*, p. 53.

À la base de la rupture, il y a toujours le « vice », les « dégoûts » et « trahisons[89] » chez Rimbaud ; le rationalisme et la philosophie chez Hölderlin, dont le héros Hypérion regrette une éducation qu'il a pourtant voulue[90] ; il en va de même chez Sarafian : « Ո՜ իմացականութիւն, դառնութեան բաժակս[91]... » (« O intelligence. Ma coupe d'amertume[92]. ») Il y a donc une part volontaire, du moins un acte irrépressible mais conscient et assumé (Sarafian parle d'une « tentation »). Ce regret est toujours celui d'un espace originel perdu, que ce soit du point de vue du temps (l'enfance) ou de l'espace (le pays)[93]. Tout se passe comme si les deux types d'exil renvoyaient à une même nature, qu'ils soient tous deux présents ou non ; et en cas d'expériences consécutives, la nature de la seconde faisait inévitablement écho à celle de la première dans le monde intérieur de l'écrivain.

89 SE, p. 249.

90 *Cf.* DKV-II, p. 16 ; *Hy*, p. 69.

91 ՎԱ, p. 42.

92 *BV*, p. 63. Il est à noter que « Իմացականութիւն » [Prononcer « *imatsaganoutioun* »], traduit ici par « intelligence », comporte la racine « իմաց- » (*imats-*) qui se rapporte au savoir, à la connaissance. On peut donc entendre « intelligence » dans le sens d'une lucidité ou d'une intelligence de la réalité, mais aussi, par extension, du fruit de l'arbre de la connaissance du Bien et du Mal.

93 Concernant le regard porté sur un passé enchanteur (réel ou imaginé), Maxime Alexandre fait un rapprochement intéressant entre *Hypérion* et *Une saison en enfer*, in *Hölderlin le poète*, Marseille, Robert Laffont, 1942, p. 113-117.

L'ESPACE D'ORIGINE

LE CADRE NATIONAL[1]

L'espace d'origine est fondateur. L'enfance se développe au sein d'un cadre national, culturel et ancestral précis qui donne à l'auteur son identité et son rapport au monde. Il y puise des images et des représentations qui prendront forme dans l'œuvre. Aussi l'exil est-il particulièrement dramatique dans le cas d'un génocide, d'une guerre, d'une persécution ; il est un choc profond qui bouleverse l'équilibre premier établi sur des racines profondes à travers les siècles. S'ensuit une nécessaire restructuration mentale qui se traduit de multiples manières dans les écrits, à défaut de pouvoir restructurer la vie de la nation perdue.

Mais l'exil volontaire, l'aliénation, le sentiment d'exil d'un auteur vis-à-vis de son propre peuple au sein des frontières réelles du pays, ne peuvent-ils pas engendrer des sentiments similaires au niveau qualitatif, en dehors de toute comparaison d'intensité ? Une expérience esthétique comme celle d'un Rimbaud, si elle commence dans l'ivresse d'une marginalisation aventureuse, finit dans le désarroi de la stérilité mentale, artistique, émotionnelle. L'expérience de Hölderlin, séduisante par sa philosophie et son paganisme esthétique mêlé de panthéisme, mène à l'exil de tout ce que l'auteur prétendait retrouver en propre : sentiment national, sentiment de s'appartenir soi-même et d'être maître de son sort, enfin clarté de l'esprit.

---

1 Certaines parties consacrées à Hölderlin, dans ce chapitre et les chapitres suivants, ont préalablement paru dans la revue électronique *Malice* du CIELAM (AMU), sous le titre « Poétique de l'exil dans *Hyperion* de Hölderlin », in « Transnationalité & Transculturalité – L'Expérience de l'ailleurs », dir. Stéphane Lojkine, Fridrun Rinner, Sylvie Requémora-Gros, Mathilde Bedel, n° 7, juin 2016. Nous tenons à remercier vivement la direction de la revue et du numéro pour son aimable autorisation de le publier ici.

Il est nécessaire d'examiner dans quel terreau s'organise la pensée de chaque auteur. Quelle est sa représentation de la nation ? Peut-on parler de patriotisme ? Pour quelle patrie, ou pour quelle idée de la patrie ? De quoi exactement l'auteur est-il exilé ?

Hölderlin arrive sur la scène allemande de la fin du XVIIIe siècle. L'Allemagne souffre encore d'un manque d'unité politique et identitaire et se cherche. Les travaux des corporations et cercles linguistiques du XVIIe siècle n'ont pas achevé de donner un sentiment d'identité nationale clair et défini. Herder et le *Sturm und Drang* ont contribué à revivifier les racines populaires à travers le folklore du pays ; il s'agit de retrouver l'universalité précisément en passant par l'héritage national. Le tableau épique brossé par Herder dans *Une autre philosophie de l'histoire* remonte à l'époque des patriarches et inscrit cette nécessité nationale dans le cours de l'histoire. Mais si Hölderlin en garde l'admiration des Grecs (qui du reste était le fonds même de l'époque, et pas seulement des écrits de Herder) et la nécessité du sentiment national, il aura une approche beaucoup plus « antiquisante » en faisant l'impasse sur tout ce folklore national pour aller chercher dans une Grèce rêvée ce qui manque selon lui à l'Allemagne de son temps. Construction philosophique un peu artificielle, certes, mais là aussi elle n'est pas propre à Hölderlin, et toute sa génération puisait dans le modèle grec (*cf.* les poésies de Schiller à la même époque). Certains critiques[2] ont fait ressortir précisément le sentiment d'exil lié à la « *Heimatlosigkeit* » (« absence du pays natal ») à la suite du cosmopolitisme de l'*Aufklärung* (Les Lumières), et la tentative chez certains auteurs (comme Hölderlin) de remédier à cet exil par le « *vaterländische Umkehr* » (« retournement patriotique » ou « natal »), que nous évoquerons plus loin.

La France de 1870, même au travers de guerres et de révoltes intérieures, a un cadre national beaucoup plus stable. Certes, l'identité française connaît de nombreuses redéfinitions de l'État depuis la Révolution, mais c'est au sein de structures identitaires relativement pérennes que la société se cherche. On voit toutefois apparaître vers 1850 un malaise, traduit par le spleen baudelairien et le sentiment d'un

2 *Cf.* par exemple François Warin, « L'exil et le retour, schèmes mortifères ? Le cas d'Aimé Césaire et de Hölderlin », in *Écritures de l'exil*, dir. Augustin Giovannoni, Paris, L'Harmattan, coll. « Espaces littéraires », 2006, p. 193-226.

exil intérieur (notamment des poètes et des artistes ; *cf.* « L'albatros »), résultant entre autres d'un individualisme et d'une société de plus en plus industrialisée, ouvrant la voie ainsi aux fuites symbolistes vers un autre monde, vers le rêve, ou encore vers l'ailleurs exotique. Rimbaud s'inscrit dans cette démarche de fuite résultant du sentiment d'exil *au sein même* de la nation. Il faut bien voir que sa poétique se construit à partir de cet isolement progressif du poète, et du sentiment d'une mission « sacerdotale » et « prophétique » de l'artiste, mission qui a ses racines dans le renouveau de la poésie européenne en réaction également au rationalisme des Lumières[3]. En France particulièrement, la génération de Rimbaud venait après le grand désenchantement de celle qui avait vécu les guerres napoléoniennes et dont Musset dresse le portrait dans le chapitre II de la *Confession d'un enfant du siècle.* Si bien que Rimbaud se situe dans une généalogie faite de cassures entre les générations ; d'où peut-être la nécessité de recomposer une généalogie au début d'*Une saison en enfer* et d'en faire ressortir le caractère stéréotypé. Le malaise est perceptible, et il semble bien que l'auteur cherche à se démarquer à tous les points de vue – c'est ce qui ressortait déjà des lettres à Paul Demeny et à Georges Izambard. On ne peut vraiment parler d'un Rimbaud patriote, même en 1870, si ce n'est dans le sens d'une République et en écho à 1792, comme le souligne Jean-Pierre Bobillot, qui croit que Rimbaud « réagit en républicain[4] ». Même au milieu de la guerre franco-prussienne et de la Commune, à quel moment parler d'Âge d'or, dans un pays aux frontières et à la tradition relativement solides, en dépit des conflits ? René Char écrit : « Rimbaud s'évadant situe indifféremment son âge d'or dans le passé et dans le futur. Il ne s'établit pas[5]. » L'âge d'or existe donc, mais il est toujours à construire, comme le berceau national qui le contient.

Sarafian n'est plus du tout dans une quête des origines de la nation et de l'âge d'or. Il semble revenu de tout idéalisme, et maints articles des années quarante et cinquante montrent un homme désabusé, revenu de toutes les révolutions, de toutes les guerres, de toutes les religions, idéologies et espoirs. Le portrait qu'il dresse du monde, très pessimiste,

---

3 *Cf.* les analyses de Paul Bénichou dans *Le Sacre de l'écrivain*, *Romantismes français I*, Paris, Gallimard, coll. « Quarto », 2004.

4 « Rimbaud, Thiers, Pétain les autres », in *Europe*, n°966, octobre 2009, p. 78.

5 René Char, « Arthur Rimbaud », in *Recherche de la base et du sommet* ; *Œuvres complètes*, éd. Jean Roudaut, Paris, Gallimard, « Bibliothèque de la Pléiade », 2008, p. 733.

trouve ses racines dans le doute systématique, qui n'est pas sans rappeler Kierkegaard dont il était lecteur assidu, et pourra faire penser à Cioran son contemporain. Le renouveau national et la quête des origines avait eu lieu à Constantinople au XIXe siècle, et avait vu son élan brisé par le génocide de 1915 et l'occupation de la quasi totalité des territoires arméniens par la nouvelle république turque. Les exilés, formant une diaspora à travers le monde, ne voyaient pas très bien comment ils pourraient réintégrer leur foyer national face au concert des nations qui refusait d'assumer la question des réparations et du retour des réfugiés, et qui semblait plus enclin à se concilier le nouvel État turc. À la veille de la Catastrophe, en 1914, quelques écrivains se regroupent à Constantinople et fondent la revue *Mehyan* où transparaît également la recherche d'un paganisme esthétique, poussant les recherches dans les religions préchrétiennes. Toutes ces problématiques seront délaissées par les écrivains de la première génération de l'exil ; du moins, s'ils cherchent toujours à penser la nation, c'est à partir de la Catastrophe et non à partir d'une mythologie originelle. La réflexion littéraire se recentrera bien davantage sur la préservation de l'identité et des valeurs arméniennes en diaspora que sur la recherche de cette identité dans un passé lointain. L'identité était claire et bien établie, le problème était de la conserver dans un cadre complètement explosé et en dehors d'un territoire national pouvant voir un épanouissement normal. Sarafian ne fonde pas son écriture sur une mythologie, il crée sa mythologie dans un bois de Vincennes transfiguré par l'expérience du passé. Il questionne l'avenir à partir de ce qui semble appelé à devenir des symboles qui – paradoxalement – puisent dans les images du pays d'origine.

Chez Hölderlin c'est toujours la tension permanente Grèce-Hespérie qui se fait sentir dès *Hypérion*. Mais dans *Hypérion*, le questionnement n'aura pas atteint toute l'amplitude métaphysique des derniers hymnes. On y perçoit de toute évidence une dimension terrestre et nationale. Quelle est la Grèce réelle en guerre pour l'indépendance, que Hölderlin n'aura connue que par les récits de Choiseul-Gouffier et de Chandler ? Quelle est la Grèce antique imaginée, modèle dont l'auteur, qui n'a jamais été grec, se sent exilé ? Pourquoi l'Allemagne réelle vient-elle si tard dans le roman, précisément dans les deux dernières lettres, et par le filtre d'un personnage grec ? Et quelle est l'Allemagne imaginée, et quel lien entretient-elle avec une spiritualité panthéiste ? Ce sont certainement les masques encore pudiques d'un État naissant et qui s'affirme à travers l'invention d'une nouvelle mythologie directement inspirée de l'ancienne.

Les ancêtres gaulois de Rimbaud nous font assister de même à un exil progressif d'une terre dont l'auteur ne se sent plus le représentant, malgré cet irrépressible héritage auquel il se sent condamné, lorsqu'il exprime notamment : « Je suis de race inférieure de toute éternité[6]. » L'exil se double ici du sentiment d'une damnation, comme une faute obscure sans rédemption possible. Toute la *Saison* n'est-elle pas la tentative de trouver une rédemption sans le christianisme, par les propres moyens du mage-poète – qui finira par renoncer ? Mais la tradition est le solide ferment d'une création hors-territoire, et l'envolée créatrice (et l'exil qui en découle) est à la mesure de l'enracinement du poète ardennais. Rimbaud, sans avoir vécu d'exil géographique (dans un premier temps) aura atteint des structures et expressions d'exil comparables à des écrivains véritablement exilés. Il incarnera ensuite l'exil en mettant fin à la langue pouvant l'exprimer. La coexistence était impossible. Écriture d'exil sans exil réel ; puis exil réel sans écriture. Le chiasme est tentant : Rimbaud, littérature d'exil ou exil de la littérature ? Les deux certainement, l'un nourrissant l'autre dans une lutte continuelle.

Inversement, Sarafian ne peut qu'exprimer l'exil à travers l'écriture, qui devient une terre imaginaire là où la terre réelle manque. En ce sens il rejoint Hölderlin qui écrit « *wozu Dichter in dürftiger Zeit*[7] ? » (« pourquoi des poètes en des temps de manque[8] ? »), bien que Sarafian ne considère pas le poète comme un prêtre qui serait l'intermédiaire entre les dieux et les hommes, comme l'exprime le poème de Hölderlin. Le poète intervient quand la langue d'origine est menacée, dans sa possibilité de ne pas exister ou s'épanouir (Hölderlin) ou de ne plus exister (Sarafian) ; il doit écrire quand le pays d'origine est menacé de ne pas apparaître (Hölderlin) ou de disparaître (Sarafian). On n'assiste pas à une idéalisation particulière du pays d'origine ; seule la nostalgie se fait sentir et ressort dans la transmutation du bois de Vincennes en un espace hors-frontière, hors-temps. L'espace de l'exilé se métaphorise :

---

6 *SE*, p. 249.

7 « Brot und Wein », DKV-I, p. 290.

8 Nous traduisons. Gustave Roud traduit l'expression par « pourquoi, dans ce temps d'ombre misérable, des poètes ? » (« Le pain et le vin », H-Pl, p. 813.) Nous pourrions aussi écrire « des temps de nécessité ».

« Կը ջնջուի տարածութիւնը։ Մառնի ափին՝ Վառնան[9]։ » (« L'espace est aboli. Au bord de la Marne, Varna[10]. ») Signifiés et signifiants sont interchangeables et superposables, comme les espaces.

L'œuvre de l'exilé prend appui sur ses territoires et les interrogations qu'ils suscitent. Il existe toujours un territoire manquant et un territoire à conquérir, qu'il soit réel, imaginaire ou mythique. De ce déplacement de territoire peut découler une mixité, voire une confusion des identités territoriales : la représentation de l'un glisse sur celle de l'autre. Ils se définissent également par contraste. Les territoires réels se déplacent aussi vers l'imaginaire en se transformant, voire en créant de nouveaux territoires. Le glissement du sens du mot « exil » devient ainsi perceptible.

On ne saurait ici souscrire ici au jugement de Lukács sur la patrie de Hölderlin : « Pour Hölderlin, il n'y avait plus de patrie, ni en Allemagne, ni ailleurs[11]. » De même, la critique d'après-guerre a tenté de réconcilier Hölderlin avec la pensée moderne, mais il ne faut pas oublier la différence entre le *nationel* et le nationalisme. S'il faut entendre par *nationel* « tout ce qui est propre aux hommes nés sous un même ciel[12] », on ne voit pas la violence du nationalisme du XXe siècle dans ce concept, d'autant si on se rappelle que la Germanie reste la prêtresse « *wehrlos*[13] » (« sans armes[14] », terme de l'hymne « Germanie » que l'on oublie trop souvent lorsque l'on est tenté de récupérer idéologiquement Hölderlin). De même, en ce qui a trait à la remarque de Lukács, nous avons démontré toute l'importance du pays allemand, de ses paysages et de sa pensée dans l'œuvre de jeunesse, et le retour de cette imprégnation dans les dernières. Il nous reste à montrer comment l'exil est lié avec le *Heimat* dans une partie plus centrale de la création de l'auteur, l'époque de *Hypérion*.

Quel que soit l'auteur ici étudié, nous n'aurons jamais le fin mot sur la conception de la nation, et ce n'est pas l'essentiel de notre problématique. Nous cherchons à cerner le sentiment d'exil qui découle d'un éloignement de la nation, quelle que soit la perception de cette nation. Certains

---

9 ՎԱ, p. 15.

10 *BV*, p. 22.

11 Cité par Marc Kauffmann, « Image vivante du néant », in *Hölderlin*, *Cahiers de l'Herne*, n° 57, dir. Jean-François Courtine, 1989, p. 183.

12 Philippe Jaccottet, in H-Pl, p. 1241.

13 « *Germanien* », DKV-I, p. 337.

14 « Germanie », H-Pl, p. 858.

éléments peuvent nous être utiles, mais il ne s'agit pas d'approfondir le thème de la nation chez les auteurs.

La transposition retient particulièrement l'attention dans l'examen d'une écriture d'exil comme celle de *Hypérion*. Comment un jeune Allemand prend-il la voix d'un jeune narrateur Grec patriote pour dire son propre patriotisme allemand teinté d'admiration pour la culture grecque antique ? Ce truchement constitue une forme d'artifice que les critiques du XIXe siècle déjà ont relevé, tel Wilhelm Sigmund Teuffel dans sa préface au fragment de *Hypérion*, où il montre qu'il s'agit d'un Allemand, avec des sentiments nationaux, ayant respiré l'air d'Allemagne, et qui parle d'une Grèce qu'il ne connaît pas et qui n'aurait pu faire naître de tels personnages[15]. À notre avis, Hölderlin va certainement chercher en Grèce ce qu'il ne peut trouver en Allemagne (tout comme son personnage, déçu de l'Allemagne), ouvrant la voie à la quête allemande de ce que le Grec possède en soi – et ce, afin de réintégrer ce que lui-même possède en propre mais qu'il ne peut pleinement exploiter. La reconquête de la nation passe par la Grèce. Aucun changement dans ce qui sera exprimé dans la lettre à Böhlendorff en 1801... si ce n'est que Hölderlin sentira le vent de la folie le frôler, précisément au moment de cet exil passager à Bordeaux. L'hellénophilie correspond certes au climat intellectuel de l'époque, mais chez Hölderlin il y a clairement la présence du feu divin que les Grecs ont naturellement, selon les dires de l'auteur, et que les Allemands doivent retrouver. Mais cette quête du feu du ciel, toute prométhéenne, mènera au même destin que Prométhée, et l'esprit philosophique et rationalisant de Hölderlin sombrera.

Le mythe prométhéen comme quête d'un feu et comme abîme où se perd l'auteur est le même que celui de Rimbaud, qui toutefois en fait un usage moins philosophique et, malgré les nombreuses ratures des brouillons d'*Une saison en enfer*, plus spontané (dans la démarche esthétique générale). Rimbaud semble procéder par *illuminations* de l'esprit, pour reprendre le titre de son livre, sans rassembler et organiser les pensées philosophiques de son siècle de façon aussi systématique que Hölderlin.

---

15 *Cf.* la recension de Wilhelm Sigmund Teuffel, in Friedrich Hölderlin, *Sämtliche Werke*, éd. Friedrich Beißner, 7. Band, « Dokumente », éd. Adolf Beck, vierter Teil, « Rezensionen Würdigungen. 1791-1847 », Kohlhammer, Stuttgart, 1977, p. 122-132. Publié à l'origine dans *Monatblätter zur Ergänzung der Allgemeinen Zeitung*, janvier 1847.

C'est pourtant le passage obligé pour Hölderlin s'il veut trouver ce que Heidegger a appelé « l'avenir de l'être historial des Allemands[16] ». Jochen Schmidt évoque la possibilité d'un accomplissement, dans l'esprit de Hölderlin qui n'a gardé de la Révolution française que l'idéal, tout en parlant davantage d'« évolution » que de « révolution » :

> [...] l'Allemagne lui apparaît, après l'effondrement de l'espoir révolutionnaire en France, comme un potentiel historique d'un genre nouveau. Ce ne sont pas vraiment la France et l'Allemagne en tant que telles qui lui importent, mais plutôt *la possibilité historique d'un accomplissement*[17].

La quête de l'origine provient d'un constat de l'exil de l'origine. Nous verrons dans la troisième partie en quoi ce même exil renvoie à un exil métaphysique. D'un point de vue géographique, l'expérience de Bordeaux n'aura fait que rapprocher le poète de cette folie qui le guettait. Hölderlin sentira toujours avec acuité l'innocence de l'enfance, comme le montre bien sa correspondance ; et il le sentira sans sarcasme, là où Rimbaud reste plus ambigu. Sarafian aussi reviendra toujours sur les jours de son enfance. Les trois auteurs sont exilés de leur enfance comme on peut l'être du pays natal ; ils semblent ressentir le même regret, transposé sur un autre mode. Mais cet exil renvoie à la condition humaine, et appelle un nouvel exil pour apaiser momentanément la blessure. « Ainsi, chez Hölderlin comme chez Rousseau, la solitude est la condition ordinaire de l'homme, mais paradoxalement l'exil – ou la retraite – peuvent seuls permettre de sortir de ce mal être[18] », affirme Francis Claudon. Hypérion, après la trahison d'Alabanda, fuira dans la nature ; Rimbaud prendra une ligne de fuite créatrice, fulgurante et enivrante, mais destructrice pour finir ; Sarafian traversera un second exil, celui des nuits obscures de la pensée, décrites dans le *Bois*, pour trouver enfin un début de lumière.

Ainsi, la nation est l'un des pivots de l'exil des auteurs, quelle que soit la situation de la nation, quelle que soit le lieu où écrit l'auteur, et

16 Martin Heidegger, *Approche de Hölderlin*, trad. Henry Corbin *et al.*, Paris, Gallimard, coll. « tel », 1996, p. 36.

17 Jochen Schmidt, « La France et l'Allemagne : modèles opposés de la philosophie de l'histoire chez Hölderlin : évolution au lieu de révolution », trad. Jacques Le Rider, in *Hölderlin vu de France*, Tübingen, Éditions Gunter Narr, coll. « Œuvres et critiques », études réunies par Bernhard Böschenstein et Jacques Le Rider, 1987, p. 42.

18 Francis Claudon, « Exil et création littéraire : Hölderlin et Rousseau », in *Exil et littérature*, *op. cit.*, p. 258.

quelle que soit sa démarche. L'exil engendre une réflexion identitaire qui ne va pas tarder à mélanger les aspects de l'existence, tant réels que symboliques, par la superposition des espaces traversés par l'exilé, à l'extérieur ou en son for intérieur. C'est alors que l'exil se vit dans l'écriture qui dit d'un côté l'éloignement d'une terre, et de l'autre côté l'espace métaphorique ouvert par le transfert de l'expérience réelle dans l'intériorité du langage.

LA SUPERPOSITION DES ESPACES

La patrie n'est pas toujours présentée comme unitaire, et ce, du fait d'un élément étranger qui dès le départ donne une assise inconfortable. Hölderlin-Hypérion et l'Allemagne-Grèce, Rimbaud entre France gauloise païenne et France chrétienne, Sarafian entre Arménie et Bulgarie : autant de lieux composites, d'entrée de jeu.

Le second exil semble toujours constituer un écho du premier. Les propos de Hypérion sur l'Allemagne à la fin du roman ressemblent étrangement à ce qu'il dit plus tôt de la Grèce. Sarafian évoque l'école fréquentée à Varna, qui était déjà à l'étranger. Rimbaud passe insensiblement, dans la même page, de la Gaule païenne aux familles aristocratiques d'Europe et aux chevaliers croisés. Examinons plus en détail la configuration double, telle qu'elle ressort dans les textes.

« *Der liebe Vaterlandsboden gibt mir wieder Freude und Leid*[19] » (« La terre chérie de la patrie m'est de nouveau cause de joie et de souffrance[20] ») : *Hypérion* s'ouvre sur cette phrase qui situe d'emblée le récit sur le terrain de la nation et de l'exil. Le narrateur ne tarde pas à préciser la cause de cet exil : la honte, l'asservissement.

> *Wohl dem Manne, dem ein blühend Vaterland das Herz erfreut und stärkt ! Mir ist, als würd' ich in den Sumpf geworfen, als schlüge man den Sargdeckel über mir zu, wenn einer an das meinige mich mahnt, und wenn mich einer einen Griechen nennt, so wird mir immer, als schnürt' er mit dem Halsband eines Hundes mir die Kehle zu*[21].

19 DKV-II, p. 14.
20 *Hy*, p. 66.
21 DKV-II, p. 67.

> « Heureux l'homme qu'une florissante patrie comble de joie et de courage ! Quand on me rappelle la mienne, il me semble qu'on me jette dans un marais bourbeux, ou referme sur moi la chape d'un cercueil, et chaque fois que l'on dit que je suis grec, j'ai le sentiment qu'on m'étrangle avec un collier de chien[22]. »

Plus loin il ajoute : « [...] *ich* [...] *wandre durch mein Vaterland, das, wie ein Totengarten, weit umher liegt* [...][23]. » (« [...] j'erre dans ma patrie comme en un vaste cimetière [...][24]. ») Cet appel à l'Antiquité grecque, en de nombreux pays européens, a été dès le début une manière indirecte de redresser le sentiment national et l'avenir de la nation[25]. Il acquiert ici une teinte morbide par la comparaison avec un cimetière.

À la fin du roman, Hypérion arrive chez les Allemands et semble refermer une boucle sur un ton étonnamment semblable, en donnant l'impression d'endosser la peau d'Œdipe aveugle arrivant à Athènes[26]. Voici la description qu'il donne des Allemands :

> *Barbaren von Alters her, durch Fleiß und Wissenschaft und selbst durch Religion barbarischer geworden, tiefunfähig jedes göttlichen Gefühls, verdorben bis ins Mark zum Glück der heiligen Grazien* [...] *: ich kann kein Volk mir denken, das zerrißner wäre, wie die Deutschen*[27].
>
> « Des barbares de toujours, devenus plus barbares encore à force de travail et de science, voire de religion, profondément incapables du moindre sentiment divin, par trop gâtés jusqu'à la moelle pour connaître le bonheur des Grâces sacrées [...] : je ne puis imaginer de peuple plus déchiré que les Allemands[28]. »

Plus loin, le ton et les idées sont similaires : « [...] *es ist nichts Heiliges, was nicht entheiligt, nicht zum ärmlichen Behelf herabgewürdigt ist bei diesem*

---

22 *Hy*, p. 67.
23 *Ibid.*, p. 15.
24 *Hy*, p. 68.
25 Dans le rapport entre Grèce antique et exil de la patrie, il serait intéressant de faire le parallèle avec Chateaubriand. Celui-ci, dix ans après que ces lignes aient été écrites, se retrouve au même endroit, sur l'Isthme de Corinthe et les paysages grecs d'un aspect désolé, et s'écrie en un lyrisme similaire : « [...] quel désert ! quel silence ! infortuné pays ! malheureux Grecs ! La France perdra-t-elle ainsi sa gloire ? Sera-t-elle ainsi dévastée, foulée aux pieds dans la suite des siècles ? » (*Itinéraire de Paris à Jérusalem*, *Œuvres romanesques et voyages*, éd. Maurice Regard, Paris, Gallimard, « Bibliothèque de la Pléiade », 1969, t. II, p. 844.) Et l'auteur de craindre ensuite devant « [c]ette image de [s]a patrie ».
26 On sait l'importance qu'aura *Œdipe à Colone* pour Hölderlin, surtout dans les dernières années d'écriture intense ; il commencera une traduction dont il nous reste une scène.
27 DKV-II, p. 168.
28 *Hy*, p. 255.

Volk[29] [...]. » (« [...] il n'est rien de sacré qui ne soit profané, qui ne soit abaissé chez ce peuple au rang de misérable expédient [...][30]. ») Les raisons ne sont pas les mêmes, mais le ressentiment est identique : toujours l'impression d'être exilé parmi les siens. On ne comprend pas très bien pourquoi le narrateur prend tellement à cœur le destin allemand, s'il n'est pas allemand. De même, s'il ne disait pas qu'il est grec, on pourrait croire au début de l'œuvre que c'est Hölderlin qui évoque sa douleur face à l'Allemagne. Grèce et Allemagne sont confondues – ou du moins le sentiment face à la patrie semble interchangeable, et la Grèce de Hölderlin est vraiment une projection à peine voilée de l'Allemagne de son temps. Ainsi, l'espace réel, devenu littéraire, acquiert une dimension abstraite et les pistes sont brouillées. Les deux termes désignant les pays sont bien distincts, mais le sentiment fondamental semble le même. Mais la quête devient esthétique, et il ne s'agit plus à proprement parler de quête patriotique. C'est d'ailleurs à la même époque qu'est rédigé en collaboration avec Hegel et Schelling *Das älteste Systemprogramm des deutschen Idealismus*[31] (*Le plus ancien programme systématique de l'idéalisme allemand*), qui situe bien la question de la nation sur un terrain esthétique.

Ainsi, l'évocation du pays d'origine, que ce soit la Grèce antique pour le narrateur grec du XVIIIe siècle, ou l'Allemagne des origines pour l'auteur allemand via l'Allemagne du XVIIIe siècle pour le narrateur grec, cette évocation est dès le début sur un terrain double et montre une superposition des espaces d'origine, comme s'il y avait plusieurs origines successives et que le pays à venir résultait de cette confrontation. En fait, toute quête patriotique et politique est précédée d'une quête esthétique et culturelle, comme l'ont démontré Anne-Marie Thiesse[32] et Marc Nichanian[33], qui insistent sur la notion de construction.

À travers l'idéalisation de la Grèce antique, Hölderlin laisse paraître le regain d'intérêt pour l'Allemagne des épopées qu'avait recherchée Herder – qui avait profondément influencé et impressionné Hölderlin

---

29 *Ibid.*, p. 169.

30 *Hy*, p. 257.

31 *Cf.* DKV-II, p. 575-577 ; H-Pl, p. 1157-1158.

32 In *La création des identités nationales. Europe XVIIIe-XXe siècle*, Seuil, coll. « Points Histoire », 2001. Quant à la justification du caractère de « création » dans le sens de « fabrication » ou d'« invention », cela ferait l'objet d'un autre travail.

33 In *Le deuil de la philologie. Entre l'art et le témoignage. Littératures arméniennes au XXe siècle*, Genève, MetisPresses, coll. « Prunus armeniaca », 2, 2007, vol. II.

et toute sa génération – et qui ressortira davantage au XIXe siècle avec Grimm, Brentano et Arnim notamment. La Grèce de Hölderlin est de toute évidence un détour esthétisant, c'est un fait démontré depuis longtemps. Hölderlin avait été lecteur attentif de Tacite lors de sa formation à Tübingen. *La Germanie* était dès l'époque de Herder un ferment identitaire pour les Allemands. Mais c'est aussi « un ouvrage qui va à la rencontre de l'Autre, le Germain, depuis Rome[34] », et, même s'il présente un « bon Barbare imaginaire[35] », il fonde une tradition de pensée. Tacite écrit à propos de ces peuples de la Germanie que « parce que leur sang n'a jamais été souillé par des mariages mixtes avec d'autres races d'hommes, en constituent une spécifique, sans mélange et semblable à aucune autre[36] » Il ne faut pas oublier que c'est le regard distancié d'un Romain, avec toutes ses représentations ; mais de tels écrits ont pu influencer Hölderlin et ses congénères. On y évoque aussi l'apport grec, puisqu'il semblerait qu'on ait retrouvé sur le territoire des autels consacrés à Ulysse. Hölderlin évoquera également dans ses hymnes une autre origine possible du peuple allemand : la mer Noire. En fait, dans ces transferts culturels parfois inextricables, on peut déjà voir une forme de prétexte à la fuite face à une épreuve spirituelle qui dépasse l'auteur, et la recherche n'est pas qu'esthétique, comme le souligne Armel Guerne à propos des romantiques allemands et particulièrement de Hölderlin :

> [...] quand ils se cherchent l'un après l'autre, à tâtons, de lointaines patries, réelles et mythiques, quelque part dans l'espace et le temps, n'importe où, mais *ailleurs* : [...] la Grèce rêvée, le mythe grec de Hölderlin [...]. Jamais aucun n'est à l'aise *hic et nunc*, dans son temps et dans son lieu ; jamais aucun, non plus, ne cherche la vérité des choses, mais chacun plante ici ou là, peu importe où, son rêve nécessaire [...][37].

Cette quête de l'auteur tourne à l'errance et ouvre sur un autre espace dont nous traiterons davantage dans la troisième partie. L'invention à travers un ailleurs demeure en tous les cas un élément fondateur d'une poétique mais ne contribue pas forcément à rapprocher de l'origine,

34 Patrick Voisin in Tacite, *La Germanie*, trad. Patrick Voisin, Paris, Arléa, coll. « Poche – retour aux grands textes », 2011, p. 12 (présentation).

35 *Ibid.*, p. 13.

36 *Ibid.*, p. 29.

37 « Hölderlin ou le mystique malgré lui », in *L'âme insurgée. Écrits sur le Romantisme* [1977], Paris, Seuil, coll. « Points essais », 2011, p. 65-66.

d'autant que l'origine reste mystérieuse et inaccessible dans son entier, et rejoint l'expérience de l'étranger (qu'il y ait ou non exil) comme le rappelle Bernard Waldenfels : « L'expérience de l'étranger est et reste une forme de l'expérience, mais précisément dans la seule forme paradoxale d'une inaccessibilité originaire, d'une présence absente[38]. » On ne peut toutefois conclure que l'incapacité de se représenter un espace d'origine stable soit un facteur de déstabilisation et d'exil, ni même qu'il y ait là une preuve d'altération originaire ou que l'origine soit elle-même altérité. Nous sommes forcés d'en demeurer au constat que l'origine est un mystère.

LE BROUILLAGE DES TERRITOIRES

L'œuvre de l'exilé prend appui sur ses territoires et sur les interrogations qu'ils suscitent. Il existe toujours un territoire manquant et un territoire à conquérir, qu'il soit réel, imaginaire ou mythique. De ce déplacement de territoire s'ensuit parfois une confusion ou un amalgame sur l'identité des territoires : la représentation de l'un glisse sur celle de l'autre. Le territoire se définit alors par contraste. Enfin, un déplacement s'effectue sur l'imaginaire et provoque la création d'un nouveau territoire, cette fois métaphorique.

Chez Hölderlin, Grèce et Allemagne ne semblent être qu'un seul et même pays. Il n'y a qu'à comparer le début et la fin de *Hypérion* pour constater une similitude des expressions. Il s'agit d'une transposition résultant de la recherche philosophique que l'auteur poursuivra jusqu'en 1804 environ.

Chez Rimbaud la situation est beaucoup moins précise. Le pays à quitter est aussi celui dans lequel l'œuvre s'écrit et où se vit le dérèglement de tous les sens. À l'étranger il n'y aura plus de création, il aura tourné la page. Entre description du pays d'origine, du pays lointain, entre faux départ et atermoiements, tout se joue dans l'œuvre de l'*ici*, décidément trop *ici* mais toujours débordant d'*ailleurs*. La page devient le lieu d'une exploration intégrale spatio-temporelle, comme l'exprimeront également

38 Bernard Waldenfels, *Topographie de l'étranger. Études pour une phénoménologie de l'étranger 1.*, trad. Francesco Gregorio *et al.*, Paris, Van Dieren, coll. « par ailleurs Riponne », 2009, p. 41. L'auteur fait référence ici aux travaux de Husserl et de Merleau-Ponty.

les *Illuminations* : « Arrivée de toujours, qui t'en iras partout[39] » : *Arrivée* et *toujours* sont les pôles d'une expérience sans limite, à la fois dans l'espace et dans le temps, qui nous fait oublier qu'elle est circonscrite dans la page. Dans la plus grande liberté de Rimbaud, l'exil est oublié. « Le voyage rimbaldien, c'est aussi le retour au point de départ, – mais au sens nietzschéen, en une spirale qui mène Rimbaud au point de non-retour. "Arrivée…"[40] »

Pays d'origine et pays d'exil sont aussi confondus chez Sarafian mais d'une tout autre manière. Les motifs du pays d'origine se retrouvent dans ceux du pays d'accueil, à travers le prisme du bois de Vincennes qui crée une nouvelle géographie, celle de l'exilé et de son monde. Ce n'est plus le monde d'origine, ni celui de l'arrivée, mais un nouveau monde, non exempt de nostalgie, mais où même la nostalgie a une couleur particulière. Sarafian crée un nouvel espace en amalgamant les espaces de l'expérience d'exil.

Hölderlin noue la création au rapport Grèce/Hespérie, à l'exil fondateur d'une langue, là où Rimbaud, sur le socle stable de la nation, déploie son aventure créatrice qui bouscule langue, nation et repères. Sarafian, quant à lui, revenu de toutes les révolutions, contraint à l'exil, fera surgir une écriture qui cherche à intégrer l'exil, comme pour conjurer l'expulsion : intégrer l'expulsion pour la neutraliser, et repartir sur les nouvelles bases d'une langue et d'un territoire nouveaux. Quels que soient les territoires que l'auteur a quittés ou ceux qu'il inventera, c'est par la traversée des frontières et leur redéfinition intérieure que l'imaginaire se modèlera. L'errance qui s'ensuivra ne fera que reconfigurer des territoires esthétiques, thématiques et langagiers.

39 « À une raison », in *Illuminations* ; R-Pl, p. 297.

40 Alain Borer, « La part de Shiva », in *Parade sauvage*, 1, Charleville-Mézières, Musée-Bibliothèque Arthur Rimbaud, 1984, p. 14.

TRAVERSÉES

FRONTIÈRES ET PASSAGES

Le bouleversement du cadre territorial occasionne dans l'œuvre la récurrence d'un motif fondamental dans l'élaboration d'une poétique de l'exil : la frontière. Cette dernière peut s'entendre d'abord comme une délimitation géographique. *Le Bois de Vincennes* s'ouvre sur le bouleversement de cette ligne :

> Վէնսէնի անտառը կը տարածուի Մառնէն Տօն ու աւելի վար՝ իր մէջ առնելով մեծ մասը Սեւ Ծովին: Ան կը հասնի երբեմն մինչեւ երկինք: Կ'անցնի կարօտներէս ու յուշերէս անդին: Կը սահի անծանօթ ու երազային հայրենիքէ մը վեր: Ու կիրակի ու տօն առաւօտները, ամառը, լուսաբացի սրբացմամբ թափանցիկ իր ծառերէն ծորող հոյզի գոյն յոյզերով՝ ան կը տանի զիս մինչեւ ծայրագոյն վերացում: Խաւարէն դուրս եկող նաւ մը[1]:
>
> « Le Bois de Vincennes s'étend de la Marne au Don et même plus bas, couvrant aussi une grande partie de la mer Noire. Il atteint parfois le ciel. Il passe par-delà mes nostalgies et mes souvenirs. Il plane au-dessus d'une patrie utopique et inconnue. Et les matins des dimanches et des jours de fête, l'été, avec la consécration de la clarté de l'aurore, avec le frémissement couleur de sève de ses arbres transparents, je suis transporté dans la plus extrême exaltation. Un navire qui sort des ténèbres[2]. »

Le passage de la frontière géographique et la disparition de celle-ci s'accompagnent d'un passage de frontière symbolique. L'écrit devient une véritable géographie des souvenirs et des sensations. La disparition du monde de l'enfance et la destruction du pays d'origine s'ouvrent sur une exploration vertigineuse : « Կախարդական է Վէնսէնի անտառը: Կը

---

1 *ՎԱ*, p. 13.
2 *BV*, p. 19.

ջնջուի տարածութիւնը։ Մառնի ափին՝ Վառնան[3]։ » (« Le Bois de Vincennes est ensorceleur. L'espace est aboli. Au bord de la Marne, Varna[4]. ») Mais l'ombre revient vite hanter le poète :

> Բայց անտառը կը ջլատէ նաեւ զիս։ [...] Բախումը բացասականին ու դրականին միջեւ, մանուկին եւ հասած մարդուն, մտավորականին եւ բանուորին, հայրենաբաղձին եւ օտարացածին [...]։ Անտառը կը տանի զիս մինչեւ ծայրագոյն հակասութիւն։ Կը դառնայ ոճիրներու վայր մը։ Կը քալեմ երբեմն կարմիր ծովու մը խորէն, թեւերուս ու ոտքերուս կառչող լռութեան ու լոյսերուն մէջէն։ Ընկղմած աշխարհ մը։ Ու իր արիւնէն դուրս եկող իր կարմիր ուրուականը, այլանդակօրէն փոխուած նոյն էակներով[5]։

> « Mais le bois me tourmente aussi. [...] Le choc entre le positif et le négatif, l'enfant et l'adulte, l'intellectuel et l'ouvrier, entre l'exilé et l'assimilé [...]. Le bois me mène jusqu'à la plus extrême contradiction. Il devient un champ de crimes. Je marche quelquefois au fond d'une mer rouge, dans le silence et les lumières qui s'attachent à mes membres. Un monde englouti. Et son fantôme rouge provenant de son sang avec les mêmes créatures monstrueusement transformées[6]. »

La disparition des frontières géographiques entraîne nécessairement un bouleversement des frontières psychiques et évoque l'espace disparu et le crime sous la forme d'une vaste métaphore filée qui parcourt l'ensemble du récit : le bois devient le lieu du drame et de la vie du poète. Cette disparition des frontières, assortie de l'évocation de l'enfance, fait du bois l'univers du poète ; il devient son lieu, le cadre de son être-au-monde, de ses représentations de la vie, il devient le monde en soi, histoire, présent et avenir à la fois.

Nous avons vu que l'enfance est évoquée sur le mode de l'attendrissement et de la nostalgie, et le poète se sent exilé de cette enfance. Mais les allusions au traumatisme de la guerre abondent également, et dès la deuxième page les branches deviennent les corps morts de la guerre en Crimée qu'avait traversée le poète dans son adolescence : « Կ՚անցնի երբեմն կտրուած կեղեւաթափ ծառերով բեռնաւոր կառք մը, կը հեռանայ յամրընթաց՝ անոր պէս որ, կռիւի օր մը, մերկ ու թաց, ու աչքերը բաց դիակներով լեցուն՝ կը բարձրանար Խոսքոֆի կայարանէն վեր[7]։ » (« Il passe de temps en temps

---

3 *ՎԱ*, p. 15.
4 *BV*, p. 22.
5 *ՎԱ*, p. 13.
6 *BV*, p. 19-20. – « օտարացած » [prononcer « *odaratsadz* »] a été traduit par « assimilé » ; il faut l'entendre dans le sens d'« étrangéisé », pour employer un néologisme.
7 *ՎԱ*, p. 14.

une charrette pleine de branches coupées, écorcées, elle s'éloigne lentement comme celle qui, remplie de cadavres nus et mouillés et les yeux ouverts, remontait de la gare de Rostov, un jour de bataille […][8]. »)

L'évocation de la guerre glisse vers celle de la Catastrophe, toujours à demi mot, à travers la métaphore filée du Bois : « Ջարդուող եւ աքսորուող ժողովուրդ մըն են երբեմն ծառերը, երբ ամրան կայծակները կը շողան անոնց վրայ: Կը լսուին տղոց ու կիներու ճիչեր[9]: » (« Et quelquefois, lorsqu'éclatent les orages d'été, les arbres sont un peuple qu'on massacre et qu'on exile. On entend gémir les femmes et les enfants[10]. ») Le contraste entre l'expérience vécue par l'auteur et son environnement peuplé de gens insouciants est frappant et renforce le sentiment de vivre en étranger, coupé des habitants du pays :

> […] կը բռնեմ անտառէն անցնող պողոտան, դառնալով անգամ մըն ալ ետին, լիճին՝ տեսնելու համար զայն անցնող կառքի մը փարոսին տակ, երբ կը սուրան ծառերուն շուքերը հալածուած ոգիներու պէս, իրարու զարնուելով, իյնալով ու ելլելով, երկարելով ու կարճնալով եւ երբ կը յայտնուին հոս ու հոն տաք խոտերուն վրայ պառկած, իրարու փաթթուած զոյգեր[11]:
>
> « […] je prends la route qui passe par le bois, me retournant une fois de plus vers le lac, pour le voir éclairé par les phares d'une voiture qui passe, tandis que se précipitent les ombres des arbres comme des esprits persécutés, se heurtant, tombant et se relevant, s'allongeant et se raccourcissant, et tandis qu'apparaissent ici et là des couples enlacés, couchés dans l'herbe chaude[12]. »

La victime est dès lors confinée au silence, à l'incommunicable, à la solitude de ce que le monde ne veut pas entendre, dans un pays qui avait été, comme la plupart des pays occidentaux, complice.

C'est dans son logement de Vincennes, où il demeura une bonne partie de sa vie, à côté du bois, qu'après le bouleversement et le passage de toutes ces frontières qui se remodelaient à grande effusion de sang, tout se reconfigura sur la carte de l'imaginaire, pour dire sous le mode de l'allusion ce qui n'arrivait pas à se dire ouvertement et qui avait été enterré par le concert des nations. La patrie devait revenir, avec nostalgie, effroi et parfois une discrète lumière qui, si elle n'aboutirait plus à la formation d'une nation, du moins reprendrait forme dans la langue littéraire.

8 *BV*, p. 20.
9 *ՎԱ*, p. 15.
10 *BV*, p. 22.
11 *ՎԱ*, p. 38.
12 *BV*, p. 57.

En 1947, en plein Paris, apparaît le mont Ararat, la montagne sacrée des Arméniens : « […] այս տարածութեան ծայրը՝ ուր կը մխան աչքերը, անտառը կ'առնէ յանկարծ մշուշասոյզ լերան մը վեհութիւնը։ Արարատ մը՝ որ կը նայի ինծի[13]։ » (« […] au bout de cette étendue jusqu'où porte le regard, le bois prend soudain la grandeur d'une montagne dans les nuées. Un Ararat qui me regarde[14]. ») De même, la présence en filigrane de Constantinople, véritable « capitale culturelle » de l'Arménie occidentale et lieu de rassemblement des intellectuels, artistes et hommes politiques arméniens jusqu'à leur extermination organisée en avril 1915 :

> Այս ամայութիւնը յուզիչ է դարձեալ Մոտայի ափին պէս, իրիկնամուտին մէջ, ուր կ'երթայի դիտել երազներուս հրդեհը, որով կը լուսաւորուէր ամբողջ Մարմարան, թանկագին ու այլազան գոյներով բոնկած քարերու հեղեղը։ Բայց աչքերս կանգ կ'առնեն միշտ աւերակի նմանող այս դաշտին մէջ բարձրացած բարակ խաչի մը վրայ։ Կը տխրիմ։ Անոր տակ պառկած է դժբախտ Իգար մը։ […] Ծաղիկ բերողները չեն գար այլեւս։ Ու խաչը ծռած է ձախէն աջ։ Հայրենական կարօտիս պէս[15]…
>
> « Je suis saisi d'émotion à cet endroit désert, comme sur la rive de Moda, à la tombée de la nuit, où j'allais observer l'embrasement de mes rêves qui illuminait toute la mer de Marmara, déluge de pierres enflammées aux couleurs précieuses et multicolores. Mais mon regard s'arrête toujours sur une mince croix, dressée comme une ruine dans ce terrain vague. Je m'attriste. Là est enterré un malheureux Icare. […] À présent personne ne vient plus fleurir sa tombe. Et la croix est penchée vers la droite. Comme ma nostalgie de la patrie[16]. »

Le narrateur intercale ici un événement survenu dans le bois de Vincennes : l'écrasement d'un aéroplane et la mort d'un jeune homme. Le mythe d'Icare, qui a voulu s'élever dans la lumière mais s'est brûlé les ailes, est associé dans ce contexte à la douleur de l'exil et de la nostalgie. Sarafian alternera entre les mythes d'Icare et de Prométhée, mais comme nous l'avons dit plus haut, le surgissement des images crée une nouvelle mythologie : celle d'une nouvelle compréhension du monde dans ce XXe siècle des exils et des catastrophes. Selon Sarafian, l'homme, désormais sans illusion, aura accès à une sagesse, certes amère, mais fondée sur une vérité palpable, même si elle est pétrie de doute.

---

13 *ՎԱ*, p. 21-22.
14 *BV*, p. 32.
15 *ՎԱ*, p. 22.
16 *BV*, p. 32-33.

La nostalgie, « mal du pays », revient souvent sous le vocable arménien *կարօտ* (prononcer « *garod* »), proprement intraduisible, alliant à la fois nostalgie, élan, manque et nécessité. On le rapproche parfois du *Sehnsucht* allemand, mais ce n'est pas tout à fait l'équivalent. Le *կարօտ* se manifeste particulièrement dans les situations d'exil, et l'irréversibilité donne un caractère particulièrement profond au sentiment.

C'est dans ce lieu sans frontières, le lieu de l'exil, où « l'espace est aboli », que se fait entendre la cruelle douleur de l'apatride :

> Երբեմն, կէս ժամ քալելէ վերջ ծառերուն տակէն, երբ կը հասնիմ հոս ուր հսկայ քաղաքը կը տարածուի առջիս, վարը, կ'ըմբռնեմ թէ չունիմ խարիսխ նետելու տեղ մը։ [...] Ու հորիզոնին կարմիրին տակ՝ ան շքեղ է վամպիրի մը նման՝ որ մոռցնել տուաւ ինծի ծնողք ու հայրենիք։ Ու ան վերածեց մոռացումը ցաւի մը։ Գեղեցիկ ու չար։ Խաբուած իրմէ՝ կը կապուիմ տակաւին իրեն։ Եւ սակայն այդ կապը չի դիմանար արցունքին զոր հայրենական երգ մը կը բերէ աչքերէս դուրս։ Չունիմ խարիսխ նետելու տեղ մը։ Ճակատագիրը հայրենիքէն դուրս ծնածի մը։ Չեմ կրնար հեռանալ իրմէ եւ սակայն կ'ըմբռնեմ թէ անհրաժեշտ է այդ բաժանումը, առանց որուն կարելի չէ մեծութիւն մը կերտել[17]։
>
> « Quelquefois, après avoir marché une demi-heure sous les arbres, lorsque j'arrive au point où l'immense ville s'étend devant moi, à mes pieds, je comprends que je n'ai nulle part où jeter l'ancre. [...] Et sous le rouge de l'horizon, la ville a bien cette beauté du vampire qui me fit oublier famille et patrie. Et elle a transformé cet oubli en souffrance. Belle et mauvaise. Trompé par elle, je lui reste encore attaché. Et cependant cette attache ne résiste pas aux larmes qu'un chant de mon pays fait jaillir de mes yeux. Je n'ai nulle part où jeter l'ancre. Destin de celui qui est né hors de son pays. Je ne me puis m'en éloigner, et pourtant je sais que cette séparation est indispensable pour créer de grandes choses[18]. »

Le désordre des frontières n'est pas simple opposition entre l'intériorité stable et l'extériorité chaotique ; l'intérieur lui-même perd sa structure, et tous les domaines sont atteints : imagination, représentation d'autrui, affectivité, raison. « Le bord ne retient rien : être sur la frontière [...], ce n'est plus faire l'expérience de l'imposition conflictuelle de l'ordre intérieur au désordre de l'extériorité pure, mais bien celle de la déconstruction de l'ordre qui est sensé s'y enclore et s'y exemplifier [...][19] », comme le

17 *ՎԱ*, p. 44.

18 *BV*, p. 67.

19 Lambert Barthélémy, « "Sur le passage frontalier [...], c'était le foutoir" », in *Lieux de la frontière, frontière des lieux*, textes réunis par C. Murcia, Textuel, 57, Paris, Université Paris Diderot – Paris 7, 2008, p. 32.

souligne par ailleurs Lambert Barthélémy. Cet espace aboli, au sein d'une quête spirituelle et philosophique à laquelle Sarafian fait souvent allusion sous le mode du regret lié à la connaissance, amène une circulation constante entre l'enfance et l'âge adulte, l'innocence et la connaissance, la patrie et le déracinement. L'élément solide du bois devient aqueux, remué par l'élément aérien, comme un monde entier qui se remue. C'est la mer Noire, reliant la Bulgarie à l'Asie mineure des origines :

> Ծով մըն է գիշերը Վէնսէնի անտառը՝ հովին տակ: Ալիքները կը հոսին անդադար: […] Ճիւղին մէկը կը ճչայ կայմի պէս: […] Ամէն ինչ անկայուն է հոգեկան այս ծայրագոյն սահմաններուն մէջ ուր գացի կայունութիւն մը փնտռել: Ծով մը:
>
> Ծնունդը թերեւս իրական ծովու մը՝ որուն ափին ծնայ գարնան օր մը՝ երբ օդն իսկ խռովքի մէջ էր: […] Մանկութիւնս լսեց փոթորիկները, փլչող ու միշտ բարձրացող ալիքները: Ու ծովը մերթ սեւ, հսկայ թռչուն մըն էր գիշերուան մէջ որ իր ամեհի թեւերը կը զարնէր ափին ապառաժներուն […][20]:

> « Le Bois de Vincennes est une mer, la nuit, sous le vent. Les vagues déferlent, sans trêve. […] Une branche grince comme un mât. […] Tout est instable, à ces frontières reculées de l'âme humaine où je suis allé à la recherche de la stabilité. Un océan.
>
> Naissance peut-être d'une mer réelle, au bord de laquelle je naquis un jour de printemps où l'air lui-même avait été gagné par le trouble. […] Mon enfance a entendu les tempêtes, les vagues toujours recommencées. Et la mer parfois noire était un oiseau immense dans la nuit, battant furieusement de ses ailes indomptables contre les rochers du rivage […][21]. »

Cette naissance sur la mer Noire était déjà sous le signe de l'exil, et le poète était né à l'étranger, allant à l'école arménienne où l'on apprenait à la fois la langue d'origine et la langue du pays : « Ու մարդը, որ կը նայի սահող նաւակներուն ու լողորդներուն, կը տեսնէ նոյն ատեն հին պատկեր մը, վորուն վրայէն, երբ տղայ էր, օտար, պզտիկ քաղաքի մը մէջ, օտար դպրոցի մը մէջ, կը սորվէր օտար լեզուն իր մտքի հայրենիքին[22]: » (« Et l'homme qui regarde les nageurs et les bateaux qui glissent, voit en même temps une image ancienne, où, quand il était enfant, étranger, dans une petite ville, dans une école étrangère, il apprenait la langue étrangère, celle de sa patrie en esprit[23]. »)

---

20 *ՎԱ.*, p. 41-43.
21 *BV*, p. 62-64.
22 *ՎԱ.*, p. 15.
23 *BV*, p. 22.

Par une forme de dédoublement psychique et d'objectivation, avec également des réminiscences du surréalisme (que Sarafian a bien connu), le narrateur, comme nous l'avons vu plus tôt, fait alors le parallèle entre les tricolores arménien et français, jonction provoquant l'angoisse de celui qui vit sans nation reconnue.

L'absence de frontières du pays amène le poète à préserver un monde par sa seule parole. L'auteur dirige son propre univers reconstitué par des éléments hétérogènes, de plusieurs époques et niveaux psychiques, aux frontières multiples (temporelles, spatiales, culturelles...) et reconfigurées, donnant à voir un tableau retrouvant une cohérence interne après la destruction du sens. En fait, un nouvel espace s'ouvre, qui devient le réceptacle de tout ce que les frontières effacées (géographiques ou psychiques) ne peuvent plus contenir. Et de ce fait, « la frontière [...] n'est pas nécessairement division, lisière, *limes* ; elle est aussi confins et configuration, transition et jonction. Lieu de confrontation, de scission, elle est aussi territoire d'échanges, large étendue de dialogue ; sur elle se multiplient les signes : elle interroge[24] ». Curieux espace que celui défini par des lignes floues, en quelque sorte existantes dans l'esprit mais changeantes sur le papier, voire superposables tant au plan symbolique que réel.

Janine Altounian, dans son étude sur *Le Bois de Vincennes* parue dans *La Survivance*, dépeint cette transformation comme un véritable « travail identifiant de cette écriture dont la poésie transforme un matériau brut, un bois parisien en un cadre-plan stabilisateur où se projettent les fantasmes persécutifs, les souvenirs trop présents, les angoisses, les nostalgies de l'auteur, cet écran venant ainsi lier les morceaux épars et douloureux de son être ». À cet éclatement de l'être doit succéder un « travail de deuil [...] possible grâce à une mutation poétique du bois[25] », ce qui rejoint le propos de Jankélévitch sur la poétisation de ce qui est absent pour l'exilé[26].

On assiste ainsi à une constante déréalisation du Bois qui laisse transparaître les éléments du pays d'origine. Mais une telle déréalisation est possible à partir de la solidité du pays d'origine. C'est ce qui ressort

24 Alain-Michel Boyer, « Les marges de la littérature et la question de l'*autre* », in *Théorie des marges littéraires*, dir. Philippe Forest et Michelle Szkilnik, Nantes, Éditions Cécile Defaut, coll. « Horizons comparatistes », Université de Nantes, 2005, p. 260.

25 Janine Altounian, *La survivance. Traduire le trauma collectif*, Paris, Dunod, coll. « Inconscient et culture », 2000, p. 109.

26 *Cf. supra*.

dans les essais publiés à la même époque dans des journaux arméniens. Les interrogations sur la diaspora à la croisée des chemins se font avec tout un héritage que l'auteur a peur de voir disparaître.

Mais l'exil est vécu avec un gouvernail, et même le désespoir le plus grand et l'impression d'une déroute complète aboutissent chez Sarafian à une véritable résurrection. Même le doute profond et la critique des pères fondateurs de la nation étaient rendus possibles – paradoxalement peut-être – par la solidité de ces repères anciens et de la pensée qu'ils ont déployée.

Rimbaud aussi a du mal à distinguer les frontières – ou bien il prend plaisir à les franchir, même lorsqu'elles sont interdites. L'œuvre est une préfiguration de la vie future. Ce franchissement des frontières préfigure la vie d'aventures et d'errances à venir. Ainsi, David Ellison écrit à propos de « Mauvais sang » :

> Le *je* de « Mauvais sang » est un *je illimité* ou *irradié* qui nie toute frontière géographique, qui refuse toute contrainte imposée par les traditions occidentales ou européennes, et qui se projette vers l'Orient, vers ce lieu *premier*, cette Afrique de l'authenticité où l'Ancien Testament plaçait les fils de Cham. La première des Afriques de Rimbaud est sans aucun doute celle qui émerge, avant la lettre (ou plutôt *dans la lettre et avant le départ « pour les routes du réel »*), dans « Mauvais sang[27] ».

Cette géopoétique[28] montre un rapport très libre à la fois dans l'espace et dans le temps, mais aussi entre le poétique et le géographique : Rimbaud l'explorateur imaginaire n'est pas encore l'explorateur en chair et en os. Mais le jeu avec les frontières est si profondément vécu dans le *je* même du poète qu'il se transformera en expérience de vie quelques années plus tard. Au moment où il écrit la *Saison*, le mécanisme induit simplement un brouillage des frontières entre la sphère poétique et la réalité ; c'est cette opacité qui mènera à l'exil hors des frontières de France, qui sera vécu comme un exil spirituel, comme nous le verrons dans la troisième partie. Ainsi, toute expérience littéraire s'inscrirait en écho d'une expérience vécue, comme annonce ou comme suite. C'est en tout

---

27 David Ellison, « Rimbaud au pluriel » in *Les Afriques de Rimbaud*, éd. David Ellison et Ralph Heyndels, Schena Editore, Presses de l'Université de Paris-Sorbonne, Biblioteca della Ricerca, Transatlantique, 5, 2006, p. 126-127.

28 Le terme a été développé par Kenneth White à partir de 1987, dans une acception différente. *Cf.* Magdalena Marszalek et Sylvia Sasse (éd.), *Geopoetiken. Geographische Entwürfe in den mittel- und osteuropäischen Literaturen*, Berlin, Kadmos, 2010, qui se rapprocheraient plus de notre conception.

ce cas ce que montre celle de Rimbaud avec la *Saison*. Le dépassement, la transgression, le déplacement ou le brouillage des frontières occasionne les mêmes mouvements de l'écriture ; la dynamique se reporte sur le plan de la poétique. Celle-ci, distincte des éléments réels, unit néanmoins la réalité des frontières géographiques et intérieures, faisant assister le lecteur au passage de l'exil sensible à l'exil métaphorique.

DÉPART

Pour Rimbaud, la première fuite est spirituelle : après avoir assis la Beauté sur ses genoux (déjà, dans l'ivresse de la fête, la Beauté ainsi conçue est païenne), le poète l'injurie comme une prostituée, s'enfuit et confie aux sorcières son trésor (terme évangélique, comme le fait remarquer Pierre Brunel dans son édition : allusion à la parabole des talents, Matt. 25.14). Cette fuite spirituelle sera le moteur de toutes les autres. Les enchantements qui suivent, le dérèglement des sens, les visions fantastiques, la représentation de soi comme pèlerin païen en terre sainte, toutes ces fuites imaginaires découlent de la première fuite, spirituelle. Certes, cette fuite fait écho à la sortie de l'enfance, « sobre surnaturellement[29] »... mais les trop brèves allusions chez Rimbaud se referment vite sur des ironies cinglantes (« [...] quelle sottise c'était[30]. »). Surviennent l'évasion, les désirs d'Orient et « la sagesse bâtarde du Coran[31] » : même s'il ne l'avait pas en vue, il la nomme quand même, et il le réalisera dix ans plus tard lorsqu'il demandera à sa famille de lui faire parvenir une édition bilingue du Coran au moment où il se trouve à Aden[32]. Rimbaud pensait vraisemblablement à l'Éden, celui duquel il aurait été symboliquement rejeté tel Adam ; mais il croit que ce n'est qu'une question d'éducation, alors que, logiquement, si la déchéance exerce un tel pouvoir, c'est qu'elle va forcément au-delà de l'éducation, et si Rimbaud se définit en fonction de cette religion, même dans le rejet, c'est qu'il lui accorde une valeur spirituelle.

29 *SE*, p. 271.
30 *Ibid.*
31 *SE*, p. 272.
32 Lettre à sa famille du 7 octobre 1883, de Harar, R-Pl., p. 536.

Il importe de voir dans toutes ces pages que le motif du départ est toujours lié à une déchéance qui ramène à l'exclusion du paradis terrestre suite à l'absorption du fruit de la connaissance, comme Hypérion se plaignant des écoles de philosophie qui ont fait de lui un être raisonnable écrasé par l'aridité de sa science, ou Sarafian faisant de l'intelligence sa « coupe d'amertume ». Nous aurons l'occasion de revenir sur ce point dans notre troisième partie. Pour le moment il convient de voir que ce déplacement spirituel est parallèle à un déplacement lié au paradis d'enfance, écho du paradis originel, et qu'il est toujours question de l'Orient des origines – chez nos trois auteurs, pour des raisons différentes.

Le début de la *Saison* fait penser à cet extrait de *Hypérion*, par le vocabulaire et l'idée d'une époque lointaine vouée à la beauté et désormais désertée dans l'errance :

> *O einst, ihr finstern Brüder! war es anders. Da war es über uns so schön, so schön und froh vor uns; auch diese Herzen wallten über vor den fernen seligen Phantomen, und kühn frohlockend drangen auch unsere Geister aufwärts und durchbrachen die Schranke, und wie sie sich umsahn, wehe, da war es eine unendliche Leere*[33].
>
> « Ô jadis, frères des ténèbres, il en allait autrement. Il y avait tant de beauté au-dessus de nous, tant de beauté, tant de gaieté sous nos yeux ; ces cœurs-là aussi exultaient devant les lointains fantômes bienheureux et dès lors nos esprits se sont allègrement élevés avec audace vers le haut, ils ont enfoncé la dernière barrière, et quand ils ont regardé autour d'eux, ah malheur, ce n'était que vide infini[34]. »

Cette angoisse, qui sera celle des romantiques, est liée à un départ spirituel, à une terre de bonheur que l'on a quittée et sur laquelle il n'est plus possible de revenir. Il semble y avoir là l'aveu d'une trahison implicite, d'une innocence perdue non sans responsabilité. Les « frères des ténèbres » ressemblent aux compagnons du damné rimbaldien. Le gouffre ou vide du sens est aussi celui de la modernité en général et rejoint celui d'un Sarafian, que nous examinerons plus loin.

Chez Rimbaud, le moyen pour le damné de se relever de son feu est de se projeter en un fantasme d'une puissance virile liée là aussi à un départ définitif :

---

33 DKV-II, p. 54.
34 *Hy*, p. 117-118.

> Ma journée est faite ; je quitte l'Europe. L'air marin brûlera mes poumons ; les climats perdus me tanneront. Nager, broyer l'herbe, chasser, fumer surtout ; boire des liqueurs fortes comme du métal bouillant, – comme faisaient ces chers ancêtres autour des feux[35].

Toutes ces images constituent des actes en puissance que Rimbaud réalisera quand le langage littéraire aura cessé[36]. Même le retour n'en est pas un, car ce n'est plus le même homme. Une métamorphose s'est opérée et une nouvelle vie s'ouvre, de départ en départ, en une ligne de fuite éperdue, affirmation brutale :

> Je reviendrai, avec des membres de fer, la peau sombre, l'œil furieux : sur mon masque, on me jugera d'une race forte. J'aurai de l'or : je serai oisif et brutal. Les femmes soignent ces féroces infirmes retour des pays chauds[37].

Mais en attendant le damné reste, et ne fera rien pour son pays : « Maintenant je suis maudit, j'ai horreur de la patrie. Le meilleur, c'est un sommeil bien ivre, sur la grève[38]. » Suit la rétractation, procédé récurrent dans *Une Saison en enfer* : « On ne part pas. – Reprenons les chemins d'ici, chargé de mon vice [...][39]. » Et il reprend la même marche, dans son propre pays cette fois, avec les mêmes termes mais inversés : « Allons ! La marche, le fardeau, le désert, l'ennui et la colère[40]. » Le départ devient piétinement, voire traversée sur place.

Le départ dans *Hypérion* est d'abord initiatique. Hypérion veut partir mais doit finir sa formation. Puis son mentor Adamas l'emmène à Nio sur la tombe d'Homère avant de se séparer de lui et de retomber dans l'errance dont seul le souvenir de son enfance le sauve. Sur le conseil de son père, il part alors à Smyrne pour se former à la guerre et à la vie politique. Il sera déçu des gens rencontrés, si ce n'est du mystérieux Alabanda avec lequel il entretient une relation fusionnelle et qui lui fait connaître la ténébreuse Ligue de Némésis. Le départ est ensuite lié à la guerre : il faut partir pour sauver son pays du joug des Turcs. Là aussi

---

35 *SE*, p. 249.

36 *Cf.* Verlaine qui, en 1884 dans *Les Poètes maudits*, après avoir cité le même extrait, écrivait : « Tout cela est très bien et l'homme a tenu parole. » (*Œuvres en prose complètes*, éd. Jacques Borel, Paris, Gallimard, « Bibliothèque de la Pléiade », 1972, p. 656.)

37 *SE*, p. 249.

38 *Ibid.*

39 *Ibid.*

40 *Ibid.*

il ira de désenchantement en désenchantement. Le retour consolateur sera toujours celui dans l'éternelle Nature, confirmant toujours la vision panthéiste et le passage du politique et du social au naturel sacré. Le départ semble toujours s'effectuer sur un coup de tête, dans l'enthousiasme et les grandes effusions lyriques, bientôt suivis de désillusions.

En élargissant à l'œuvre de Hölderlin, il y a comme une force qui le pousse à aller toujours plus loin, motivée par une perpétuelle insatisfaction alors même qu'il a tout pour être heureux. Stefan Zweig a identifié ce mouvement à un « combat avec le démon ». Le départ pour Bordeaux en 1801 sera sous les auspices de la folie. À partir de 1807, Hölderlin ne bougera plus de sa tour de Tübingen jusqu'à sa mort en 1843.

Il n'est plus question de partir pour Sarafian. Certes il voyagera en Europe, et son séjour à Saragosse donnera le long poème *Méditerranée*, mais sa situation d'exilé, parti sans le vouloir, fait que le départ n'est plus recherché. *Le Bois de Vincennes* fait allusion au départ envisagé par les Arméniens de la Diaspora suite à l'appel de l'Arménie soviétique en 1946-1947, mais pour Sarafian cela était hors de question : le retour lui semblait impossible. Cette Arménie n'était pas la même patrie qu'il avait quittée, d'un point de vue territorial tout d'abord. Par ailleurs, sur leur carte de réfugiés apatrides, un grand nombre d'Arméniens s'étaient vu écrire la mention « Sans retour possible », et il en avait été certainement marqué. L'idée même de ne pas retrouver le pays d'Agn tel que sa famille l'avait laissé en 1896 (et, plus largement, tel que l'avaient laissé les Arméniens rescapés en 1915) influait sur ses idées littéraires telles qu'elles ressortent dans « Վկայութիւն մը[41] » (« Un témoignage »), où le questionnement central est le devenir de la Diaspora et de l'identité arménienne.

Le départ est en quelque sorte définitif, puisqu'on ne retrouve pas intact ce qu'on a laissé. Mais il n'exclut pas l'idée de retrouver le pays autrement ou sur un autre plan. En tous les cas, c'est un motif récurrent, parfois occulté pour la douleur qu'il rappelle ; mais il est certain qu'il déclenche un imaginaire de l'errance et des bouleversements de l'identité.

41 In *Վէնսէնի անտառը*, *op. cit.*, p. 65-67. Il n'existe pas de traduction de l'article à ce jour.

ERRANCE ET IDENTITÉ

L'errance apparaît bien souvent comme la conséquence du déracinement. Elle n'est pas l'aventure de celui qui se rattache à une terre ferme – ou si elle l'est, l'auteur ne la reconnaît plus comme telle. Elle est le déplacement à l'aveuglette de celui dont la base même est secouée, et ce, que le pays existe toujours tel qu'il l'a laissé ou non. L'écrivain fait état de cette errance et témoigne de ce chemin obscur. Le récit devient témoignage de ce qui ne peut se dire autrement. L'errance devient passage.

À la source même de l'errance il existe une terre de départ à laquelle l'écrivain ne peut plus se rattacher. Sarafian l'exprime sous forme de question : « Ո՞վ եմ։ Ո՞ր ազգին եւ ո՞ր երկրին զաւակը[42]։ » (« Qui suis-je ? Le fils de quelle nation et de quel pays[43] ? ») Le pays est vécu comme le lieu d'une paternité, et l'exil du pays comme un lien filial rompu. L'absence amène l'oubli, et l'oubli amène l'errance… et le soudain retour du pays, sur le mode de la nostalgie et des amers regrets : « Ու հորիզոնին կարմիրին տակ ան շքեղ է վամպիրի մը նման՝ որ մոռցնել տուաւ ծնողք ու հայրենիք[44]։ » (« Et sous le rouge de l'horizon, la ville a bien cette beauté du vampire qui me fit oublier famille et patrie[45]. ») L'errance, à travers le mythe du vampire qui retire toute l'énergie vitale en retirant le sang de l'humain, déploie son spectre de ruptures : nationale, familiale, spirituelle.

Pour Rimbaud exilé au Harar, il n'est plus question de rentrer en France ; ses lettres d'Abyssinie laissent entendre à maintes reprises qu'il n'y trouverait aucune situation, qu'il y serait comme un étranger et qu'il est trop habitué à la vie errante. La terre ardennaise existe toujours, mais il n'y sent plus ses racines. On peut penser qu'il a fallu auparavant maintes errances littéraires pour le déraciner ainsi, et que ce sont ces errances littéraires qui ont précédé l'errance géographique et identitaire. Prenons simplement « Mauvais sang » ; le parcours apparaît en modèle réduit : des ancêtres gaulois il passe aux grandes familles d'Europe, aux croisades

42 *ՎԱ.*, p. 39.
43 *BV*, p. 59.
44 *ՎԱ.*, p. 44.
45 *BV*, p. 67. « ծնողք » (prononcer *dznoghk*) est traduit par « famille ». Le vocable signifie en général « parents ». Doit-on y voir la révélation du sort des parents de Sarafian, dont il ne parle guère dans ses œuvres ?

puis aux confins de la Cimmérie, aux limites de la mort, avec toujours ce feu qui, malgré de constants retours sur soi dans *Une saison en enfer*, le pousse à aller plus loin sans s'arrêter vraiment, à « tenir le pas gagné[46] » – comme il continuera à le faire en Afrique, hors de toute vie littéraire.

Hölderlin, poussé par l'expérience esthétique entreprise avec *Hypérion*, veut s'exiler à Bordeaux, alors qu'il écrit au même moment à Böhlendorff : « *Ich werde den Kopf ziemlich beisammen halten müssen, in Frankreich, in Paris* [...][47]. » (« Il faudra que je veille à ne pas perdre la tête en France [...][48]. ») Cette conscience de la folie le fait peut-être revenir peu à peu au pays en lui faisant dire plus loin dans la même lettre :

> *Ich bin jetzt voll Abschieds. Ich habe lange nicht geweint. Aber es hat mich bittre Thränen gekostet, da ich mich entschloß, mein Vaterland noch jetzt zu verlassen, vielleicht auf immer. Denn was hab' ich lieberes auf der Welt ?* [...] *Deutsch will und muß ich übrigens bleiben, und wenn mich die Herzens- und die Nahrungsnoth nach Otaheiti triebe*[49].
>
> « [...] ma décision de quitter maintenant encore ma patrie, peut-être pour toujours, m'a fait verser des larmes amères. Car je n'ai rien de plus cher au monde. [...] Je veux rester et resterai d'ailleurs allemand, quand même la faim et la détresse de mon cœur me mèneraient jusqu'à Otahiti[50]. »

On ne peut être plus clair sur l'identité nationale et l'attachement à la patrie. Il sentira pourtant, plus tard, le vent de la folie le frôler, et reviendra, aux dires de Schelling[51], dans un état mental déplorable. Ces moments de lucidité avant de sombrer lui feront évoquer finalement, après toutes ces recherches sur la Grèce, « *die griechische Kunst, die uns fremd ist*[52] » (« l'art grec nous est étranger[53] »). Puis, quelques mois plus

46 *SE*, p. 280.
47 Lettre à Casimir Ulrich Böhlendorff du 4 décembre 1801, de Nürtingen, DKV-III, p. 461.
48 H-Pl, p. 1004-1005.
49 DKV-III, p. 462.
50 H-Pl, p. 1005.
51 « Le spectacle le plus triste que j'aie eu durant mon séjour dans cette ville, c'est celui de Hölderlin. Depuis son voyage en France [...] son esprit est tout à fait altéré ; et bien qu'il soit encore dans une certaine mesure capable de faire certains travaux [...], il se trouve dans un état d'absence totale d'esprit. Sa vue m'a bouleversé : il néglige son extérieur au point de provoquer le dégoût ». Lettre de Schelling à Hegel du 11 juillet 1803, citée dans H-Pl, p. 1243-1244.
52 Lettre à Friedrich Wilmans du 28 septembre 1803, de Nürtingen, DKV-III, p. 468.
53 H-Pl, p. 1011. DKV donne le 28 septembre comme date de la lettre, et l'édition Pléiade, le 20.

tard, comme un ultime sursaut : « *Das Studium des Vaterlandes, seiner Verhältnisse und Stände ist unendlich und verjüngt*[54]. » (« L'étude de la patrie, de ses conditions et de ses états est infinie et rajeunissante[55]. ») Qu'il fuie dans la nature déifiée (*Hypérion*) ou en France, c'est toujours l'exil esthétique qui masque un éloignement de la patrie réelle. Il commence comme une expérience littéraire et se termine comme un arrachement à la terre et une errance physique, émotionnelle, spirituelle. Philippe Jaccottet a qualifié d'« exil intérieur[56] » ces années d'errance d'un pays à l'autre : même géographique, l'exil semble donc en premier lieu une expérience de l'âme.

Il est aussi extrêmement compliqué pour Sarafian de se remettre dans une filiation ou une continuité personnelle, familiale et nationale. Il semble avoir un rapport très ambivalent et douloureux à l'égard du père et *des* pères, littéraires et spirituels, comme en témoigne le passage de la prière du père dans *Le Bois*, ou encore le poème « Իմաստութեան գիրքը[57] » (« Le livre de la sagesse ») ; mais la difficulté de se situer dans une continuité prend forme aussi face à la nation, dont il voit les mythes s'effondrer, dans l'article « Մեր պատմութիւնը[58] » (« Notre histoire »). La Diaspora (« dispersion » par définition) peut engendrer la dispersion de l'esprit. L'errance de l'esprit pourrait prendre ainsi sa source dans l'errance géographique et un rapport distendu avec des racines nationales, et engendrer les errances spirituelles, que nous examinerons dans la troisième partie de cette étude.

Ce lien qui se distend est similaire chez Hölderlin et Rimbaud : plus rien ne les attache désormais à la nation, et les désordres qui s'ensuivent découlent de ce déracinement premier. Dans la critique, on souligne aussi, mais très rarement à vrai dire, l'absence du père dès le plus jeune âge… C'est le drame familial du jeune poète déchiré entre la mère restée seule et le père qui part au loin pour toujours (décès pour le père de Hölderlin, fuite pour celui de Rimbaud), et qui donne un ton élégiaque aux lettres du poète souabe lorsqu'il l'évoque, amenant le poète ardennais à écrire

54 Lettre à Leo von Seckendorf du 12 mars 1804, de Nürtingen, DKV-III, p. 472.

55 H-Pl, p. 1015.

56 Philippe Jaccottet, « Hölderlin », in *Une transaction secrète. Lectures de poésie*, Paris, Gallimard, 1987, p. 76.

57 In *Չափածոյ երկեր* [*Œuvres en vers*, non traduites], Antelias, Catholicossat arménien de Cilicie, 1982, p. 421-425. *Cf.* Annexe I : le texte original suivi de notre traduction.

58 In *Վէնսէնի անտառը*, *op. cit.*, p. 73-77.

un poème singulier au sein de son œuvre, « Mémoire[59] », déjà évoqué. Il en va de même dans la constante recherche d'un modèle paternel pour le jeune Hypérion en la figure du mentor Adamas puis du révolutionnaire Alabanda, initiateurs pour le jeune poète désorienté qui, dans la dérive douloureuse du manque, masque à peine une tendance homosexuelle dans l'expression de l'estime fusionnelle devenant charnelle chez le personnage. Quant à Sarafian, on ne sait ce que sont devenus ses parents. Sont-ils restés à Constantinople ? Ont-ils péri dans la Catastrophe ? Il n'y a plus aucune allusion d'actualité dans l'œuvre ; le peu que l'on ait à ce sujet resurgit par bribes dans les souvenirs d'enfance…

L'errance se manifeste aussi dans la définition d'une identité personnelle en lien avec l'identité nationale et la représentation de soi à l'étranger. Dans quelle mesure Hypérion se définit-il dans la confrontation avec l'autre ? Certes, l'adversité dans la guerre le voit campé sur ses positions nationalistes, mais il finit par se démarquer en quittant les rangs suite à la débâcle de l'armée et en ne trouvant désormais pour véritable patrie que l'immortelle Nature. Peut-être est-ce là un début de remise en question du modèle grec et un bref aperçu du futur retour de Hölderlin à la « Germanie ». Une dernière confrontation avec l'Allemagne, nous l'avons vu, ne fait que montrer ce que l'auteur ressent pour son pays, tout en appuyant sur ce que Hypérion-Hölderlin a trouvé et que ses compatriotes n'ont pas encore su voir : l'élan vers la Beauté et la Nature. Le poète Hölderlin aura toujours un mouvement *positif* vers l'objet de tous ses élans et conçoit la vie comme un futur, là où le poète Rimbaud définit par un mouvement *négatif* : le narrateur d'*Une saison en enfer* avait dès le début assis la Beauté sur les genoux et l'avait insultée, et c'est pourquoi il s'était mis à errer, mais à la fin il devait en avoir tiré bénéfice et croyait s'être guéri d'une naïveté d'enfance (mais la fin de cette saison serait le prélude d'une nouvelle errance, l'exil géographique loin de la littérature). On voit à quel point le parcours terrestre et l'espace intérieur sont imbriqués et semblent révéler une dynamique commune.

C'est chez Sarafian que la problématique est ouvertement exprimée et devient la matrice de l'œuvre. Quel est le devenir de l'Arménien à l'étranger ? Oscillation permanente entre assimilation et fixation, difficulté de trouver le milieu transitoire qui permettrait de conserver traditions, langue et valeurs tout en évoluant avec la société qui l'entoure

---

59 R-Pl, p. 234-235. *Cf. supra.*

et le monde en plein changement. La présentation de la vérité comme concept soumis au transitoire, présente dans son œuvre, est certainement aussi un écho de la modernité baudelairienne. Si l'identité nationale se façonne de la même manière pour l'auteur, l'expérience d'exil national est relativisée. Or, pourquoi le désarroi ? C'est qu'un élément fondamental de l'être semble malgré tout perdu irrémédiablement pour Sarafian. On ne retrouve plus le monde que l'on a laissé derrière soi. Mais on ne peut se fondre non plus dans le pays d'accueil comme si rien n'avait existé. Il existe manifestement un tiers espace où l'homme doit s'inventer tout en intégrant à la fois l'origine et l'expérience présente.

Quel est l'homme nouveau annoncé par Sarafian ? Quel est l'homme nouveau annoncé aussi par Rimbaud et Hölderlin, par leur mystérieux chant poétique aux caractères prophétiques ? L'exilé annonce-t-il un monde qui se referme, ou un nouveau monde qui s'ouvre, à la croisée du territoire culturel et de l'imaginaire ? Quoi qu'il en soit, avant d'en arriver à l'invention d'une langue dans un nouvel espace intérieur, l'exilé arrive sur les lieux d'exil et projette par écrit cet équilibre instable entre deux mondes.

LIEUX D'EXIL

LA NOSTALGIE, « MAL DU RETOUR »

La nostalgie est le « mal du retour », au strict sens étymologique. Elle survient après le départ et le séjour à l'étranger ou dans l'ailleurs imaginaire. Elle pourrait provenir vraisemblablement du sentiment de l'irréversible, comme l'a souligné Jankélévitch. Besoin de retour à l'antiquité de la nation, ou encore dans les bras de la Nature chez Hölderlin ; retour à l'enfance et à l'innocence chez Rimbaud ; souffrance de l'éloignement du pays d'origine bouleversé par la Catastrophe chez Sarafian. Il existe donc une différence typologique dans la nostalgie selon le type d'exil, mais cette différence n'empêche pas pour autant de retrouver des motifs similaires chez des auteurs ayant traversé diverses expériences.

Pour *Hypérion*, nous nous attarderons ici sur la question nationale avant de revenir au retour panthéiste au sein de la Nature, dans un autre chapitre. En fait la dimension spirituelle est toujours intimement liée à la question nationale, comme lorsque Hypérion s'écrit parmi ses amis : « *O Regen vom Himmel ! o Begeisterung ! Du wirst den Frühling der Völker uns wiederbringen*[1]. » (« Ô pluie du ciel ! Ô venue de l'esprit ! Tu nous ramèneras le printemps des peuples[2]. ») La nouvelle Église évoquée dans la suite du texte sera le nouvel État, embrassant tout dans la fraternité universelle, et faisant ainsi entendre un écho des aspirations révolutionnaires françaises parvenues aux oreilles du lecteur admiratif de Rousseau.

Plus loin, l'innocence de l'enfance est associée à l'État universel à venir : « *Von Kinderharmonie sind einst die Völker ausgegangen, die Harmonie der Geister wird der Anfang einer neuen Weltgeschichte sein*[3]. » (« Les peuples

1 DKV-II, p. 40.
2 *Hy*, p. 100.
3 DKV-II, p. 73.

autrefois ont surgi d'une harmonie d'enfants, l'harmonie des esprits sera le commencement d'une nouvelle histoire universelle[4]. ») L'enfance est, encore plus loin, l'abri qui prépare l'avènement, le « *engvereinten Knospe seines Wesens*[5] » (« bourgeon protecteur qui enserre leur être[6] ») ; l'auteur développe une analogie avec l'enfance d'Athènes, puis l'arrivée à l'âge adulte, avant de conclure : « *Der Mensch ist aber ein Gott, so bald er Mensch ist*[7]. » (« Mais une fois qu'il est homme, l'homme est un dieu[8]. ») Avec toutefois cette nuance : « *Der bloße Verstand, die bloße Vernunft sind immer die Könige des Nordens*[9]. » (« Le seul et pur entendement, la seule et pure raison sont toujours les rois du Nord[10]. »)

La critique de l'Allemagne est évidente. Hölderlin se sert de la Grèce antique pour critiquer l'Allemagne de son temps par un classique effet de contraste. En fait le mal du pays, ordinairement spatial, s'effectue ici à travers le mode temporel et le transfert culturel. La Grèce idéalisée est forcément plus enviable que l'Allemagne pleine de « *Mißlaut* [...] *der schreiend ist in all der toten Ordnung*[11] » (« dissonances criantes de tout l'ordre mort[12] ») qui seront évoquées à la fin du livre. Hölderlin, lorsqu'il parle du temps où « *Der Frühling, als er um Athen her blühte, war er, wie eine bescheidne Blume an der Jungfrau Busen*[13] » (« le printemps, quand il fleurissait tout autour d'Athènes, était comme une fleur modeste posée sur le sein d'une vierge[14] »), oublie peut-être un peu les guerres interminables narrées par Hérodote et Thucydide, auteurs qu'il avait pourtant lus. Les guerres de Troie et de Sparte, celles d'Alexandre, déchiraient le pays et ne laissaient pas les habitants dans cette utopique paix que se représente Hölderlin.

Mais il faut entendre ce texte dans la droite lignée de Herder. La « *bescheidne Blume an der Jungfrau Busen* » était déjà l'adolescent (plus que l'enfant, chez Herder) avec « l'esprit et le corps réunis ne formant qu'une

4 *Hy*, p. 141.
5 DKV-II, p. 89.
6 *Hy*, p. 161.
7 DKV-II, p. 89.
8 *Hy*, p. 161.
9 DKV-II, p. 93.
10 *Hy*, p. 166.
11 DKV-II, p. 169.
12 *Hy*, p. 257.
13 DKV-II, p. 95.
14 *Hy*, p. 168.

seule fleur épanouie » : « [...] dans l'histoire de l'humanité la Grèce restera éternellement l'endroit où elle a vécu sa plus belle jeunesse et sa fleur virginale[15] », le pays où « Tout n'était que joie juvénile, grâce, jeu et amour[16] », au point de vue social, politique, artistique et de la sensibilité. « Que la Grèce ait reçu d'ailleurs des semences de la civilisation[17] », Herder ne le nie pas, mais que les Grecs « lui aient communiqué une nature entièrement nouvelle créée par eux[18] », voilà l'originalité. Et on voit que Hölderlin, dans la droite lignée de Herder, ne sera pas longtemps nostalgique et se dirigera vers une affirmation nationale discrète, toujours à travers la Grèce antique et ses mythes, dans ses hymnes tardifs. Mais dans *Hypérion*, les envolées lyriques se borneront à conclure en un acte de foi panthéiste : « *Es wird nur Eine Schönheit sein ; und Menschheit und Natur wird sich vereinen in eine allumfassende Gottheit*[19]. » (« Il n'y aura qu'une seule et même beauté ; et la nature et l'humanité se rassembleront en une seule et même divinité embrassant la totalité des choses[20]. ») Il est possible toutefois de prendre ses distances par rapport à Herder et de considérer, comme l'a fait Torgeir Skorgen, que chez Hölderlin on assiste à une nouvelle forme de patriotisme ainsi qu'à une « poétique de l'interculturalité » :

> *Durch das eklektische und kulturdidaktische Lernen an anderen Kulturen und Nationen soll sich der deutsche Dichter eine neue, lebendige und geschichtsphilosophisch selbstbewusste Sangart aneignen. So erweist sich Hölderlins Programm einer neuen vaterländischen Dichtung zugleich als eine interkulturelle Poetik, die auf eine nationale Bildung und Verjüngung im geschichtsphilosophischen Rahmen der Humanität abzielt* [...][21].

> « Par l'étude éclectique et didactico-culturelle des autres cultures et nations, le poète allemand doit s'approprier avec assurance une manière de chanter nouvelle, vivante et historico-philosophique. Ainsi, le programme de Hölderlin se révèle poésie patriotique en même temps que poétique interculturelle, qui vise à un développement et rajeunissement national dans le cadre historico-philosophique de l'humanité[22]. »

---

15 Johann Gottfried von Herder, *Une autre philosophie de l'histoire* ; *Histoire et cultures*, trad. Max Rouché, Paris, Flammarion, coll. « GF », 2000, p. 62.

16 *Ibid.*, p. 63.

17 *Ibid.*, p. 65.

18 *Ibid.*, p. 66.

19 DKV-II, p. 101.

20 *Hy*, p. 175.

21 Torgeir Skorgen, « Hölderlins Balanceidee und Konzeption des Nationellen », in *Hölderlin-Jahrbuch*, 36, 2008-2009, Tübingen, Hölderlin-Gesellschaft, 2009, p. 110.

22 Nous traduisons.

Rien n'est définitif dans le parcours de Hölderlin, et l'auteur évolue constamment vers de nouvelles conceptions de la nation. Il est donc très difficile d'avoir un avis arrêté sur la question, mais cet engouement à la jonction de l'esthétique, de la philosophie, de l'histoire et de la politique nous intéresse ici dans la mesure où, à chacune des articulations de ces divers domaines et des étapes de l'État naissant, un sentiment d'exil est sous-jacent. Cet assemblage de considérations esthétiques n'est pas l'objet principal de notre étude, et c'est pourquoi nous ne nous attarderons pas sur la question, mais il était nécessaire de l'évoquer afin de faire apparaître la dynamique d'exil. Hölderlin réinvestit constamment la nostalgie dans la recherche du pays à venir. Ce n'est que lorsque l'effondrement des illusions patriotiques de Hypérion succédera à la débâcle des armées que le narrateur se tournera définitivement vers l'immortelle Nature, nouveau réinvestissement purement spirituel cette fois, non sans avoir mené ses pas jusqu'en Allemagne, dernier sursaut désabusé d'une aspiration encore hésitante.

Toute la *Saison* est un long cri de nostalgie d'une pureté originelle perdue, qui se résout non dans le retour mais hors du religieux et sans revenir en arrière. Nous nous bornerons ici à envisager la question sous l'angle de l'enfance et du pays, et nous reviendrons à l'aspect spécifiquement spirituel dans notre troisième partie.

Comme nous l'avons vu plus haut, la *Saison* s'ouvre sur cette nostalgie de cette époque festive « où s'ouvraient tous les cœurs[23] », qui se solde par la damnation. Le champ lexical du malheur et de la souffrance dépeint bien la chute de celui qui a quitté le monde de l'innocence et de la beauté : « misère », « haine », « bourreaux », « fléaux », « étouffer », « sang », « boue », « crime », « folie », « affreux », « mort », « péchés capitaux »… La langue installe d'emblée des références au Nouveau Testament, auquel Rimbaud fera constamment allusion en en renversant les significations ou en empruntant le chemin contraire, ce qui ne fait que souligner l'impression d'une damnation.

Dès ce premier chapitre, le narrateur s'adresse à Satan en le priant de montrer une certaine clémence en attendant qu'il lui donne ses « hideux feuillets de [s]on carnet de damné[24] », comme un gage qui n'est pas sans faire penser au sursis de Schéhérazade (Rimbaud avait lu les *Mille*

23 *SE*, p. 245.
24 *SE*, p. 246.

et une nuits) ou de Faust (que Rimbaud avait certainement lu, en tout cas il écrit à Ernest Delahaye[25] qu'il souhaite le lire, au printemps de la même année). Cette adresse au diable de même que l'impression d'avoir « joué de bons tours à la folie[26] » ne sont pas sans montrer un certain orgueil qui empêchera toujours le poète de revenir à cette innocence première. Rimbaud ne se désarçonne par le sarcasme et l'autodérision que pour rejeter ses élans vers l'innocence, et non vers ce qui l'empêche de la retrouver.

Toute cette première chute est en fait, on le verra, l'expérience de la création littéraire, expérience du voyant voulant se substituer au Dieu créateur en un orgueil prométhéen auquel le poète tiendra jusqu'au bout ; du moins, s'il délaisse le Prométhée créateur, il pourra donner l'impression de garder dans les derniers chapitres l'orgueil de celui qui manifestement se débrouille seul, sans Dieu, sans spiritualité, tout à la science et au « travail humain[27] ». C'est ce que laissent entendre au premier abord ces paroles que de nombreux commentateurs ont d'ailleurs perçu ainsi. Nous nuancerons plus loin cette position.

Ce prologue est immédiatement suivi de l'évocation des ancêtres gaulois. On retrouve des expressions de Michelet et de Chateaubriand, mais aussi peut-être quelques intuitions plus personnelles sur « l'esprit gaulois », paysan, réfractaire à toute foi institutionnalisée mais aussi enclin à la superstition et à la magie.

Dès lors, très rapidement, et presque insensiblement, le poète passe de l'évocation quasi généalogique au domaine de la fantaisie : « Pas une famille d'Europe que je ne connaisse. [...] J'ai connu chaque fils de famille[28] ! » Il faut signaler que Paterne Berrichon, un des premiers biographes de Rimbaud, donne les résultats d'une enquête sur la généalogie du poète ardennais, qui serait peut-être de la lignée des comtes d'Orange, de par son patronyme[29]. Mais dans ce cas on peut s'étonner que le poète se dise « de race inférieure[30] ». En fait, la réalité importe peu : c'est la mythologie personnelle, mise en place par l'auteur,

25 Lettre à Ernest Delahaye de mai 1873, de Roches, R-Pl, p. 371.
26 *SE*, p. 245.
27 *SE*, p. 275.
28 *SE*, p. 247.
29 *Cf.* Paterne Berrichon, *Jean-Arthur Rimbaud. Le poète (1854-1873)*, éd. Pierre Brunel, Klincksieck, coll. « Cadratin », 2004, p. 5.
30 *SE*, p. 248.

qui attire l'attention. Après un bref retour sur d'éventuelles origines populaires, l'imagination se déploie dans un procédé qu'il décrira quelques pages plus loin (dans « Alchimie du verbe ») ; il se décrit comme un manant ayant fait le voyage en terre sainte à l'époque des croisades, puis « sous les nuits d'Allemagne[31] », enfin « sans famille[32] ». Sur la plage armoricaine lui vient alors le désir de quitter l'Europe et de devenir entièrement autre, basané, brutal et d'une race forte. Rimbaud met ainsi en place une véritable mythologie personnelle qui bouscule les données de l'autobiographie (nous reviendrons sur ce point un peu plus loin).

On assiste à une constante démultiplication du moi (*cf.* « Je est un autre »), qui produit autant de visages d'un Rimbaud en fait insaisissable. Le poète devient Jean Valjean (« le forçat intraitable[33] »), errant sur les routes de France, avant de redevenir « une bête, un nègre[34] » et d'entrer « au vrai royaume des enfants de Cham[35] », puis d'évoquer les rythmes africains en une prose saccadée et répétitive (« Cris, tambour, danse, danse, danse, danse ! [...] Faim, soif, cris, danse, danse, danse, danse[36] ! »).

Cette généalogie perturbée, assortie d'un moi constamment dédoublé, est accompagnée d'une description de la « Nuit de l'enfer » et ses supplices, où le poète voit apparaître (comme un damné qui observe la terre, d'en bas) « [son] château, [sa] Saxe, [son] bois de saules[37] » de l'enfance. Le cadre temporel n'est pas clair : « [...] nous sommes hors du monde[38] » ; et, plus loin, la rétractation, propre à l'ensemble du texte, se fait entendre : « Je suis caché et je ne le suis pas[39]. »

Plus loin encore, lorsqu'il décrit l'expérience du voyant, il parle de son éloignement progressif du monde et de la vie au fur et à mesure qu'il s'enfonçait dans la création... qui s'est soldée par l'assèchement de la veine créatrice, comme si tout n'avait été qu'illusion séduisante, comme une manifestation du Mal. L'éloignement du monde de l'enfance et de l'identité du pays dans lequel le poète avait ses racines était-il une forme de purgation, ou de mirage d'une libération ? Faut-il alors

31 *Ibid.*
32 *Ibid.*
33 *SE*, p. 250.
34 *Ibid.*
35 *SE*, p. 251.
36 *Ibid.*
37 *SE*, p. 257.
38 *SE*, p. 256.
39 *SE*, p. 257.

parler de purgatoire plus que d'enfer ? Mais le terme est clair, et il y revient toujours, avec toute la contradiction du titre même : comment parler d'une *saison* en enfer alors que l'humain condamné à l'enfer l'est éternellement ? La provocation est flagrante et fait partie de la poétique rimbaldienne. Mais il peut s'agir aussi d'un enfer de ce monde, auquel Rimbaud dit avoir échappé, en sortant de cette impossible dialectique : religion catholique de l'enfance ou damnation. Nous reviendrons sur ce point.

Celui qui sait saluer désormais la beauté, revenu de toutes ces illusions d'écrivain, repart néanmoins à nouveau sur « cette vie de [s]on enfance[40] », parle encore de la damnation, blasphème, puis… termine le chapitre par une exclamation claire :

> Ô pureté ! pureté !
> C'est cette minute d'éveil qui m'a donné la vision de la pureté ! – Par l'esprit on va à Dieu !
> Déchirante infortune[41] !

Mais il retombe dans la dialectique qui lui fait rejeter les deux termes pour « rechercher la naissance du travail nouveau, la sagesse nouvelle, […] la fin de la superstition[42] ». Un nouveau pays s'ouvre : « […] je vois au ciel des plages sans fin couvertes de blanches nations en joie[43]. » Le paysan « rendu au sol » devra chercher sa voie dans « la réalité rugueuse à étreindre[44] ». Mais il affirme : « […] la victoire m'est acquise […][45]. » Faut-il voir là, comme on l'a souvent remarqué, une sécularisation de la mission sacrée ? Faut-il en conclure que Rimbaud est resté prisonnier de la dialectique en créant un troisième terme dépendant trop fermement des deux premiers ? Car à l'errance littéraire a succédé, après la tentative des *Illuminations*, l'arrêt de l'écriture et l'errance dans les pays que Rimbaud entrevoyait déjà dans *Une saison en enfer*… sans avoir vu sur terre les « splendides villes[46] », si ce n'est dans les fugaces visions des *Illuminations*, auxquelles Rimbaud deviendra bientôt indifférent.

40 *SE*, p. 271.
41 *SE*, p. 273.
42 *SE*, p. 277.
43 *SE*, p. 279.
44 *Ibid.*
45 *SE*, p. 280.
46 *Ibid.*

Rimbaud, maniant à la fois palinodie et antithèse dans la construction du récit, fait alterner mal du pays et fuite du pays, que ce soit l'enfance ou la France, géographiquement ou dans l'expérience littéraire. La première demeure une manifestation, sur un autre mode que la dernière, du même rapport au monde : une fuite entrecoupée d'élans, de volonté de s'élever, une quête d'élévation insatiable et sans cesse déviée par l'ambivalence et l'errance. Mais cette impossibilité de s'établir est une caractéristique du style même de Rimbaud, qui construit la *Saison* sur la rétractation, l'autocorrection et la palinodie[47]. Même la nostalgie est un devenir : « Il ne fait surgir un autre temps, sur le mode de la nostalgie ou celui du désir, que pour l'abattre aussitôt et revenir dans le présent, cette cible au *centre* toujours affamé de projectiles, ce port naturel de tous les départs[48]. » La temporalité devient ainsi le point de jonction entre la nostalgie du réel et de la construction imaginaire.

Le lieu d'exil est donc un lieu ambigu ; c'est le lieu de toutes les superpositions possibles, de tous les dérèglements mais aussi celui des nouvelles conquêtes ; il devient la manifestation d'un possible devenir, même si le poète est encore retenu par les sirènes de la nostalgie ou la difficulté de dire le nouveau territoire. Il convient ici de s'interroger plus particulièrement sur le motif de l'arrivée.

L'ARRIVÉE

L'homme nouveau que nous évoquions plus tôt se profile déjà à la fin du *Bois de Vincennes*, mais ses contours ne sont pas encore nettement définis :

> Ի՞նչ պահ երբ տակաւին չեմ ճանչնար ես զիս, չեմ առած ինքնութիւնս ու չեմ գիտեր ուր ըլլալս։ [...] Ձուլուած են ներքին ու արտաքին աշխարհները։ Ոչ մէկ

47 Yosuke Fukai évoque une « Poétique de l'opposition » et une « Poétique de l'épanorthose » pour la *Saison en enfer*. *Cf.* Yosuke Fukai, « "L'Impossible" – Le dialogue de l'esprit ou la possibilité d'une évasion », in *Rimbaud vivant*, n° 51, juin 2012, Charleville-Mézières, Amis de Rimbaud, p. 55-78 (resp. p. 61 et 72).

48 René Char, « Arthur Rimbaud », *Recherche de la base et du sommet*, *op. cit.*, p. 733.

սահման: Ու ես ամէն կողմ եմ, [...] տարտամ վերյիշումովը ապրած երկիրներուս ու քաղաքներուս, տեսած դաշտերուս ու արտերուս, ծառերուս ու ճամբաներուս, ծովերուս ու գետերուս[49]:

« Quel instant, celui où je ne me reconnais pas, où je n'ai pas repris encore mon identité, et ne sais pas où je suis. [...] Les mondes intérieur et extérieur sont confondus. Aucune frontière. Et moi, je suis partout, [...] habité par la réminiscence incertaine des pays et des villes où j'ai vécu, des campagnes et des champs que j'ai vus, de mes arbres et de mes chemins, de mes océans et de mes fleuves[50]. »

Le poète assiste à la fusion du monde, et la fin du récit acquiert un caractère à la fois eschatologique et épiphanique : les mondes, nouvellement révélés, sont réconciliés en un vaste embrassement. Le bois devient le lieu de cette concentration de mondes, d'expériences douloureuses ou exaltantes, et le poète en est à la fois le maître et le spectateur. Après la traversée de la nuit, l'aube voit naître un homme nouveau qui ne se connaît pas encore mais qui a toutes les promesses du devenir. Après une nuit de tempête, le poète se représente comme un voyageur qui s'apprête à aborder une ville nouvelle pleine d'espoirs. Cette nouvelle vie est écriture avant tout, et c'est ainsi que l'on peut parler de poétique, en tant que *représentation* de soi et du monde : « Ու ծառերուն դէմ, սեղանիս առջեւ կը սկսի իրական կեանքը[51]: » (« Et face aux arbres, devant ma table, commence la vraie vie[52]. »)

La description du motif de l'arrivée se retrouve en des images marines similaires dans « Իմաստութեան գիրքը » (« Le livre de la sagesse ») :

Նաւերը գան, երթանք անոնց, զանոնք գտնենք,
Նոր կեանք առնենք, ուրախանանք մենք մեր անձը գտածի պէս:
Մեր երկրին հողն ու ջուրն ենք մենք, վառ լոյսն ենք մենք[53]:

« Viennent les navires, allons à eux, trouvons-les,
Commençons une nouvelle vie, réjouissons-nous de nous être trouvés.
Nous sommes la terre et l'eau de notre pays, nous sommes son ardente lumière[54]. »

49 ՎԱ, p. 59.
50 *BV*, p. 89-90.
51 ՎԱ, p. 60 : (*Ibid.*, p. 90.)
52 *BV*, p. 90.
53 In *Չափածոյ երկեր* [*Œuvres en vers*, non traduit), *op. cit.*, p. 425.
54 Nous traduisons. Voir l'annexe I pour le poème en entier.

Ici l'identification du poète au paysage est davantage liée au pays d'origine. L'arrivée sur une terre nouvelle correspond à une arrivée au pays, peut-être un nouveau pays d'origine, qui serait en quelque sorte le même, mais avec l'acquis de la sagesse dont le poète emporte le livre issu d'une longue souffrance d'exil[55].

Le motif de l'arrivée n'est pas aussi marqué chez Hölderlin. On peut davantage parler du retour à la Nature divine (que nous aborderons plus loin), ou encore du retour en Allemagne, que nous avons évoqué plus haut. De même chez Rimbaud, l'arrivée est certes présente, mais plus comme une simple apparition imaginaire ou comme un écho religieux : l'entrée aux « splendides villes[56] », par exemple, qui constitue surtout une sortie de l'enfer – et éventuellement une allusion à l'entrée triomphale du Christ à Jérusalem –, et la possibilité d'un avenir encore vague. De façon générale, toute la vie de Rimbaud a été succession de départs et d'arrivées, et ces impulsions propulsent l'ensemble de l'œuvre et la redynamisent continuellement.

DÉTERRITORIALISATIONS

La question de la territorialité qui vient d'être évoquée amènerait naturellement à faire appel à ce concept dès qu'une écriture (quelle que soit la nationalité, la religion ou le peuple de l'auteur) est quelque peu originale, hors du commun, et à plus forte raison si l'auteur est migrant.

---

55 La langue et le thème ne sont pas sans faire penser à un poème, « Génération sans adieu », écrit à la même époque, après la Deuxième Guerre mondiale, par Wolfgang Borchert, qui avait eu le sentiment d'exil dans son propre pays, et qui, après avoir décliné tous les adieux qui n'ont pas été faits, évoque l'arrivée : « Nous sommes une génération sans retour, car nous n'avons rien à quoi nous pourrions retourner [...]. / Mais nous sommes une génération de l'arrivée. Peut-être sommes-nous une génération pleine d'arrivée sur une étoile nouvelle, dans une vie nouvelle. Pleine d'arrivée sous un soleil nouveau, à des cœurs nouveaux. Peut-être sommes-nous pleins d'arrivée à un amour nouveau, à un rire nouveau, à un Dieu nouveau. / Nous sommes une génération sans adieu, mais nous savons que toute arrivée nous appartient. » Le texte allemand dit « ohne Heimkehr », donc littéralement sans retour au foyer, avec la racine *Heim-* qui rappelle le *Heimat*, la patrie. (« Génération sans adieu », in *Génération sans adieu et autres textes*, Paris, Librairie Générale Française, coll. « Les langues modernes », 1990.)

56 *SE*, p. 280.

Or, il convient d'établir certaines distinctions. Voyons d'abord ce qu'en disent Deleuze et Guattari :

> [...] le nomade n'a pas de points, de trajets ni de terre, bien qu'il en ait de toute évidence. Si le nomade peut être appelé le déterritorialisé par excellence, c'est justement parce que la reterritorialisation ne se fait pas *après* comme chez le migrant, ni sur *autre chose* comme chez le sédentaire [...]. [...] c'est la déterritorialisation qui constitue le rapport à la terre, si bien qu'il se reterritorialise sur la déterritorialisation même. C'est la terre qui se déterritorialise elle-même, de telle manière qu'il y trouve un territoire. La terre cesse d'être terre, et tend à devenir simple sol ou support[57].

Deleuze fait bien la différence entre le nomade et le migrant. Celui-ci se reterritorialiserait après la migration, alors que celui-là ne se reterritorialiserait pas, ou sa reterritorialisation serait immédiatement suivie d'une nouvelle déterritorialisation. Deleuze fait l'éloge du nomadisme qui selon lui est une machine de guerre s'élevant contre le pouvoir transcendant de l'État. Il y a une grande différence entre exil, voyage et nomadisme. On ne peut parler de nomadisme pour le peuple arménien qui, malgré les exodes successifs, a eu pour centre, depuis des millénaires, le plateau arménien, même si ce centre a été maintes fois ébranlé ou occupé.

Sarafian évoque la question des racines et leur importance dans le texte « Արմատ նետել[58] ». La douleur de l'exil laisse apparaître les figures glorieuses de l'Arménie, dans un grand contraste avec la situation d'exil, car la chute de toute civilisation semble inéluctable pour l'auteur. Néanmoins, il nous semble que cette remise en question est possible grâce à la solidité de la fondation. C'est à partir de cette solidité des racines et de l'amour pour la nation qu'il faut lire l'exploration et la « conquête d'un espace[59] » sarafianiennes, même lorsqu'il donne l'impression de trahir. On ne perçoit aucune fuite pour cet auteur qui a toujours su faire face aux douloureuses et complexes problématiques auxquelles il était inévitablement confronté en tant qu'Arménien rescapé vivant en Diaspora.

En examinant le parcours de Sarafian, issu de la Catastrophe, recherchant une forme de justice, et cheminant toujours dans le questionnement sur

57 Gilles Deleuze et Félix Guattari, *Mille plateaux*, Paris, Minuit, coll. « Critique », 1980, p. 473.

58 Prononcer « *Armad nedel* » : « Jeter des racines » ou « prendre racine ». In *Վէնսէնի անտառը*, *op. cit.*, p. 150-155.

59 Du titre de son premier recueil publié à Paris en 1928, *Անջրպետի մը գրաւումը*. In *Չափածոյ երկեր* [*Œuvres en vers*], *op. cit.*, p. 11-45.

la nation, on peut douter que son œuvre soit compatible avec de telles théories. L'immanence du système de Deleuze met en place une relativisation et un bouleversement des valeurs, qui tend à l'inversion et peut-être même à une forme de nivellement des valeurs. Pour ne pas aboutir à ces conclusions, il faudrait penser une territorialité transcendante aux frontières éthiques nettement définies autour d'une valorisation de la vie. Le risque de cette conception serait d'aboutir à la violence d'une certaine forme de nationalisme. Mais il s'agit d'un risque et non de l'essence même de la chose. L'amalgame ne fait pas partie de la définition en soi, et son risque doit servir de rempart contre les idéologies destructrices.

Sarafian, nous le verrons plus loin, cheminait vers une forme de transcendance, même s'il reste sur le seuil. En ce qui concerne la nation, même s'il voyait dans la Catastrophe une perte irrémédiable, il tendait toujours vers elle, et ce, même s'il fallait passer par un changement radical dans la manière de concevoir le monde. Le repositionnement nécessaire pour survivre et évoluer en tant qu'Arménien montrait, même dans le changement, une volonté de rester dans une ligne identitaire cohérente, ayant des racines quelque part, et non des rhizomes. Le doute qui le rongeait n'aurait pas eu autant de force si le noyau fondateur de l'identité n'était qu'altérité. Par prudence, nous pouvons avancer qu'il s'agit dans ce cas d'une déterritorialisation sans reterritorialisation ; de même, la déterritorialisation ne constitue pas un rapport constitutif à la terre comme pour le nomade. La déterritorialisation prive l'exilé du territoire en le poussant à une extrémité qui sort de la « ligne de fuite » aventureuse de Guattari et Deleuze. Poussé devant ce gouffre, le Hamlet sarafianien qui se demande s'il faut écrire ou ne pas écrire, et pour quel peuple dans une Diaspora morcelée, ce Hamlet n'est plus dans la réversibilité immanente de la déterritorialisation/reterritorialisation, qui finirait par prendre la forme d'un jeu esthétique. La question qui se pose alors est de savoir quel territoire associer au poète déterritorialisé qui reconnaît toujours sa terre d'origine. Sarafian ne donne aucune réponse définitive, et la réponse en suspens laisse peut-être une question d'ordre éthique sur la justice à faire prévaloir. Loin d'être un jeu esthétique, il était bien conscient que, si l'exilé n'est plus chez lui, c'est que d'autres ont pris la place et vivent impunément comme si de rien n'était, cautionnant le mal sur terre :

> Եւ հասկընանք, թէ ինչո՞ւ դեռ
> Կ'ապրի, կ'ոռնայ մեր թշնամին

Եւ կը ստանայ պատիւ, յարգանքյ, զէնք ու զարդեր,
Մեր թշնամին նկուն, նրբին՝
Որ մեռաւ միշտ ու յառնեցաւ[60]։

« Et comprenons pourquoi
Il vit et hurle toujours notre ennemi
Et il reçoit honneur, respect, armes et décorations,
Notre ennemi fin et propret
Qui toujours mourut et ressuscita[61]. »

Le poème devient alors un brûlant témoignage ainsi qu'une dénonciation de l'injustice ; l'exilé ne peut oublier qu'il est en exil alors que le criminel est toujours comblé d'honneurs et habite les terres dont il s'est accaparé par un génocide, avec l'accord toujours renouvelé des nations. Il faut donc faire preuve d'une grande prudence avec le concept de déterritorialisation, et il est parfois nécessaire d'en faire une utilisation nuancée.

Le bouleversement des codes et des agencements qu'implique une déterritorialisation ressort davantage dans l'œuvre de Rimbaud, et sans doute dans les derniers hymnes de Hölderlin, avec toutefois des signes avant-coureurs dès *Hypérion*, mais plus dans le discours que dans la forme. Cette dynamique correspond davantage à l'époque :

> [...] l'artiste romantique vit le territoire, mais le vit nécessairement comme perdu, et se vit lui-même comme exilé, voyageur, déterritorialisé, *repoussé dans les milieux* [...]. Mais, en même temps, c'est encore la terre qui commande ce mouvement, c'est l'attraction de la terre qui fait cette répulsion du territoire. Le poteau indicateur n'indique plus que le chemin d'où nul ne revient. Telle est l'ambiguïté du natal [...]. [...] les innovations du romantisme ont consisté en ceci : il n'y avait plus des parties substantielles correspondant à des formes, des milieux correspondant à des codes, une matière en chaos qui se trouverait ordonnée dans les formes et par les codes. Les parties étaient plutôt comme des agencements qui se faisaient et se défaisaient à la surface. La forme elle-même devenait *une grande forme en développement continu*, recueil des forces de la terre qui prenait en gerbe toutes les parties[62].

La situation se présente de toute évidence différemment pour Rimbaud, qui venait d'un pays stable, un pays qui pouvait même vivre une guerre

60 «Իմաստութեան գիրքը» (« Le livre de la sagesse »), in *Չափածոյ երկեր* [*Œuvres en vers*], *op. cit.*, p. 423.
61 Nous traduisons. Voir l'annexe I.
62 Gilles Deleuze et Félix Guattari, *Mille plateaux*, *op. cit.*, p. 419.

franco-prussienne et une Commune de Paris sans voir pour autant sa stabilité menacée. Même un changement de régime radical ne pouvait mettre en péril la vaste structure au sein de laquelle ces changements importants s'opéraient. Aussi peut-on parler de déterritorialisation, avec réticence toutefois. Rimbaud clame son appartenance à la terre gauloise, non sans moquerie, mais ses ancêtres sont bien du peuple qu'il reconnaît. Qu'il développe ensuite une fantaisie sur les familles d'Europe et les croisades n'enlève rien à cette appartenance claire et annoncée comme telle dès le début. Il a certainement hérité en même temps du spleen ambiant dans les milieux littéraires du Paris de l'époque. Avant sa venue à Paris on peut lire encore des poèmes bien républicains[63]. Il rêve d'aller combattre pour une France fraternelle et juste, et le fera peut-être en mai 1871[64].

L'influence de Baudelaire (le solitaire dans la foule, le poète « Exilé sur le sol au milieu des huées[65] ») a sans doute contribué à le désolidariser peu à peu des siens ; mais c'est en définitive la théorisation de l'aventure du voyant et le « dérèglement de tous les sens » qui perturbera peu à peu son rapport au pays natal. La quête esthétique le coupe de tout autre élan. La *Saison* est très éloquente à ce titre. Il fait la relation de son éloignement progressif du monde. Il s'aigrit, dort pendant des jours, se voit quitter le monde. Entre les fameuses lettres du voyant et la *Saison* qui relate les expériences créatrices apparaissent les poèmes blasphématoires et ceux qui se moquent de la langue académique, des Parnassiens, de l'esprit français. C'est un exilé qui parle : il ne vit pas sereinement cet éloignement, sous des dehors hautains et orgueilleux, qui dénotent une puérilité toutefois bien compréhensible pour son âge. C'est un exil intérieur, certes, mais en lien avec la culture directement issue d'un espace national. Ce sont aussi les paroles d'un jeune homme

---

63 *Cf.* Jean-Pierre Bobillot, « Rimbaud, Thiers, Pétain & les autres », *op. cit.*, p. 73-81.

64 Les critiques ne s'accordent pas encore sur l'éventuelle participation de Rimbaud à la Commune. Pour les dernières recherches sur cette question, *cf.* notamment Steve Murphy, « Rimbaud communaliste », in *Europe*, *op. cit.*, p. 82-93. *Cf.* aussi Ross Chambers, « Réflexions sur l'inspiration communarde », in *Arthur Rimbaud 2*, La Revue des Lettres modernes, Minard, 370-373, 1973, p. 63-80 : « Rimbaud avait surtout accueilli la Commune comme une invitation à transformer la poésie [...]. » (p. 75) En fait, il s'agit de voir en quoi l'événement politique présente un intérêt littéraire, un réinvestissement créateur.

65 « L'albatros », in *Les Fleurs du mal* ; *Œuvres complètes*, éd. Claude Pichois, Paris, Gallimard, « Bibliothèque de la Pléiade », 1975, t. I, v. 15, p. 10.

déjà déraciné, fragilisé par une situation familiale difficile où le père est absent, rêvant d'évasion et donc de s'évader de tout ce qui représente la stabilité : l'État, l'Église et la tradition. C'est ce que vivent bien des adolescents à bien des époques ; tout au plus Rimbaud le vivait-il avec une force particulière, de par le bouillonnement créateur.

Il n'en demeure pas moins que le sentiment d'éloignement du pays et des racines se fait exactement en même temps que l'éloignement de sa propre personne. Après « Je est un autre » vient dans *Une saison en enfer* le récit de l'éloignement de soi et de la descente aux enfers, en réalité « antichambre » de l'enfer (puisqu'on ne peut aller en enfer pour une saison : ce sont les flammes éternelles !), véritable exil spirituel que nous examinerons dans la troisième partie de cette étude.

C'est là que Rimbaud se déterritorialise : par l'expérience créatrice, il s'éloigne à la fois de la langue littéraire courante et celle de son pays tout en prenant le contrepied de la tradition. On le voit dans le style de la *Saison* : sauts fréquents dans le récit, télescopages d'idées, narration hachée, interruptions, successions d'images qui rompent le fil d'une réalité possible. Hugo Friedrich a très bien analysé cet éloignement du réel dans *Structure de la poésie moderne*[66] (nous y reviendrons plus loin à propos du langage précisément).

Quitter le sol pour cet homme devenu indifférent à la politique française[67] devenait une déterritorialisation réelle qui a démasqué la déterritorialisation imaginaire, que lui-même avait invalidée (« Cela s'est passé. Je sais aujourd'hui saluer la beauté[68]. »). Il devait amèrement constater qu'une déterritorialisation vécue uniquement pour révolutionner le langage ne pouvait mener qu'à la folie, à la mort ou à l'agitation stérile – malgré les apparences séduisantes et les vertiges enivrants.

Même constat pour Hölderlin. Paradoxalement, la folie l'aura empêché d'aller plus loin dans cette forme de paganisme dénationalisé. Et c'est dans la période dite « de la folie » qu'il composera des poèmes que l'on

---

66 Hugo Friedrich, *Structure de la poésie moderne* [1956], trad. Michel-François Demet, Paris, Librairie Générale Française, Le Livre de poche, coll. « Références », 1999.

67 De Harar il écrira à sa famille le 6 mai 1883 : « Vous me parlez des nouvelles politiques, si vous saviez comme ça m'est indifférent. Plus de deux ans que je n'ai pas touché un journal. Tous ces débats me sont incompréhensibles à présent. Comme les musulmans, je sais que ce qui arrive arrive et c'est tout. » (R-Pl., p. 527.) Il manifestera néanmoins deux ans plus tard un intérêt marqué pour l'actualité politique des pays où il se trouve.

68 *SE*, p. 269. *Cf.* aussi « Adieu », toujours dans la *Saison*, p. 279-280.

peut considérer dans la lignée des poésies bucoliques du Moyen Âge allemand. En fait Hölderlin suite une longue courbe où l'élément national s'éclipse avant de réapparaître, peu de temps avant la folie du poète.

Hölderlin n'a jamais cessé d'aimer l'Allemagne[69], mais il a pensé qu'il lui fallait s'en éloigner un temps pour trouver à l'étranger ce que l'Allemand possède en propre. Le départ pour Bordeaux en 1801 n'est peut-être qu'une forme d'incarnation de cet élan qui consiste paradoxalement à d'éloigner de la patrie et à s'en rapprocher en même temps. Au moment où il écrit à Böhlendorff en 1801, il a compris qu'il a peut-être joué avec le feu. Déjà il semblait le comprendre lorsque Hypérion évoque les écoles de philosophie qui ont ruiné son innocence. On se souvient de certaines expressions de la lettre à Böhlendorff du 4 décembre 1801, comme celle-ci : « *Ich werde den Kopf ziemlich beisammen halten müssen, in Frankreich* [...][70] ». (« Il faudra que je veille à ne pas perdre la tête en France [...][71]. ») La plupart des critiques d'après-guerre, comme Blanchot et Allemann, ont vu, même dans la folie, le prolongement de l'expérience créatrice et l'expression d'une cohérence même dans la rupture.

La question du retournement natal et du double détournement des dieux a fait couler beaucoup d'encre, en portant l'attention sur l'aspect métaphysique de la poésie de Hölderlin et en s'écartant de lectures trop politiques vu le contexte[72]. L'approche est intéressante et comporte une bonne part de justesse, certes, mais à notre avis, nous aurions tort de nous en tenir à ces conclusions. La folie est une expérience réelle, incarnée ; l'acte d'écrire aussi, mais le contenu est imaginaire, émotionnel ou

69 C'est ce qui ressort de l'analyse de certains critiques, par exemple d'Adolf Beck, dans *Hölderlins Weg zu Deutschland. Fragmente und Thesen*, Stuttgart, J. B. Metzler, 1982. Selon l'auteur, toute l'œuvre de Hölderlin est à considérer du point de vue du chemin vers l'Allemagne, des poésies du début à celles de la fin, en passant par *Hypérion*.

70 Lettre à Böhlendorff du 4 décembre 1801, de Nürtingen, p. 461.

71 H-Pl, p. 1004-1005. Du reste, les commentateurs ont peut-être exagéré la portée de cette phrase, oubliant la suite : « ... *in Frankreich, in Paris ; auf den Anblick des Meeres, auf die Sonne der Provence freue ich mich auch.* » (« ... en France, à Paris ; je me réjouis aussi de voir la mer, le soleil de la Provence. ») Ne s'agit-il pas plutôt d'un enthousiasme débordant que d'une réelle peur de perdre la raison ?

72 Du reste, Walter Hof rappelle que Wilhelm Michel avait déjà en 1923, donc bien avant Beda Allemann, développé la notion de *Wendung* vers la patrie et du détournement des Grecs, de son temps et de son peuple : « *Heimwendungen* [...] *zum Ich, zur gegenwärtigen Wirklichkeit, zu Kunstformen und Kunststoffen seiner Zeit und seines Landes.* » Wilhelm Michel, *Hölderlins abendländische Wendung*, Iena, 1923, p. 8 ; cité par Walter Hof, « Zur Frage einer späten "Wendung" oder "Umkehr" Hölderlins », in *Hölderlin-Jahrbuch*, 11, 1958-1960, p. 125.

intellectuel. Ne considérer la folie réelle que comme le prolongement de l'expérience imaginaire des dieux, c'est éluder la réalité de la rupture de l'état créateur. Même Heidegger, qui a voulu voir la métaphysique de la poésie chez Hölderlin, rappelle ce que bien des commentateurs ont voulu vite oublier, la question de « l'avenir de l'être historial des Allemands[73] », question évidemment très polémique en 1945.

« Hölderlin en appelle de toutes ses forces à une "société des amis" comme condition de la pensée, mais c'est comme si cette société avait traversé une catastrophe qui change la nature de l'amitié[74]. » La société des amis apparaît dans *Hypérion*, lors de la discussion avec les camarades à propos de la société idéale, puis dans une version négative avec la ligue de Némésis, qui a pu représenter une de ces sociétés secrètes que Hölderlin a pu fréquenter dans les années 1790[75]. De fait, il y a un changement de nature de l'amitié, mais aussi de nature de la nation, qui semble devenir virtuelle dans toute la pensée de Hölderlin entre 1795 et 1800. Elle ne répond pas au mouvement naturel qui s'exprime dans la correspondance depuis les premiers émois au bord du Rhin, jusqu'à l'aveu d'une nostalgie de l'Allemagne dans les lettres tardives. La meilleure explication que l'on puisse donner à ce sujet serait celle de Paul Böckmann, qui fait le lien avec le point de vue interne dans la narration :

> [...] *auf der Grundlage einer Icherzählung erhebt sich ein großgeschautes Bild menschlichen Seelentums, das auf den ganzen Umfang inneren und äußeren Verhaltens gerichtet ist und des Zusammenhang des Menschen mit seinen eigenen Kräften, mit*

---

73 Martin Heidegger, *Approche de Hölderlin* [1962], trad. Henry Corbin *et al.*, Paris, Gallimard, coll. « tel », 2008, p. 36.

74 Gilles Deleuze et Félix Guattari, *Qu'est-ce que la philosophie ?* [1991], Paris, Minuit, coll. « Reprise », 2005, p. 98.

75 Sur les rapports de Hölderlin avec la franc-maçonnerie, *cf.* Pierre Bertaux, *Hölderlin ou Le temps d'un poète*, Paris, Gallimard, 1983, p. 100. Bertaux soutient que la plupart des personnes que Hölderlin fréquentait au moment de ses études étaient des francs-maçons ou des amis de francs-maçons. On aurait même retrouvé dans les papiers du poète un éloge maçonnique, ce qui ne laisse d'ajouter à sa position ambiguë, lorsqu'il donne à son personnage Hypérion une attitude de violent rejet face aux membres de la société secrète smyrniote. Sur les Illuminés de Bavière, *cf.* Klaus Schuffels, Hypérion *de Friedrich Hölderlin. Reflet des aspirations révolutionnaires de son temps*, thèse de doctorat soutenue à Paris III, dir. Pierre Bertaux, 1980. *Cf.* aussi Ferd. Josef Schneider, *Die Freimauerei und ihr Einfluss auf die geistige Kultur in Deutschland am Ende des XVIII. Jahrhunderts. Prolegomena zu einer Geschichte der deutschen Romantik*, Prag, Taussig & Taussig, 1909.

> *Natur- und Menschenumwelt, vor allem mit Liebe und Freunschaft, Schönheit und Geist, tätigem Wirken und naturhafter Ergebung vor Augen führt*[76].
>
> « [...] sur la base d'un récit à la première personne s'élève un tableau grandiose de l'âme humaine, érigé dans tout l'espace d'une attitude intérieure et extérieure, et qui présente la relation de l'homme avec ses propres forces, avec l'environnement naturel et humain, avant tout avec amour et amitié, avec beauté et esprit, avec des effets actifs et une résignation naturelle[77]. »

Böckmann relie les territoires humains en une grande odyssée spirituelle ; il retrouve la cohérence du récit à travers la narration qui dépasse le simple personnage et rejoint l'âme humaine elle-même.

Pour en revenir à la déterritorialisation selon Deleuze, il ne faut pas oublier qu'elle se situe sur un plan de pure immanence[78] invalidant les notions de bien et de mal et renvoyant les phénomènes à une pure question d'agencement, dénuée des valeurs éthiques. Surviennent alors la folie, la violence, le mal-être, l'exil. Nous ne pouvons oublier cette portée éthique de l'œuvre, qui s'inscrit dans un parcours littéraire bien sûr, mais aussi plus largement humain : il y a parole littéraire dans la mesure où il y a parole humaine (au risque de faire un pléonasme). La « ligne de fuite » deleuzienne trouve chez Hölderlin un mur contre lequel elle s'écrase dans la folie, brisant le concept de ligne de fuite en ce qu'il a de créateur. Chez Rimbaud aussi.

C'est peut-être uniquement dans sa quête tardive, qui s'exprime dans ses derniers grands poèmes, que l'on peut, à travers la question du double détournement (celui du poète et celui des dieux), associer pleinement Hölderlin à la théorie de la déterritorialisation. Deleuze l'évoque, en l'associant à la trahison :

> On trahit les puissances fixes qui veulent nous retenir, les puissances établies de la terre. Le mouvement de la trahison a été défini par le double détournement : l'homme détourne son visage de Dieu, qui ne détourne pas moins son visage de l'homme. C'est dans ce double détournement, dans l'écart des visages, que se trace la ligne de fuite, c'est-à-dire la déterritorialisation de l'homme[79].

---

76 Paul Böckmann, *Hölderlin und seine Götter*, München, Beck'sche, 1935, p. 103.

77 Nous traduisons.

78 De fait, pour les auteurs il semble bien qu'on puisse trouver du génie aussi bien dans un écrit de Kafka, dans la « machine de guerre nomade » que dans l'anorexie. *Cf.* aussi Gilles Deleuze et Claire Parnet, *Dialogues*, Paris, Flammarion, coll. « Champs », 1996.

79 Gilles Deleuze et Claire Parnet, *Dialogues*, *ibid.*, p. 52.

On connaît le triste résultat : au lieu de la liberté attendue sont venus la folie et la cessation complète des projets d'écriture qui semblaient si importants.

Finalement, Rimbaud est peut-être le plus près de ce concept du devenir-autre du déterritorialisé. Hölderlin en montre déjà les limites (il oscille constamment entre l'autre et le soi, et pour finir ne répondra pas à la question : la perte de la raison l'en empêchera), tandis que l'écriture de Sarafian est au contraire un chemin pour toujours davantage devenir soi (même un soi à découvrir), à travers l'expérience obligée de l'autre. Cette question de l'interaction avec la différence nous mène à celle du lien entre altérité et transgression.

RÉPERCUSSIONS

L'exilé et son milieu, l'exilé et l'autre

ALTÉRITÉS

La question de l'altérité est très vaste car elle rejoint plusieurs champs disciplinaires. Nous avons dû restreindre notre étude à la dimension spécifiquement nationale et culturelle *précisément* dans la question de l'exil. Nous n'avons pas approfondi le point de vue psychanalytique, qui demande des situations trop spécifiques ou précises, alors que notre approche, typologique et visant à aborder trois auteurs très différents, doit se faire sur des concepts très généraux. Il est possible de parler de l'éloignement de la nation et de la culture du pays d'origine de trois auteurs même s'ils ont des parcours très différents, mais il n'est pas envisageable de croiser ainsi la réflexion sur des concepts qui se rattachent à des éléments biographiques personnels très différents ; et cela nous éloignerait de la question de l'exil.

L'altérité se définit forcément par rapport à une identité. Mais l'autre fait aussi partie de soi. On cite souvent Nerval (« Je suis l'autre. ») et Rimbaud (« Je est un autre. »). Toutefois, à notre avis, l'altérité intrinsèque suppose deux possibilités : l'altérité fondatrice (c'est-à-dire à partir d'un événement fondateur de l'existence) et l'altérité ontologique (liée à l'être même). L'altérité ontologique suppose l'absence d'unité de l'être ; cette position reste à prouver, et en l'absence de preuve, on ne peut que chercher, supposer, avancer des hypothèses… et en voir l'effet chez les auteurs. Ceux qui, comme Nerval et Rimbaud, ont pu avancer l'idée d'une altérité ontologique (du mois on peut l'interpréter ainsi), ont frisé la folie : il nous est commode de théoriser à leur sujet en donnant un caractère définitif de définition à ce qu'ils ont, eux, vécu dans la chair, au péril de leur vie (et même, pour Nerval, en payant de sa vie) et ce, sans rien prouver pour autant.

En fait, cette difficulté de définir le terme est évoquée par Alexis Nouss, après avoir mis d'emblée en parallèle « altérité » et « altération » :

> L'altérité est impensable dans l'intégrité d'une définition, d'une notion, d'un concept ; elle échappe à la thématisation du penser, de même qu'elle se joue de la tranquillité d'une conscience morale. Elle est peut-être proprement impensable, au sens que l'impensable serait une de ses propriétés, qu'elle nous mettrait sur la voie de l'impensable[1].

Il souligne également, notamment à propos de philosophes contemporains comme Lévinas ou Derrida, que la pensée est « une vigilance qui oblige à ne jamais rester à la même place, à ne jamais succomber à la certitude. Penser autrement pour penser l'autrement[2] ». Cette question de l'autrement heurte de toute évidence de plein fouet l'exilé, que ce soit dans sa traversée extérieure ou intérieure. C'est un questionnement central chez Sarafian, beaucoup plus conceptuel dans le dernier Hölderlin (mais, ironie du sort, il finira par être aussi substantiel, puisque l'auteur perdra la raison), esthétique chez Rimbaud – mais comme pour Hölderlin, Rimbaud n'avait pas vu aussi loin, et il franchira des frontières interdites. En fait, le phénomène est à rattacher à la question des frontières, réelles ou symboliques :

> L'altérité absolue, elle, est infinition, l'immense horizon des possibles. Elle ouvre le sujet à l'altérité extérieure en partant d'une réalité intérieure, le jeu des possibles étant offert aux deux. Plus encore, elle déconstruit les notions d'intériorité et d'extériorité en en déplaçant les frontières ou en les rendant flottantes. Le métissage trouve sa dynamique dans cette porosité où l'identité se fait naturellement transfrontalière, ne perdant rien de sa texture en passant d'un territoire (ontologique, culturel, langagier, etc.) à un autre, d'une forme à une autre, d'une appartenance à une autre. Au contraire, il ne s'arrête à aucune essence et, proche des philosophes modernes du soupçon, il jette le doute sur l'essentialité. Il est tissage, texture, un filage d'éléments divers, empruntant tour à tour les trames qu'il rencontre et qu'il se choisit dans l'horizon ouvert des possibles[3].

C'est précisément la problématique amenée par Sarafian, qui dans son exil parisien, doute de la vérité et de l'identité, et va même jusqu'à remettre en question le sentiment d'exister.

1 François Laplantine et Alexis Nouss, *Métissages d'Arcimboldo à Zombi*, Paris, Pauvert, 2001, p. 53.
2 *Ibid.*, p. 53-54.
3 *Ibid.*, p. 55.

> Կասկածը։
> Մտածումս կը նետէ իր քաղցկեղի արմատները։ […] Կարելի՞ վստահիլ ուղեղին։ Արտաքին պայմանները կ'ազդեն անոր վրայ։ Անկատար գործիք մը հետեւաբար։ Ու անկատար գործիք մը՝ որ ենթարկուելով՝ կ'այլափոխէ արտաքին պայմանները։ Ու ամէն ինչ կասկածելի, յարաբերական է այսպէս, անկայուն։ Պատրանքներու աղբիւր մը ուղեղն անգամ։ Ան կը տեսնէ ու կը զգայ միայն այն ինչ որ իր կազմն ու որակը թոյլ կու տան իրեն։ Օ՜հ ինչ աքսոր՝ պայծառ ու տաք ու լուսեղէն այս կանաչներուն վրայ, ուր ուրիշներ կը մրափեն հանգիստ։
> Կասկածը։ Բազմահազար ամբէրնոց ռատիոկրաֆի մը։ Սահմռկիչ թափանցում մը։ Կ'իյնան պատրանքները՝ միսերուն խորը, հոգիին ծայրագոյն մասերուն մէջ։ Կը տեսնուի ոսկոր ու վէրք։ Կ'երեւան բոլոր սնափառութիւնները[4]։

> « Le doute.
> Ma pensée porte les germes de sa gangrène. […] Est-il possible de se fier au cerveau ? Les conditions extérieures ont une influence sur lui. Un outil imparfait, par conséquent. Et un outil imparfait qui, en se soumettant, modifie ces conditions extérieures. Et ainsi tout est objet de doute, relatif, instable. Une source d'illusions, même le cerveau. Il voit et il ressent ce que sa constitution et sa qualité lui permettent, rien d'autre. Oh ! Quel exil sur cette herbe lumineuse et chaude et tendre, où d'autres paisiblement sommeillent.
> Le doute. Une radiographie de milliers d'ampères. Une pénétration terrifiante. Les illusions tombent au profond des chairs, aux recoins les plus extrêmes de l'âme. On voit les os et les plaies. Apparaissent toutes les vanités[5]. »

Il va de soi qu'une telle errance (l'auteur parle d'*exil*, plus loin il dira l'*égaré*) provient de la douleur de l'exilé qui a vu s'effondrer toutes les certitudes devant la barbarie humaine (comme le souligne l'auteur lui-même à maintes reprises, également dans ses articles), et qui se retrouve doublement exilé en présence de personnes qui vivent dans l'insouciance sans comprendre la profondeur du drame qu'il porte. Le désespoir vient de ne pouvoir partager une parole qui est pourtant universelle, en tant qu'expérience humaine pouvant atteindre tout un chacun.

Chez Sarafian l'atomisation de la personne vient du désespoir et de la souffrance de l'exil. Ce qui semble à première vue conceptuel s'ancre dans l'expérience. Les lectures philosophiques ne sont venues que confirmer un terrain déjà ouvert. Le choix de la contradiction provient d'une souffrance et révèle aussi une souffrance, et la fait grandir ; la conquête n'est pas un luxe :

4 *ՎԱ*, p. 20.
5 *BV*, p. 30.

> Իրական յանդուգնը եւ նոյնիսկ իրական աշխարհակալը այն է որ ինքզինքին դէմ կ'ելլէ, առանձնութեան մէջ, իր շարուին խորը, մահուան նայուածքին տակ որուն խոստումներն իսկ կը թուին կասկածելի, յուսահատութեան անդունդին առջեւ՝ ուր կը մղեն զինք անդորրութեան մը կարօտ իր խոնջէնքն ու շուրջի չարութիւններէն առած վախը, զզուանքը ինքզինքին, իր ըրածին եւ ուրիշներուն հանդէպ, իր քայքայումը, եւ իր խեղճութեան գիտակցութենէն խենթեցած գոռոզութիւն: Այն որ կը բռնէ իր հոգիին փլչող պատերը՝ ըլլալով նոյնատեն զանոնք քանդողը, մոլարը, իր թուլութենէն ամչցողը, հալածուողը եւ հալածողը: Բայց կը թափանցեն թինչեւ հոս կրկին կասկածին ճառագայթները: Անկարութիւն մը այդ յանդգնութիւնը[6]:

> « Le véritable téméraire et même le véritable conquérant est celui qui s'élève contre lui-même dans la solitude, dans le dépôt de sa lie, sous le regard de la mort dont même les promesses paraissent douteuses, et devant l'abîme du désespoir où l'ont mené sa fatigue qui aspire à l'apaisement, sa peur des méchancetés qui l'environnent, son dégoût de lui-même et des autres, son propre délabrement, l'arrogance excitée par la conscience de sa propre misère. Celui qui retient les murs croulants de son âme étant celui-là même qui les a détruits, l'égaré, celui qui a honte de sa lâcheté, persécuté et persécuteur. Mais à nouveau transpercent jusque-là les rayons du doute. Cette témérité est une impuissance[7]. »

Sarafian lutte contre ce métissage qui serait découverte nomade. La découverte du véritable exil, suite à des persécutions sanguinaires, l'amène certes à se questionner, mais aucunement par plaisir de bouleverser les frontières. L'ascèse n'est pas un luxe : elle est dépouillement complet de l'être repoussé aux dernières limites. La pensée d'une humanité vivant dans un néant du sens vient aussi à Hypérion, mais elle est incluse dans une analepse : le narrateur revient sur ces propos dont il se souvient et qui l'étonnent à présent[8]. Prudence devant le gouffre ? Dans la suite de sa carrière poétique Hölderlin ne prendra plus autant de précautions, se confiant tout entier au poème…

Cette solitude de l'exilé dans sa nuit obscure se double d'un questionnement sur le regard d'autrui et la communauté humaine. Sarafian écrira toute sa vie en arménien, et la confrontation avec l'étranger n'est pas une dissolution ; elle est questionnement en face-à-face. En ce sens il nous semble difficile de parler ici d'hybridation profonde. Il faudrait plutôt employer la notion de « confrontation », ainsi que la peur de la métamorphose qui pourrait s'ensuivre d'une perte. Mais

6 *ՎԱ*, p. 21.
7 *BV*, p. 30-31.
8 *Cf.* la lettre de Hypérion à Bellarmin, DKV-II, p. 54-55 (*Hy*, p. 117-119.).

Sarafian est conscient du redoublement de vie qui accompagne la perte dans la métamorphose, de ce que Pierre Brunel a nommé « mythe de la croissance et de la dégradation », qui « combine altérité et identité[9] » ; la métamorphose serait ainsi fondée sur la contradiction et toujours liée au mythe. Elle est le lieu d'une transgression, ce qui rejoint notre réflexion sur le passage des frontières et la vie en pays étranger. Mais l'écriture de Sarafian est-elle vraiment métamorphose ? Il faudrait une savante étude stylistique comparée du français et de l'arménien pour le prouver. Cette écriture ne nous semble pas mélanger les rythmes propres au français à ceux de l'arménien, et les figures et idées philosophiques qu'il lui arrive d'emprunter nourrissent en réalité une réflexion bien consciente, qui prend la forme en quelque sorte d'un dialogue avec lui-même, et qui se poursuivra longtemps après *Le Bois de Vincennes*. On ne peut guère parler davantage de métissage, du moins en tant qu'incorporation substantielle ; tout au plus y a-t-il une coexistence d'éléments encore distincts. Les langues utilisées par imprégnation n'en ramènent pas moins à *une* langue de l'exil, qui correspond très bien à cette idée que Sarafian se faisait de la littérature comme patrie spirituelle, sous le signe de l'unité malgré la diversité des langues humaines et des langages, malgré (ou à travers) les emprunts réciproques et les influences.

Une saison en enfer est un tissage de références diverses, tant littéraires que culturelles. Rimbaud évoque les lointains, les danses tribales, mais aussi les ancêtres gaulois et le progressif fossé qui se creuse entre lui et eux en raison de sa recherche alchimique qui le désolidarisera peu à peu de son peuple. L'exil est intérieur avant de se réaliser dans les pays qu'il avait projetés tout au long de son œuvre, et particulièrement dans la *Saison*. Il souligne bien, lorsqu'il fait le récit de son aventure créatrice, le caractère exploratoire et jubilatoire de l'expérience de cette altérité dans un premier temps, puis le glissement vers l'obscurité. C'est le résultat du « dérèglement de tous les sens », raisonné ou pas. Le narrateur ne peut plus vivre normalement, repoussé « aux confins du monde et de la Cimmérie, patrie de l'ombre et des tourbillons[10] », menacé par la stérilité, le silence, la mort. Ce qu'il avait pensé vivre comme une aventure, il en ressent toute la gravité : on ne joue pas avec ce type d'altération.

---

9 Pierre Brunel, *Le mythe de la métamorphose* [1974], Paris, José Corti, coll. « Les massicotés », 2004, p. 158.

10 *SE*, p. 268.

Même jeu avec Hölderlin, qui s'est cru plus fort qu'il ne pensait dans son aventure exploratoire : « *Sonst konnt' ich jauchzen über eine neue Wahrheit, eine bessere Ansicht des, das über uns und um uns ist, jetzt fürcht' ich, daß es mir nicht geh' am Ende, wie dem alten Tantalus, dem mehr von Göttern ward, als er verdauen konnte*[11]. » (« Jadis je jubilais à propos d'une vérité nouvelle, d'une conception plus juste de ce qui est au-dessus et autour de nous ; à présent je crains de subir à la fin le sort de Tantale qui reçut des Dieux plus qu'il n'en put digérer[12]. ») Il reviendra vers un sentiment patriotique et s'éloignera du modèle grec, mais un peu tard : les frontières franchies ne pardonnent pas lorsqu'il s'agit d'une transgression de cet ordre.

Ainsi dans sa correspondance des années 1802-1803 se côtoient des affirmations qui dénotent à la fois une peur de perdre la raison et un retour à la patrie allemande. Dans une lettre à Böhlendorff de l'automne 1802, il déclare se sentir saisi par le feu du ciel et frappé par Apollon[13]. Faisant un écho à l'admiration du Rhin dans ses jeunes années, il affirme : « *Die heimatliche Natur ergreift mich auch um so mächtiger, je mehr ich sie studiere*[14]. » (« Plus je l'étudie, plus la nature de ma patrie m'émeut puissamment[15]. ») Il y voit un paysage métaphysique réunissant tous les éléments. De même dans son désir manifeste (quoique implicite) de fonder une poétique allemande : « […] *die Sangart überhaupt wird einen andern Charakter nehmen* […], *weil wir, seit den Griechen, wieder anfangen, vaterländisch und natürlich, eigentlich originell zu singen*[16]. » (« […] c'est la manière même de chanter qui va prendre un caractère différent […], depuis les Grecs, nous sommes les premiers à chanter selon la patrie et la nature, vraiment originellement[17]. »)

Dans le cadre de notre problématique sur l'exil, il ne s'agit pas tant de définir les espaces explorés entre soi et autrui que de voir que lorsque certaines frontières sont franchies, l'auteur transgresse une règle et s'exile d'un lieu identitaire stable, et que cette transgression s'apparente à un

---

11 Lettre à Casimir Ulrich Böhlendorff du 4 décembre 1801, de Nürtingen, DKV-III, p. 461.
12 H-Pl, p. 1005.
13 Lettre à Casimir Ulrich Böhlendorff, automne 1802, de Nürtingen, DKV-III, p. 466 ; H-Pl, p. 1009.
14 DKV-III, p. 467.
15 H-Pl, p. 1010.
16 DKV-III, p. 467.
17 H-Pl, p. 1010.

franchissement (volontaire ou pas) des frontières, que nous avons évoqué plus haut. Les frontières géographiques et intérieures se côtoient parfois si bien qu'on ne peut toujours dénouer de façon probante le complexe identitaire à l'œuvre dans le discours.

ALTÉRITÉ ET TRANSGRESSION

La traversée des frontières symboliques devient donc transgression. Là où les frontières sont abolies, le risque est grand de voir l'altérité conduire à l'altération, voire la corruption du corps et de la morale. Tel ne semble pas avoir été le cas de Sarafian, mais il évoque le cas d'une génération, la sienne, qui a vu cette menace constante. C'est le « vampire » fascinant évoqué plus haut : fascination-répulsion de l'étranger, de l'autre, du différent, comme un appel du gouffre. Les mythes reviennent fréquemment dans le *Bois*, en filigrane, mais, contrairement à d'autres recueils poétiques de l'auteur, ils ne demeurent ici que de simples références et s'effacent bien vite devant la constitution d'une mythologie nouvelle, celle du bois, traversé par l'exilé au cœur d'une extrême contradiction : porter un monde entier en soi et devoir vivre dans un monde effréné qui ne tient pas compte du drame qu'il porte. L'œuvre frôle l'incommunicable :

> Ամէն կէս գիշերէ վերջ՝ կը լսեմ յօշոտուող թռչունի մը ճիչը: Ու աղերսական այդ կանչը կը խրի սրտիս դաշոյնի մը պէս: Կ՚ելլեմ երբեմն անկողինէս, կը մօտենամ պատուհանին, տռամին՝ որ կը յիշեցնէ միշտ ինծի ուրիշ ողբերգութիւն մը, զանգուածային ոճիր մը ու ոչինչ կը տեսնեմ: Ոչի՛նչ: Կը լռէ աղաղակողը: Կը վերահաստատուի թաւշային լռութիւնը: Տկարը զերծ է հետաքրքրութենէն: Աշխարհը յոգնած է մեր ժողովուրդին ողբը լսելէն[18]:

> « Après minuit chaque soir, j'entends le cri d'un oiseau qu'on démembre. Et cet appel suppliant s'enfonce comme un poignard dans mon cœur. Quelquefois je me lève de mon lit, je m'approche de la fenêtre, du drame qui me rappelle toujours une autre tragédie, un crime collectif. Je ne vois rien. Rien. Celui qui criait s'est tu. Le silence velouté s'est rétabli. Le faible n'intéresse pas. Le monde est fatigué d'entendre la lamentation de notre peuple[19]. »

---

18 *ՎԱ*, p. 50-51.
19 *BV*, p. 76.

L'incommunicable finit par se dire sous la forme du cri de l'oiseau, qui vient secourir le cri du poète qui se sent condamné au silence imposé. Le silence confine à la solitude dans une différence incomprise :

> Կը սիրէի երբեմն զանգուածը: Մեծ քաղաքին մէջ, փողոցէ փողոց, իրիկունները, կը յանձնէի ես զիս հազարաւոր մարմիններէն հոսող ելեկտրական հոսանքին: Կը զինովնայի անհամար քայլերուն ծովային ձայներով: Բայց քիչ-քիչ, տարիներու ընթացքին, այդ բազմութիւնը նետեց զիս առանձնութեան մէջ: Ճանչցայ տարբերութիւնս մարդոց ու իմ միջեւ: Ու մինակ էի տարբերութեանս մէջ: Ու անձրեւամած մայթի մը վրայ, գիշեր մը, սեւ հայելիին խորը փայլակող այլազան լոյսերուն մէջ, ես զիս զգացի պարապին վրայ: Օտարութիւն[20]:

> « J'aimais la foule, quelquefois. Dans la grande ville, de rue en rue, les soirs, je me livrais au courant du fluide électrique émanant des milliers de corps. Je m'enivrais au bruit marin des innombrables pas. Mais peu à peu, au fil des ans, cette foule m'a jeté dans la solitude. J'ai reconnu la différence entre eux et moi. Et j'étais seul dans ma différence. Et une nuit, sur un trottoir visqueux de pluie, dans les lumières diverses qui étincelaient au fond du miroir noir, je me suis soudain senti au-dessus du vide. L'étranger[21]. »

Si l'on décèle ici une thématique baudelairienne (*cf. Le Peintre de la vie moderne*), il faut rappeler que Baudelaire se sentait étranger parmi les siens, alors que l'étranger pour Sarafian est celui qui vit loin des siens eux-mêmes dispersées à la surface de la terre. « L'étranger » est la traduction de « Օտարութիւն[22] » signifiant à la fois « monde étranger » et « étrangéité ». « Օտարացում[23] », mot ancien dans le vocabulaire arménien et signifiant « étrangéisation », est aussi fréquemment employé dans la littérature arménienne et correspond à une expérience ancienne du peuple, déjà évoquée par les poètes du Moyen Âge. La peur de l'assimilation refait souvent surface. Ainsi se pose une question majeure chez l'auteur : comment évoluer dans un monde étranger et dans la pensée (occidentale) sans se perdre, comment vivre son identité à l'étranger, hors de frontières qui n'existent plus ou ne sont pas reconnues par l'État turc ni les instances internationales ? Comment vivre parmi des nations qui avaient été complices ? De plus, un exilé comme Sarafian ne se sent pas seulement étranger en pays étranger, mais il se sent aussi étranger parmi les siens, qui dans la Diaspora finissent par revêtir des identités

---

20 *Վ.Ա.*, p. 17.
21 *BV*, p. 25.
22 Prononcer « *Odaroutioun* ».
23 Prononcer « *Odaratsoum* ».

diverses et des mentalités pour le moins protéiformes. C'est le sens du « miroir noir » dans lequel l'exilé ne se reconnaît plus : l'identité est-elle amenée à disparaître ?

L'extrême malaise dans lequel est plongé l'exilé peut alors se solder par un formidable rebondissement qui l'amène à faire la part des choses entre ce qui lui appartient en propre et ce qui est étranger.

LA CRITIQUE DU PROPRE

La découverte de l'altérité devient donc très vite une critique du propre. L'exilé a peur de se perdre à l'étranger. Sarafian compare la ville étrangère à une femme vampire qui lui retire son sang. L'expérience est particulièrement déroutante pour l'exilé qui ne peut plus revenir dans sa patrie. Hölderlin n'oublie pas l'adverbe « *fast* » (« presque ») quand il écrit « [...] *wir* [...] *haben fast / Die Sprache in der Fremde verloren*[24] » (« [...] nous avons presque / Perdu notre langage en pays étranger[25] »). Presque, donc pas tout à fait ; l'expérience des limites permet provisoirement de constater une ultime salvation.

Or, Sarafian s'interroge sur ce qui reste à l'Arménien, qui peine à écrire dans une langue dont il ne sait s'il restera un lectorat dans une ou deux générations, et dont le reste de territoire est enfermé derrière le rideau de fer soviétique. Pour Sarafian, il s'agit alors de dire dans la langue menacée ce qui reste encore irréductible, tout en faisant état de la peur de la disparition. La littérature devient parole de survivance, et survit comme littérature dans la mesure où elle exprime ce carrefour où elle se situe, paradoxalement.

L'altérité est alors évidemment perçue comme une menace. Elle est forcément plus confortable quand les frontières du pays sont stables et qu'on écrit dans son propre pays, comme Rimbaud. L'exil devient esthétique, quoi qu'on dise sur ses ancêtres gaulois et l'exquise trahison à leur égard pour inventer une nouvelle langue dégagée des traditions littéraires.

24 « Mnemosyne », DKV-I, p. 1033.
25 H-Pl, p. 879.)

Marc Kauffmann a bien souligné ce risque pour Hölderlin :

> L'affirmation de l'identité nationale à travers les traits caractéristiques d'une œuvre d'art et la promotion sublimée d'un Soi originaire ne vont pas sans la reconduction de ce risque immanent à la pensée qu'est l'ouverture à un « rapport vivant » à l'étranger. Un tel rapport se donne aussi, en retour, sous la forme d'une critique du propre[26].

Cette critique peut amener une évolution, du moins une adaptation, un nouveau devenir dans le cas de ce que Sarafian se représente comme un nouveau type : l'Arménien en Diaspora. Hölderlin n'aura pas la même fortune, et le chantre de la nation en restera à une expérience esthétique individuelle, tout comme Rimbaud, qui ne deviendra pas davantage le rhapsode qui rythme la marche au Progrès. Bien plus, celui qui craignait peut-être le plus pour sa perte aboutira certainement davantage dans sa démarche que les deux autres : Sarafian a pu mener à bien une pensée cohérente et accomplie, là où Hölderlin et Rimbaud iront d'exil en exil, confirmant tristement la parole de Schelling, dont Hölderlin était très admiratif et dont il avait suivi l'enseignement : « La *conscience de soi* implique d'emblée le risque de perdre le Moi[27]. »

EXIL, FONDATION ET HORIZONS NOUVEAUX

Le risque de la perte et le dépassement des frontières géographiques n'empêchent pas pour autant la fondation d'une nouvelle assise et l'ouverture de nouveaux horizons, quel que soit le degré d'accomplissement de la démarche créatrice.

L'exilé est donc confronté à l'étranger et à l'altérité, et par un retour des choses, à la patrie qu'il a quittée ou dont il s'est dégagé mentalement. Que trouve-t-il dans cette altérité ? L'expérience extérieure a un impact intérieur, et c'est ce dont l'expérience littéraire peut témoigner de façon

26 Marc Kauffmann, « Image vivante du néant », in *Hölderlin*, *Cahiers de l'Herne*, 57, dir. Jean-François Courtine, 1989, p. 180.
27 Schelling, *Premiers écrits*, trad. Jean-François Courtine, Paris, PUF, 1987, p. 82.

originale. Il est difficile, même pour un type d'exil similaire, d'établir une constante. La réaction intérieure est liée à la personnalité de l'auteur. C'est le point précis où l'expérience concrète et la traversée intérieure se rejoignent, sans pour autant se confondre. Mais la rencontre avec soi-même, un soi « même » ou toujours « autre » de jour en jour, est très complexe et ne peut se faire sans errance. C'est ce qui ressort dans l'analyse de Michel Deguy à propos de Hölderlin :

> La question : quel est *mon* autre ; où, *avec quoi*, suis-je autre que moi *et ainsi* destiné (envoyé, *pré*destiné) à me trouver moi-même ; envoyé-promené (« Migration ») dans la *bonne* direction et non pas quelconque, à savoir celle de la (bonne) *perte* par où je me *re*trouverai(s)[28]...

Mon autre est contradictoire : puis-je être autre, si je suis moi-même ? Puis-je me trouver en me perdant ? Dans le contexte équilibré d'un État-nation stable, ou du moins d'une communauté ou famille harmonieuse, cette confrontation peut être vécue sainement. Mais dans le cas d'un exil, où trouver l'assise qui puisse protéger l'expérience des limites ? D'où la nécessité d'une orientation : « Le *s'orienter* appartient donc à un ordre de la pré-figuration ; qui requiert une croyance à la figure, à la possibilité d'apprendre sur une géo-poétique terrestre des signes d'une destinée spirituelle[29]. » L'expérience est en effet de l'ordre du spirituel, et cette géopoétique s'élève bien au-dessus d'un territoire physique. Le poète voyant (Rimbaud), intermédiaire entre Dieu et les hommes (Hölderlin), ou simplement méditatif dans son exil (Sarafian), préfigure ce qui viendra, voit le désastre qui a eu lieu, et croit certainement en une nouvelle figuration de soi.

Sarafian, sans faire preuve ouvertement de patriotisme dans ses écrits, n'hésite pas à employer très naturellement les mots « nation », « patrie » et « race » ; mais ce sont des mots en souffrance qui montrent un chemin encore incertain. Il n'en demeure pas moins que la patrie est toujours à venir. Et en même temps cette solidité vient d'une conscience aiguë des éléments qui la fondent. Le désarroi ne porte pas tant sur les éléments fondateurs de la nation que sur la difficulté de se les réapproprier ; il se fait sentir aussi dès qu'il s'agit d'évoquer les occupations du territoire et déportations successives qui ont empêché de longues périodes d'unité.

28 Michel Deguy, « Témoignage » in *Hölderlin, Cahiers de l'Herne*, *op. cit.*, p. 141.
29 *Ibid.*

Mais par le fait même l'auteur ne fait que mieux ressortir l'importance du fonds commun de la nation pour former l'avenir. Ses mots de souffrance sont autant de mots d'amour pour le pays absent, pour la nation déchirée et ce dont elle manque. Sarafian était par ailleurs grand lecteur d'Apollinaire, et il avait dû méditer nombre de ses pages, et peut-être bien celle-ci :

> [...] je pense que, quoi qu'il arrive, l'art, de plus en plus, aura une patrie. D'ailleurs, les poètes sont toujours l'expression d'un milieu, d'une nation, et les artistes, comme les poètes, comme les philosophes, forment un fonds social qui appartient sans doute à l'humanité, mais comme étant l'expression d'une race, d'un milieu donné[30].

Il n'importe pas tant ici de replacer cette assertion dans le contexte de l'époque que de voir que la question de la nation préoccupait Sarafian et qu'il devait en trouver un écho dans ces lectures. Un auteur en exil se définit toujours pas rapport à la nation, même en situation de porte-à-faux, et même dans une posture très critique ou dans son silence sur la question, puisqu'il ne peut nier d'où il vient, quel que soit son détachement. Sa parole ou son silence sont une prise de position.

Il serait alors possible avec Sarafian de revoir le concept de l'âge d'or et le mythe du pays d'origine : un lieu qui serait ni l'idéal désormais inaccessible, ni la pure construction servant à former un nouveau élan émancipateur (comme le souligne Anne-Marie Thiesse dans son essai sur la « création » des identités nationales), mais une somme d'éléments bien réels forgeant l'identité d'un peuple à travers l'histoire, entourés de périodes tumultueuses, et n'empêchant pas les multiples questionnements des héritiers à la croisée des chemins, cherchant à la fois repères dans le passé et directions pour l'avenir. Les éléments étrangers tout au long des siècles, loin d'être niés, deviennent ainsi des zones de contact qui permettent d'être encore davantage soi et de faire grandir cette identité et cette spécificité.

Examiner en quoi cette approche de l'origine est légitime sortirait du cadre de cette étude ; contentons-nous de quelques remarques. Le sentiment d'être étranger dans sa propre culture nous ramène à la notion d'altérité

30 Guillaume Apollinaire, *L'Esprit nouveau et les Poètes* ; *Œuvres en prose complètes*, éd. Pierre Caizergues et Michel Décaudin, Paris, Gallimard, « Bibliothèque de la Pléiade », 1991, t. II, p. 946.

intrinsèque que nous avons déjà évoquée. Plusieurs approches sont possibles pour investir ce champ d'étude. Marc Crépon évoque dans *Langues sans demeure* le sentiment d'étrangeté dans sa propre demeure, dans sa propre langue dite « maternelle », reprenant les réflexions de Derrida dans *Le monolinguisme de l'autre*. Le corpus utilisé est cependant très spécifique, puisqu'il s'appuie sur des auteurs pour la plupart d'origine juive (Derrida, Kafka, Adorno, Benjamin, Arendt), donc toujours dans une perspective d'une langue ancienne qui se cacherait sous la langue d'usage du pays qu'habite l'auteur. Nous sommes dans une tout autre problématique. La « demeure aussitôt marquée du sceau de son impossibilité[31] » est restreinte à certaines œuvres composées dans un cadre particulier, qui n'est pas celui des auteurs choisis ici. Autrement, il semble difficile de croire que la langue maternelle présente une impossibilité ontologique.

Sarafian reconnaît pleinement la fondation que représente la langue maternelle, et évoque d'ailleurs dans « Մանկութիւն իւ Լոյս[32] » (« Enfance et lumière[33] ») la douceur maternelle de l'enfance. Même si le narrateur reste perplexe devant le père, une reconnaissance se profile. Le poète qui s'écrie : « Qui suis-je, moi ? Le fils de quelle nation ? » sait très bien de quelle nation il est ; il s'agit en réalité de l'interogation de l'exilé qui remet en question toute l'histoire humaine devant la barbarie ; mais ce n'est en aucun cas un reniement de la patrie.

Dans le même ordre d'idée, nous comprenons l'assertion de Jean Bessière et André Karatson sur le déracinement, qui reporte l'espace de l'exilé sur le mental, mais restons sur notre réserve quant à l'idée qui selon eux découle de la première : « [...] le déracinement apparaît, dans l'effacement du lieu, comme le renvoi du sujet à un *mental* à partir duquel s'entreprend une reconquête des mots et du monde. Ce mentalisme, obligé, ruine la référence nationale, même lorsqu'il n'y a ni exil, ni bilinguisme ou plurilinguisme[34]. » Le « mentalisme » peut certes induire un nouveau rapport à la nation ou y ajouter une dimension, mais la « ruine » de la « référence nationale » n'est justifiée que dans la mesure où l'auteur la choisit.

---

31 Marc Crépon, *Langues sans demeure*, Paris, Galilée, coll. « La philosophie en effet », 2005, p. 37.

32 In *Վէնսէնի անտառը*, *op. cit.*, p. 162-166.

33 In *Nos terres d'Arménie*, *op. cit.*, p. 179-184.

34 Jean Bessière et André Karatson, *Déracinement et littérature*, Université de Lille III, 1982, p. 7-8 (introduction).

De même, Jean Bessière écrit plus loin :

> Le récit de l'expatriation n'a pas pour but de rétablir la cohérence extérieure, ni la maîtrise du sujet, mais de permettre une translation d'expérience. [...] Exil et écriture marquent l'effort pour passer de l'intériorité à l'extériorité, hors de toute notation d'éléments déterminants – référence culturelle, rappel du passé[35].

Le récit de l'expatriation ne marque certes pas une volonté de tout rétablir comme avant, mais le passage à l'extériorité ne signe pas pour autant l'effacement de toute référence culturelle ou passée, pas plus que l'altérité n'induit automatiquement altération et dissolution du sujet. Là aussi, l'exclusion de ces éléments déterminants n'est réalisée que dans la mesure où l'auteur le souhaite. On le voit bien chez Sarafian, qui se situe dans un rapport problématique avec la culture d'origine sans pour autant l'éliminer. La translation est une façon d'exister davantage. Hölderlin marque une volonté toujours ferme de revenir à la nation. Rimbaud semble lui tourner le dos ; on peut constater le résultat de ce déracinement : il perd le langage littéraire proprement dit, ayant voulu inventer une langue et ne pouvant finalement plus parler, condamné au silence. M. Bessière poursuit :

> Effaçant la notation de la terre natale – dire l'origine géographique de l'individu, c'est déjà lui imposer la mesure du réel –, elle fait du déplacement la métaphore de l'éveil et de la libération d'une conscience indéfinissable ou indéfinie, qui retrouve une parole et se découvre seulement cette parole générale [...][36].

Nous nous permettrons d'exprimer ici une réticence ; nous ne pensons pas devoir constater un lien obligatoire entre la notion d'effacement et celle d'éveil. Même la fin du *Bois de Vincennes*, où le narrateur ne se reconnaît plus, est à comprendre dans le parcours d'ensemble de l'œuvre – d'ailleurs écrite toujours en arménien. C'est pourquoi nous évoquerions davantage la notion de *repositionnement ou redéfinition du rapport à la nation* que celle d'*effacement*. Il faudrait aussi définir la « parole générale » : est-elle parole de la « conscience indéfinissable » ? Dans ce cas, l'indéfinition (ou la redéfinition) est possible aussi au sein de la nation, comme Hölderlin a su le faire quand il écrivit *Hypérion* dans sa Souabe natale, et avec tout le patriotisme qu'on lui connaissait.

---

35 Jean Bessière, « Exil et œuvres de l'exil », in *Déracinement et littérature*, *ibid.*, p. 101.
36 *Ibid.*, p. 102.

Cette apparente impossibilité semblerait rejoindre la réflexion de M. Crépon ; en ce qui concerne ce sentiment d'une « communauté éclatée, dispersée et par elle-même impossible[37] », il ne s'applique pas plus à Hölderlin qu'à Sarafian. Même les doutes et errances de ces auteurs reflètent au contraire leur recherche d'une appartenance et de reconnaissance, et non à se « dérober à toute forme d'appartenance ». Crépon ne croit pas à la libération de la langue sous les auspices du national, et défend l'idiome (ici le yiddish). Cependant, cette démonstration, tout à fait appropriée pour le corpus qu'il a choisi, et qu'il nous semble utile de signaler dans un travail sur l'exil, ne s'applique pas à tous les exils.

Là où il demeure néanmoins possible de trouver un modeste écho chez Hölderlin, c'est dans la pensée que les Grecs ont acquis leur richesse nationale dans l'intégration de l'étranger, tout en restant fidèle à un fonds commun, à un tronc central stable auquel viendraient s'agréger diverses formes. Herder l'affirmait déjà au XVIIIe siècle. Mais cette pensée se développera bien après *Hypérion* (qui ne va pas aussi loin), au moment justement où Hölderlin se dégagera de la Grèce et retournera à ce qui est spécifiquement *nationel*, et ce qui en fait son libre usage. On comprend néanmoins que par le refus d'une politique « nationale[38] », il y a divergence de pensée, puisque chez Hölderlin, l'étranger et le retour au propre est une manière de retrouver la nation. Ce qui sous-tend l'œuvre de Hölderlin, c'est toujours de trouver la nation allemande. Si bien qu'il nous semble difficile de prouver la « dépropriation originelle[39] » dont parle Philippe Lacoue-Labarthe, de même que le retrait de toute appartenance originaire, développé par Giorgio Agamben[40]. Nous parlerions plutôt de *dépropriation transitoire*, qui est une étape dans l'avènement à soi.

---

37 Marc Crépon, *Langues sans demeure*, *op. cit.*, p. 41.

38 M. Crépon, sans donner d'explication, met le terme entre guillemets.

39 Philippe Lacoue-Labarthe, *L'Imitation des Modernes. Typographies II*, Paris, Galilée, coll. « La philosophie en effet », 1986, p. 79 : « [...] toute culture (toute nation ou peuple, c'est-à-dire toute communauté de langue et de mémoire) ne peut s'approprier comme telle, revenir à soi – ou plutôt venir à soi, s'atteindre et s'installer – qu'à la condition d'avoir fait auparavant l'épreuve de son altérité et de son étrangeté. Qu'à la condition de s'être initialement dépropriée. Cela veut bien dire que la dépropriation (la différence) est originelle, et l'appropriation, comme dira Hegel – et si elle peut avoir lieu –, son "résultat". » La première partie de la réflexion peut être démontrée, mais la seconde laisse dans l'incertitude. Sur toutes ces questions voir encore Cécile Gauthier, « Changer de langue pour échapper à la langue ? L'"identité linguistique" en question » in *Revue de littérature comparée*, Paris, Klincksieck, n° 2, 2011.

40 *Cf.* Giorgio Agamben, *La communauté qui vient. Théorie de la singularité quelconque*, trad. Marilène Raiola, Paris, Seuil, coll. « La librairie du XXe siècle », 1990.

L'absence de moi fondamental ou ontologique n'est peut-être qu'illusion – en tout cas, elle reste une pure hypothèse, tout comme l'assertion de Waldenfels : « L'étrangeté radicale ne commence que là où l'être-propre, le nom propre et donc aussi le lieu propre lui-même sont marqués par l'étrangeté[41] » ; encore que cette idée est avérée si elle ne remet pas en question l'identité fondamentale mais ne fait que lui imprimer une marque d'étrangeté. C'est pourquoi il faut bien distinguer l'ontologie et l'empirisme. Ce que nous pouvons en toute prudence retenir, c'est que Hölderlin était conscient du danger de passer de l'altérité à l'altération, et de la possibilité de perdre le génie national en croyant l'avoir (re)trouvé à l'étranger ; cette pensée ressort dans sa correspondance :

> *Die Sprache ist Organ unseres Kopfs, unseres Herzens, Zeichen unserer Phantasien, unserer Ideen ; uns muß sie gehorchen. Hat sie nun zu lange in fremdem Dienste gelebt, so, denk' ich, ist fast zu fürchten, daß sie nie mehr ganz der freie reine, durch gar nichts, als durch das Innre, so und nicht anders gestaltete Ausdruck unseres Geistes werde*[42].
>
> « Le langage est un organe de *notre* cerveau, de *notre* cœur, l'indice de *notre* imagination, de *nos* idées, c'est à *nous* qu'il doit obéir. Or, s'il a vécu trop longtemps au service de l'étranger, on peut craindre, je crois, qu'il ne redevienne plus jamais l'expression parfaitement libre et pure de notre esprit, façonné uniquement par notre moi intime et par lui seul[43]. »

De même, n'oublions pas les douloureuses paroles nostalgiques qu'il lance à Böhlendorff, quelques années plus tard, et qui en font un poète véritablement allemand, bien ancré dans son sol natal :

> *Ich bin jetzt voll Abschieds. Ich habe lange nicht geweint. Aber es hat mich bittre Thränen gekostet, da ich mich entschloß, mein Vaterland noch jetzt zu verlassen, vielleicht auf immer. Denn was hab' ich lieberes auf der Welt ? Aber sie können mich nicht brauchen. Deutsch will und muß ich übrigens bleiben, und wenn mich die Herzens- und die Nahrungsnot nach Otaheiti triebe*[44].
>
> « [...] ma décision de quitter maintenant encore ma patrie, peut-être pour toujours, m'a fait verser des larmes amères. Car je n'ai rien de plus cher au monde. Mais ils n'ont que faire de moi. Je veux rester et resterai d'ailleurs allemand, quand même la faim et la détresse de mon cœur me mèneraient jusqu'à Otahiti[45]. »

41 Bernard Waldenfels, *Topographie de l'étranger*, *op. cit.*, p. 226.
42 Lettre à Neuffer, 10-15 juillet 1794, de Waltershausen, DKV-III, p. 144-145.
43 H-Pl., p. 313.
44 Lettre à Casimir Ulrich Böhlendorff du le 4 décembre 1801, de Nürtingen, DKV-III, p. 462.
45 H-Pl., p. 1005.

Bien plus, le poète se considère souabe, même s'il se sent exilé de son terroir de par sa démarche intellectuelle :

> *Der Gedanke an meine Heimat tut mir jetzt unaussprechlich wohl, so gut mir's unter diesen Menschen ergeht. Ich finde überall, daß ein Prophet in seinem Vaterlande wenig gilt, und in der Ferne zu viel !* [...] *Mein schwäbisches Herz soll, hoffentlich, auch unter solchen Umständen bleiben, wie es war*[46].
>
> « L'idée de mon pays me fait en ce moment un bien indicible, si grand que soit l'agrément de cette société. Je m'aperçois toujours que nul n'est prophète en son pays et qu'il l'est trop dans les autres. [...] Même dans ces conditions, mon cœur souabe restera je l'espère, ce qu'il fut[47]. »

De l'avis du menuisier Zimmer, jusque dans ses dernières années, il restera souabe : « Ce qu'est un Souabe, il l'est jusqu'au bout[48]. »

En fait, s'exiler pour retrouver l'origine de la nation qui à l'époque n'était pas encore formée, ne remet pas en question pour autant le concept de nation. Ce sont deux concepts bien distincts. S'approprier ou se réapproprier la nation ? L'essentiel en ce qui regarde notre réflexion, c'est de montrer qu'en exil, un effort se met en place chez l'auteur, pour retrouver ce qui lui appartient vraisemblablement en propre. *Hypérion* se situe à l'extrême d'une courbe qui reviendra peu à peu vers l'origine à partir d'*Empédocle*, pour aboutir aux grands hymnes patriotiques comme « Le Rhin » ou « La Germanie », ou encore « Le chant allemand » ou « À la patrie ». Dans « *Heimkehr* » également on trouve un questionnement qui débouche sur une interrogation métaphysique, comme l'avait déjà démontré Heidegger. Le passage suivant de son analyse nous semble pouvoir éclairer rétrospectivement le parcours de Hypérion :

> Le plus secret et le meilleur de la patrie repose en ceci : être uniquement cette proximité à l'origine, et rien d'autre. C'est pourquoi la fidélité à l'origine aussi est innée à cette patrie. C'est pourquoi un homme ne délaisse, quand il le doit, qu'avec peine le lieu de cette proximité. Si donc c'est en cela, être le lieu de la proximité au plus-joyeux, que repose le plus secret de la terre natale, qu'est-ce alors que le Retour ?
>
> Retour est la marche qui revient vers la proximité de l'origine.

46 Lettre à sa mère, avril 1794, de Waltershausen, DKV-III, p. 135.

47 H-Pl., p. 304-305.

48 H-Pl., documents, p. 1109. Extrait de l'entretien du menuisier Zimmer avec Gustav Kühne en 1836.

> Revenir, seul le peut celui qui auparavant et peut-être même pendant un long temps a comme voyageur enduré sur ses épaules le poids du voyage et est parti pour l'origine, afin d'y faire l'épreuve de ce qui est à chercher pour alors, étant celui qui cherche, revenir moins novice[49].

Ne retrouve-t-on pas dans la figure du voyageur Hypérion qui, après ses longues pérégrinations patriotiques, (re)vient en Allemagne et s'exprime avec désarroi, le cœur blessé, sur la patrie… de l'auteur ? Or, ici, la patrie ne serait pas l'origine, mais la proximité de l'origine. Ou encore l'origine qui ramène à une origine antérieure, encore plus fondamentale. Dans cette perspective nous entrerions dans le domaine du sacré : la patrie est la porte d'entrée vers un domaine spirituel et transcendant. Nous en dirons quelques mots au moment adéquat[50].

Par ailleurs, on développe bien souvent un axe qui oppose l'altérité au national, alors que l'altérité croise encore d'autres domaines, comme la nature, très présente dans le lyrisme de *Hypérion*. « À l'époque de Hölderlin, c'était le monde naturel qui, en dehors de l'antagonisme des consciences, figurait pour l'essentiel l'altérité[51] » : la remarque de Julien Gracq fait ressortir cette fascination et cet appel de la nature originelle si présents dans la *Sehnsucht* hölderlinienne. Le retour à la nature est aussi une (re)découverte de l'Autre que l'on connaît déjà en quelque sorte, puisqu'il s'agit d'une *Urnatur*, une nature originelle. C'est

---

49 Martin Heidegger, *Approche de* Hölderlin, *op. cit.*, p. 28. Notons que Michel Deguy traduit « *Heimkehr* » par « Retour », alors que le *Heimkehr* induit le retour vers le *Heim*, racine à la fois de *Heimat* (le Pays d'origine, ou natal) et de la maison (all. *Haus*).

50 Du reste, il est compréhensible qu'une partie de la critique hölderlinienne d'après-guerre ait voulu se dégager des explications liées à la notion de *patrie*, dans un pays où le mot même était prohibé. La notion même d'étranger comme radicale différence, ou encore le concept de différence fondamentale entre les peuples, passe pour suspect, à tort, car un amalgame a été fait entre la chose en soi et l'utilisation qui en a été faite. Une prise de position inverse a donc eu lieu. Mais si nous en restons à une telle suspicion, le même mécanisme pourrait se retourner contre les nouvelles façons de conceptualiser la réalité, si elles produisent à leur tour du tort : on en viendrait à rejeter toute ouverture à l'altérité et à l'étranger, sous prétexte que dans certains cas on en ait fait une utilisation destructrice. De même, l'universalisme peut engager des valeurs fort louables, mais l'utilisation excessive du concept peut aboutir aussi à un système planétaire gommant toute différence – alors que le point de départ était justement le respect des différences. *Cf.* Tzvetan Todorov, *Nous et les autres. La réflexion française sur la diversité humaine*, Paris, Seuil, La couleur des idées, 1989.

51 Julien, Gracq, « Réponse à une question sur la poésie. "Pourquoi un manque de poètes […] en un temps qui n'est pas sans ressources pour la poésie ?" », in *Œuvres complètes*, éd. Bernhild Boie, Paris, Gallimard, « Bibliothèque de la Pléiade », 1995, t. II, p. 1174.

dans ce lien à la nature qu'il faut comprendre l'exil chez les Grecs. La déterritorialisation de l'exilé est un curieux jeu d'échanges qu'évoque Deleuze, à travers le concept de « géophilosophie » :

> L'autochtone et l'étranger ne se séparent plus comme deux personnages distincts, mais se distribuent comme un seul et même personnage double, qui se dédouble à son tour en deux versions, présente et passée : ce qui était autochtone devient étranger, ce qui était étranger devient autochtone. Hölderlin en appelle de toutes ses forces à une « société des amis » comme condition de la pensée, mais c'est comme si cette société avait traversé une catastrophe qui change la nature de l'amitié. Nous nous reterritorialisons chez les Grecs, mais en fonction de ce qu'ils n'avaient pas et n'étaient pas encore, si bien que nous les reterritorialisons sur nous-mêmes[52].

La « société des amis » n'est pas sans faire penser à celle formée avec Hegel et Schelling en vue de la définition d'un programme d'idéalisme allemand. Mais elle est aussi l'amitié qui lie Hypérion au révolutionnaire Alabanda ou au mentor Adamas, relations qui sont certainement la transposition du lien qui unissait Hölderlin à son ami Sinclair, qui travaillait aussi au sein de sociétés secrètes œuvrant à la révolution en Allemagne. Mais comment comprendre cet élan vers les Grecs, par la philosophie et l'esthétique ? Peut-on y voir l'abandon de la spontanéité propre aux idéaux ? Non, la conquête est toujours présente, mais par un autre chemin, qui sécularise l'élan :

---

52 Gilles Deleuze et Félix Guattari, *Qu'est-ce que la philosophie ?*, *op. cit.*, p. 98. – Citons ici pour la compréhension du problème un extrait de la fameuse lettre à Casimir Ulrich Böhlendorff du 4 décembre 1801, de Nürtingen, DKV-III, p. 459-460 : « *Wir lernen nichts schwerer als das Nationelle frei gebrauchen. Und wie ich glaube, ist gerade die Klarheit der Darstellung uns ursprünglich so natürlich wie den Griechen das Feuer vom Himmel. Eben deswegen werden diese eher in schöner Leidenschaft* [...] *als in jener homerischen Geistesgegenwart und Darstellungsgabe zu übertreffen sein.* [...] *Aber das eigene muß so gut gelernt sein, wie das Fremde. Deswegen sind uns die Griechen unentbehrlich. Nur werden wur ihnen gerade in unserm Eigenen, Nationellen nicht nachkommen, weil, wie gesagt, der freie Gebrauch des Eigenen das schwerste ist.* » (« Rien n'est pour nous aussi plus difficile à apprendre que de savoir user librement du nationel. Et je crois que la clarté de l'exposé nous est à l'origine aussi naturelle que le feu du ciel aux Grecs. C'est aussi pour cette raison qu'il doit être plus facile de les *surpasser* par la belle passion [...] que par leur homérique présence d'esprit et leur don d'exposition. [...] Mais ce qui nous est propre, il faut l'apprendre tout comme ce qui nous est étranger. C'est en cela que les Grecs nous sont indispensables. Pourtant, c'est justement en ce qui nous est essentiel, nationel, que nous n'atteindrons jamais leur niveau, car, répétons-le, le plus difficile c'est le *libre* usage de ce qui nous est *propre.* » H-Pl., p. 1003-1004.)

> L'Allemagne, au contraire, ne renonce pas à l'absolu : elle se sert de la conscience, mais comme d'un moyen de déterritorialisation. Elle veut reconquérir le plan d'immanence grec, la terre inconnue qu'elle ressent maintenant comme sa propre *barbarie*, sa propre *anarchie* livrée aux *nomades* depuis la disparition des Grecs. Aussi lui faut-il sans cesse déblayer et affermir ce sol, c'est-à-dire fonder. Une rage de fonder, de conquérir, inspire cette philosophie ; ce que les Grecs avaient par autochtonie, elle l'aura par conquête et fondation, si bien qu'elle rendra l'immanence immanente *à* quelque chose, à son propre acte de philosopher [...][53].

Le devenir, le peuple à venir ou à (re)créer, est proche dans l'esprit de Hölderlin : « L'art et la philosophie se rejoignent sur ce point, la constitution d'une terre et d'un peuple qui manquent, comme corrélat de la création[54]. » Plus il est dans son exil esthétique, plus il est près de l'origine, paradoxalement. Comme Rimbaud, qui dans ses adieux à la littérature produit une prose poétique qui ne cesse de fasciner les nouvelles générations, alors que ses poésies ne sont pas forcément toujours les textes littéraires les plus aboutis. « Alchimie du verbe » montre un contraste frappant entre l'originalité d'une prose fragmentaire et lyrique, et des poèmes cités dont elle raconte l'histoire et qui ne ressortent pas de l'histoire littéraire avec autant d'éclat (que ce soit « Larme », « Chanson de la plus haute tour » ou même le fameux sonnet des « Voyelles », qui a tout au plus un intérêt conceptuel, mais ne change pas la vie autant que l'aurait souhaité l'auteur). De même, c'est dans les pages les plus lyriques – qui font état d'une contemplation de la nature et d'une aspiration à l'absolu – que Hölderlin affirme davantage son exil et sa déterritorialisation créatrice résultant d'une étrangéisation, et non dans l'explication du rapport entre le monde actuel et la Grèce antique. La poétique s'illustre plus dans l'œuvre poétique que dans le projet poétique ; du moins c'est au sein de l'œuvre qu'elle est validée.

Par ailleurs, il ne faut pas oublier que le cas de Hölderlin est différent de celui de Sarafian : le premier est sur ses terres ancestrales, le second en exil. Hölderlin s'exilera volontairement, en une démarche esthétique et philosophique, puis il sera exilé de la société des hommes dans la tour de Tübingen ; Sarafian a été exilé contre son gré, et tout son parcours littéraire est de chercher à retrouver le chemin, même à l'étranger, sans

53 Gilles Deleuze et Félix Guattari, *Qu'est-ce que la philosophie ?*, *op. cit.*, p. 100.
54 *Ibid.*, p. 104.

pour autant que cela corresponde à l'assimilation ; au contraire, il s'agit de trouver la spécificité de l'exilé dans la langue littéraire. « C'est dans l'émergence des interstices – dans le chevauchement et le déplacement des domaines de différence – que se négocient les expériences intersubjectives et collectives d'*appartenance à la nation*, d'intérêt commun ou de valeur culturelle[55] » : cette idée de Homi K. Bhabha peut s'appliquer à Sarafian dans la mesure où l'on adopte toujours la perspective d'un solide fonds ancestral reconnu *à partir duquel* un échange devient productif. Ce qui rejoindrait l'analyse de Waldenfels : « On ne commence pas avec le propre, on y revient à partir de l'étranger[56]. »

Krikor Beledian a démontré[57], dans le cas des Arméniens, que c'est bien davantage l'expérience de l'exil qui peut amener confusion ou interversion du propre et de l'autre, et non l'inverse. Quant à prouver l'idée du caractère fondamental (voire ontologique) d'une nation, cette tâche sort du cadre de notre travail. Schlegel dira en 1802 : « Dans l'archétype de la germanité, construit par quelques inventeurs de patries, il n'y a que la fausse position à blâmer. Cette germanité n'est pas derrière, mais devant nous[58] », ce qui n'implique pas forcément une construction. Mais cette nation à créer sera davantage la résultante d'une absence d'unité politique fondatrice dans le cas précis de l'Allemagne, mais aussi (comme le montrent les dernières pages de *Hypérion*) d'un dégoût de la médiocrité ambiante (comme l'affirme Armel Guerne[59]) qu'une identité à véritablement engendrer. Ou plutôt, on peut dire que toute invention, pour donner de nombreuses ramifications, semble se produire (en partie du moins) sur une base fixe et des racines.

Les spéculations philosophiques sur la Grèce n'ont d'ailleurs mené à rien de probant sur le plan pratique, et ce n'est pas ce que l'on retient de Hölderlin. La liberté identitaire revendiquée par Rimbaud a mené à un dessèchement des facultés créatrices, à la détérioration de la santé puis à l'errance dans les pays lointains. Enfin, ce qui ouvre un véritable

55 Homi K. Bhabha, *Les lieux de la culture. Une théorie postcoloniale* [1994], trad. Françoise Bouillot, Paris, Payot, 2007, p. 30.

56 *Topographie de l'étranger*, *op. cit.*, p. 170.

57 Dans *Cinquante ans de littérature arménienne en France*, Paris, CNRS, 2001.

58 Friedrich Schlegel, *Fragments*, trad. Charles Le Blanc, Paris, José Corti, 1996, p. 104.

59 *L'âme insurgée*, *op. cit.*, p. 27, à propos du Romantisme allemand et du poète : « Mouvement insurrectionnel donc, et qui ne visait à rien moins qu'à rétablir l'homme dans sa vraie patrie : cette âme illimitée qu'il avait eu la folie de déserter au profit d'un monde effroyablement rétréci, où il risquait à présent de finir emmuré. »

horizon au poète Sarafian, ce n'est pas tant l'enchantement du bois ; il ne cesse de répéter que « le bois de Vincennes est ensorceleur », mais l'ensorcellement est sous le signe de la magie et du démoniaque, comme l'a souligné Krikor Beledian. Le point de départ d'une ouverture chez cet auteur est davantage à situer du côté de la langue qui tente de reconstituer une nation, après la débâcle de la Catastrophe ; qui tente d'avancer vers un espace à conquérir *avec* ce que l'on est et dans un cadre intérieur que l'on accepte. L'exil physique mène à la recherche d'une langue-patrie à partir de laquelle il serait possible de reconstruire. C'est la leçon qui ressort du *Bois de Vincennes* après la traversée des forêts du monde. Il s'agit d'« intégrer l'exil dans un langage[60] », pour reprendre le mot de Marc Nichanian dans sa préface au *Bois de Vincennes*, et, plus largement pour les membres de la revue *Մենք*[61], dont Sarafian faisait partie, d'« accueillir le désastre des pères et recueillir la rencontre avec l'étranger dans leur langue[62] » ; et ce, afin de donner lieu à la langue de l'exil et d'être toujours porteur d'une vie authentique.

L'exil arménien dans l'écriture présente une problématique spécifique plutôt épineuse : comment conserver de façon vivante la culture nationale sur une terre étrangère, sans possiblité de retour sur les terres ancestrales ? Les articles de Sarafian en font largement état. Quelle dialectique développer pour l'axe conservation/assimilation, sachant que dans la conservation il y a la menace de la fossilisation (et donc la privation de vie), et que dans l'assimilation la perte de l'identité mène aussi à une mort symbolique ? Sarafian ne donne pas de réponse définitive à ce gouffre devant lequel le Hamlet arménien s'interroge, mais il est certain qu'il croit au mouvement de la vie, ce qui rejoindrait les positions précédentes : par le mouvement avec l'altérité, le tronc central peut, sinon se régénérer, du moins vivre d'une nouvelle vie, encore à définir. C'est le défi de l'inconnu. Cette réflexion rejoint celle de Haroutioun Kurkjian, qui dans son *Essai sur l'exil* analyse les œuvres littéraires de Krikor Beledian :

> La sensorialité, l'affectivité et l'intelligence, imprégnées, pénétrées de conscience, sont l'Exil même ; elles *deviennent* par l'Autre tout en faisant cet Autre – ceci aux niveaux aussi bien individuel que collectif. L'identité, encore, vit d'un

---

60 Marc Nichanian, « Sarafian. La conquête de l'exil », préface au *Bois de Vincennes*, *op. cit.*, p. 7.

61 Prononcer « *Menk* » : « Nous ».

62 *Ibid.*, p. 12.

> mouvement métabolique incessant ; elle n'est qu'une accumulation d'énergie tournée vers l'extérieur. Elle est extériorité, pourrait-on dire, même sans inspiration phénoménologique. Le recroquevillement sur soi ne peut mener qu'à la pétrification, l'étiolement et la mort ; bien sûr, il en est de même pour l'autre négation de soi, cette aliénation inconsciente, non assumée qu'est l'Assimilation[63].

Aux explications précédentes s'ajoute chez Kurkjian la notion d'extériorité, ce qui n'est pas sans faire penser à la violence (pourtant nécessaire) de l'extériorité dans la nuit de la création chez Blanchot analysant les écrits de Hölderlin et de Rilke[64].

Francis Claudon rejoint les positions précédentes tout en les nuançant. Il n'exclut pas la possibilité d'une patrie originelle consistante mais la fait accéder à un plan symbolique, héritant d'un conflit ou d'une blessure qui se résout dans l'écriture :

> [...] la patrie n'est pas un royaume géographiquement circonscrit où le banni reviendra ; elle ne forme pas un bien indivis que l'héritier méconnu aspire à recouvrer ; bien au contraire la patrie se conçoit, chez les deux écrivains, à la fois comme une continuité vivante et comme un passé irrémédiablement transformé. [...] En d'autres termes, la patrie est le lieu où s'accomplit graduellement une initiation ; peu importe où se trouve ce lieu, quand se fait l'initiation, on retient seulement qu'elle est obligatoirement solitaire et irrémédiable : le poète ne saurait revenir de l'exil qui lui fait concevoir son royaume[65].

C'est le cas pour les trois auteurs étudiés : leurs écrits ont un caractère initiatique, et si l'exil vient d'un lieu réel, il projette l'auteur vers un

63 Haroutioun Kurkjian, *Essai sur l'exil* / Փորձ տարա-գրութեան մասին (bilingue), Paris, Haratch, coll. « Diaspora arménienne », 1, 1978, p. 200. La particularité de cet essai est d'être bilingue, en offrant par endroits le texte en arménien et en français. Il est intéressant de voir par exemple que « l'Autre » est traduit par « "Ուրիշ"ը », entre guillemets, avec l'article en dehors des guillemets. Or, l'Autre dans une relation duelle se dirait « "Միւս"ը ». Ici, l'autre ("Ուրիշ"ը) a valeur d'autre sans détermination numérale, et pourtant adjoint d'un article défini, ce qui donne une dimension contradictoire et énigmatique à cet autre. De plus, l'Autre français a une majuscule alors que l'arménien n'en a pas mais est placé entre guillemets, ce qui le met à part sans lui donner une forme conceptuelle. Par ailleurs, « Assimilation », avec une majuscule en français (contrairement à l'arménien, qui le met là aussi entre guillemets), se dit « ձուլում », ce qui pourrait être traduit littéralement par « fusion » ou « fonte », jouant moins sur la racine *-simil* (semblable, similaire) précédée du préfixe *-as* (indiquant un rapprochement ou un amalgame) que directement l'action du mélange sans distinction.

64 *Cf.* Maurice Blanchot, *L'espace littéraire*, *op. cit.*

65 Francis Claudon, « Exil et création littéraire : Hölderlin et Rousseau », in *Exil et littérature*, *op. cit.*, p. 261.

nouveau lieu : la patrie est à venir, et elle se situe entre autres dans l'écriture, indépendamment des mouvements géographiques. C'est aussi le sens du « Nous sommes les montagnes et les rivières de notre pays » (dans « Le livre de la sagesse ») de Sarafian : en l'absence de l'espace d'origine, celui-ci se fait langage qui ne fait pas moins corps avec son créateur.

L'expérience poétique n'est-elle pas celle de l'altérité dans son essence même ? Octavio Paz a tenté de le démontrer dans *L'Arc et la Lyre* :

> L'expérience de l'*altérité* rassemble les deux notes extrêmes d'un rythme de séparation et de réunion, présent en toutes les manifestations de l'être, des physiques jusqu'aux biologiques. Dans l'homme, ce rythme s'exprime comme chute, sentiment de solitude en un monde étranger, et comme réunion, accord avec la totalité[66].

L'exil vécu géographiquement serait l'image de ce qui se produit au niveau du verbe. « La poésie est recherche des autres, découverte de l'*altérité*[67] » : affirmation générale, mais qu'est-ce que l'altérité ? Pour Paz, « l'*altérité* est avant tout perception simultanée du fait que nous sommes autres sans cesser d'être ce que nous sommes et que, sans cesser d'être là où nous sommes, notre être véritable est ailleurs. Nous sommes un ailleurs[68] ». Cela expliquerait la fameuse phrase « La vraie vie est absente[69] » de Rimbaud. Mais est-ce une vérité pour autant ? Et cette croyance en l'altérité fondatrice n'est-elle pas sous le signe du double, séparation de l'unité originelle, et, dans le cas du langage, cette rupture ne signe-t-elle pas l'exil du langage ? N'oublions pas que Paz écrit également : « La révélation de notre néant nous conduit à la création de l'être. Voué au néant, l'homme se crée devant lui[70] » ; et, plus loin : « L'être ne peut s'appuyer sur rien que le néant, parce que le néant est un fondement[71]. » On voit bien que dans cette conception, l'altérité fondatrice va de pair avec le néant. Or, comment se définir avec ce qui n'a pas de propriété ni d'attribut ? Le système de Paz, qui rejoint plusieurs

66 Octavio Paz, *L'Arc et la Lyre* ; *Œuvres*, éd. Jean-Claude Masson, Paris, Gallimard, « Bibliothèque de la Pléiade », 2008, p. 867.

67 *Ibid.*, p. 859.

68 *Ibid.*, p. 864.

69 *SE*, p. 260.

70 Octavio Paz, *L'Arc et la Lyre*, *op. cit.*, p. 761-762.

71 *Ibid.*, p. 762.

systèmes de pensée traversant le XXe siècle, contient manifestement une aporie. Bien qu'il approche d'une réponse, l'angle de vision adopté ne nous apporte pas de réponse satisfaisante à la question d'une poétique de l'exil. Quel langage pour l'exil ? Le langage peut-il naître du néant ?

> Le dire du poète s'incarne dans la communion poétique. L'image transforme l'homme et le convertit à son tour en image, c'est-à-dire en espace où les contraires se fondent. Et l'homme lui-même, déchiré dès sa naissance, se réconcilie avec soi quand il se fait image, quand *il se fait autre.* La poésie est métamorphose, échange, opération alchimique [...][72].

On connaît le résultat de l'opération alchimique sur la vie de Rimbaud. En fait, cette vision du retour à soi n'est concevable que dans un rejet de la parole de la Genèse énonçant que le Dieu a créé l'homme à son image : « La poésie place l'homme hors de soi et, simultanément, le fait revenir à son être originel : elle le rend à soi. L'homme est son image : lui-même et cet autre[73]. » Le présupposé est loin d'être prouvé et ne constitue qu'une vision des choses. Elle ne nous éclaire pas dans la question de l'exil, dans la mesure où Paz croit que

> [l]a révolte des poètes romantiques et de leurs héritiers modernes fut moins une protestation contre l'exil de Dieu qu'une recherche de la moitié perdue de l'homme, une descente à cette région qui nous met en communication avec l'*autre.* C'est pourquoi ils ne purent se ranger à aucune orthodoxie ni se convertir totalement à aucune croyance[74].

Or, les auteurs ici étudiés font appel à ces notions de divinité et de transcendance, même s'ils se révoltent contre celles-ci. De plus, il n'y a pas forcément contradiction entre « exil de Dieu » et « recherche de la moitié perdue de l'homme ». On ne voit pas non plus pourquoi cette idée exclurait toute croyance ou orthodoxie ; les auteurs peuvent vivre ces expériences religieuses, jusque dans les contradictions mêmes de ces croyances. En fait il nous semble qu'il y ait ici une imprécision quant aux termes, ce qui ne rend pas cette piste davantage exploitable. Mais la théorie de Paz, qui est une brillante synthèse des différents apports philosophiques à une théorie de l'être appliquée à la poétique, a le

---

72 *Ibid.*, p. 723.
73 *Ibid.*, p. 724.
74 *Ibid.*, p. 866.

mérite d'éclairer le mécanisme intermédiaire de la création, même si les conclusions nous semblent poser problème.

À la question : « Le langage peut-il naître du néant ? », nous pourrions donc répondre qu'il nous semble bien davantage issu d'expériences ou de phénomènes ; s'il a à faire avec l'inconnu, c'est en sondant autour de cet inconnu. L'origine reste un mystère. L'altérité est jonction entre deux êtres existants. Elle comporte plusieurs niveaux d'investigation. L'horizon nouveau, rencontre avec l'Autre (que, d'un point de vue spirituel, nous examinerons au moment adéquat), est lié avec l'origine, origine nationale, ou plus largement terrestre, ou encore origine de la pensée, qui selon Lévinas commence de la façon suivante :

> Cela commence précisément par des traumatismes ou des tâtonnements auxquels on ne sait même pas donner une forme verbale [...]. C'est à la lecture des livres [...] que ces chocs initiaux deviennent questions et problèmes, donnent à penser. Le rôle des littératures nationales peut ici être très important. Non pas qu'on y apprenne des mots, mais on y vit « la vraie vie qui est absente » mais qui précisément n'est plus utopique[75].

Lévinas fait néanmoins appel précisément à une notion pour le moins étrange, voire là aussi aporique : la question de la sortie de l'Être à cause de l'incommunicable, chemin nécessaire... pour communiquer. Nous reviendrons sur la question du langage dans la deuxième partie de notre étude, mais nous pouvons d'ores et déjà voir dans le texte de Lévinas un élément intéressant : l'appel à une littérature nationale pour former la pensée, même si au départ il y a un traumatisme – ce qui semble être le cas pour les trois auteurs étudiés ici. D'ailleurs, Lévinas cite Rimbaud : si l'on constate que « la vraie vie est absente », c'est que l'on appelle cette vie (« Nous ne sommes pas au monde[76] » est la suite du texte de Rimbaud). Or, comment va-t-elle se configurer ? Quel sera l'horizon nouveau de celui qui a perdu l'horizon derrière lui ? C'est par la « lecture des livres » que l'expérience est problématisée ; donc, par l'outil du langage littéraire, qui cherche une voie (voix) pour dire ce qui semble indicible. Mais comment dire, alors qu'on se sent exilé du langage – et exilé dans le langage même ?

---

75 Emmanuel Lévinas, *Éthique et Infini*, Paris, Fayard et Radio-France, « L'espace intérieur », 26, 1982, p. 15-16.

76 *SE*, p. 260.

Nous devons brièvement évoquer à nouveau la notion de géopoétique. L'espace politique et géographique se reconfigure par la langue. Nous avons vu la succession des thèmes qui l'illustrent, de l'espace d'origine à l'étranger en tant que pays puis comme concept révélant le lien à l'autre. L'exil est d'abord éloignement irréversible de l'espace sécurisant de l'enfance et du pays de l'enfance, puis un glissement s'opère lors de l'exil véritable (intérieur ou extéieur) vécu par l'auteur, qui voit défiler les espaces intermédiaires de l'exil avant d'arriver au port étrange qui le confronte à une nouvelle réalité et l'amène à reconsidérer son héritage et son pays d'origine. Il y a d'ores et déjà une certaine indépendance des thèmes à l'égard de la réalité : la poétique de l'exil suit sa logique propre, qui la rapproche de cette « mimesis déconstructive » que nous avons évoquée. Réalité et abstraction se côtoient : la géographie est autant intérieure qu'extérieure. Mais il ne faut pas oublier qu'elle est aussi une forme de langue. Concernant le sujet lyrique (en l'occurrence, sujet d'exil), l'abolition de la différence entre le dedans et le dehors conduit au brouillage de l'identité du moi, ou à « la multiplication paradoxale des figurations topologiques de son moi dont la carte d'identité se métamorphose en atlas géographique[77] ».

L'exil des trois auteurs proposés est, dans le cadre de notre étude, avant tout considéré comme une *écriture* de l'exil. Ce dernier existe par la langue qui le raconte. Il est inscription de parole, comme la géographie est inscription de la terre. La géopoétique est écriture de la terre quand l'inscription de cette terre devient problématique ou s'estompe en apparence ; elle est langue de la terre telle qu'elle se fait entendre dans l'œuvre de l'auteur. Il y a une géopoétique particulière pour les œuvres d'exil. Elle est écriture de ce qui manque, de ce qui revient dans la mémoire, se transforme, et vit par le langage ainsi inventé : comment le pays se redéfinit-il dans la langue ? Le poète dont le sol se dérobe sous ses pieds et dont la langue vient à manquer, exilé de ses terres, ne devient-il pas également exilé de la langue ? Mais la langue, en un curieux paradoxe, ne devient-elle pas aussi langue de l'exil ? L'exil *géographique* est étymologiquement lié à l'*écriture de la terre*, et l'exil de celle-ci signe aussi celui de la langue.

77 Jean-Michel Maulpoix, *La poésie comme l'amour. Essai sur la relation lyrique*, Mercure de France, 1998, p. 36.

DEUXIÈME PARTIE

EXIL ET LANGUE

INTRODUCTION À LA DEUXIÈME PARTIE

Tout exil, qu'il soit d'ordre géographique ou esthétique, entraîne en littérature un décalage dans l'expression par rapport aux normes établies ou attendues. C'est de façon générale le propre du *style*, qui se forme à chaque époque à partir du renouvellement des moyens d'expression, mais à plus forte raison dans le cas de l'exil où le décalage est constitutif de l'expérience. La langue de l'exil ne fait pas que déployer des thèmes liés à l'exil, ni traiter l'exil par une approche thématique. La langue de l'exil est forcément elle-même en exil. D'un côté, elle étale tout un arsenal de procédés en vue de faire saisir cette réalité, et d'un autre côté elle s'éloigne de la mimesis. Sa seule possibilité n'est-elle pas dans la capacité de l'auteur à assumer cette contradiction et à la dépasser en vue de créer une langue propre à cette expérience ?

En fait, l'exil, réalité biographique, est aussi une traversée de la langue, dans la mesure où il est d'abord exil *de* la langue ou *depuis* la langue (c'est-à-dire que le poète est exilé de la langue courante ou de sa langue d'origine ou d'usage), puis exil *dans* la langue : le poète, par son expérience esthétique volontaire ou encore son cheminement identitaire et philosophique, vit un déplacement éprouvant dans la langue même, qui le confine aux limites du langage, aux abords du silence. La structure traditionnelle du récit non seulement en porte la marque, mais se trouve, sinon bouleversée, du moins sérieusement mise en cause ou remodelée. Il s'agit pour l'auteur de rendre l'étrangeté dans la langue par un phénomène linguistique.

C'est pourquoi il convient d'étudier ici le rapport du poète à la langue, tant dans l'arrachement (ou sentiment d'arrachement) à cette langue que dans sa façon de la remodeler, qui dénote elle-même un arrachement aux structures stables et rassurantes, par exemple du narrateur unique et cohérent, du récit chronologique rationnel, etc. Cette approche stylistique, si elle pouvait trouver sa place dans l'ensemble de l'étude (puisqu'il est toujours question de langue), s'inscrit à plus forte raison dans cette deuxième partie pour une raison évidente. Nous sommes ici au cœur de la problématique d'une *poétique de l'exil*, mais non *au terme*. Si l'origine de l'exil se situait en dehors du langage, dans une perspective géographique, une enfance mouvementée ou une volonté démiurgique d'expérimentation artistique en rupture avec les traditions nationales, l'expression de l'exil, elle, aboutit à un espace au-delà du langage (*cf.* notre troisième partie), comme le signifient bien des textes étudiés. Nous allons donc ici nous interroger sur la langue comme lieu d'exil.

Nous aborderons la question du genre, puis de la narration, pivot de l'énonciation de toutes ces langues singulières. Il convient de voir ensuite comment le discours déploie toutes ces particularités provenant de l'exil, propres à l'exil et engendrant une impression et une situation d'exil dans la langue même, à travers le style et le registre notamment. Puis il s'agira de voir en quoi l'œuvre oscille entre le silence et l'invention d'une langue. Aux confins du silence de l'œuvre et de la formulation de l'œuvre inédite aux accents nouveaux, l'exil n'est-il pas à présent *langue*, et la langue elle-même n'est-elle pas reconstruite autrement ? Nous nous interrogerons aussi sur la possibilité pour la langue d'être le lieu de recomposition (ou du moins de questionnement) d'une communauté, après l'éclatement de la communauté première. Le lyrisme, mouvement de la langue intimement lié à la condition d'exilé, constitue aussi une manière d'habiter le monde. Enfin, l'exil ouvre un perspective qui prolonge celle de l'altérité : pour ce phénomène qui témoigne de l'éloignement d'une unité première, doit-on parler d'une seule langue ou de plusieurs langues dans la même ?

Il y aura donc lieu d'examiner les mécanismes linguistiques et le lien entre exil *de* la langue et exil *dans* la langue, provenant d'une expérience d'un humain et du cheminement de sa conscience d'homme voulant communiquer cette expérience à ses semblables. Si l'analyse s'appuie sur le matériau langagier, il ne faudra pas perdre de vue qu'il s'agit d'un vécu humain sans lequel l'œuvre n'existe pas. De ce point de vue, il nous semblerait illusoire de vouloir occulter cette réalité de l'œuvre, écrite de main d'homme, adressée à des humains et témoignant d'une *expérience humaine* de la langue, et non d'une structure abstraite surgie de nulle part. Toutes les fonctions du langage seront donc étudiées ici du point de vue du cheminement humain et en tant que manifestation de celui-ci.

GENRE ET NARRATION

Une littérature qui traite de l'étranger ne peut qu'être étrange elle-même et difficile à définir selon les catégories traditionnelles. La littérature d'exil ne peut qu'être exilée de ces catégories et reformuler un monde autrement. « L'espace littéraire est celui de la marge[1] », plus largement, mais l'espace de la littérature d'exil l'est doublement : on sent dans les œuvres d'exil une étrangeté particulière liée la dimension exilique de l'acte d'écriture. Il serait ainsi possible d'évoquer un redoublement d'étrangeté, voire une étrangeté au second degré. C'est dans la question du genre, premier terme qui définit l'œuvre après le titre, que cette étrangeté se fait sentir, très souvent sous la forme de l'hybridité.

Dans les écrits d'exil, le flottement du genre littéraire se double d'une imprécision sur l'identité du narrateur, comme nous l'avons vu, mais également du brouillage du cadre spatio-temporel dans lequel il évolue. Nous assistons à l'étrangéisation de sa personne par rapport à son milieu ou à son époque. Ce pourrait être un simple choix esthétique, mais il s'agit en fait ici d'une caractéristique fréquente de l'écriture d'exil : bien souvent l'écrivain exilé ne peut se situer au centre de son histoire et en faire le récit ; comme nous l'avons vu dans la définition donnée dans *Poetik des Exils* (*cf.* notre introduction), l'exil peut troubler l'énonciation et placer « hors-cadre » celui qui a le projet d'en faire le récit, puisque cette expérience bouleverse les cadres et le sujet, si bien que ce dernier peut facilement se situer à la périphérie de lui-même. Il devient « hors-sujet », au sens propre et au sens figuré : il pourra aussi bien traiter de l'exil en faisant un détour.

Pour qu'une œuvre soit considérée comme une *autobiographie*, il semble admis aujourd'hui qu'il faille retrouver l'identité *auteur / narrateur / personnage principal*. Philippe Lejeune a fait ressortir la nécessité du pacte autobiographique. Voici la définition qu'il donne du genre : « Récit

1 Laurent Mattiussi, « Philosophie des marges littéraires : l'écriture du dehors », in *Théorie des marges littéraires*, *op. cit.*, p. 64.

rétrospectif en prose qu'une personne réelle fait de sa propre existence, lorsqu'elle met l'accent sur sa vie individuelle, en particulier sur l'histoire de sa personnalité[2]. » La question de « l'histoire de [l]a personnalité » de l'auteur est intéressante ici dans la mesure où les auteurs étudiés, s'ils ne font pas ressortir le pacte, déploient le récit de leur personnalité dans toutes ses évolutions (du moins pour Rimbaud et Sarafian). On peut avancer plus prudemment ici la notion de *roman autobiographique*, c'est-à-dire un texte de fiction dans lequel « le lecteur peut avoir des raisons de soupçonner, à partir des ressemblances qu'il croit deviner, qu'il y a identité de l'auteur et du *personnage*, alors que l'auteur, lui, a choisi de nier cette identité, ou du moins de ne pas l'affirmer[3] ». Mais même dans ce cas, un doute persiste. De plus, il semble difficile ici de parler même de roman.

Dans les œuvres que nous étudions plus particulièrement ici, il est très difficile de savoir qui parle, et jusqu'à la fin on ne sait s'il est possible d'employer le terme d'« autobiographie » ou s'il vaut mieux évoquer prudemment l'appellation vague de « récit ». On placerait trop facilement *Hypérion* dans la catégorie des romans, alors que le personnage de Hypérion lui-même est une projection entière de tout l'univers mental de Hölderlin. Aucun recul avec son personnage, qui d'ailleurs, comme l'a montré Zweig, n'a aucune consistance et ne sert que de support à l'idéologie de l'auteur. On peut alors éventuellement emprunter à Claude Louis-Combet la notion d'« automythobiographie ».

Le concept de mythobiographie constituait déjà la recherche d'un équilibre entre « la nostalgie de l'impossible aveu autobiographique et de l'impératif de la création purement symbolique et fantasmatique[4] » ; lorsque la matière est l'auteur lui-même, le passage à l'automythobiographie s'accomplit :

> Le narrateur ne sera si longtemps mêlé à la substance des mythes que pour tirer désormais de lui-même, comme s'il formait en soi, dans son rapport au monde, un véritable foyer d'imaginaire, une matière d'existence fabuleuse en sorte que les événements de la vie ne soient pas traités en récits mais en laisses lyriques et symboliques, comme l'expression d'une voix hors du temps ordinaire[5].

2 Philippe Lejeune, *Le pacte autobiographique* [1975], Paris, Seuil, 1996, p. 14.
3 *Ibid.*, p. 25.
4 Claude Louis-Combet, *L'Homme du texte*, Paris, José Corti, 2002, p. 181.
5 *Ibid.*, p. 184.

L'auteur-narrateur-personnage principal devient ainsi en même temps la matière de son propre mythe, pour donner la parole à tout ce qui déborde le simple portrait et qui, pour faire entendre la vérité sur soi, se sent le besoin d'inventer ou de fantasmer. Pour *Hypérion*, la différence onomastique ne laisse pas de doute sur le genre, tout en laissant voir un rapprochement entre l'auteur et le personnage (première lettre identique, même nombre de syllabes) ; on peut davantage parler de roman autobiographique, voire d'autofiction si on le considère comme une pure projection de soi sous une autre forme que celle de l'auteur. Le flottement est plus grand encore lorsqu'on se rend compte que la définition des genres ne se base pas uniquement sur des critères formels : « Le lecteur est ainsi invité à lire les romans non seulement comme des *fictions* renvoyant à une vérité de la "nature humaine", mais aussi comme des *fantasmes* révélateurs d'un individu. J'appellerai cette forme indirecte du pacte autobiographique *le pacte fantasmatique*[6]. » *Hypérion*, dans sa traversée intérieure et par le détour de la fiction, est peut-être plus près de son auteur que ne l'est le narrateur de son auteur (pourtant indissociables) dans une œuvre autobiographique qui se contente de rapporter les faits sans approfondir l'impact intérieur de l'expérience.

Pour Sarafian et Rimbaud, un rapprochement plus évident est à faire. Surtout pour Rimbaud, qui déploie un univers certes fantasmatique mais dont on peut étrangement dire qu'il raconte la vie de l'auteur. Ceci une fois admis, le fait qu'*Une saison en enfer* soit la première œuvre publiée de l'auteur (mis à part quelques poèmes dans des revues diverses) en atténue la dimension autobiographique :

> [...] si l'autobiographie est un premier livre, son auteur est donc un inconnu, même s'il se raconte lui-même dans le livre : il lui manque, aux yeux du lecteur, ce signe de réalité qu'est la production antérieure *d'autres textes* (non autobiographiques), indispensable à ce que nous appellerons "l'espace autobiographique"[7].

Or, les « *autres textes* » sont présents dans l'« Alchimie du verbe » : Rimbaud cite ses propres poèmes. Faut-il en conclure qu'*Une saison en enfer* est rétrospectivement autobiographique, ou plutôt qu'elle l'est

6 Philippe Lejeune, *Le Pacte autobiographique*, *op. cit.*, p. 42. Lejeune fait référence ici à Mauriac et à Gide.

7 *Ibid.*, p. 23.

devenue à partir du moment où l'on a publié ses œuvres, c'est-à-dire bien après sa vie littéraire ?

Pour le *Bois* comme pour la *Saison*, l'auteur n'est pas nommé tout au long de l'œuvre et semble avoir vécu néanmoins toutes les expériences racontées par le narrateur, sans donner toutefois suffisamment d'indices de l'identité du narrateur et de l'auteur. Pour Rimbaud le récit de l'alchimie du verbe est en fait un développement de sa théorie et des résultats pratiques de l'approche créatrice annoncée dans les lettres du voyant. Tout au plus s'éloigne-t-il de la réalité pour l'épisode de la vierge folle ou les descriptions de l'enfer, mais ces passages prennent une valeur métaphorique. Le *je* n'est pas nommé, mais cela s'inscrit précisément dans la démarche de l'auteur pour qui, par l'expression littéraire, « Je est un autre » et ne peut se dire avec authenticité qu'en s'altérisant toujours davantage, tout en disant une vérité profonde. C'est pourquoi on ne peut employer la notion d'« autofiction » pour ces récits. Jean-Luc Steinmetz, par ailleurs, a fait de la *Saison* « une certaine forme de roman [...] où cependant la fiction est constamment éclatée (le principe de continuité gardé secret) et le souci de vraisemblance quasi nul[8] ». Les vues très variées abondent. Pour John E. Jackson, « l'autobiographie poétique de Rimbaud [...], loin de confirmer rétrospectivement le visage d'une subjectivité déjà connue, se déploierait au contraire comme le lieu où le sujet advient à son identité véritable. Au lieu de s'exercer comme confirmation rétrospective, l'autobiographie se ferait révélation prospective[9] ».

Donc de ce point de vue il n'est pas si important de déterminer une fois pour toutes si *Une saison en enfer* est une autobiographie. C'est de toute évidence un récit de vie bien réel dans lequel l'auteur s'est entièrement projeté, mais de toute façon il quitte le réalisme et la quête d'une réalité et cherche avant toute chose le dérèglement des sens ; sa visée est déréalisante et ne peut plus être évaluée selon des critères réels. Nous sommes dans la réalité de l'imagination, puisque l'imagination n'est plus seulement une forme fictionnelle mais correspond à la vérité absolue de l'auteur. Il était normal que l'œuvre – toute autobiographique qu'elle fût – d'un auteur prônant cette déréalisation fût de même construite selon ces principes déréalisants.

---

8 Steinmetz, Jean-Luc, « Rimbaud et le roman », in *Parade sauvage, Rimbaud « À la loupe »*, Colloque n° 2, dir. Steve Murphy et George Hugo Tucker, Charleville-Mézières, 1989, p. 85.

9 John E. Jackson, « L'autobiographie poétique de Rimbaud » in *Rimbaud. Tradition et modernité*, *op. cit.*, p. 62-63.

Il en va de même dans le *Bois de Vincennes* : les allusions à la condition de l'exilé arménien en France, le parcours du narrateur, tout renvoie à la vie de Sarafian, mais le narrateur se promène à travers un réel métaphorique. La langue quasi surréaliste[10] montre une nouvelle réalité, peut-être la seule langue possible pour une réalité d'origine qui n'est plus, et une réalité présente que l'auteur ne peut voir comme le commun des mortels qu'il côtoie ; il voit la réalité comme à travers un filtre, le filtre de son expérience, qui lui en donne une perception autre.

Ce *je* est à plus forte raison indéterminé du fait que le récit témoigne d'une étrangéisation progressive à soi-même, négative pour Rimbaud, positive pour Sarafian. Le genre intermédiaire et les flottements du pronom sont donc consubstantiels au thème de l'exil, et on voit ici comme l'exil engendre une véritable langue, et que l'on peut parler vraiment d'une *poétique de l'exil.* Ainsi, ces deux récits empruntent des éléments à ce que l'on pourrait appeler une automythobiographie poétique.

Chez Rimbaud, le narrateur prend toujours le visage de figures marginales : le damné, le poète maudit, l'alchimiste ayant échoué, la vierge folle, l'exilé de son enfance et du monde en marche… Le narrateur du *Bois* prend des figures beaucoup moins précises (une place plus grande étant laissée à la méditation sur le monde), mais il s'agit toujours des multiples voix d'un homme à l'écart du courant dominant et triste témoin dans un monde étranger trop souvent déserté par l'humain. Quant au personnage de Hypérion, quelle est la réalité ? On sent à peine sa chair, comme si le récit était un exposé d'idées et d'élans lyriques sans personne constituée, ce qui nous éloigne du genre romanesque : le lecteur peut avoir l'impression d'entendre une vaste méditation poétique sur la nature, l'histoire de la nation et la vie spirituelle. Hölderlin a d'ailleurs donné une première version courte en vers de *Hypérion*, ce qui n'a rien de surprenant. Tantôt jeune révolutionnaire fougueux, tantôt jeune amoureux panthéiste, puis poète romantique relégué en marge de la société, aux couleurs rousseauistes… Ce que l'on retient de *Hypérion*, n'est-ce pas les envolées lyriques sur la nature et le chant national d'un exilé de sa nation, de son histoire ? Zweig écrit : « […] ce roman n'a d'intérêt que comme musique[11]. » N'est-ce pas en effet ce qui demeure ? On pourrait parler aussi d'une suite de tableaux-portraits philosophico-poétiques où

10 Sarafian a pu être influencé par le surréalisme, qu'il connaissait bien.

11 Stefan Zweig, *Le Combat avec le démon*, *op. cit.*, p. 175.

la langue se déploie dans toute sa musicalité : « [...] aucune œuvre de la poésie allemande n'a une pareille continuité du rythme, une pareille statique de la mélodie harmonieusement déployée. [...] les paysages irréels s'épanouissent, dans l'ambiance de cette musique, comme un rêve éclatant[12]. » Un rêve : est-ce encore un roman ? De même, le jeune Nietzsche écrivait sur *Hypérion*, à une époque où Hölderlin était encore dans l'ombre : « En vérité, cette prose est musique, doux sons qui se fondent, qu'interrompent de douloureuses dissonances, et qui s'achèvent en chants funèbres sombres, terrifiants, murmurés[13]. »

Hypérion, c'est l'âme du poète Hölderlin plaquée sur des personnages et événements narratifs inconsistants, sans réalité tangible, comme l'a très bien démontré Stefan Zweig. Ici la langue a un rôle prédominant, portée par l'élan vers l'absolu qu'elle traduit. On assiste à un tableau de l'âme de Hölderlin, en une langue poétique qui s'élève au-dessus de la fable, quand elle ne s'empêtre pas dedans. Même les dialogues ne comportent pas de guillemets et ne semblent avoir lieu que dans la conscience d'un narrateur qui se parle à lui-même ; et son correspondant Bellarmin[14] à qui il adresse ses lettres n'a aucune caractéristique, et on pourrait s'en passer, on oublierait sa présence tout à fait indéterminée, si ce n'était des rares apostrophes de Hypérion. Il est intéressant de voir que, alors que l'œuvre est censée être un roman épistolaire, le narrateur n'est pas en relation réelle avec Bellarmin. C'est bien davantage l'auteur qui dialogue avec son protagoniste. Brigitte Haberer a bien démontré les éléments constitutifs de la structure textuelle dans *Hypérion* : parole, silence et regard ; Bellarmin y tient un rôle structurel, servant uniquement à faire ressortir l'identité du narrateur. Il n'intervient même pas dans les fluctuations du *je* lorsqu'il est tout prêt de se perdre[15].

Hypérion, par son lyrisme, est plus apparenté aux poèmes éthérés de l'auteur à la même époque qu'à la production romanesque d'alors. On

12 *Ibid.*, p. 180-181.

13 Friedrich Nietzsche, « Lettre à mon ami, pour lui recommander de lire mon poète favori » [19.10.1861], in *Premiers écrits*, trad. Jean-Louis Backès, Paris, Librairie Générale Française, coll. « Les Classiques de Poche », 2010, p. 150.

14 On ne connaît qu'un cardinal de ce nom au XVIIe siècle, apparemment sans lien avec le personnage.

15 Brigitte Haberer, *Sprechen. Schweigen. Schauen. Rede und Blick in Hölderlins "Der Tod des Empedokles" und "Hyperion"*, Bonn – Berlin, Bouvier, « Abhandlungen zur Kunst-, Musik- und Literaturwissenschaft » Band 388, 1991. Thèse de doctorat soutenue à Munich en 1989.

pourrait le qualifier de poème narratif. Et c'est ce caractère de poème narratif qui lui donne l'aspect d'un chant d'exil : le chant précède l'événement ; l'essence de l'exil prime sur l'événement exil. L'appellation « roman épistolaire » nous semble en définitive un peu artificielle. La plus grande partie des lettres sont de Hypérion, et le peu de lettres écrites par Diotima le sont tout à fait dans le même style, comme s'il s'agissait du même personnage. *Hypérion* arrive de toute évidence à un point de jonction dans l'histoire littéraire, tout en étant lié à la question de l'exil. C'est ce qui ressort de l'analyse de Laurent Versini sur le roman épistolaire :

> Nouveau paradoxe : le roman épistolaire, genre foncièrement sentimental, genre de l'exil, s'efface à l'heure romantique où le sentiment, le moi, la nostalgie envahissent la littérature ; c'est que le sentiment s'enferme alors dans une conscience, dans le narcissisme d'un moi qui répute impossible la communication que postulaient l'honnêteté au XVIIe siècle et la sociabilité au XVIIIe siècle[16].

Hypérion a en effet toutes ces caractéristiques : dans cette œuvre plutôt sentimentale, le moi devient envahissant et ne laisse plus de place à cet interlocuteur Bellarmin dont on ne sait pas grand chose. C'est un long poème en prose sous forme épistolaire où le destinataire n'a aucune existence en propre. Mais *Hypérion* est aussi une œuvre d'exil, de multiples exils à distinguer clairement : celui de la patrie (par le truchement du narrateur grec se battant pour son pays puis se rendant en Allemagne) ; celui de l'idéal classique (la Grèce rêvée, par le biais du néo-hellénisme ambiant dans l'Allemagne du XVIIIe siècle) ; enfin, celui de la Nature (considérée dans sa dimension divine et dans une perspective panthéiste). Le panthéisme de Hölderlin, qui situe la contradiction sur un plan d'immanence, marque au passage une nostalgie diffuse qui ne voit aucune résolution dans le rapport à autrui.

Même constat de l'omniprésence du moi dans la *Saison*. C'est le poème de la transformation d'une âme, d'une mémoire et d'un corps, à travers l'expérience du monde et de la création, et qui s'exprime par les jeux de sonorités, les figures de style et la structure du texte, dans une indétermination quasi onirique. Le texte est à rapprocher de la

---

16 Laurent Versini, *Le Roman épistolaire* [1979], 2e éd. corrigée, Paris, PUF, coll. « Littératures modernes », 1998, p. 263.

définition du récit poétique que donne Jean-Yves Tadié. C'est le cas du *Bois* également, auquel s'adjoint une méditation sur l'exil. Même principe d'évolution du moi écrivant, moins morcelé peut-être, moins expérimental, moins haché et fonctionnant plus sur une continuité textuelle que sur des impulsions reproduisant une voix tourmentée ; mais le principe de la variation des motifs en un fin tissage textuel rapproche ces œuvres qui expriment les mutiples strates d'un exil.

La *Saison* néanmoins se centre sur la création poétique et ses incidences sur la vie, alors que le *Bois* traite de façon générale de l'enjeu de la création chez un être exilé et pour un peuple dispersé après une Catastrophe nationale. Il pose davantage les rapports de l'un au multiple ; et le retour à l'unité originelle perdue est considéré en lien avec le peuple entier, là où il demeure une détermination individuelle dans la *Saison*. De plus, la *Saison* est-elle à chaque instant quête d'authenticité ? N'est-elle pas aussi jeu de masques ? Rimbaud, même au moment de dire adieu à la littérature, n'est-il pas encore fasciné par l'expérience du voyant ? Veut-il vraiment se voir dans le miroir ? Ce sont les questions contenues dans cette analyse de Danielle Bandelier :

> Mais est-il certain que Rimbaud cherche à se ressembler ? [...] Rimbaud est enfermé dans sa parole. L'implacable reflet la lui renvoie à peine exprimée. C'est pourquoi son écriture est tout entière dans l'ici et le maintenant, le système pronominal à deux personnes, ou à une seule : la première et son inverse[17].

Bandelier semble même suggérer une construction de l'auteur par une mise en abyme : « Il ne s'agit pas d'une autobiographie fictive, qui supposerait un auteur-narrateur imaginaire, inventé par le véritable. C'est la création par l'écriture, l'élaboration progressive d'un auteur d'autobiographie[18]. » Un auteur qui crée donc son propre auteur d'une autobiographie mystérieuse, opaque, déréalisante en quelque sorte, à travers son délire permanent où « la voix sortie du néant parle d'elle-même à la première personne[19] ». Discours sur soi, comme souvent au XIXe siècle, mais malgré le brouillage à tous les niveaux, ce sera pour laisser entendre une vérité : « Mais là commence sa particularité :

17 Danielle Bandelier, *Se dire et se taire : l'écriture d'« Une saison en enfer » d'Arthur Rimbaud*, Neuchâtel, À la Baconnière, coll. « Langages », 1988, p. 11.

18 *Ibid.*, p. 185.

19 *Ibid.*

ce “moi” lui échappe – puisqu’il est “un autre” –, et son entreprise littéraire, dans *Une saison en enfer*, consistera à le fonder en réalité, à lui faire éprouver sa consistance[20]. »

Raymond Clauzel, lui, ne parle pas de brouillage, tout au contraire. Dans l’avant-dernier chapitre (« Le combat spirituel ») de son livre *Une saison en enfer et Arthur Rimbaud*, il fait une nette distinction entre l’expérience narrée et la narration elle-même : « Rimbaud a pu, comme il le dit, se nourrir de mensonge. Dès qu’il s’exprime il ne ment plus. Les vérités de la *Saison*, ses vérités sont radicales[21]. » Il est bien malaisé de dire la vérité sur ce texte quand on l’examine du point de vue de l’intériorité et de la biographie, mais on peut néanmoins conclure qu’il exprime à la fois un exil spirituel et une volonté de se retrouver.

Le *je* des œuvres est donc toujours à entendre dans son articulation avec la collectivité. Dans le *Bois*, chaque *je* sous-tend implicitement un questionnement par rapport à la communauté arménienne bien réelle, alors que Hypérion donne l’apparence d’être un « ermite de Grèce » (comme le dit le sous-titre) mais demeure, nous l’avons vu, la méditation isolée d’un jeune poète allemand aux prises avec ses représentations philosophiques et esthétiques de l’existence à la fin du XVIIIe siècle, et ces méditations n’acquièrent pas encore une visée pratique – c’est ce que montre bien la correspondance des mêmes années –, et le poète souffre de ne pouvoir prendre pied dans la société. Pour Sarafian, la question du *moi* n’est pas si importante sans le lien à l’Histoire qu’elle ne nomme pourtant que rarement, et nous pouvons dire avec Jean-Louis Jeannelle (qui parle alors des écrivains des années 1940 en France) que la « fracture traversant “l’horizon d’attente” à l’époque est telle que beaucoup d’entre eux se tournent vers le passé et adoptent spontanément la posture mémoriale [...] moins dans l’intention d’atteindre à cette vision monumentale de soi qu’afin de faire retour sur soi-même[22] ». Regard introspectif donc, à la lumière de l’Histoire, face à un horizon d’attente fracturé qui fait

20 *Ibid.*, p. 186.

21 Raymond Clauzel, Une saison en enfer *et Arthur Rimbaud*, Paris, Société française d’éditions littéraires et techniques, 1931, p. 127.

22 Jean-Louis Jeannelle, *Écrire ses Mémoires au XXe siècle, déclin et renouveau*, Paris, Gallimard, coll. « Bibliothèque des Idées », 2008, p. 170. Cité par Michèle Touret dans la notice de *La Main coupée* in Blaise Cendrars, *Œuvres autobiographiques complètes*, éd. Claude Leroy, Paris, Gallimard, « Bibliothèque de la Pléiade », 2013, t. I, p. 933, édition dans laquelle figurent par ailleurs (notamment dans l’introduction) de nombreuses analyses intéressantes

écho à la fracture de l'exil et modifie le rapport du lecteur à l'œuvre ; un lecteur qui, dans cette expérience déréalisante, accepte davantage un dérèglement dans son décodage de l'œuvre, tant en ce qui concerne l'imaginaire mis en place que le genre (nous avons déjà évoqué cette « mimesis déconstructive » dans l'introduction).

L'identification du genre est intéressante ici dans la mesure où elle permet de faire ressortir une part d'imprécision identitaire et de fantasme de la personnalité. Cette difficulté à déterminer s'il s'agit d'autobiographies semble caractéristique de la littérature et de la langue d'exil, où le moi est soit indéterminé soit mouvant, à redéfinir constamment par rapport au passé et dans les projections vers le futur, moi ébranlé dans des frontières mêmes par l'expérience délocalisante de l'exil. Il n'est pas rare d'assister à ce flottement entre narrateur, auteur et personnage. Difficile de dire si l'on doit parler de personnage, tellement ce sont la poésie, la musicalité ou encore les questionnements métaphysiques et identitaires qui prennent le dessus dans ces œuvres, devant des personnages-narrateurs qui s'effacent pour laisser entendre une simple voix. Le caractère autobiographique ne réside donc pas tant dans l'exactitude des faits rapportés ou dans l'identité onomastique que dans l'identification intérieure de l'auteur à ce que traverse le narrateur, même s'il déploie une stratégie de l'ambiguïté. Fiction et autobiographie ne s'opposent pas tant qu'ils se confrontent, et le roman autobiographique prend appui sur cette « ambivalence fondamentale [...]. Le texte est ainsi saturé par des signes de conjonction et de disjonction des deux instances[23] ».

« *Je ne sais plus parler*[24] » : le poète atteint une limite au-delà de laquelle la vérité est indicible. Avoir voulu l'exprimer en s'en faisant le maître est peut-être la cause de la chute. Le bateau, autrefois ivre, est ramené à la dure réalité de « la flache / Noire et froide[25] ». Le narrateur du *Bois* ne peut exprimer librement sa volonté d'aller vers la lumière ; il multiplie les références sombres où la vie n'a plus de sens, et pour finir il est plongé dans le gouffre de l'angoisse sans fin, aux portes du néant.

---

sur la question de l'autofiction, de l'automythobiographie et de la (re)construction de soi par l'écriture, chez Cendrars spécifiquement.

23 Philippe Gasparini, *Est-il je ? Roman autobiographique et autofiction*, Paris, Seuil, coll. « Poétique », 2004, p. 13.

24 *SE*, p. 277.

25 « Le bateau ivre », in R-Pl, p. 164.

Hypérion, après s'être jeté à corps perdu dans l'idée de l'absolu terrestre, a chuté au sol et se relève avec difficulté (c'est le parcours de Hölderlin dans sa correspondance). Narrateurs-auteurs exilés, qui témoignent en dernier ressort de l'incapacité de dire le nœud du problème et de le défaire. Il n'y a plus de langage pour dire l'absence de langage – ou l'atteinte au langage dans le cas de Sarafian –, pour dire la quintessence des choses, pour dire l'indicible. Mais ce dire de *l'impossibilité de dire*, tant qu'il reste une langue littéraire, devient un langage en soi, la langue de l'exil, toujours en chemin, et difficilement théorisable, ne pouvant être fixée en repères et caractéristiques stables, étant mouvante par nature. Il est néanmoins possible de faire ressortir quelques constantes, parfois des singularités.

NARRATION

Le *je*, l'auteur et le pivot de l'écriture

DÉPERSONNALISATION ET EXIL DU *JE*

« Le XIXe siècle tout entier parle à la première personne[1] », constate Jean-Yves Tadié. Cette impression d'unicité ne laisse toutefois d'interroger sur la composition de ce petit mot à deux lettres. Quelle forme ce *je* prend-il, que contient-il ? N'y a-t-il pas plusieurs appellations possibles sous ce mot uniforme, et l'apparente monophonie ne cache-t-elle pas une polyphonie qui exprime bien l'exil du sujet ?

C'est par un passage du *je* au *on* que commence le long exil de Rimbaud. Les lettres du Voyant annoncent le programme : « C'est faux de dire : Je pense, on devrait dire On me pense. [...] Je est un autre[2]. » Il s'agit donc d'une expérience souhaitée, recherchée, une investigation qui s'inscrit à l'encontre de l'expérience cartésienne de la vérité. Cette tentative d'objectivation par le sujet même aboutira curieusement à deux emplois très différents du pronom personnel à la première personne du singulier : d'une part la curieuse autobiographie qu'est la *Saison en enfer*, d'autre part l'imagination en liberté des *Illuminations*. La première laisse voir une imagination progressivement envahissante avec un sujet multiple, faisant entendre une véritable polyphonie et un brouillage de l'identité unique, tout en faisant le bilan de l'expérience créatrice, bien réelle, où le *je* est objectivé avec un recul qui marque la volonté de réintégrer la cohérence (*cf.* le dernier tableau de la *Saison*). La seconde aboutit à un emploi tout à fait dépersonnalisé du *je* dont on ne voit plus du tout le visage, interchangeable dans sa nullité devant la pure succession d'images,

1 Jean-Yves Tadié, *Introduction à la vie littéraire du XIXe siècle*, Paris, Dunod, coll. « Lettres Sup », 1998, p. 5.

2 Lettre à Georges Izambard du 13 mai 1871, de Charleville, R-Pl, p. 340.

comme l'a bien montré Jean-Pierre Richard. L'exil du *je* est donc volontaire et correspond à une volonté créatrice délibérée et programmatique.

La dépersonnalisation chez Hölderlin ne s'effectue pleinement que lorsqu'il perd la raison. Les poèmes de la dernière période (1806-1843), dite « de la folie », offrent un exemple frappant de poésie à la fois sereine et complètement impersonnelle : les saisons défilent sous les yeux du poète qui les décrit imperturbablement, avec douceur et sérénité. Toutefois, les derniers grands poèmes montraient déjà une polyphonie dans un moi qui ne pouvait plus nettement définir ses croyances : assailli d'images, le poète confond le Christ, Dionysos et Héraklès ; puis surgit la Madone comme figure féminine ambiguë, enfin *le* Dieu et *les* dieux… Le tout exprimé par une versification hachée dont l'aspect, quoique fragmentaire, ne peut nous convaincre entièrement qu'il ne s'agit que d'un état premier du poème appelé à être beaucoup plus régulier ; on y voit plutôt l'apparition d'une versification libre, expression ici d'un chaos grandissant ne pouvant plus être fondé sur les règles de métrique trop strictes. Les seuls signes avant-coureurs dans *Hypérion* se trouvaient peut-être dans la matière d'un moi lyrique défini mais, comme nous l'avons vu précédemment, difficile à saisir dans sa caractérisation socio-historique artificielle, et surtout appelé à se dissoudre dans le grand Tout harmonieux. La philosophie panthéiste précédait donc la formation d'une langue de l'égarement ; elle a certainement ouvert la voie à la dissolution du sujet.

Le *je*, malgré ses errances et ses vertiges, reste toujours cohérent chez Sarafian, qui ne perd jamais la raison. Même les affres nocturnes qu'il traverse trouvent un rempart dans la description détaillée de cette errance à la fin du *Bois de Vincennes*. La philosophie et, plus largement, la réflexion sur l'existence, constituent un pont entre les divers territoires du moi – pour le meilleur et pour le pire, mais le narrateur retrouve toujours le fil d'une pensée cohérente. Même si ce pont surplombe des abîmes de non-sens en des allusions désespérées, empreintes de la pensée de Kierkegaard (dont il était lecteur assidu), de Sartre et de Camus, la visée de l'écriture est libératrice. L'objectivation devient tentative de retrouver la signification du parcours. Cela explique en bonne part le genre de l'œuvre, toujours entre la poésie en prose, l'autobiographie et l'essai philosophique. Dans tous les périls d'anéantissement intérieur qu'il traverse, le *je* demeure *in extremis* comme un inconnu à découvrir, réduit à son expression la plus simple possible.

« Le Moi est chaotique », affirme Krikor Beledian à propos du *Bois de Vincennes.* « Mais de quel Moi s'agit-il ? De celui de l'homme né en diaspora[3]. » De l'homme de la diaspora, ayant survécu à la grande Catastrophe, exilé sans espoir de retour, ayant été témoin d'actes horribles et insoutenables, et ayant appris à douter de tout : religion, systèmes politiques et philosophiques, etc. Le moi n'a plus aucune base solide sous ses pieds pour construire, et quand bien même il le voudrait, il ne sait plus comment donner cohérence à l'ensemble. Et pourtant, cette méditation sarafianienne sur le sort de l'être et de l'humanité est extrêmement construite et cohérente. Au-delà des contradictions qu'elle évoque, elle fait le récit d'une histoire, celle de l'auteur, au sein d'une Histoire chaotique. « Le chaos est celui de toute la civilisation occidentale[4] », que l'Arménien a appris à voir, sans illusion ; en effet, comment un témoin de la Catastrophe peut-il être dupe de ce vernis glorieux dont se couvrent les prétendues civilisations ? En fait, le moi se fait le réceptacle de cette Histoire chaotique et retrouve paradoxalement une unité par la langue. Krikor Beledian poursuit son analyse :

> La contradiction dont il s'agit ici est moins un principe logique qu'un principe existentiel, révélateur de dualité, de non-coïncidence de soi avec soi. Sarafian pense souvent cette contradiction comme coupure d'une unité originelle, rupture, division, ou plus simplement écart qui déclenche la prise de conscience. C'est elle qui produit ce que le poète appelle « le regard duel ». Aussi, selon Sarafian, la dualité constitue-t-elle l'essence de l'Arménien en Diaspora[5].

Beledian souligne bien que dans la pensée de Sarafian ce regard duel est spécifique à l'Arménien de Diaspora. En fait, c'est le propre de tout exilé qui ne peut plus revenir sur ses terres. La fissure dans le moi amène un nouveau regard. Le regard duel, dans une acception plus large, moins spécifique à cette situation, peut être celui de toute personne qui s'est engagée dans un chemin marginal et qui ne peut plus revenir en arrière, comme Rimbaud ou Hölderlin.

Chez ces trois auteurs on voit l'expression d'une articulation difficile (voire impossible) entre le sujet et le monde, un rapport problématique entre les deux termes et une volonté de retrouver l'harmonie, sur un plan

3 Krikor Beledian, *Cinquante ans de littérature arménienne*, *op. cit.*, p. 344.
4 *Ibid.*
5 *Ibid.*, p. 345.

naturel, national ou spirituel. Le « Ô pureté ! pureté ! [...] Déchirante infortune[6] ! » de Rimbaud rejoint l'appel de Hypérion à la sainte Nature et à l'enfance, comme l'évocation élégiaque de l'enfance chez Sarafian. Recherche qui est d'ailleurs à situer sur un plan d'immanence, après de longs questionnements sur la transcendance, comme le montre Jean-Pierre Richard à la toute fin de *Poésie et profondeur*, en donnant toutefois les *Illuminations* comme le « Chant de gloire de l'*exil* terminé[7] », alors que l'immanence n'est pas le port d'arrivée du poète errant, mais au contraire sa chute irrémédiable, ou du moins un danger sérieux, comme nous le verrons dans notre troisième partie. Dans le cas de Rimbaud et de Hölderlin, l'« effacement du moi devant les choses[8] » est particulièrement prononcé, et il aboutit à la folie, peu après l'explosion créatrice. Jean-Pierre Richard a bien montré en quoi, chez Rimbaud, tout est tentative de « neutraliser ce *haut* », dans les *Illuminations* surtout, tout en aboutissant à une dépersonnalisation même dans le *je*, à une « absence de soi[9] ». Hugo Friedrich le rejoint quand il décrit (tout en soulignant son caractère troublant) cette « technique de la “surimpression” », littéralement « dé-réalisation[10] », qui aboutit à des « contenus expressifs [...] interchangeables[11] ». Sarafian, quant à lui, tentera toujours de sauver le moi et ne réussira qu'en acceptant de naître à nouveau, sans se reconnaître, sans avoir repris son identité, sans frontières, en un moment de grâce à l'aurore, où « Ձուլուած են ներքին ու արտաքին աշխարհները[12] » (« [L]es mondes intérieur et extérieur sont confondus[13] ») : continuelle contradiction où le *je* perdure par son effacement.

L'exil du *je* est recherche de soi ou encore alternance de décomposition et recomposition, déstructuration et restructuration. Jean Bessière met l'accent sur l'aspect particulièrement instable et polymorphe du moi de l'auteur en exil :

> Le moi *désitué* échappe à toute relation d'échange, à toute détermination externe actuelle, et ne transforme pas un monde avec lequel il coexiste et

6 *SE*, p. 273.
7 Jean-Pierre Richard, *op. cit.*, p. 308.
8 *Ibid.*, p. 298.
9 *Ibid.*
10 Hugo Friedrich, *Structure de la poésie moderne*, *op. cit.*, p. 120.
11 *Ibid.*, p. 121.
12 *ՎԱ*, p. 59.
13 *BV*, p. 89.

> qu'il comprend cependant. [...] l'expatrié (et son héros) se sait riche d'une profondeur sans qu'il abandonne l'attitude spectatoriale. [...] [L]'intransitivité ne cesse de défaire l'extériorité et lui laisse juste assez de poids pour que la donnée onirique – ce qui échappe à toute relation de réciprocité – trouve une correspondance dans l'objectif[14].

Cette analyse donne un éclairage aux œuvres des trois auteurs étudiés ici. Hölderlin est aussi exilé que son narrateur Hypérion, autant dans une Grèce mythique que dans une Grèce contemporaine rêvant de révolutions, autant dans une Athènes antique que dans une Allemagne visitée par un narrateur grec cachant en vérité un auteur allemand patriote. Rimbaud narrateur de la *Saison* fait le récit spectaculaire d'une volonté de changement du monde et d'une alchimie du verbe (c'est-à-dire une transmutation de la matière verbale en un verbe précieux exprimant l'essence de la vie)... mais ne change rien en réalité et reste le malheureux spectateur d'un rêve adolescent. Sarafian narrateur du *Bois* reste témoin d'un monde dans lequel il ne peut entrer, comme dans l'extrait où il est face à la ville étrangère qui l'a vampirisé et laissé sans force tout en lui laissant la lucidité du témoin. Il ne reste en contact avec le monde que par l'onirisme qui transforme le bois en divers lieux d'autrefois, en lieux d'avant l'exil[15].

Cette explosion du sujet fait partie du processus normal de l'écriture d'exil, et elle rejoint la question de l'altérité du sujet écrivant. La confrontation avec l'étranger suite à un traumatisme ou à une différence revendiquée avec son milieu peut provoquer non seulement cette explosion mais aussi un agencement à la fois déconcertant et fertile en inventions, comme le souligne Jean-Claude Renard ; une écriture « où s'établirait le paradoxe d'un rapport simultanément composé de conjonction et de disjonction, de similitude et de différence, de présence et d'absence, de parenté et d'étrangeté[16] ». Si Jean-Claude

14 Jean Bessière, « Exil et œuvres de l'exil », in *Déracinement et littérature*, *op. cit.*, p. 98.

15 L'onirisme du *Bois de Vincennes* peut être contesté. Nous avançons cette idée d'onirisme en lisant les propos de Sarafian sur le surréalisme dans *Մշուշին մէջ* (prononcer « *Mchouchine metch* » : *Dans le brouillard*, œuvre en arménien), et en nous référant aux caractéristiques théoriques du surréalisme telles qu'énoncées par André Breton dans le *Manifeste du surréalisme*, qui a pu influencer Sarafian. *Cf.* *Մշուշին մէջ* in *Վէնսէնի անտառը*, *op. cit.*, p. 198 ; et André Breton, *Manifeste du Surréalisme* ; *Œuvres complètes*, éd. Marguerite Bonnet, Paris, Gallimard, « Bibliothèque de la Pléiade », 1988, t. I, p. 309-346.

16 Jean-Claude Renard, *Autres notes sur la poésie, la foi et la science*, Paris, Seuil, 1995, p. 65.

Renard s'exprime ici sur l'altérité du poème en général et la question du dédoublement du *je*, le processus s'applique à plus forte raison dans l'œuvre d'exil, qui témoigne d'une dislocation (*dis*-location) et d'un déplacement. Le poème devient alors le lieu de convergence de tous les éléments contradictoires ; il devient un espace recueillant à la fois le propre et l'autre. Une parole rassemblée qui témoigne d'un sujet disloqué cherchant à se recomposer : cette image semble correspondre à *Une saison en enfer* et au *Bois de Vincennes*. André Guyaux y voit davantage la marque d'une duplicité dont « Alchimie du verbe » serait un chef-d'œuvre : « La dualité lui est acquise depuis longtemps. Il avait un véritable instinct de l'*énallage* de sa personne[17]. »

L'exil de Hypérion est à examiner à travers l'histoire de sa personnalité : il devient tour à tour chantre de la nature, révolutionnaire grec, amoureux de Diotima, puis à nouveau exalté face à une Nature déifiée dans laquelle il rêve de retourner pour s'y fondre. Les multiples avatars du moi deviennent l'histoire d'un exil de soi ou, plus généralement, d'une longue errance de laquelle se dégage un parcours initiatique sans conclusion probante. On assiste à un « *Selbstmarginalisierung des Ich*[18] » (« automarginalisation du *je* [ou *moi*][19] »), voire à un « *degressiven Ich*[20] » (« *je* [ou *moi*] dégressif[21] »), comme l'a souligné Jürgen Wertheimer.

Rimbaud donne à voir autant de tableaux de ses moi différents et termine son récit en cherchant à « *posséder la vérité dans une âme et un corps*[22] », tandis qu'au terme de toutes ses métaphores et explorations liées à la longue métaphore filée du bois, Sarafian semble renaître à la vie tout en n'ayant pas encore repris son identité et sans savoir qui il est. Il est d'ailleurs significatif que, de façon assez récurrente, Rimbaud fasse le bilan de son état avec une distance qui donne l'impression d'un apaisement : « L'ennui n'est plus mon amour. Les rages, les débauches, la folie, dont je sais tous les élans et les désastres, – tout mon fardeau

17 André Guyaux, *Duplicités de Rimbaud*, Paris-Genève, Champion-Slatkine, « Bibliothèque de littérature moderne », 1, 1991, p. 8.

18 Jürgen Wertheimer, « Sprachzeichen : Zeichensprache – Hyperions Weg ins dialogische Abseits », in *Hölderlin und die Moderne. Eine Bestandsaufnahme*, hrsg. Gerhard Kurz, Valérie Lawitschka und Jürgen Wertheimer, Tübingen, Attempto Verlag, 1995, p. 213.

19 Nous traduisons.

20 *Ibid.*

21 Nous traduisons.

22 *SE*, p. 280.

est déposé[23] », « Cela s'est passé. Je sais aujourd'hui saluer la beauté[24] », « Pourtant, aujourd'hui, je crois avoir fini la relation de mon enfer[25] »... Autant de paroles qui montrent « une œuvre où Rimbaud s'attache à donner l'image d'une succession de soubresauts et d'apaisements[26] », à la fois « Rêve de dompter la vie, et rêve de s'en évader[27] ».

Hölderlin s'est positionné face à Rousseau ; Rimbaud l'a également fait : c'est l'idée que développe Yann Frémy, selon lequel Rousseau abolit la différence et l'altérité, alors que Rimbaud penche vers l'hétérogénéité dans l'écriture. Il nous semble difficile de trancher : on a pu comparer les *Rêveries du promeneur solitaire* avec *Hypérion* sur la question du ravissement du narrateur à se fondre dans la nature, et pourtant Hypérion (et plus tard Hölderlin) poursuit toujours une quête de soi et de l'altérité. Néanmoins, Frémy apporte un parallèle intéressant : pour Rimbaud, il s'agit de « continuellement affirmer le primat de l'Autre en soi. Le *moi* est dorénavant le théâtre d'un duel (entre le "je" et l'"autre", entre l'"innocence" et le "fléau"). Rimbaud insère des rapports de force dans l'espace de la subjectivité, *sous la forme de tensions*[28]. » La théorie rimbaldienne de l'altération du sujet serait survenue suite à une lecture de Rousseau. Il est clair qu'en lisant la lettre à Ernest Delahaye de mai 1873[29] – si on la prend au sérieux malgré son ton sarcastique –, la dérision du préromantisme rousseauiste correspond à un rejet de l'harmonie entre l'homme et la nature, mais aussi à un rejet de l'harmonie de l'homme en son for intérieur, face à lui-même. Le sujet est exilé à la fois de la nature et de lui-même. Selon Yann Frémy, cette attitude serait une réaction aux « Vertiges de l'indifférenciation[30] ». Il nous semble bien davantage que c'est précisément cette attitude qui mène à l'indifférenciation, qui est un autre type d'exil de soi. On peut facilement s'en convaincre en lisant « Alchimie du verbe » : la fin de l'aventure du voyant était nécessaire pour ne pas glisser dans l'indifférenciation. Il a souvent été dit que

23 *SE*, p. 252.
24 *SE*, p. 269.
25 *SE*, p. 277.
26 Antoine Adam, notice de « Nuit de l'enfer », in Arthur Rimbaud, *Œuvres complètes*, Paris, Gallimard, « Bibliothèque de la Pléiade », 1972, p. 959.
27 *Ibid.*, p. 961.
28 Yann Frémy, *« Te voilà, c'est la force ». Essai sur* Une saison en enfer *de Rimbaud*, Paris, Classiques Garnier, coll. « Études rimbaldiennes », 2, 2009, p. 29.
29 Lettre à Ernest Delahaye de mai 1873, de Roches, R-Pl, p. 370-371.
30 Yann Frémy, *op. cit.*, p. 29.

Rimbaud avait eu besoin de s'exiler pour créer : certes, mais c'est à plus forte raison ce type de démarche créatrice qui l'a exilé[31].

La constante tension et redéfinition du *je* laisse le lecteur de la *Saison* sur un point d'interrogation : qui est *je* ? Dès « Mauvais sang », « c'est un jeu, c'est presque un système d'oppositions dans l'auto-définition ou l'auto-position du Je [...]. C'est un processus contradictoire, parce qu'il vise à jeter les fondements personnels d'une identité par le recours à l'impersonnalité d'une race », mais « ce que le Je hérite de ses ancêtres [...], ce sont des dispositions à ne pas être[32] » : selon John E. Jackson, « l'acte poétique, en tant qu'intuition de la vraie réalité, révélerait au sujet la pluralité de ses possibles comme l'essence même de son identité ». Mais si le sujet est exilé de lui-même, il nous semble toutefois difficile de parler d'une identité basée sur un désaccord fondamental, voire d'un non-être. L'explosion de l'être est un état intermédiaire occasionné par l'exil.

Toutes ces considérations sur le *moi* et l'*autre* montrent de toute évidence que dans la littérature d'exil a lieu un véritable bouleversement de l'être et un questionnement sur l'altérité[33]. L'expression de l'exil du sujet mène souvent à un exil de la réalité où vit le sujet et où l'œuvre éclot, et elle témoigne en même temps d'une errance et d'une quête de cohérence d'un moi polymorphe. Cet éloignement de soi offre un aspect déconcertant. Il s'agit d'une étape inévitable de l'écriture d'exil. La déconstruction d'un être et sa délocalisation (ou dislocation) ne peuvent se dire avec les moyens traditionnels et s'expriment de toute évidence non seulement dans les thèmes de l'œuvre mais par le langage mis en place.

---

31 Quoi qu'il en soit, une constellation intéressante se construit autour de Rousseau, Hölderlin et Rimbaud : tous trois sont des exilés, et Hypérion est, dans la mythologie (comme le rapporte Hésiode dans la *Théogonie*), le « fils du Soleil », expression employée par Rimbaud, dans un poème qui n'est pas sans rappeler l'épisode la « Vierge folle » de la *Saison* ; *cf.* « Vagabonds », in *Illuminations*, R-Pl p. 303 : « J'avais en effet, en toute sincérité d'esprit, pris l'engagement de le rendre à son état primitif de fils du Soleil [...]. » Il faut aussi signaler que Sarafian évoque Rousseau en le plaignant de croire au progrès humain et à la bonté naturelle de l'homme (mais n'est-ce pas là une forme d'autoportrait déguisé ?). *Cf.* *ՎԱ*, p. 24 ; *BV*, p. 36.

32 John E. Jackson, « L'autobiographie poétique de Rimbaud », in *Rimbaud. Tradition et modernité*, textes recueillis par Bertrand Marchal, Paris, Eurédit, 2005, p. 44-45.

33 Bertrand Marchal a même évoqué pour Rimbaud une « poétique de l'altérité », sans vraiment développer. Il est vrai qu'avec la formule « Je est un autre », à la base de tout le système de création rimbaldienne, l'autre est fondateur. *Cf.* Bertrand Marchal, « Avant-propos », in *Rimbaud. Tradition et modernité*, *op. cit.*, p. 8.

LE RÔLE DU MASQUE

Si le sujet écrivant cherche son identité, l'écriture d'exil voit apparaître souvent un masque, étape inévitable dans la quête de soi. Ce masque est-il recherché, comme dans l'expérience esthétique d'un Rimbaud, ou rejeté, comme dans le dépouillement d'un Sarafian ?

Sarafian affirme souvent qu'il en est arrivé au point où toutes les croyances s'effondrent. Il était un grand lecteur de Sartre et de Kierkegaard, et il oublie peut-être que les présupposés de l'existentialisme reposent aussi sur une forme de croyance. Quoi qu'il en soit, on peut interpréter cette idée comme un refus des masques. Son idéal est celui du dépouillement, et son chemin est éclairé par les lectures de saint Jean de la Croix et de sainte Thérèse d'Avila[34]. Rimbaud s'inscrit dans la lignée de la modernité baudelairienne ; Sarafian l'a dépassée et ne voit plus aucun plaisir dans le « goût de l'idéal surnageant dans le cerveau humain[35] ». Rimbaud joue des divers masques et maquillages sophistiqués du transitoire (qui, de son aveu, tomberont à la fin) ; Sarafian dirait en substance : « tout passe, mais qu'est-ce qui demeure au fond ? » Et si le promeneur solitaire de Sarafian fait penser à l'homme des foules de Baudelaire, il n'en a plus l'ivresse, il n'est plus le « *moi* insatiable du *non-moi*[36] ». Le moi, exilé, n'est plus toujours distinct et précis chez Sarafian, mais il cherche à le redevenir, il en a la nostalgie. Rimbaud cherche toujours à fuir autrement, et à se reterritorialiser sur une création, qui s'épuise, amenant une autre déterritorialisation à nouveau en quête d'un territoire éphémère (on pense évidemment à Deleuze) ; s'il n'écrira plus, c'est pour « tenir le pas gagné[37] », mais l'amertume du dernier paragraphe de l'œuvre montre qu'il s'agit encore d'un masque.

Retrouver le chemin de soi passera forcément par la volonté de dire un *je* personnel et différencié. Le narrateur qui, à la fin du *Bois*, ne reconnaît pas encore son identité, a le désir de le faire, et sent bien qu'il s'y achemine. Si la première personne n'est pas toujours bien définie pour le lecteur,

---

34 *Cf. Մշուշին մէջ* [*Dans le brouillard*, non traduit], in *Վէնսէնի անտառը*, *op. cit.*, p. 198.

35 Charles Baudelaire, *Le Peintre de la vie moderne* ; *Œuvres complètes*, éd. Claude Pichois, Paris, Gallimard, « Bibliothèque de la Pléiade », 1976, t. II, p. 716.

36 *Ibid.*, p. 692.

37 *SE*, p. 280.

elle est en quête d'elle-même et, dans toutes ses errances, cherche à se définir toujours plus précisément, à se réparer, à se reconstruire. Le style de l'écriture ne provient plus d'un vertige esthétique recherché. Les luttes du narrateur, qui sont autant d'expressions de la contradiction à l'œuvre dans son existence, sont autant d'étapes d'un acheminement du moi en exil vers plus de vérité et vers un dépouillement qui l'aiderait à se définir. C'est la différence entre les œuvres dont l'exil fondateur est volontaire ou pas. Rimbaud finit par être exilé malgré lui, mais son premier exil était une recherche d'exil volontaire[38]. Sarafian a été exilé malgré lui, et ayant tout perdu il se demande comment tout reconstruire à partir de rien. Il cherche à retrouver le fil conducteur du sens, même si cette opération ne peut s'effectuer sans quelques remous.

L'étude de la narration dans *Hypérion* nous mène à d'autres conclusions. Le narrateur prend successivement la peau d'un jeune homme panthéiste, puis d'un révolutionnaire grec, puis d'un amoureux wertherien, enfin d'un *Wanderer* désabusé en Allemagne : autant de facettes de la personnalité de Hölderlin lui-même… et aucune de ses réalités ! Quel est ce *je* qui se veut prophète et qui se cherche en réalité ? Difficile là aussi de lui donner un visage ; de même dans ses poésies, qui laissent entendre un lyrisme étrangement impersonnel. L'effondrement de tous ces masques aboutira bien plus tard au *je* presque absent des poèmes de la tour de Tübingen : le moi s'efface en apparence au profit d'un paysage serein et intemporel. Ce moi n'a-t-il pas alors rejoint l'éternité en se fondant dans le paysage ? Et l'errance n'est-elle pas apaisée par la disparition du masque ?

Le masque grec de Hölderlin est bien présent dans *Hypérion*, et Jürgen Link emploie le mot « exil » pour la Grèce du narrateur, faisant bien voir la nécessité de procéder ainsi pour une épopée nationale composée à cette époque : « *Das Nationalepos der Deutschen mußte "elegisch"* […] *sein, es mußte maskiert seiner Nation gegenübertreten und außerhalb Deutschlands, im "Exil" spielen* […][39]. » (« L'épopée nationale des Allemands devait être […] "élégiaque", elle devait avancer masquée au-devant de sa nation,

38 Mais la patrie est le « pays du père » ; l'absence du père fut douloureuse dès les jeunes années de Rimbaud, et il est possible de considérer alors cet exil esthétique comme une façon de fuir cette douleur du père parti sans donner de nouvelles et laissant un vide éprouvant dans la famille.

39 Jürgen Link, « "Hyperion" als Nationalepos in Prosa », in *Hölderlin-Jahrbuch*, 16, 1969-1970, p. 193-194.

et se jouer en “exil”, en dehors de l’Allemagne [...][40]. »)[41] Link constate un croisement des genres : l’œuvre se situerait entre l’épopée nationale et le roman par lettres. D’où le « je » : « il » n’était pas possible à cette époque pour une épopée nationale. Il rappelle aussi que la première version du roman était en vers, et qu’à plus forte raison on ne saurait dire s’il s’agit d’un roman ou d’une épopée en vers. Homère, influence majeure de Hölderlin, n’est pas très loin, et l’exil d’Ulysse a pu aussi inspirer le poète souabe... En tous les cas, il fallait que cette histoire se déroulât en exil pour faire revenir l’élément national. On voit bien que le masque est présent d’une façon ou d’une autre dans les écrits d’exil, que ce soit dans la fondation de la nation ou dans l’errance qui suit l’exil du territoire national. Par le masque, l’auteur se révèle dans son identité ébranlée qu’il ne peut voir davantage du fait de la souffrance de l’exil. Le masque est perçu comme un chemin pour se retrouver, pour enlever enfin tous les masques. Mais le danger est lorsque le masque finit par coller à la peau, comme une tunique de Nessus. Alors l’exilé perd le contact non seulement avec lui-même mais avec la réalité environnante.

DE L’EXIL DU SUJET À L’EXIL DE L’OBJET

Pour en revenir au statut spécifique du *je* et à son rapport à la réalité, il faut remarquer que le narrateur en exil est toujours dans une quête précisément liée à un aspect culturel ou langagier. La quête poétique peut rapidement évoluer vers un essai d’épuisement de toute la réalité pour tenter de connaître enfin un éventuel substrat caché, une quintessence. Les poètes ayant eu cette démarche se sont certes inspirés des philosophes occultistes en vogue au XVIIIe siècle. Cette tentative de

40 Nous traduisons.

41 Cependant, on peut difficilement employer le terme de « contre-exil » (retour forcé dans la patrie) pour l’expérience de Hypérion, car les territoires sont trop entremêlés : Grèce idéale, Grèce réelle, Allemagne réelle mais vue par un narrateur grec derrière lequel se cache un Allemand... Il semble hasardeux de parler d’un retour vers la patrie dans le contexte de *Hypérion* ; il faudra attendre la période des grands poèmes et du retour de Bordeaux. Joseph P. Strelka a développé la notion de contre-exil dans *Exil, Gegenexil und Pseudoexil in der Literatur*, Tübingen, A. Francke Verlag, 2003, p. VIII.

« dévaster le connu pour le rendre inconnu[42] », ou pour le redécouvrir sous une forme nouvelle, fondamentale ou originelle, est avant tout une quête *de* la langue et *vers* la langue pour Hölderlin et Rimbaud. Nous avons vu que la dissolution progressive (ou plus généralement le sacrifice) du sujet était nécessaire pour atteindre l'objet – du moins les poètes l'ont-ils cru. Tout se passe comme si, pour aller au-delà des apparences et connaître la réalité profonde de la vie, il fallait neutraliser le moi. Mais non seulement la quête aboutit au constat d'un échec partiel, mais le poète s'est aussi exilé de l'objet même qu'il prétendait sonder et transformer. Comme si Prométhée était châtié sans avoir pu toutefois dérober tout à fait le feu.

Ce n'est que chez Sarafian, parti d'une expérience catastrophique non choisie mais qui a décidé de s'en sortir, que l'on assiste à un lent cheminement vers la clarté aurorale d'une parole ouverte. Cette renaissance ne s'insère pas dans une chronologie narrative, et bien qu'elle se produise à la fin du récit, elle ne correspond pas à une aube précise, tout comme les crises existentielles décrites auparavant ne se sont pas produites en un seul jour. Ces allées et venues, chutes et remontées, marquent néanmoins une courbe évolutive dans la construction générale du récit, et semblent signifier davantage une évolution possible qu'un éternel recommencement. L'expérience de Sarafian nous dit manifestement que la neutralisation du moi ne porte donc un fruit accompli que dans une perspective pleinement spirituelle[43].

Chez Hölderlin, le genre épistolaire, malgré la facticité des destinataires, implique toujours symboliquement que le personnage s'adresse à une entité. Dans la période des grands hymnes et des hymnes tardifs, il s'adressera aussi bien à des éléments représentant la nation qu'à des divinités grecques ou leur représentation matérielle (comme le feu). Chez Rimbaud la poésie acquiert toujours davantage la forme d'un monologue, sans souci d'un destinataire, notamment dans les *Illuminations* où, selon Hugo Friedrich, la poésie est « déshumanisée », et « le "moi" imaginant s'efface et cède la place à un énoncé totalement impersonnel[44] ». Nous pouvons repérer déjà cette tendance dans les phases successives du travail de la *Saison*, qui évolue, d'une version à l'autre, vers un style plus entrecoupé et moins

42 Hugo Friedrich, *Structure de la poésie moderne*, *op. cit.*, p. 125.

43 Nous examinerons cette question dans la troisième partie, à propos du thème de la traversée de la nuit obscure des mystiques (comme saint Jean de la Croix), lecture de prédilection de Sarafian.

44 *Ibid.*, p. 96.

narratif, donnant l'impression de procéder davantage par impulsions et dislocations du moi[45]. Le narrateur s'adresse d'abord à Satan, puis il met en scène les énigmatiques vierge folle et époux infernal, avant de s'adresser à lui-même (« À moi[46]. ») au tout début d'« Alchimie du verbe » : le poète va faire la confession la plus lucide du mal qui le ronge dans ce chapitre nettement autobiographique. Il semble revenu de tous les délires et jeux de personnalité qui brouillent les messages et leur destination.

Du point de vue de la conservation d'une certaine cohérence du moi, rien d'étonnant à ce que Sarafian ait seul gardé une forme assez classique et un rythme mesuré et constant (même si le contraire n'est pas gage de déséquilibre psychique ou de rupture sociale pour autant). La recherche permanente d'un fil conducteur est un rempart contre la chaotisation durable du moi.

On peut avec Hugo Friedrich introduire la notion d'« irréel sensible[47] » pour l'univers rimbaldien qui, tout en faisant allusion à une réalité bien palpable, éloigne peu à peu du réel pour constituer un système imaginaire clos, n'existant que dans la langue – démarche qui aboutira à l'esthétique surréaliste. L'œuvre se situe ainsi au-delà de l'opposition classique du réel et de l'irréel, puisqu'elle donne à voir, à entendre, à toucher une réalité possible tout en s'en éloignant. Recherche chez Rimbaud, expérience intuitive chez Sarafian, elle ne constitue qu'un résultat chez Hölderlin, dans son emploi pêle-mêle de notions philosophiques, d'allusions aux dieux grecs et à la Nature, avec une recherche abstraite qu'il semble poursuivre jusque dans des essais philosophiques. Déjà ses poésies de jeunesse, qui faisaient allusion au monde extérieur, laissaient toujours une impression d'irréalité, d'absence humaine. *Hypérion*, on l'a vu, est le récit d'un Allemand prenant la figure d'un patriote grec, n'étant jamais allé dans cette Grèce qu'il décrit avec l'exactitude… d'un Chandler – ou d'un Choiseul-Gouffier. On ne sait d'ailleurs s'il évoque la Grèce antique ou moderne ; une certaine imprécision règne dans l'ensemble de l'œuvre[48]. Même la nature, vue à travers l'élan panthéiste du narrateur, est une nature non seulement éloignée, mais recréée, comme l'a remarqué

45 *Cf.* les brouillons d'*Une saison en enfer*, R-Pl, p. 281-286. Ces brouillons montrent néanmoins un travail important sur le texte, et permettent d'apprécier l'évolution de certaines parties.

46 *SE*, p. 263.

47 Hugo Friedrich, *Structure de la poésie moderne*, *op. cit.*, p. 111.

48 Sur le rapport au réel et la question des sources, *cf.* Friedrich Beissner, « Über die Realien des "Hyperion" », in *Hölderlin-Jahrbuch*, Tübingen, 1954, p. 93-109.

Maulpoix à propos du néo-panthéisme du XVIIIe siècle : le Romantisme allemand « essaie d'*inventer* [...] la nature, c'est-à-dire de la retrouver en la recréant[49] ». N'y a-t-il pas là aussi une forme d'« irréel sensible » ?

Ces trajectoires montrent déjà dans les procédés créateurs un exil à la fois de la réalité et de la langue qui prétend la dépeindre. Cette affirmation ne serait que pure hypothèse si elle n'était appuyée par la cassure définitive qui s'est opérée entre le poète et la langue littéraire, cassure subie chez Hölderlin, et dans une certaine mesure recherchée chez Rimbaud dans la *Saison*. Chez Hölderlin même, la rupture avec le réel dans l'œuvre coïncide avec l'enfermement dans une clinique psychiatrique. Seule la volonté de se raccrocher au réel et d'y trouver encore une cohérence pourra sauver Sarafian. De plus, ce dernier réussit à voir précisément dans les contradictions de la réalité un ressort possible.

La représentation de la réalité est un sujet à part entière et ne saurait nous absorber ici. Retenons simplement l'idée que l'éloignement du réel se rattache à l'exil intérieur de l'auteur dans sa personnalité même. L'impossibilité de dire est liée chez l'exilé à l'insupportabilité d'un phénomène ; la dimension indicible d'une expérience exprime entre autres son caractère insoutenable.

« Donc le poète est vraiment voleur de feu[50] », écrit Rimbaud, que l'on pourrait alors rapprocher de Hölderlin. Albert Béguin cependant ne voit pas de « prométhéisme[51] » chez le poète souabe dans son rapport au monde. S'il en est un, il est néanmoins possible de le voir dans l'expérience personnelle du poète, qui se constitue intermédiaire entre les dieux et les hommes : Hölderlin s'est véritablement donné cette mission. En ce qui concerne dans quel ordre se sont fait les choses, il est difficile de démêler la cause de l'effet. Pour Jean-Yves Tadié, « dans la prolifération des formes nouvelles, la désobéissance au réel a fait naître un langage prométhéen[52] ». Mais on pourrait aussi dire que c'est la tentation prométhéenne qui a amené des formes nouvelles.

Quoi qu'il en soit, le lien est manifeste, bien qu'il ne soit pas obligatoire : expérimentation dans la langue ne veut pas forcément

---

49 Jean-Michel Maulpoix, *Du lyrisme*, *op. cit.*, p. 69.

50 Lettre à Paul Demeny du 15 mai 1871, de Charleville, R-Pl, p. 346.

51 Albert Béguin, *L'Âme romantique et le rêve*, *op. cit.*, p. 219.

52 Jean-Yves Tadié, *Introduction à la vie littéraire du XIXe siècle*, *op. cit.*, p. 161. M. Tadié parle ici des œuvres littéraires revêtant des formes nouvelles à l'époque de Rimbaud, et non uniquement de ce dernier.

dire prométhéisme ; tout dépend de l'esprit qui anime le poète. On ne peut que mettre en avant une constante, sans tirer une loi pour autant. Mais il est certain que l'exil de soi mène à l'exil du réel, et que l'écriture peut en témoigner à l'intérieur de certaines limites. Lorsqu'un auteur transgresse ces limites d'un ordre spirituel (que nous aborderons plus loin), il est exilé du langage et ne peut plus dire cet exil. La rupture, qui était créatrice au début, mène à l'inexpression lorsqu'elle dépasse certaines bornes et qu'elle devient définitive. L'auteur en exil vit toujours comme au-dessus d'un abîme. Menacé par l'abîme, il ne peut faire autrement que de chercher à en témoigner ; mais par le fait même, il risque d'y tomber. Or, il sent bien qu'il vaut mieux encore tenter de dire que de se plonger dans le silence ; car l'abîme est déjà silence.

DE LA RUPTURE CRÉATRICE À L'INEXPRESSION

L'exil du langage est une chose, l'expression de cet exil en est une autre. Un auteur peut se sentir exilé du langage, mais se situer encore au sein même de la démarche créatrice. S'il écrit, il a beau évoquer le silence et l'extinction de la parole sous toutes ses formes, il écrit toujours ; sa volonté de se retirer de la littérature demeure une problématique littéraire. Il reste à chercher ce point de jonction (ou de bifurcation), où d'une part l'impression de rupture coexiste avec une créativité certaine, et d'autre part l'auteur glisse vers le silence de la création. Il convient d'examiner ce point à partir des rapports entre le moi délocalisé et son langage.

Le Rimbaud qui écrit « Je ne sais même plus parler[53] » et « Pleurant, je voyais de l'or – et ne pus boire[54] » est encore un poète en pleine activité. Il a une écriture personnelle et originale pour dire l'impossibilité de dire. Et les dernières esquisses de Hölderlin, derrière l'incohérence et l'inintelligibilité de certains passages et la déstructuration (volontaire ou non) du vers classique, laissent voir une profusion d'images, de sensations

53 *SE.*, p. 259.
54 *SE*, p. 264. Il s'agit de la reprise modifiée du poème « Larme », écrit un an plus tôt. *Cf.* R-Pl, p. 207.

et de sentiments qui ne peuvent laisser le lecteur indifférent. « [...] *wir* [...] *haben fast / Die Sprache in der Fremde verloren*[55] » (« [...] nous avons presque / Perdu notre langage en pays étranger[56] »)... mais le poète peut encore l'écrire ! (Et précisément sous la forme d'un poème en trois strophes de dix-sept vers, en un travail d'élaboration en plusieurs étapes.)

Hölderlin ira de plus en plus vers des bribes de poèmes non datées ; il est très difficile pour le critique de déterminer un pivot précis dans les œuvres avec les informations dont il dispose. On sait qu'entre 1803 et 1805, période dont il reste principalement des fragments ou des poèmes inachevés, il s'attaque à un projet qui mûrit depuis longtemps, la traduction de tragédies de Sophocle, qui choquera plus d'un auteur par son audace et son caractère expérimental. Hölderlin est donc passé à la traduction, à la langue d'autrui qu'il s'approprie avec toute sa personnalité et à laquelle il donne corps dans sa langue maternelle, en une nouvelle langue qui ne ressemble ni au grec ni tout à fait à l'allemand. La traduction constitue ici une forme de transition vers le silence ; du moins elle coïncide avec ce moment de passage. L'auteur n'est plus uniquement dans ses mots ; il utilise la médiation des mots d'autrui.

Rimbaud écrit son adieu à la littérature dans *Une saison en enfer*, et cet adieu sera suivi de l'expression la plus probante de ses théories d'alchimie du verbe : les *Illuminations*. Nous ne reviendrons pas sur le long débat sur la place de l'ouvrage dans la chronologie rimbaldienne ; il semble aujourd'hui admis qu'elles soient postérieures à la *Saison*. Du point de vue du contenu, il est tout à fait vraisemblable d'écrire encore après avoir dit l'adieu : dire l'impossibilité permet de poursuivre et de parachever. Autrement dit, il s'agit de renoncer à l'écriture pour pouvoir lui laisser libre cours une dernière fois.

Le silence de Rimbaud a aussi engendré de nombreux commentaires. Il ne convient pas d'analyser ici en long et en large le fameux mythe de ce silence. Nous nous bornerons à quelques remarques. Certains y ont vu l'arrêt de toute poésie ; d'autres, au contraire, une continuation silencieuse de la poésie, par l'action.

---

55 « Mnemosyne », deuxième version, in DKV-I, p. 1033.

56 H-Pl, p. 879. « *Sprache* » : le terme peut être traduit par « langue » ; s'agit-il ici de langue ou de langage ? L'exilé peut perdre sa langue d'origine, et pas seulement un langage précis, comme le langage littéraire, ou le langage des dieux. Mais on peut aussi parler d'une « langue » dans le sens du style : la langue d'un poète, par exemple. L'emploi de « langue » nous semblerait moins restrictif, plus ouvert.

Le séjour en Afrique également serait, par son exotisme et l'idée de sauvagerie qui s'en dégage dans l'imaginaire collectif, une forme de poésie âpre réalisée dans l'action, et préfigurée par des allusions dans la *Saison* : « […] je quitte l'Europe. L'air marin brûlera mes poumons ; les climats perdus me tanneront[57] » ; « Je suis une bête, un nègre[58] » ; « J'entre au vrai royaume des enfants de Cham. […] Cris, tambour, danse, danse, danse, danse[59] ! » Quelles que soient les raisons de Rimbaud et son positionnement réel face à la création, ce silence a tellement fait écrire, qu'il contient manifestement une part de mystère poétique. L'œuvre est alors peut-être expression du silence : « Rimbaud n'est pas un poème qui s'est tu, mais un silence une fois qui a parlé[60]. »

L'œuvre contenait en elle le silence à venir[61]. Gabriel Bounoure, dans son ouvrage où il approfondit la réflexion sur le silence de Rimbaud, écrit : « Ce qu'il a découvert, c'est que le langage poétique n'a d'existence qu'en raison de son envers ou de son contrepoids de silence[62]. » Nous avons déjà constaté que nous pouvions parler de l'importance de la palinodie pour le motif du départ. Nous pourrions aussi évoquer une esthétique palinodique de la parole et du silence : se taire / parler. Cette palinodie croise les thèmes chrétiens : « Je comprends, et ne sachant m'expliquer sans paroles païennes, je voudrais me taire[63]. » De même : « Je m'évade ! / Je m'explique[64]. » Ou encore toutes les fois où le poète se coupe la parole : « Tais-toi, mais tais-toi[65] !… » ; « – Assez[66] !… » ; « – Horreur de ma bêtise[67]. »

Ce détournement ne fut pas vécu de gaieté de cœur. Le double détournement des dieux de Hölderlin fut analogue. Les deux poètes semblent poussés, contraints par une force démesurée, que Stefan Zweig

57 SE, p. 249.
58 *SE*, p. 250.
59 *SE*, p. 251.
60 Salah Stétié, cité par Valeria Zotti, « Rimbaud "sage bâtard" et le Coran », in *Les Afriques de Rimbaud*, éd. David Ellison et Ralph Heyndels, Schena Editore, Presses de l'Université de Paris-Sorbonne, Biblioteca della Ricerca, « Transatlantique », 5, 2006. p. 47.
61 Marc Eigeldinger a développé cette thèse dans « L'inscription du silence dans le texte rimbaldien », in *Lumières du mythe*, Paris, PUF, 1983.
62 Gabriel Bounoure, *Le silence de Rimbaud. Petite contribution au mythe*, *op. cit.*, p. 47.
63 *SE*, p. 248.
64 *SE*, p. 271.
65 *SE*, p. 255.
66 *Ibid.*
67 *SE*, p. 256.

identifiera (pour Hölderlin) à l'action du démon. Rimbaud a intitulé son œuvre *Une saison en enfer* et s'adresse à Satan lui-même, ne l'oublions pas. Il semble que l'élément démoniaque ait à voir avec l'extinction de la parole. Il s'agit bien d'un exil de la langue dans sa capacité d'exprimer ce qui semble vital, ce qui ne peut être tu sans blesser irrémédiablement celui qui s'est tu. L'exil que Rimbaud semblait vivre *dans* la littérature, il le vivra désormais *hors* de la littérature. « Arrivée de toujours, qui t'en iras partout[68] » : c'était déjà le portrait du Rimbaud entre Chypre, la Hollande, l'Afrique et Aden. C'est là que réside la continuité dans l'exil, au-delà d'un simple exil de la langue. Et cela dénote un élément fondamental dans le fonctionnement de Rimbaud : une sorte d'intranquillité, une incapacité à se fixer, un continuel sentiment de ne pas avoir de lieu où se poser et fonder une famille[69]. L'homme aux semelles de vent semble vivre un exil prospectif, à la limite de l'intemporalité. Cet exil continuel était un mécanisme en puissance dans le mouvement même de la langue littéraire de Rimbaud, mécanisme qu'il poursuivra sous une autre forme à partir de 1875. C'est là l'unité de l'œuvre et de l'homme. C'est peut-être là aussi une explication possible de la phrase qui clôt *Une saison en enfer* : « [...] il me sera loisible de *posséder la vérité dans une âme et un corps*[70]. » Hors de la littérature, a-t-il trouvé cette vérité ? Il l'a manifestement cherchée...

68 *Illuminations*, R-Pl, p. 297.

69 *Cf.* les lettres d'Afrique dans R-Pl, comme celle envoyée du Harar à sa famille le 6 mai 1883, p. 527 : « Hélas ! à quoi servent ces allées et venues, et ces fatigues, et ces aventures chez des races étranges, [...] et ces peines sans nom si je ne dois pas un jour après quelques années pouvoir me reposer dans un endroit qui me plaise à peu près, et trouver une famille, et avoir au moins un fils que je passe le reste de ma vie à élever à mon idée [...] ? » De même, celle d'Aden, toujours à sa famille, le 15 janvier 1885, p. 538 : « Mais pour vivre toujours au même lieu, je trouverai toujours cela très malheureux. Enfin, le plus probable, c'est qu'on va plutôt où l'on ne veut pas, et que l'on fait plutôt ce qu'on ne voudrait pas faire, et qu'on vit et décède tout autrement qu'on ne le voudrait jamais, sans espoir d'aucune espèce de compensation. » Dure prémonition dix ans plus tôt, et douloureuse contradiction de celui qui espère en la stabilité et ne peut s'empêcher de la fuir tout en même temps.

70 *SE*, p. 280. Quête d'unité encore vague du reste, trop vague pour être nommée chrétienne comme l'ont pensé certains commentateurs comme Claudel. Il serait peut-être audacieux – mais non inutile – d'y voir un cartésianisme malebranchiste comme celui de la *Recherche de la vérité* (même si l'assertion n'a pas été voulue comme telle par le poète), qui donnerait une suite plus heureuse à l'assertion cartésienne renversée que Rimbaud amène quelques pages plus tôt, et où la pensée est remplacée par la certitude de l'enfer : « Je me crois en enfer, donc j'y suis. » (*SE*, p. 255.)

LE POSITIONNEMENT FACE À LA LANGUE NATIONALE

L'ACCENT DU PAYS NATAL

La terre natale continue de se faire entendre dans la langue de l'exilé. Non seulement la trace est perceptible dans la langue, mais elle ramène à l'esprit et au cœur[1]. On pourrait dénombrer tous les régionalismes ardennais chez Rimbaud[2], qui ne sont pas la marque d'un exil pour autant, mais simplement d'une intégration naturelle du langage, ou au contraire d'une volonté de persiflage et de sarcasme. De même, jusque dans ses derniers jours, Hölderlin sera resté, pour le menuisier Zimmer, entièrement souabe. Ses derniers poèmes ne font-ils pas ressortir une forme de *locus amoenus*, voire la présence du *Natureingang*, chers aux *Minnesänger* comme Walther von der Vogelweide ou Wolfram von Eschenbach[3] ? Ce qu'il importe de voir, c'est non pas la simple présence de régionalismes, mais de l'exil de ce même pays, tel qu'il se manifeste dans la langue. Entre 1235 et 1255 est également attesté le *Cercle des poètes souabes*, qui visait à revaloriser le *Minnesang*. N'oublions pas non plus les corporations et cercles linguistiques, assez influents au

1 La Rochefoucauld écrivait au XVIIe siècle déjà : « L'accent du pays où l'on est né demeure dans l'esprit et dans le cœur, comme dans le langage. » Maxime 342, in *Maximes. Édition de 1678* ; *Œuvres complètes*, Paris, Gallimard, « Bibliothèque de la Pléiade », 1964, p. 449.

2 Sur ce point, *cf.* Jean-Pierre Chambon, « Régionalismes rimbaldiens ? », in *Parade sauvage*, 5, juillet 1988, p. 20-27 ; et « Pour un inventaire des particularismes lexicaux dans l'œuvre et la correspondance de Rimbaud », in *Rimbaud 1891-1991*, Actes du colloque de Marseille des 6-10 novembre 1991, éd. André Guyaux, Honoré Champion, 1994, p. 125-153.

3 *Cf.* à ce propos Wolfgang Spiewok, *Histoire de la littérature allemande du Moyen Âge*, Paris, Nathan, coll. « Université », série « Littérature », 1992, particulièrement p. 97, où il est question des chansons d'amour se répartissant en « chansons d'été et chansons d'hiver », ce qui ajoute peut-être une parenté avec les poèmes de la tour de Hölderlin.

XVIIe siècle, comme celui de Martin Opitz, ou encore celui de Johann Klaj, visant à revenir à la pureté d'une langue originelle dont le peuple aurait été exilé[4]. L'attachement à la terre se traduit par l'imprégnation d'un terreau culturel et linguistique, même si les deux domaines ne sont pas toujours directement liés.

Nous avons vu que Hölderlin est lui-même toujours resté attaché à sa Souabe natale ; son paganisme esthétique et philosophique l'en avait éloigné, mais sa correspondance tardive montre un attachement persistant, et il ira y finir ses jours. Quant à la critique acerbe vis-à-vis de l'Allemagne, perceptible à la fois dans certaines lettres et à la fin de *Hypérion*, elle montre l'élan idéaliste du poète pour son pays et la déception devant le fossé qui sépare son idéal de la réalité. Mais, comme l'a souligné Marc Nichanian à propos du poème « Mnemosyne », le deuil est sans douleur, puisque « l'inscription hiéroglyphique a été préservée en son entier, ou presque, mais le sens est perdu, peut-être pour toujours [...]. Et enfin, que le natif est celui qui a perdu le deuil, il ne peut pas être question de lui restituer sa propre histoire sans d'abord lui restituer la capacité du deuil[5]. » Voilà pourquoi ce « désastre du natif » que Hölderlin fait apparaître peut s'inscrire dans une quête philosophique et philologique (dans un premier temps du moins), en apparence distincte du pays natal.

Rimbaud montre un rapport beaucoup plus ambivalent, fait de répulsion et en même temps de profonde imprégnation. Dans ses lettres, il reprend de façon parodique les termes et l'accent des paysans ardennais, mais cette raillerie n'est pas exempte d'un certain attachement à sa terre, qui ressortira dans ses lettres tardives. Dans ses écrits plus littéraires se manifestent aussi de nombreuses particularités lexicales, non seulement intégrées au langage mais dépassant un emploi courant et renforçant ainsi l'expressivité et la singularité du poème[6].

L'analyse stylistique de ces particularismes n'est évidemment pas l'objet de notre étude, mais il s'agit de constater dans un premier temps la présence de ces résurgences, pour tenter de cerner ensuite à quel

4 Respectivement le *Buch von der Deutschen Poeterey* [1624] de Martin Opitz et *Lobrede der Teutschen Poeterey* [1644] de Johann Klaj. Hölderlin avait lu certains ouvrages de Leibniz ; *cf.* aussi à ce sujet, de Leibniz, *L'harmonie des langues*, trad. Marc Crépon, Paris, Seuil, coll. « Points Essais », 2000.

5 Marc Nichanian, *Le deuil de la philologie. Entre l'art et le témoignage. Littératures arméniennes au XXe siècle*, Volume II, Genève, MetisPresses, prunus armeniaca, 2, 2007, p. 148-149.

6 *Cf.* par exemple « la flache » dans « Le bateau ivre » (R-Pl, p. 164).

moment certains motifs et idées marquent un exil du pays d'origine et de la langue même. L'écart de la langue du pays trouve un écho dans l'exil du langage même.

Les trois auteurs de notre corpus continueront jusqu'à la fin à s'exprimer dans leur langue maternelle. Les emprunts aux autres langues ne font que marquer la différence, et non une assimilation à une autre culture. Il est certain qu'ils ont assimilé des cultures, mais ils n'ont pas été assimilés eux-mêmes à celles-ci. De même pour le travail de traduction de Sophocle. Hölderlin a par ailleurs été influencé, certes, par Pindare, et il est presque difficile de déterminer, de l'original de Pindare et de la traduction de Hölderlin, lequel est l'original. De même, dans certains de ses hymnes à la Grèce antique, Hölderlin s'efforce d'adopter une métrique grecque classique, et y déploie le même lyrisme (teinté de celui de Klopstock dans la première époque[7]). Dans *Hypérion*, nous avons vu que la construction du personnage accuse un décalage nettement plus marqué. Hölderlin est allé chercher dans la Grèce notamment l'idée de l'exil des dieux, et il n'est pas fortuit qu'il ait terminé sa carrière littéraire par la traduction d'*Œdipe*.

Les derniers fragments de Hölderlin montrent qu'il voulait retrouver le génie de la langue allemande, tandis que Rimbaud, à travers sa critique de la littérature française et sa démarche alchimique, entend bien davantage trouver une langue universelle – mais bien à partir de la langue française. Il reste conscient de son héritage français, entre Montaigne et Hugo. Le questionnement est beaucoup plus identitaire et philosophique chez Sarafian, qui demande en substance : quelle langue pour un peuple en exil, éloigné de la terre et des frontières (annihilées) qui permettent à une langue et une culture de s'épanouir de façon stable ? L'enfant arménien déjà né en Diaspora le savait bien, lui qui avait grandi à l'étranger et y apprenait la langue de l'origine, avant de vivre un nouvel exil.

7 *Cf.* Wulf Koepke, « Hölderlin in einer gottverlassenen Zeit », in *Ästhetiken des Exils*, hrsg. Helga Schreckenberger, *Amsterdamer Beiträge zur neueren Germanistik*, Amsterdam – New York, Rodopi, Band 54 – 2003, p. 209-233. L'auteur s'attache à faire ressortir la filiation littéraire de Hölderlin, en remontant non seulement à Klopstock, Pindare et les psaumes, mais fait aussi dialoguer les auteurs du XXe siècle avec la poésie de Hölderlin. L'intérêt de l'étude est de considérer cette filiation du point de vue de la réception de la poésie lyrique, écrite pour un groupe humain et ayant besoin d'un « en-face », ce qui n'est pas sans faire penser à Paul Celan, et, dans une certaine mesure, à Martin Buber.

Cet écart avec la langue d'origine devient exil quand apparaît une insatisfaction vis-à-vis de la langue courante, résultant d'une impression d'incapacité à formuler tout ce qui fait l'être-au-monde. Quelle langue pour une situation intermédiaire, quand l'auteur n'est plus dans l'expérience du langage courant et du code admis de tous, tout en utilisant le même code linguistique ? Nous pouvons avancer la notion d'*inter-langue*. En utilisant la langue même qui porte l'héritage dont il prend ses distances, l'auteur formule le problème de la langue (et ses réponses) d'une manière singulière, qui ne peut convenir qu'à ce problème, lequel ne peut qu'appeler cette réponse en retour par une nécessité inéluctable. Cette quête langagière rejoint à la fois l'esthétique et la philosophie.

Cet exil de la langue est forcément vécu comme déchirement, surtout pour Rimbaud et Sarafian, puisqu'il s'articule au parler natal (moins pour Hölderlin pour qui, on l'a vu, la patrie était à venir) ; mais il constitue par le fait même le ferment d'une grande création. Sarafian témoigne d'une conscience aiguë de ce mécanisme à l'œuvre : toute démarche artistique authentique est ici recherche éprouvante de la langue de demain sans trahir le pays que l'on a quitté ni l'héritage des ancêtres.

LA LANGUE
COMME REFUGE OU EXPLORATION

Un mouvement contradictoire est forcément à l'œuvre chez l'écrivain exilé : la langue est refuge d'une identité menacée, et en même temps lieu d'exploration esthétique, s'il ne veut pas être condamné à la fossilisation. Une langue, pour perdurer et se développer, a besoin d'échange. Mais pour échanger sans s'assimiler, le tronc doit être solide. La problématique soulevée par Sarafian est la suivante : comment rester stable lorsque le tronc a été déraciné et transplanté dans une terre qui n'est pas la sienne (et sans retour possible) ? Donc comment créer une langue à partir de ce tronc fragilisé et transplanté ? Ce n'est qu'à travers l'acceptation de ces contradictions, de la condition d'exilé, de la difficulté de fonder et de perpétuer, qu'une parole retrouvera la continuité tout en créant du nouveau. Sarafian en avait certainement le pressentiment en 1927 dès son premier recueil qui s'intitulait justement *La Conquête d'un espace*[8].

Rimbaud écrit dans une nation qui n'est pas encore menacée sur le plan identitaire en 1870. C'est à partir de la solidité des frontières que toutes les révolutions esthétiques sont possibles. Inversement, ces révolutions intériorisées auront au XXe siècle des conséquences sur la vie extérieure, l'identité, la politique, par exemple par la poussée libertaire des surréalistes (qui se sont à maintes reprises réclamés de Rimbaud et de son expérience alchimique) et ses prolongements dans les années soixante-dix. Rimbaud peut « se permettre » en quelque sorte de mettre le langage sens dessus-dessous, au sein de ce cadre stable où abondent les garde-fous comme les académies dont il se moque dans sa correspondance ; alors que Sarafian écrit après la destruction de l'édifice intellectuel et spirituel de la nation. De même pour Hölderlin : l'exploration, plus pacifique que chez Rimbaud, mais aussi audacieuse, n'est possible qu'à la suite d'une longue tradition ; mais le cadre de l'Allemagne était différent : il n'y avait jamais eu de réelle unité d'une grande Allemagne et, du point de vue esthétique même, pour reprendre le mot de Schlegel exactement au même moment (1798), « Dans l'archétype de la germanité, construit par quelques inventeurs de patries, il n'y a que la fausse position à blâmer. Cette germanité n'est pas derrière, mais devant nous[9] ». Il n'empêche que le tronc solide était ici constitué des humanités gréco-latines dont tout étudiant du séminaire de Tübingen était imprégné, de même que les courants philosophiques majeurs d'Europe occidentale, de Leibniz à Kant.

L'existence d'un refuge national et identitaire n'enlève pas la possibilité d'un sentiment d'exil, mais situe l'œuvre ailleurs dans la typologie de l'exil. Celui-ci devient esthétique, même s'il est en partie justifié par des circonstances extérieures (politiques, familiales…). On peut toujours répliquer que l'albatros baudelairien ou le bateau ivre rimbaldien agissent sous la nécessité, et qu'ils ne peuvent vivre d'autre condition que l'exil ; il n'en demeure pas moins qu'ils sont exilés par rapport à une réalité bien existante et ambiante – contrairement au poète arménien qui ne peut alors retourner dans une Arménie effondrée. Quand Hölderlin écrit

8 « Գրաւում » (prononcer *kravoum*) pour conquête, peut se traduire aussi par « occupation » ; le verbe « գրաւել » (*kravel*) peut aussi signifier « fasciner », « occuper » (l'esprit, par exemple). Le terme offre cette polysémie intéressante.

9 Friedrich Schlegel, *Fragments*, trad. Charles Le Blanc, Paris, José Corti, 1996, p. 104.

que la langue a été presque perdue à l'étranger, nous pouvons presque dire d'un point de vue culturel : nous pouvions nous permettre de la perdre, puisque notre pays nous attendait pour que nous la retrouvions ou que nous la développions.

Pour Hölderlin, la langue n'est refuge que dans la mesure où elle constitue le tremplin d'une expérimentation, alors que pour Sarafian, elle est refuge en ce qu'elle est tout ce qui reste à l'exilé apatride. C'est donc de la langue seule que peut renaître la nation ; même s'il faut passer par le deuil, même si on ne voit pas d'avenir possible après le deuil[10]. Mais si la langue est refuge, c'est un refuge inconfortable, qui renvoie en permanence aux souffrances de l'Histoire. C'est aussi un refuge de douceur, quand reviennent les jours apaisés de l'enfance (Sarafian). En fait, il est difficile de donner une définition précise de ce refuge, car la langue elle-même ne connaît pas de stabilité : la langue n'est pas homogène et caractérisable avec précision. Elle est formée de nombreuses strates et de multiples teintes selon le point de vue. Sarafian ne peut lui-même la définir une fois pour toutes et avance à tâtons, entre angoisse de la perte et émerveillement d'une terre à venir, dans ses balbutiements et en direction d'une apothéose, voire d'un « livre à venir », pour reprendre l'expression de Maurice Blanchot, que Sarafian avait lu et admirait, se reconnaissant dans les pages sur l'exil[11]. Dans « Le livre de la sagesse », il évoque l'avenir, non sans avoir cependant remis en question les grands livres des littératures nationale et universelle. Du rejet des Anciens à la rupture violente il n'y a qu'un pas : Sarafian le franchit parfois. En définitive, le refuge permet parfois de rebondir, mais on ne peut y rester longtemps : il devient inconfortable. Explorer est un moindre mal... toutes proportions gardées.

La position du *je*, le statut du narrateur, le rôle de la langue, ouvrent la question de la construction du récit, mise en forme du phénomène d'exil *dans* la langue, à l'endroit même où il y a exil *de* la langue.

10 *Cf.* l'ouvrage de Marc Nichanian à ce sujet, *Le deuil de la philologie*, *op. cit.*, notamment p. 107-108, et p. 148-149 à propos du poème « Mnemosyne ».

11 Le témoignage est de Monsieur Krikor Beledian. Nous l'en remercions.

LA CONSTRUCTION DU RÉCIT DE L'EXIL

LES VIDES DE LA LANGUE

C'est dans les interstices des mots que se loge l'absence propre à l'exil. Il faut bien entendu être très prudent quand on étudie cette question dans les textes, puisque nous avons affaire à une absence de mots qu'il faut interpréter et à laquelle nous devons donner un sens précis – alors que le propre de l'absence est justement l'imprécision. Mais nous ne pouvons non plus éviter cet aspect, puisque le langage est fait à part égale de sa substance visible et de son silence. Nous nous contenterons donc d'avancer des pistes de réponse sans donner de conclusions définitives.

La langue hölderlinienne de l'époque de *Hypérion* est encore *pleine* des diverses philosophies et théologies, des élans brûlants (comme la *Sehnsucht*) et des effondrements désespérés, pleine enfin par un discours suivi, de facture très classique et laissant peu de place au vide. Hölderlin cherche encore à tout dire, à faire une œuvre totale. C'est dans les esquisses et poèmes tardifs qu'apparaissent des blancs qui semblent bien davantage des indéterminations significatives à l'approche du gouffre qu'un simple ajournement d'une partie encore difficile à rédiger. *Hypérion* annonçait peut-être ce glissement par le dernier paragraphe, qui vient après une citation inhabituelle, entre guillemets, des états d'âme, alors que le narrateur les exprime toujours directement, sans guillemets, depuis le début ; il clôt la séquence par un report qui n'aura pas lieu : « *So dacht' ich. Nächstens mehr*[1]. » (« Telles furent ces pensées. Je t'en dirai plus très bientôt[2]. ») Le style télégraphique, la mise en exergue, et l'ouverture sur une suite, rendent le discours interminable, toujours à continuer, jamais

1 Friedrich Hölderlin, DKV-II, p. 175.

2 *Hy*, p. 263.

terminé, rejoignant le style allusif des tout derniers poèmes de la tour, ou de « *In lieblicher Bläue*[3] » (« En bleu adorable[4] »).

Chez Rimbaud, les mots renvoient à des réalités diverses qui ne sont pas toujours clairement identifiables ; chaque mot fait entendre de nombreux échos, et le sens n'est pas toujours perceptible immédiatement. Poésie néanmoins « rigoureusement *déterminée*[5] » selon Georges Poulet, qui y voit une certaine obscurité mais non une confusion ; « *occasion* de faire naître une nouvelle possibilité d'existence[6] » ; destruction qui produit un vide fécond où « vient alors s'engouffrer une autre force, [...] totalement positive, qui installe instantanément son activité jaillissante dans le vide ainsi creusé – permettant ainsi du même coup au poète-créateur de donner libre cours à sa puissance inventive sans rencontrer d'obstacles[7]. » Tout se passe comme si la pensée de Rimbaud allait plus vite que les mots et qu'il ne s'arrêtait pas pour faire le point et reformuler. Les manuscrits très chargés d'*Une saison en enfer* montrent bien le contraire, mais c'est dans l'esthétique et le message du poète qu'il faut chercher cette fuite de l'éclair qui va toujours de l'avant, ce qui fera dire à René Char dans son introduction aux œuvres de Rimbaud : « En poésie, on n'habite que le lieu que l'on quitte, on ne crée que l'œuvre dont on se détache, on n'obtient la durée qu'en détruisant le temps[8]. » Georges Poulet évoque la fuite du « vide originel » que peut cacher ce parcours qui s'apparente, cette fois selon Stéphane Mallarmé, à « un météore, allumé sans motif autre que sa présence, issu seul et s'éteignant[9] ». Le texte fonctionne par impulsions, par élans souvent interrompus ou transformés, parfois avant même d'être intelligible pour le lecteur.

Comment se fait-il que Rimbaud, par les mots ou les silences qu'il s'efforçait de fixer, n'ait pu dire l'essence des choses, leur secret, ou encore

---

3 DKV-I, p. 479-481. Le texte allemand de nombreuses éditions (dont DKV) reproduit cependant la version en prose, suite à diverses considérations sur le texte original.

4 H-Pl, p. 937-941.

5 Georges Poulet, *La Pensée indéterminée*, II : *Du Romantisme au début du XXe siècle*, PUF, coll. « Écriture », 1987, p. 211.

6 *Ibid.*, p. 212.

7 *Ibid.*, p. 213.

8 René Char, « Introduction à Rimbaud », in *Œuvres*, Le Club français de livre, 1957 ; rééd. dans *Œuvres complètes*, Paris, Gallimard, « Bibliothèque de la Pléiade », 2008, p. 733.

9 Stéphane Mallarmé, « Arthur Rimbaud », in *Médaillons et portraits* ; *Œuvres complètes*, éd. Henri Mondor et G. Jean-Aubry, Paris, Gallimard, « Bibliothèque de la Pléiade », 1945, p. 512.

la vérité supérieure ? Marcel Raymond, dans un passage sur Rimbaud, évoquant le mystique allemand Suso qui, par les images, veut accéder au « sens vide d'images lui-même », en conclut que, probablement, « la "réussite" du poète et celle du mystique ne sont pas compatibles dans le même homme. Et cependant le poète ne peut s'élever que par les "voies intérieures"[10] » : le poète est donc toujours en chemin, et son désir d'absolu, reporté sur le langage artistique, sera ramené humblement à la quête progressive, jamais aboutie, de la vérité. C'est pourquoi les fulgurances, les vides laissés par Rimbaud, par leur simple existence, parlent peut-être davantage du vide laissé par l'exil que les référents (souvent imprécis) auxquels ils cherchent désespérément à s'agripper.

Certains thèmes attendus dans la littérature d'exil sont passés sous silence par Sarafian, comme le sort des parents après la Catastrophe. On ne sait ce qu'ils sont devenus et il n'en glisse mot. Ont-ils survécu, et est-il resté en lien par une correspondance aujourd'hui perdue ? Ont-ils péri lors des persécutions kémalistes en 1922, et la douleur de Sarafian aurait-elle été telle qu'il n'a plus pu en dire un mot par la suite ? On l'ignore. Rimbaud de même ne dit rien sur son père qui avait fui le domicile familial alors que le jeune Arthur n'avait que deux ans. On en trouve certainement une trace douloureuse, nous l'avons vu, dans le poème « Mémoire[11] » (dont la première version avait pour titre « Famille maudite[12] »). La recherche d'un père est toujours présente par les diverses figures du maître dans *Hypérion*, parfois à l'excès ; et Hölderlin évoque la douleur liée à cette absence dans sa correspondance.

Nous avons vu aussi que les allusions au pays d'origine étaient fréquentes dans *Le Bois de Vincennes*, mais toujours sous forme d'allusion à un monde qui n'est plus. Cette réalité, superposée à la réalité ambiante, devient comme un fantôme en surimpression sur le monde environnant, qui est alors déréalisé. Mais l'évocation du monde d'autrefois, imprécise, laisse aussi des incertitudes sur le référent, et c'est tout un monde qui disparaît et reparaît par intermittences entre les brumes de la mémoire. Les objets réels évoqués dans l'écriture acquièrent une valeur de métaphore, et le Bois devient « ensorceleur » (leitmotiv dans l'œuvre, lui-même incantatoire comme une formule d'ensorcellement). Cette géographie

10 Marcel Raymond, *De Baudelaire au Surréalisme*, Paris, José Corti, 1940, p. 44.

11 R-Pl, p. 234-235.

12 *Ibid.*, p. 236-237.

des souvenirs devient aussi *logographie* en quelque sorte : le langage (ses motifs et tournures…) se perd, devient sinueux, se retrouve, accumule les répétitions et les ritournelles, pour transposer sur le mode de la musicalité ce que le simple sens des mots ne peut dire.

EXIL ESTHÉTIQUE ET NARRATION
Le cas de Rimbaud

LE COGITO RIMBALDIEN

Il convient d'analyser ici un point spécifique de la narration, lié davantage à l'esthétique rimbaldienne.

Chez Rimbaud, la démarche créatrice est fondée sur un éloignement de soi. « Je est un autre », mais également « C'est faux de dire : Je pense, on devrait dire On me pense[13]. » La forme impersonnelle peut être interprétée à la forme passive : « Je suis pensé ». Par qui ? « Par moi », en quelque sorte : le complément d'agent serait le poète lui-même. Il faudrait imaginer une forme pronominale impersonnelle, où le *je* serait dépersonnalisé. Georges Poulet a analysé ce dédoublement qui devient dépersonnalisation par l'usage du « on » dans les *Illuminations*, et du « je » sans visage, comme nous l'avons écrit plus haut. Rimbaud établit un cogito cartésien inversé. Un élément frappant : dès l'élaboration de ces théories de la création, on ne parle pas que de la poésie elle-même mais du poète avant tout. Le poète devient le champ d'expérimentation. L'alchimie n'est pas que celle du verbe, mais de la personne, et « le bois qui se trouve violon[14] », ou « le cuivre […] qui s'éveille clairon[15] », est aussi un de ces « comprachicos », écrivain qui se fait « l'âme monstrueuse » en « s'implantant et se cultivant des verrues sur le visage[16]. » Il écrit encore : « […] j'assiste à l'éclosion de ma pensée : je la regarde, je l'écoute […][17]. » Au fond, peu importe si c'est le *je* écrivant qui réalisera entièrement le

13 Lettre à Georges Izambard du [13] mai 1871, de Charleville, R-Pl, p. 340.
14 *Ibid.*, p. 340.
15 Lettre à Paul Demeny du 15 mai 1871, de Charleville, R-Pl, p. 343.
16 *Ibid.*, p. 344.
17 *Ibid.*, p. 343.

projet : s'il ne peut terminer, « viendront d'autres horribles travailleurs ; ils commenceront par les horizons où l'autre s'est affaissé[18] ! » Georges Poulet a caractérisé cette écriture de ce moi étranger à lui-même comme « altérité totale du JE second par rapport au JE premier[19] ». Écriture du perpétuel renouvellement, sous le signe d'une étrange dialectique entre conscience et altérité : « Il donne sans cesse naissance à un autre lui, qui à la fois est lui et n'est pas lui[20]. »

On assiste ainsi à un renversement spirituel. L'Évangile selon saint Jean dit : « Au commencement était le Verbe [...]. Et le Verbe a été fait chair[21] [...]. » Rimbaud semble dire : Au commencement était la chair, et la chair se fit Verbe. Déjà un de ses premiers poèmes, « Soleil et chair[22] », constituait un credo hérité du panthéisme et de l'épicurisme[23], et exaltait le créé au détriment du Créateur en faisait de la chair le moteur de son être-au-monde et de son imagination. *Une saison en enfer* est à ce titre un révélateur des contradictions que peut susciter une telle attitude.

La poétique de Rimbaud est dès les débuts une poétique de la séparation de soi. Le paradoxe est que peu d'œuvres sont aussi près de la sensation, de l'émotion et de l'imagination. L'exposé du « long, immense et raisonné *dérèglement* de *tous les sens*[24] » n'est pas suivi concrètement de l'approche rationnelle et expérimentale du scientifique. On ne peut savoir avec précision toutes les nuances de pensée et d'émotion que devait vivre Rimbaud au moment de la création, mais il est évident qu'il avait choisi une approche fondée sur une profonde contradiction, et que le déferlement de l'irrationnel et des forces destructrices devait prendre le dessus, comme en témoignent ses écrits. Le poète, à la fin de la *Saison*, sera « rendu au sol, avec un devoir à chercher, et la réalité rugueuse à étreindre[25] ». Cette démarche créatrice aboutira à l'anéantissement des possibilités créatrices. Le renversement hérétique de la langue, orgueilleux,

---

18 *Ibid.*, p. 344.

19 Georges Poulet, *La poésie éclatée. Baudelaire/Rimbaud*, Paris, PUF, coll. « Écriture », p. 121.

20 *Ibid.*, p. 120.

21 *Évangile selon saint Jean*, I, 1 et 14, *La Bible*, trad. Louis-Isaac Lemaître de Sacy, Paris, Robert Laffont, 1990, p. 1379.

22 En mai 1870. R-Pl, p. 37-40.

23 Une première version de ce poème s'intitulait « Credo in unam... » (R-Pl, p. 41-45), reprenant en l'inversant le début du credo de l'Église catholique romaine, pour faire descendre l'adoration aux choses terrestres suscitant le désir.

24 Lettre à Paul Demeny du 15 mai 1871, de Charleville, R-Pl, p. 344.

25 *SE*, p. 279.

prométhéen, mène le poète dans l'exil de l'enfer terrestre, de l'aveu du poète lui-même : sa courte carrière littéraire montre l'évolution, des premières lettres du voyant, où le poète se doit d'être « voleur de feu[26] », aux souffrances endurées à la fin (les témoignages biographiques vont dans le sens de celui de la *Saison*). L'aventure du voyant, qui devait être porteuse de vie, de progrès et d'avenir, devient porteuse de terreur et de mort. Celui qui devait inventer le langage ne sait plus parler et ne peut plus boire à la source ; sa santé est menacée. Pierre Brunel fait clairement ressortir ce lien entre enfer et (non-)parole : « L'enfer, ce serait à la fois l'impossibilité de parler et l'impossibilité de ne pas parler[27]. » Ce qui ressort à la fin d'*Une saison en enfer*, c'est « une parole épuisée qui toujours recommence[28] », faisant penser à la peine de Sisyphe. Cet exil du sujet avait donc été préparé dans la fuite délibérée de soi par l'expérience créatrice alchimique.

Une saison en enfer est une œuvre polyphonique par la multiplicité des genres : le récit, le poème, la chanson, l'opéra… Yoshikazu Nakaji a montré que l'« Alchimie du verbe » notamment est construite comme un livret d'opéra, avec l'alternance de récitatifs et d'air : « Dans l'opéra, au cours des déclamations notées se cristallisent des airs. Recréant un flux et une cristallisation, l'un et l'autre marquent un *contrepoint musical*. Le chant est une transgression de la parole comme l'alchimie est une transgression des données naturelles[29]. » Cette construction musicale se centre sur l'éclatement du sujet : « "je" est marqué par un déchirement ou une *torsion*[30] », et sa présence est une « expérience de folie, rappelée et reconstruite[31] ». Rimbaud oscille constamment entre les pronoms personnels (ou impersonnels !) : je, tu, on, vous… et l'infinitif, sans sujet. Frédéric Eigeldinger a établi qu'après « le », la plus grande occurrence est « je » (340 fois)[32]. Mais ce « je » est souvent flou et revêt divers facettes, voire des masques. Il confine souvent au dédoublement, non seulement dans l'épisode évident de la Vierge folle, mais aussi dans le

26 Lettre à Paul Demeny du 15 mai 1871, de Charleville, R-Pl, p. 346.

27 Pierre Brunel, dans l'introduction à l'édition critique d'*Une saison en enfer*, Paris, José Corti, 1987, p. 64.

28 *Ibid.*

29 Yoshikazu Nakaji, *Combat spirituel ou immense dérision ? Essai d'analyse textuelle d'« Une saison en enfer »*, Paris, José Corti, 1987, p. 154.

30 *Ibid.*, p. 225.

31 *Ibid.*, p. 175.

32 Cité par Pierre Brunel dans l'édition critique d'*Une saison en enfer*, *op. cit.*

discours dialogique souvent brutal (« Tais-toi, mais tais-toi[33] !... »). Cette polyphonie annonce la dissolution du sujet dans l'anonymat du *nous*, du peuple, du travail humain que Rimbaud avait toujours fui. Yosuke Fukai a parlé de « polyphonie spirituelle[34] » pour la *Saison*, ce qui montre bien que le drame se joue à un niveau métaphysique.

L'explosion du sujet dépersonnalisé confine au théâtre, où diverses voix dialoguent, s'entrecroisent, se contredisent. L'enfer même devient presque factice. Les hallucinations, mais aussi l'impression récurrente d'avoir rêvé, entretiennent un climat d'irréalité. Le phénomène a fait qualifier l'œuvre d'« autobiographie éclatée[35] » par Jean-Yves Tadié. Dans la vie comme dans l'œuvre, il semble bien qu'on « ne pourra jamais parler de Rimbaud qu'au pluriel[36] ».

Quelle sera la rançon de cette expérience ? La déréalisation non seulement de la vie mais de l'écriture. Rimbaud veut donner l'impression que l'adieu à la littérature est apaisé, mais une note demeure grinçante : le ton de fausse résolution à la fin, comme une revanche sur la vie. C'est ce qui ressort du dernier tableau, « Adieu ». Sans doute a-t-il guéri de certaines illusions, mais pas entièrement : on ne peut se purifier par ce feu infernal. À moins que ce ne soit le purgatoire ? Gabriel Bounoure voit dans cette expérience une purgation bénéfique, qui cependant efface à la fois le malheur... et la parole :

> La seule voie ouverte à l'homme qui a tenté de remplacer Dieu et qui s'en repent est de détruire en lui toute trace de prérogative divine : c'est se faire semblable à l'homme des foules, c'est-à-dire victime absolue dans l'anonymat, se perdre dans une obscurité sordide, dont personne ne soupçonnera l'amertume grandiose[37].

En effet, l'amertume est bien visible dans les derniers paragraphes de la *Saison* ; une amertume revancharde et fière qui aboutit au silence littéraire. Le purgatoire cependant n'est pas nommé comme tel dans le texte de Rimbaud. Car si le damné s'en sort, ce n'est plus l'enfer mais bien le purgatoire, selon la théologie chrétienne. À moins que cet emploi

33 *SE*, p. 255.
34 Yosuke Fukai, « "L'Impossible" – Le dialogue de l'esprit ou la possibilité d'une évasion », *op. cit.*, p. 78.
35 Jean-Yves Tadié, *Introduction à la vie littéraire du XIXe siècle*, Paris, Dunod, coll. « Lettres Sup », 1998, p. 16.
36 Thierry Sudour, « Les vies parallèles d'Arthur Rimbaud », in *L'Infini*, 116, automne 2011, Paris, Gallimard, p. 125.
37 Gabriel Bounoure, *Le silence de Rimbaud. Petite contribution au mythe*, Fata morgana, 1991, p. 37.

du terme « enfer » ne soit un moyen pour Rimbaud de relativiser ou dévaluer tout élément renvoyant au christianisme ?

Mais est-il sorti de cet enfer en quittant la littérature ? Il semble que Rimbaud ait vécu l'exil de sa personne sous une autre forme. Dans l'activité d'écrivain ou hors de cette activité, il s'agissait toujours de la même personne, qui a vécu l'exil sous forme de fuite dans les régions brûlantes qu'il appelait déjà de ses vœux dans la langue poétique.

La quête d'unité qui semble être exprimée dans le dernier paragraphe de la *Saison*, on l'a vu, est trop vague pour être positivement dite chrétienne, d'autant qu'il y aurait alors une profonde dissonance avec la vision du couple, qui n'est pas du tout celui prôné par le Nouveau Testament. Néanmoins ce rassemblement de la personne, jusqu'alors éclatée, enfin réunie sous un même *je*, certes plus anonyme, rendu au peuple, mais bien décidé, ne laisse d'interroger par son caractère métaphysique au milieu d'assertions très pragmatiques. On peut en conclure que la vie spirituelle de l'auteur, loin de s'être éteinte, cherche encore une forme. Mais ce qui est surtout visible, c'est une volonté de reprendre le contrôle de sa vie, de rassembler les morceaux épars pour tenter de trouver par l'action extérieure ce que le langage littéraire n'a su apporter au travers de la démarche créatrice choisie par l'auteur.

Il est évident que Rimbaud avait lu Descartes, et que son « Il est faux de dire Je pense. On devrait dire On me pense » est une réplique au cogito cartésien. Mais avait-il lu Malebranche ? La relecture par ce dernier du cogito cartésien et de la question de l'union de l'âme et du corps à la lumière de la doctrine chrétienne laisse voir une parenté (même si Rimbaud n'avait pas connaissance du texte), lorsqu'il écrit dans le premier éclaircissement de *La Recherche de la vérité* : « Il y a peut-être en nous une infinité de facultés ou de capacités qui nous sont entièrement inconnues ; car nous n'avons pas de sentiment intérieur de tout ce que nous sommes, mais seulement de tout ce qui se passe actuellement en nous[38]. » De même, dans les *Entretiens sur la métaphysique et sur la religion* : « Le sentiment intérieur que j'ai de moi-même m'apprend que je suis, que je veux, que je sens, que je souffre, etc. mais il ne me fait point connaître ce que je suis [...][39]. » Cette conscience

38 Nicolas Malebranche, *De la recherche de la vérité, Ier Éclaircissement* ; *Œuvres*, éd. Geneviève Rodis-Lewis, Paris, Gallimard, « Bibliothèque de la Pléiade », 1979, t. I, p. 804.

39 Nicolas Malebranche, *Entretiens sur la métaphysique et sur la religion, IIIe entretien* ; *Œuvres*, *op. cit.*, 1991, t. II, p. 704.

d'un moi encore obscur, un moi qui peut se sentir longtemps aliéné, voire exilé, trouve une forme d'application littéraire dans la *Saison*, quoi qu'en pense Rimbaud qui congédiait toute la rhétorique et la pensée classiques. Pour Malebranche, la recherche de vérité mène à Dieu, et toute connaissance (même au sein d'un tâtonnement dans l'obscurité) n'a de valeur qu'en fonction de cet objectif ultime. On peut alors se souvenir de Rimbaud :

> – Mais je m'aperçois que mon esprit dort.
> S'il était bien éveillé toujours à partir de ce moment, nous serions bientôt à la vérité, qui peut-être nous entoure avec ses anges pleurant !… – S'il avait été bien éveillé jusqu'à ce moment-ci, c'est que je n'aurais pas cédé aux instincts délétères, à une époque immémoriale !… – S'il avait toujours été bien éveillé, je voguerais en pleine sagesse !…
> Ô pureté ! pureté !
> C'est cette minute d'éveil qui m'a donné la vision de la pureté ! – Par l'esprit on va à Dieu !
> Déchirante infortune[40] !

Ce genre de confession est assez explicite. Même en revenant au cogito rimbaldien, le rapport entre être et pensée était déjà révélateur d'une quête spirituelle visant à surmonter les contradictions du moi. On peut rapprocher ce passage de Malebranche, tiré des *Entretiens* : « Le néant n'a point de propriétés. Je pense. Donc je suis. Mais que suis-je, moi qui pense, dans le temps que je pense ? Suis-je un corps, un esprit, un homme ? Je ne sais encore rien de tout cela[41]. » Notons au passage que Malebranche a pris ses distances vis-à-vis de Descartes, en distinguant par un point les deux propositions indépendantes juxtaposées (« Je pense. Donc je suis. ») La causalité se distend, sans disparaître pour autant. Chez Rimbaud aussi la pensée n'est plus garante de l'existence, mais elle demeure un outil indispensable à la quête : quand il essaiera de s'en dispenser par un excès des paradis artificiels et les dérèglements divers, le résultat ne se fera pas attendre. En effet, le néant n'a point de propriétés ; l'œuvre ne pourra plus exister, et l'auteur sera lui-même en péril.

Cette position nous semble remettre en question celle d'Octavio Paz qui considère la poésie moderne comme fondée sur le néant, comme nous l'avons vu. Le néant peut être un thème, non un moteur, puisqu'étant

40 *SE*, p. 272.

41 Nicolas Malebranche, *Entretiens sur la métaphysique et sur la religion, Ier entretien*, *Œuvres*, *op. cit.*, t. II, p. 672.

moteur il ne pourrait produire que du néant. En tout état de cause, ce *je* qui demeure un grand inconnu et qui tente de se définir par sa propre existence est une constante de la recherche rimbaldienne de la vérité, et comme pour Malebranche, le *je* n'est pas pensé dans la seule perspective philosophique, mais également théologique, puisque cette fragmentation du sujet est toujours considérée dans la tension qu'il entretient avec les instances transcendantes : Dieu, le Christ, l'Église.

Le *je* final, plus réel mais aussi plus anonyme, rendu à la foule, peut-être n'avons-nous plus besoin de savoir au juste qui il est dans la réalité – du moins laisse-t-il un mystérieux point d'interrogation qui questionne le silence en littérature. Le silence est-il l'exil du langage ou l'apaisement de la parole, appelée à rejoindre le Verbe universel ? En tous les cas, le *je* chez Rimbaud est bien souvent morcelé et exilé, et son silence laisse place à une interrogation qui ne cesse de faire couler de l'encre depuis.

Sarafian, dans le morcellement, recherchera jusqu'au bout la cohérence du moi même s'il reste diffus en maints endroits du *Bois de Vincennes*. Quant à Hölderlin, ce ne sont que les derniers hymnes qui laisseront voir de profondes failles ontologiques du sujet ; Hypérion, dans toutes ses errances identitaires, est encore pleinement en quête d'unité, et cet élan ressort dans le déploiement d'une prose unie et d'une narration cohérente, même si le récit laisse voir quelques fissures du moi.

PROSOPOPÉE OU DISCOURS EN ABYME ?

Une saison en enfer s'ouvre sur des guillemets qui ne se referment pas : faut-il y voir là, comme le suggère Pierre Brunel, la prosopopée d'un mort en enfer, s'achevant (ou plutôt ne s'achevant jamais) sur une résurrection où les guillemets n'auraient pas à se refermer ? Peut-on y voir également un discours en abyme, installant d'emblée un recul par rapport à une réalité que Rimbaud ne nomme pas ? Toute la *Saison en enfer* serait ainsi en discours direct, avec enchâssements successifs (« Vierge folle », puis « Alchimie du verbe », qui s'ouvre sur une interpellation à soi-même : « À moi[42]. ») La confusion des pronoms n'aide pas à trancher : qui parle à la fin ? Celui qui veut posséder la vérité, plein de bonnes résolutions, est-ce le même qui se dit torturé et exilé de la douceur originelle dans le prologue ? L'œuvre a été qualifiée d'« autobiographie » par plusieurs

42 *SE*, p. 263.

auteurs, mais comme nous l'avons dit on ne peut établir avec certitude l'identité de l'auteur, du narrateur et du personnage principal. Le texte témoigne d'une errance de la personnalité.

En tous les cas l'exil de l'être se manifeste à travers la déréalisation des motifs, l'emploi dépersonnalisé des pronoms personnels et les divers brouillages dans le discours et la narration. Si prosopopée il y a, on ne peut déterminer précisément à partir de quelle présence et de quelle absence elle se construit, puisque les épisodes successifs viennent remettre en question les caractéristiques du narrateur et des lieux évoqués. Même le caractère autobiographique de la présentation du narrateur au début dérive insensiblement vers la fantaisie : l'évocation des ancêtres tourne à celle des familles d'Europe (que le narrateur prétend connaître) et aux croisades, accomplies toujours par le narrateur. Le réel glisse vers l'imaginaire, mais pas n'importe lequel : il s'agit d'un imaginaire intime, plus près de la réalité profonde du poète que la plate description de son quotidien. En fait, cet univers est son quotidien, plus réel que tout le reste, un peu comme le narrateur d'*Aurélia* (qui est presque Nerval lui-même, tellement ce récit est là aussi autobiographique) qui voit le rêve s'épancher peu à peu dans la réalité, et constituer un réel second. Même si la *Saison* constitue un adieu à la littérature, elle demeure encore sous le signe de l'aventure du voyant et est conçue d'après les principes d'écriture mis en place par Rimbaud. Il est encore pleinement dans l'aventure créatrice quand il l'écrit ; c'est bien la raison pour laquelle il a été si difficile de déterminer si elle avait été écrite avant ou après les *Illuminations*.

Personnes, discours et genres se mélangent dans cette œuvre polyphonique. L'exil du sujet constitue encore une démarche esthétique, mais les limites sont bientôt atteintes : le narrateur a failli « faire le dernier *couac*[43] *!* » et étais « mûr pour le trépas[44] ». Le sujet qui cherche à se fuir, qui passe du *je* au *tu* pour se réprimander, ou au *on* pour marquer son objectivation… est encore tout à fait subjectif, du fait de son expressivité et de l'unicité de sa trajectoire. *Une saison en enfer*, n'est-ce pas autant de *moi* exilés puis assemblés pour construire une autobiographie fabuleuse ? N'y a-t-il pas la présence d'une multitude de masques ?

L'autocitation est caractéristique de l'écriture de la *Saison*. On a longtemps discouru sur l'inexactitude des références : Rimbaud se

43 *SE*, p. 245.
44 *SE*, p. 268.

cite-t-il de mémoire ou se parodie-t-il volontairement ? Quoi qu'il en soit, ce regard sur sa propre œuvre montre bien une poétique de l'autocritique littéraire dans le but de montrer l'éloignement qu'il ressent désormais face à ses propres productions. Mais d'après le lyrisme qui traverse l'œuvre, Rimbaud revit ces moments d'écriture, même dans la parodie. Cette approche fait partie de sa poétique : toujours revivre au moment de quitter, puis quitter pour se replonger dans la création (ainsi, les *Illuminations* qui surviennent après l'adieu de la *Saison*). Cette esthétique de la palinodie permet de dégager une poétique du départ, au sein même du thème de l'exil : éternel départ, éternel recommencement.

LA DESCRIPTION

« L'ABSENCE DES FACULTÉS DESCRIPTIVES OU INSTRUCTIVES[45] », MARQUE DÉMONIAQUE

Rimbaud et Sarafian laissent une large place à cette fantaisie de l'imagination qui se promène d'un objet à un autre sans décrire une chose précise, sans rechercher la cohérence du récit ou sans instruire d'une chose particulière. Cette approche de la création ouvre la voie à une perte de contrôle de la créativité et plus largement de la préservation de l'être. Le vertige d'images sans recherche morale, après un début enchanteur, aboutit à une sécheresse de la création où le poète ne peut même plus parler (« Je dus voyager, distraire les enchantements assemblés sur mon cerveau[46] », écrit Rimbaud, évoquant l'impression d'une « souillure ».) Il s'agit d'une ivresse trompeuse qui précipite la chute du poète. *Une saison en enfer* tient encore du récit, mais les *Illuminations* s'éloigneront encore davantage du système de référents de la vie ordinaire. Déjà dans la *Saison*, le brouillage des repères spatio-temporels, la rupture de la linéarité et l'éclatement de la figure du narrateur, qui finit par ne plus avoir de visage distinct à force d'en avoir un grand nombre, façonnent l'œuvre dans le sens d'une démarche démoniaque.

La multiplicité des images et des références n'empêche pas l'unité de la méditation que constitue *Le Bois de Vincennes*. L'errance au fondement

45 *SE*, p. 246.
46 *SE*, p. 268.

de cette description relâchée montre aussi un sujet qui se cherche. Les descriptions sont comme des rêves qui surviennent, repartent, se nouent à d'autres rêves : poétique onirique, dégagée du réel, caractéristique là aussi de cette écriture d'exil qui recherche dans l'imaginaire un chemin possible pour recomposer le moi par le langage des images. Mais si le bois est ensorceleur… c'est qu'il y a un *sorcier* ! (Tout comme le « carnet de damné » de la *Saison*, et les apostrophes à Satan, situent le propos au-delà d'un réalisme prosaïque et montrent bien la dimension spirituelle.) Krikor Beledian a souligné ce caractère démoniaque de la métamorphose du bois qui lui aussi peut être perçu comme un enfer :

> […] l'expérience occidentale dont il tente de rendre compte est celle d'un mouvement incessant de métamorphose qui emporte les données comme les valeurs dans un tourbillon de pôles ou de termes opposés. Il est producteur de différences, d'altérations, de déchirements et prive le Moi de repères fixes lui permettant de coïncider avec lui-même. Il rend le propre étranger et l'étranger propre. Le pour et le contre, le positif et le négatif, échangent leurs places tout en s'opposant et sans aboutir à une synthèse unifiante. Ce mouvement de métamorphose est perçu par Sarafian comme essentiellement diabolique ou démoniaque (les deux termes se retrouvent dans le texte). L'essence du démoniaque consiste à ne pas avoir de propre. Dans *Le Bois de Vincennes* le démoniaque s'inscrit et se donne en tant que « magique ». Le poète ne cesse de répéter que le bois est ensorceleur et magique ; le caractère propre au magique, chez Sarafian, est de susciter la métamorphose d'un élément en son contraire. Le bois est un lieu paradisiaque ; il est aussi un enfer. C'est le lieu où la civilisation s'annonce. Comme le bois, la civilisation altère tout et, dans cette altération, il faut entendre non seulement le devenir-autre mais le devenir étranger[47].

C'est l'expérience de la Catastrophe et de l'exil qui pervertissent entièrement le rapport au monde et le lien à autrui. Si « l'essence du démoniaque consiste à ne pas avoir de propre », l'arrachement de la terre d'origine, en constituant un exil d'une personne vis-à-vi de son sol fondateur, est aussi un exil de son identité et de ce qu'il possède en propre. On voit bien que la dialectique chez Sarafian est aussi dans certains cas une façon de tourner en rond et d'amener un vertige déréalisant. La déconstruction de la *mimesis* place l'écriture sur une ligne de fuite dangereuse et ensorcelante. Certes, la fin lumineuse de l'œuvre laisse entrevoir un avenir plus serein. Le narrateur parle alors de « miracle »,

47 Krikor Beledian, *Cinquante ans de littérature arménienne en France*, *op. cit.*, p. 343-344.

mais quelques lignes plus loin il évoque avec le même émerveillement ce qu'il nomme un « mensonge », affirmant que la vérité serait issue du mensonge et le redeviendrait. On constate encore un mélange des concepts et des notions. Il est toutefois possible d'en tirer un élément de poétique à partir d'une affirmation comme celle-ci, survenant après l'évocation de saint Louis rendant justice et des arbres du bois disant son nom à l'aube : « Այն ատեն, դարերուն մէջէն, իրականութիւնը կը վերածուի առասպելի մը ու առասպելը իրականութեան: Ու կեանքը, երազային այդ պարապին մէջ՝ կը դառնայ հրաշք մը[48]: » (« À ce moment-là, du fond des siècles, la réalité devient légende et la légende, réalité. Et dans ce vide onirique la vie devient un miracle[49]. ») Réalité et imaginaire, passé et présent, espace d'origine et espace d'exil sont interchangeables et sous le signe du miracle… ou de l'enchantement, voire de l'ensorcellement. Mais l'exilé retrouve vie.

Qu'il ait qualifié ce bois d'« ensorcelant » par conviction profonde ou par pudeur, cela importe peu. Il y trouve un lieu ou l'expérience devient langage, grâce à une métaphore filée très particulière : à mesure que le récit avance, comparant et comparé semblent interchangeables ; ce ne sont plus seulement les éléments du bois qui prennent figure de symboles[50], mais les éléments biographiques et philosophiques de l'auteur qui semblent trouver une vérité dans les motifs métaphoriques du bois – comme s'ils ne trouvaient leur pleine vérité que dans l'image créée. La mimesis déconstructive va donc plus loin que la simple déconstruction : elle crée un nouvel univers, une nouvelle mythologie, un nouvel ordre du monde, marquant une distinction entre les usages littéral et métaphorique du concept d'exil.

On ne peut donc généraliser à partir de concepts. Si la fascination et la désespérance constituent des moteurs de cette écriture, les descriptions riches en couleurs et en images à connotation positive témoignent également d'une profusion de vie ; par exemple, l'aurore radieuse dépeinte par Sarafian, ou les « blanches nations en joie[51] » de Rimbaud. Mais

48 *ՎԱ*, p. 60.
49 *BV*, p. 91.
50 On trouve des allusions évidentes à Baudelaire et les « Correspondances », comme dans le passage suivant, *ՎԱ*, p. 25 : « Իրարու կը զարնուին բոյրերը, ինչպէս եւ գոյներն ու աներեւոյթ հիւլէները: » (« Les parfums et les couleurs se répondent, et aussi les substances invisibles. » *BV*, p. 37.)
51 *SE*, p. 279.

entre visions lumineuses et cauchemars, l'abandon de la description au profit d'une succession précipitée d'images (parfois involontaire) trahit néanmoins une fuite vertigineuse et un mal-être identitaire liés à l'exil, même si un monde nouveau est inventé et que le langage littéraire constitue une possibilité de survie, voire d'élévation.

LE BROUILLAGE DE LA TEMPORALITÉ

L'exil, déplacement dans l'espace mais aussi dans le temps (puisque l'exilé évoque des périodes révolues), amène forcément, par la transgression des frontières, un brouillage dans la temporalité du récit. Il y a l'avant-exil, l'après-exil, et les allers et retours entre les époques, de même que la tentative de les recomposer successivement, de les revoir avec toutes les modifications et pertes de mémoire qui peuvent survenir, avec les incertitudes et la volonté d'arrêter le temps. La chronologie est mise à mal, et le récit se reconstruit selon une logique qui lui est propre, au gré de la fantaisie du poète.

Hypérion présente encore un récit assez linéaire. On constate sans surprise quelques ellipses et analepses, qui marquent une époque nouvelle ou antérieure dans la vie du personnage. Elles forment à chaque fois la ligne de fracture d'un nouveau sentiment d'exil de l'origine nationale et naturelle. Mais ces variations restent dans une structure assez classique.

Une saison en enfer fait éclater le cadre spatio-temporel. Les lieux, souvent imprécis, se succèdent sans logique apparente. Quelques allusions au feu rappellent par moments l'enfer – mais quel enfer au juste ? Le narrateur lui-même varie (« C'est l'enfer, l'éternelle peine[52] ! » Puis plus loin : « C'était bien l'enfer ; l'ancien, celui dont le fils de l'homme ouvrit les portes[53]. »), comme s'il y avait plusieurs enfers possibles, et qu'on pouvait en sortir librement, comme le montre déjà le titre – alors que le Nouveau Testament et la théologie chrétienne montrent bien que les peines de l'enfer sont éternelles. Le texte commence par « Jadis » comme à l'époque lointaine des contes, puis on passe au présent gnomique qui glisse doucement à un présent indéterminé, sur la plage armoricaine, avec projection du départ dans les lointains et retour… Puis viennent les considérations générales sur la vie, les valeurs… Et ainsi de suite. On ne

52 *SE*, p. 255.
53 *SE*, p. 277.

peut étudier la structure du temps ici de façon traditionnelle, puisque le récit est constitué d'une succession de visions, d'hallucinations et de réflexions mêlées à des références historiques, bibliques et culturelles (souvent déformées). La prosopopée de la vierge folle et de l'époux infernal, en même temps subversion de la symbolique biblique, est le bref récit d'un passé indéterminé, commenté avec un humour par un narrateur lui aussi indéterminé, qui crée un décalage entre l'extrême lyrisme désespéré de la vierge folle et lui-même.

Il n'est pas possible de donner une image claire, cohérente et schématique de la temporalité dans ce récit où le narrateur se démultiplie et dont les contours identitaires sont complètement brouillés. Ce narrateur, complètement exilé de lui-même, ne peut plus dire « je » de façon unitaire. Il a voulu expérimenter et s'est cru plus fort qu'il n'était (« [...] j'ai joué de bons tours à la folie[54] » ; « J'ai cru acquérir des pouvoirs surnaturels. Eh bien ! je dois enterrer mon imagination et mes souvenirs ! [...] je suis rendu au sol[55] »), mais il est bientôt incapable de parler et de créer comme avant, et il cessera d'écrire, non pour se libérer l'âme et le corps comme l'annonce la fin de la *Saison*, mais pour vivre cette fois géographiquement son errance. Pour Rimbaud, contrairement à Sarafian, l'errance se situe toujours au-devant de la temporalité ; elle est à venir. Les moments les plus réels (et où le narrateur présente le visage le plus tangible) sont ceux de l'enfance. Mais il est toujours rattrapé par la succession effrénée des images et le brouillage de l'identité.

Pour Sarafian, toute analepse est tentative de réintégrer des morceaux explosés dans une trame et un tableau cohérents, même si le ton est par endroits désespéré. Les prolepses sont rares, l'imagination réorganise les réalités successives du narrateur en un présent hétérogène. La liberté de l'exilé, c'est de recomposer son espace intérieur comme il l'entend, à défaut de pouvoir l'ordonner à l'extérieur. Il reconstruit sa géographie et sa temporalité en fonction de ses espoirs et désillusions.

Ainsi, on peut voir que la situation d'exil, surtout dans le récit poétique, suscite une grande liberté par rapport à la temporalité. Conséquence de l'exil ou tentative de restructurer une identité menacée ou un monde disparu, le jeu de la temporalité recomposée est une marque significative de la langue de l'exil.

54 *SE*, p. 245.
55 *SE*, p. 279.

LA RITOURNELLE

Le ressassement, ou ritournelle (retour des mêmes motifs sur un mode musical), a également toute sa place et renvoie toujours à l'expulsion première. Elle est caractérisée par les nombreuses reprises anaphoriques (« L'automne déjà ! […] / L'automne[56]. ») marquant l'obsession d'un temps qui n'est plus, ou scandant le pronom en un rythme insistant sur une identité floue, un *je* éloigné de sa réalité (Je me suis armé contre la justice. / Je me suis enfui. […] / Je parvins […] / J'ai appelé […]. J'ai appelé […]. Je me suis allongé dans la boue[57] », etc.). L'insistance du *je* dans la *Saison*, mot le plus souvent employé après « le », dès le début du récit, montre paradoxalement, par l'obsession, que le *je* n'est pas clairement défini, et qu'il ne cessera de se déconstruire et de se redéfinir.

De façon générale la ritournelle montre l'obsession lancinante d'un sujet errant qui se cherche. Il s'agit d'une langue qui tourne en rond dans un espace non maîtrisé, inconnu et inquiétant. C'est dans *Le Bois de Vincennes* qu'elle se déploie et peut pleinement s'appeler ainsi. « Կախարդական է Վէնսէնի անտառը[58] » (« Le Bois de Vincennes est ensorceleur[59]. ») : la phrase, entêtante, voire lancinante, exprime un enchantement qui voile la douleur de l'exil. Si la ritournelle donne l'impression de briller, c'est de l'éclat trompeur de l'ivresse momentanée. Elle donne le vertige et laisse le sujet tomber au sol, désorienté. Comme les exilés que Sarafian évoque, ses contemporains qui, n'ayant plus rien à perdre, se sont jetés dans le tourbillon d'une vie enivrante… et ne s'en sont pas relevés. La ritournelle témoigne de cette illusion ; elle est donc encore une parole sincère, qui dit la déstructuration de l'être sans pour autant qu'il soit vaincu et ne puisse l'exprimer. La parole est encore gagnée sur le silence destructeur.

Langue trouée de silences pesants, *je* multiple et déconstruit à la fois, brouillages de la description et de la temporalité, ritournelles qui tournent à l'obsession : autant de procédés qui façonnent le récit d'exil et participent de sa poétique. Mais le ton qui traverse l'ensemble d'une œuvre peut réinscrire le sujet dans un désir face au monde et à la communauté : c'est le lyrisme, encore brisé bien souvent, mais qui n'en demeure pas moins une renaissance, un élan du moins, pour retrouver le chemin de la parole habitable.

---

56 *Ibid.*
57 *SE*, p. 245.
58 *ՎԱ*, p. 14.
59 *BV*, p. 22.

LYRISME DE L'EXIL ET HABITATION DU MONDE

LE LYRISME, EXPANSION DU MOI EXILÉ

Le moi exilé du poète reconquiert des territoires par son expansion que lui permet le lyrisme. Hypérion déploie le lyrisme d'une patrie perdue dans l'origine hypothétique d'un âge d'or. Marc Nichanian a démontré, à propos des écrivains arméniens regroupés autour de la revue *Mehyan* à Constantinople, que la Catastrophe était déjà en germe dans leur écriture, puisqu'ils donnaient à voir l'effondrement de la nation. Ainsi, on serait tenté de voir, dans cette tentative hölderlinienne de retrouver la nation, une parole déjà annonciatrice de l'exil à venir au XXe siècle. *Une saison en enfer* développe un lyrisme sur la fracture du moi en train de se produire. *Le Bois de Vincennes* est le lyrisme sans illusion qui survient après la Catastrophe. C'est l'élan incessant vers un objectif révolu et un objectif qui n'est pas encore dévoilé. On y voit à l'œuvre également un lyrisme critique, dont Jean-Michel Maulpoix a donné une définition :

> Critique est ce lyrisme qui creuse plus qu'il ne s'élève et qui interroge plus qu'il ne célèbre. Critique, cette écriture qui se retourne anxieusement sur elle-même au lieu de chanter dans l'insouciance. Mais lyrique cependant, puisque les questions qu'elle pose restent indissociables de l'émotion d'un sujet et de la circonstance vécue[1].

Regard critique sur la réalité et la littérature donc, mais également sur le lyrisme lui-même, ce qui lui donne un ton particulier : « Le lyrisme porte en lui sa réflexivité propre. Il s'examine, se place sous surveillance, et se met lui-même en question [...][2]. » L'auteur refuse les leurres, et

1 Jean-Michel Maulpoix, *Pour un lyrisme critique*, Paris, José Corti, 2009, p. 21.
2 *Ibid.*, p. 24.

place l'écriture dans un état critique qui n'exclut pas la division du narrateur-poète.

Nous avons vu que *Hypérion* n'avait de l'autobiographie que le parcours intérieur de Hölderlin, et qu'à ce titre c'était le narrateur le plus fictif des trois œuvres. C'est cette intériorité extrême, projection intégrale du moi philosophique et poétique de l'auteur, qui dénote un *sentiment* d'exil et non la relation d'un exil véritable, si ce n'est celui à venir.

Une saison en enfer se situe sur la ligne de crête d'une expérience créatrice en train de se faire et de sombrer en même temps. L'emploi fréquent de tournures exclamatives, de phrases nominales tranchantes alternant avec de longues phrases verbales remplies d'énumérations, toutes tournures proches de l'oralité, avec une forte emphase et le présent d'énonciation, accentuent l'actualité du texte, contribuant à montrer un narrateur qui témoigne comme s'il vivait dans le présent du lecteur.

Le narrateur du *Bois de Vincennes* sait qu'il ne peut revenir en arrière et qu'il évoque un monde révolu. Mais il est encore plein d'élan, et ce monde en lui demande à vivre. En même temps il affirme à plusieurs reprises ne plus être dupe des idéologies, espoirs, programmes politiques et autres élans vagues portés par l'Histoire. Cette jonction de l'élan et de la désillusion engendre un lyrisme sans illusion, où le désespoir se développe en longues phrases amples, désespoir à travers lequel on sent un amour blessé du monde. Cette expression laisse la place par endroits à un recul critique non exempt d'emphase ; c'est ce qui permet de qualifier le registre de *lyrisme critique.*

« Le langage reste la marque d'un exil : si l'homme parle et pense, s'il compose des poèmes, c'est aussi qu'il n'est jamais présent sur la terre à la manière immédiate et naïve de la plante ou de l'animal. Ce fils obscur du souci s'efforce de faire coïncider la parole avec un mode innocent d'existence[3] », affirme Maulpoix. Hölderlin en était bien conscient, lui qui écrit à la fin de *Hypérion* : « *Wie der Zwist der Liebenden, sind die Dissonanzen der Welt. Versöhnung ist mitten im Streit und alles Getrennte findet sich wieder*[4]. » (« Elles sont comme la querelle des amants, les dissonances du monde. La réconciliation est au sein du conflit et tout ce qui fut séparé se retrouve[5]. ») La poésie, et à plus forte raison pour le poète lyrique qui

---

3 Jean-Michel Maulpoix, *Du lyrisme*, Paris, José Corti, 2000, p. 16.
4 Friedrich Hölderlin, DKV-II, p. 175.
5 *Hy*, p. 263.

parle de son expérience personnelle en s'engageant émotionnellement dans le texte, est d'emblée une expérience d'exil, mais aussi le lieu de résolution de la contradiction. Maulpoix écrit aussi : « Le lyrisme est la voix d'un individu auquel l'expérience infinie du langage rappelle sa situation d'exilé dans le monde, et simultanément lui permet de s'y rétablir, comme s'il pénétrait grâce à elle au cœur de l'énigme qui lui est posée par sa propre condition[6]. » Il s'agit, pour les œuvres que nous étudions ici, d'une « tentative de surmonter la déchirure ontologique[7] ». Avant l'albatros exilé de Baudelaire, il y avait eu le char de Phaéton hölderlinien[8], et déjà Plutarque, dans son essai *De l'exil*, nous rappelle qu'Empédocle d'Agrigente, qui inspira à Hölderlin sa pièce éponyme, était déjà au Ve siècle av. J.-C. une grande figure d'exilé.

L'exil n'est pas qu'un thème en littérature, c'est une expérience humaine et la langue est son incarnation. « [...] *dichterisch, wohnet der Mensch auf dieser Erde*[9] » : « L'homme habite le monde *en poète*[10] », et non « Le poète habite le monde », nous dit Hölderlin. La poésie est ce qui exprime le plus la condition d'exilé de l'homme sur terre, elle est elle-même exil. Bien des tentatives pour retrouver l'unité originelle en littérature ont abouti à l'intuition de la nécessité du *cri* premier[11]. L'homme parle parce qu'il est exilé ; quand il retrouvera sa patrie le Verbe, il retrouvera un silence souverain. C'est pourquoi nombre de poètes, sensibles à la lente dégradation du langage suite à la déspiritualisation de la vie, et à mesure que les hommes s'éloignaient de leur parcelle divine, ont voulu voir dans la poésie le moyen de revenir à l'unité originelle perdue et ont cherché à s'ériger en « poètes-mages » ou « écrivains-prophètes » : Hölderlin et Rimbaud en sont des exemples caractéristiques de cette époque où le romantisme, par l'expression lyrique, permit une telle ouverture. Mais la tentation est grande de voir le résultat du travail comme une production personnelle et non le fruit de l'Être précisément que ces poètes exaltaient : le naufrage est inévitable et le langage cesse,

6 Jean-Michel Maulpoix, *Du lyrisme*, *op. cit.*, p. 14.

7 *Ibid.*, p. 17.

8 Wilhelm Waiblinger a écrit un roman inspiré de la vie de Hölderlin, *Phaeton*.

9 « *In lieblicher Bläue* », *op. cit.*, DKV-I, p. 479.

10 « En bleu adorable », *op. cit.*, H-Pl, p. 939, traduit ainsi par André du Bouchet : « [...] poétiquement toujours, / Sur terre habite l'homme. »

11 *Cf.* l'expérience d'Antonin Artaud, ou encore le livre de Benjamin Fondane, *Rimbaud le Voyou*.

laissant la place à un silence encore tout plein de ce qui était à dire pour réconcilier les hommes avec l'harmonie originelle.

Ce lyrisme est à la fois *expression* de l'exil et donc libération, mais aussi « conquête d'un espace », nous l'avons vu pour Sarafian, même si le thème de l'exil n'est pas présent à chaque page. Cette conquête s'effectue sur plusieurs territoires. Nous avons vu que la reconquête est celle du pays absent, que ce soit la nation à naître ou le pays effondré après la Catastrophe. C'est aussi la reconquête de l'être écrasé par l'expérience douloureuse, d'abord dans l'existence, puis spécifiquement dans la création. Le lyrisme est également élan d'amour, débordement, enthousiasme, face à la dureté du monde. Le lyrisme désespéré de l'être souffrant est une ultime tentative d'élévation. La langue est son support, elle est son chant qui porte l'être et tente de réparer l'exil. Elle le fera par le lien retrouvé à la communauté : car le lyrisme, aussi solitaire soit-il, vise à être entendu. La plainte et le cri cherchent un destinataire qui saura accueillir la parole.

PAROLE ET COMMUNAUTÉ

Dans toute parole d'exil se pose aussi la question de l'identification d'une langue adéquate et d'une communauté qui l'accueillera. De façon générale, toute langue littéraire vise forcément un public, qui recevra en son temps une parole qui lui est nécessaire. Sans entrer ici dans une étude de réception, il convient d'examiner l'articulation entre la parole d'exil et la société. Cette parole est déjà issue d'une expulsion de la société, ou du moins d'une marginalisation. Comment peut-elle trouver écho dans cette société même qui l'a mise à l'écart ?

> La question que se pose le poème – quel est celui qui dit ce que je dis et à qui le dit-il ? – englobe poète et lecteur. La séparation du poète a pris fin : sa parole éclot d'une situation commune à tous. Ce n'est pas la parole d'une communauté, mais d'une dispersion ; elle ne fonde ni n'établit rien, si ce n'est sa propre interrogation. Hier peut-être, sa mission fut de *donner un sens plus pur aux mots de la tribu*, elle est aujourd'hui une question qui porte sur ce sens. Cette question n'est pas incertitude, mais recherche. Plus encore : elle est acte de foi[12].

12 Octavio Paz, *L'Arc et la Lyre*, *op. cit.*, p. 881.

On retrouve là de toute évidence les réflexions de Sarafian sur le devenir de la Diaspora (qui signifie « dispersion »). Des allusions de cet ordre sont disséminées tout au long du *Bois de Vincennes*, mais l'article « Վկայութիւն մը[13] » (« Un témoignage ») en est l'expression la plus frappante et la plus concentrée. Sarafian y développe sa pensée à travers la figure du Hamlet à la fois arménien et européen. Il est à noter toutefois qu'il a ressenti le besoin de l'exprimer en arménien, qui était la langue alors menacée. Il s'agissait de faire de la langue arménienne le lieu de la renaissance, précisément devant la menace de l'anéantissement et le doute sur un avenir possible, comme si cette trajectoire hasardeuse, véritable fil sur l'abîme, faisait partie de la condition arménienne d'aujourd'hui – et plus largement de la condition humaine, lorsque l'auteur développe ses pensées sur l'avenir incertain après les catastrophes du XXe siècle[14]. La langue serait consubstantielle à l'identité, comme le souligne Ion Caraion : « À l'âge du crépuscule être déterminé à quitter son pays… Mais la langue, je ne peux pas la quitter. Elle est comme le sang. Comme l'air. Sans elle on meurt[15]. » Hölderlin aussi écrira en allemand, et traduira Pindare et Sophocle. Rimbaud ne remettra pas en question le fait d'écrire en français, et même lorsqu'il cherche à bouleverser la tradition littéraire française, c'est toujours en se situant par rapport à celle-ci, en en gardant ce qu'il considère bon, d'ailleurs ; ce n'est que le français des académiciens qu'il remettra en question dans les « lettres du voyant ». La langue française reste le réceptacle de cette langue qui serait « de l'âme pour l'âme, résumant tout, parfums, sons, couleurs, de la pensée accrochant la pensée et tirant[16] ».

Mais le Hamlet de Sarafian s'interroge de la façon suivante : « Գրե՞լ թէ չգրել[17]… » (« Écrire ou ne pas écrire[18] ?… ») Par un écho du Hamlet de

13 Prononcer « *Vgayoutioun me* » en arménien. In *Վէնսէնի անտառը*, *op. cit.*, p. 65-67. Non traduit.

14 Idée universelle, du reste ; la même année, Blaise Cendrars décrit l'écroulement de la civilisation en des termes étonnamment similaires. *Cf. La main coupée* ; *Œuvres autobiographiques complètes*, éd. Claude Leroy, Paris, Gallimard, « Bibliothèque de la Pléiade », 2013, t. I, p. 584. Sarafian était lecteur des poésies de Cendrars ; mais ici il s'agit sans doute davantage d'une convergence d'idées et d'expression.

15 Fragment 18, « Les Mots en Exil », in *Marges et exils. L'Europe des littératures déplacées. Pour Louis Bolle*, éd. Angelo Ara *et al.*, Bruxelles, Labor, coll. « Archives du futur », 1987, p. 47.

16 Lettre à Paul Demeny du 15 mai 1871, de Charleville, R-Pl, p. 346.

17 In *Վէնսէնի անտառը*, *op. cit.*, p. 65.

18 « Un témoignage » (art. cité ; en arménien, non traduit).

Shakespeare mais aussi de celui de Valéry, Sarafian fait de l'acte d'écrire la condition même de l'existence. Il ne sait peut-être pas exactement qui lira ces lignes, mais il sait qu'il se doit de les écrire, et en arménien. Pour survivre, et aussi parce qu'écrire dans la langue maternelle, c'est exister. Mais exister, est-ce possible dans ce monde qui nous a été légué ? Peut-on croire au bonheur, ou même à la simple dignité, demande Sarafian, quand les catastrophes ont ainsi anéanti une partie de l'humanité ? Nous avons vu que Sarafian retrouvera toujours un espoir, même si la forme reste encore indicible (comme à la fin du *Bois de Vincennes*). Mais ce qu'il faut bien retenir ici, c'est que la langue d'exil crée non seulement ses structures intrinsèques mais son public, qui n'existe peut-être pas encore au moment où l'auteur écrit. L'écriture, dans l'exil, se déplace avec ses récepteurs. Rien n'est fixe. Sarafian pense à la Diaspora et aux communautés arméniennes, mais il écrit pour une communauté qui n'existe pas encore, et qu'il appelle implicitement de ses vœux[19].

Le poète est aussi, de ce fait, un être de communauté. Il interroge le devenir commun, et son Hamlet est conscience d'un lien social, même s'il est menacé. Cette interrogation est liée à la modernité, paradoxalement : l'exacerbation de la solitude du poète devant la société moderne est un questionnement implicite du lien entre les hommes face à l'avenir, questionnement qui, sans faire disparaître la solitude, la transformera progressivement, comme le souligne Octavio Paz :

> La solitude du poète nouveau est différente : il n'est pas seul devant ses contemporains, mais face à l'avenir. Et ce sentiment d'incertitude, il le partage avec tous les hommes. Son exil est celui de tous. D'un coup se sont tranchés les liens qui nous unissaient au passé et au futur[20].

L'exil n'est donc plus individuel, il est partagé par tous. Le poète se voit conférer la tâche de dire cet exil et cette interrogation éthique face à l'avenir, tout en restant comme ses semblables : il est redescendu dans la foule et partage sa condition avec tous. Mais la question est complexe

19 *Cf.* à ce sujet Jean-Luc Nancy, *La communauté désœuvrée*, 2e éd., Christian Bourgois, coll. « Détroits », 1990. L'idée d'une communauté « *dés*-œuvrée » est en effet très importante chez un auteur comme Sarafian, qui se positionne à la fois par rapport à la communauté arménienne et à la communauté humaine. La question de Hamlet prend ainsi tout son sens. Sur des questions similaires, *cf.* aussi Maurice Blanchot, *L'écriture du désastre*, Paris, Gallimard, 1980.

20 Octavio Paz, *L'Arc et la Lyre*, *op. cit.*, p. 880.

chez Sarafian, entre plusieurs langues et communautés. Pour quelle communauté humaine écrit-il ? Ce questionnement est renforcé par cette continuelle contradiction ou schéma binaire, qui semble constituer un moteur de sa langue littéraire :

> Ի՞նչ եմ ես որ ծնայ քանի մը լեզուներու մէջ եւ որոնցմէ ոչ մէկը կրցայ հարազատ նկատել եւ ոչ ալ մայրենի լեզուս՝ որուն վերադարձայ օտար դպրոցի մը մէջ օտարանալէ յետոյ: Ի՞նչ եմ ես որ կը դատապարտեմ ցեղս եւ սակայն աշխարհը համաձայն անոր տառապանքին եւ կը դասեմ զայն բոլորէն վեր: Անկէ հեռու, առանձնութեան մէջ, կ'առնեմ անոր ամբողջական իմաստը, կը դառնամ անոր ուխտաւորը, այնքան որ անկարելի կ'ըլլայ ինծի գործածել օտար լեզու մը առանց հայհոյելու այդ լեզուին տէրերուն եւ պահելու ամբողջական անձնականութիւնս: Ի՞նչ եմ ես որ կը յուզուիմ ամբոխային թափօրներուն առջեւ եւ սակայն կ'ամչնամ քալելու անոնց դրօշին ներքեւ եւ կ'ապաստանիմ ծայրագոյն անհատականութեանս մէջ: Ծնած համամարդկային բնազդներով, կը դառնամ ծայրայեղօրէն ազգային: Ու օտար ամբոխին դիմաց, ազգային վիշտէն ու ցասումէն անդին՝ կը դառնամ դաժան, հեգնող՝ բոլոր վարդապետութիւններուն դէմ[21]:
>
> « Que suis-je, moi, né au sein de plusieurs langues dont aucune ne m'est apparue comme étant la mienne, pas même ma langue maternelle à laquelle je suis revenu, après être devenu étranger à moi-même dans une école étrangère ? Que suis-je, moi qui condamne mon peuple, bien que mon jugement sur le monde soit déterminé par les souffrances de ce peuple que je place au-dessus de tous les autres ? Loin de lui, dans la solitude, j'en saisis pleinement le sens, j'en deviens le pèlerin, si bien qu'il m'est impossible d'utiliser une langue étrangère sans que j'en vienne à injurier ceux qui en sont les tenants, et sans vouloir conserver à toute force ma personnalité ? Que suis-je, moi qui m'émeus devant la foule qui défile, et qui pourtant ai honte de marcher derrière leur bannière et me réfugie dans mon individualité la plus extrême ? Né avec des dispositions pour l'universel, je deviens national à outrance. Et en face de la foule étrangère, j'oublie la colère et la souffrance nationales, je deviens impitoyable, je me moque de toutes les doctrines[22]. »

Plusieurs éléments s'entrecroisent dans cet extrait. Non seulement la pluralité des langues n'a pas mené au choix et à l'identification à l'une de ces langues, mais même la langue maternelle n'a pas provoqué d'adhésion. On ne peut en conclure à une altérité ontologique pour autant ; il est possible de hasarder la possibilité d'une altérité fondatrice, puisqu'elle prend sa source dans l'enfance ; éventuellement aussi la souffrance du déraciné qui ne peut, avec le recul, revenir pleinement à sa langue

---

21 *ՎԱ*, p. 40.
22 *BV*, p. 60-61.

maternelle qui est synonyme de souffrance puisqu'il s'est éloigné sans retour possible de sa terre d'origine. Le jugement sur la patrie va de pair avec un attachement fondateur plus que pour tout autre pays, mais il ne le saisit que dans l'éloignement, et l'idéalisation du pays va de pair avec un jugement très dur. Le poète exilé se définit aussi par contraste avec ceux qui l'entourent, et il se retranche derrière une identité qu'il ne veut pas perdre, devenant le « pèlerin », terme religieux montrant bien l'élévation spirituelle d'une telle quête. Ce tiraillement entre le national et l'universel est souligné par l'anaphore (« Que suis-je, moi... ») qui décline les diverses dispositions d'une insoluble contradiction d'un sujet qui s'interroge sur lui-même et doute de son identité, à travers également l'emploi du pronom interrogatif « Que » plutôt que « Qui », rendant l'identité encore plus vague. La solitude et la négation de tout système de pensée semblent équivaloir à la préservation de l'identité, mais comment l'identité pourrait-elle être viable sans le lien communautaire qui la fonde et l'entretient, et sans une direction cohérente de la pensée nationale ? C'est au cœur de toutes ces problématiques qu'est fondée la poétique de l'exil chez Sarafian, pour qui écrire équivaut à révéler ce terreau à la fois contradictoire et fertile dans sa contradiction même. La survie dans l'exil ne peut se faire qu'à ce prix : s'ouvrir à l'étranger et en recueillir ce qui nous rapproche de soi, même si on ne reconnaît plus (ou pas encore) ce *soi*.

Chez Hölderlin, et encore davantage chez Rimbaud, la disparité entre la volonté de cheminer seul et le désir d'être reconnu est frappante. Tous deux ont un acharnement (dans une solitude presque érémitique) à trouver la clé d'une nouvelle langue qui permettrait à l'humanité exilée de retrouver la voie. Tous deux espèrent pourtant aussi, au-dessus de la mêlée, trouver les oreilles attentives et, éventuellement, guider le peuple dans la marche au progrès. C'est sans doute la raison pour laquelle ils ont trouvé un public posthume. Leur langue exilée allait de l'avant, et ils ne pouvaient marcher aux côtés du peuple (ou le peuple ne pouvait les suivre). La communauté, pour d'autres raisons, est là encore sous le signe de la dispersion.

UNE OU PLUSIEURS LANGUES ?

Un style émane de toutes ces caractéristiques, un style propre à chaque auteur mais qui constitue aussi l'expression d'un exil très marqué. Chaque œuvre donne la curieuse impression d'être écrite dans une langue à l'intérieur de la langue même, non seulement au travers de ses diverses influences mais par une inspiration originale, propre à chaque auteur et se rejoignant néanmoins dans l'expression d'un décalage, d'un déplacement stylistique lié à une *Sehnsucht*, à un manque ou à un besoin d'absolu.

Deleuze a longuement évoqué cette question du bilinguisme dans la même langue au sein d'une littérature mineure, donc forcément en marge du canon esthétique, et écrite par des êtres ne pouvant être entièrement catégorisés à cause de leur histoire liée à une migration :

> Nous devons être bilingue même en une seule langue, nous devons avoir une langue mineure à l'intérieur de notre langue, nous devons faire de notre propre langue un usage mineur. Le multilinguisme n'est pas seulement la possession de plusieurs systèmes dont chacun serait homogène en lui-même ; c'est d'abord la ligne de fuite ou de variation qui affecte chaque système en l'empêchant d'être homogène. [...] parler dans *sa langue à soi* comme un étranger[23].

C'est le propre du style en littérature, certainement. Mais à plus forte raison dans les œuvres d'exil, où il est question de déplacement, l'écriture est perturbation des codes et des agencements traditionnels ; sans quoi l'auteur ne peut rendre l'exil palpable pour le lecteur. Cela rejoint de plus la question de l'hybridité que nous avons abordée, et touche de près la question d'une poétique de l'exil.

Le Hölderlin de *Hypérion*, encore assez classique, porte déjà la marque de ce dérèglement expansif dans son lyrisme vers l'ailleurs, vers l'harmonie perdue ; c'est ce qui le caractérise, bien plus que les discours (un peu artificiels dans la trame du récit) entre les amis méditant sur la Grèce antique.

Chez Rimbaud le décalage dans les rythmes et le vocabulaire reste indissociable de ce sentiment d'ailleurs, d'être hors du monde, toujours

23 Gilles Deleuze et Claire Parnet, *Dialogues*, *op. cit.*, p. 11. C'est aussi en substance l'opinion de Proust dans *Contre Sainte-Beuve*, que Deleuze cite.

en partance ou bien exilé chez soi ou en soi. Mais c'est bien davantage dans l'étrange polyphonie d'un moi divisé que réside le multilinguisme très particulier de la *Saison* :

> Il y a, dans la langue de Rimbaud, plusieurs langues. [...] Sur le mode de l'intégration, il compte en fait sur l'étrangeté de l'une à l'autre. Mais il garde toujours la perspective de l'unité. Les langues, ce sont les moyens. La langue, c'est le but. [...] Les langues, c'est ce qu'il sait. La langue, c'est ce qu'il crée[24].

La friction de ces langues étranges et étrangères les unes aux autres, mais intégrées même dans la contradiction, constitue une des caractéristiques principales du style de Rimbaud dans l'écriture d'exil qu'il déploie. La multiplicité des langues, sur le mode du rassemblement, a toujours en vue *la* langue, unique, unitaire, créatrice, ou à créer, ce qui nous ramène au concept développé par Benjamin. Dans cette mystérieuse Babel, n'y a-t-il pas volonté de retrouver l'ordre originel, l'harmonie première ?

De même, le lyrisme de Sarafian, lié aux images allusives de la terre d'origine et de la Catastrophe (ou de la guerre), demeure l'expression de cet exil. Le décalage est inséparable de ce qui l'a vu naître, et suscite ce déplacement dans l'esprit du lecteur. Cette contradiction ne semble pouvoir se résorber que dans la langue, conçue comme lieu de résolution des termes antagonistes par leur mise en lumière et leur métaphorisation. C'est alors seulement que la langue peut être considérée comme un habitat viable.

LA LANGUE COMME HABITAT

« Il paraît normal que les créateurs, dans une civilisation de quasi-barbarie qui a fait tant d'apatrides, qui a déraciné les langues et les peuples, soient des poètes délogés qui errent à travers la langue[25] » : la réflexion de George Steiner s'adapte aussi bien à Hölderlin qu'à Rimbaud ou à Sarafian. On penserait d'abord à Sarafian, à travers l'expérience de la Catastrophe,

---

24 André Guyaux, *Duplicités de Rimbaud*, *op. cit.*, p. 13.

25 George Steiner, *Extraterritorialité*, trad. Pierre-Emmanuel Dauzat, Paris, Calmann-Lévy, coll. « Petite bibliothèque des idées », 2002, p. 28. L'auteur, dans cet extrait, parle de Nabokov.

mais c'est aussi celle de Hölderlin, même si sa recherche est bien davantage englobée par un système esthétique et philosophique. De même pour Rimbaud : on peut considérer que son exil de la langue, suivi de son exil de la littérature, enfin de son exil de France, est une réponse à la société.

Cette considération nous permet de comparer trois auteurs ayant vécu des types d'exil très différents et s'inscrivant dans des aires géographiques et des époques aussi très différentes : la langue d'exil est symptôme, voire l'effet de conditions déracinantes ou aliénantes ; il faut s'extirper de l'espace mortifère d'un « non-lieu » en quelque sorte. La langue littéraire est parfois échappatoire, parfois expression résiliente. Elle peut même devenir une patrie pour ceux qui en sont privés, comme Sarafian. Ce « flottement » dans une langue délocalisée peut se lire en dehors de toute référence géographique ou biographique à l'exil. Cela nous permet d'employer la notion de « poétique de l'exil », qui parle d'un état intérieur par-delà des faits définis : une souffrance, même indéterminée, qui parle à une autre souffrance, et crée un lien de compréhension qui n'a plus rien à voir avec l'influence concrète ou les catégories traditionnelles. Le lien se construit au-delà de l'empirisme. C'est dire comme les situations d'exil se rejoignent, même si la comparaison d'expériences très différentes a des limites et nous devons reconnaître des points d'incomparabilité, que ce soit du point de vue de l'intensité de la douleur, des images qui reviennent dans la mémoire ou des degrés d'inhumanité dans le cas d'un exil lié à un génocide ou à des persécutions.

Jacques Derrida développe la question de l'habitation liée aux singularités des exils :

> La langue dite maternelle n'est jamais purement naturelle, ni propre ni habitable. *Habiter*, voilà une valeur assez *déroutante* et équivoque : on n'habite jamais ce qu'on est habitué à appeler habiter. Il n'y a pas d'habitat possible sans la différence de cet exil et de cette nostalgie. Certes. C'est trop connu. Mais il ne s'ensuit pas que tous les exils soient équivalents. À partir, oui, *à partir* de cette rive ou de cette dérivation commune, tous les expatriements restent singuliers.
>
> Car il y a un pli à cette vérité. À cette vérité *a priori* universelle d'une aliénation essentielle dans la langue – qui est toujours de l'autre – et du même coup dans toute culture[26].

Derrida évoque à la fois la singularité et l'universalité ; il le fait particulièrement dans le cas de la langue maternelle, mais la réflexion

26 Jacques Derrida, *Le monolinguisme de l'autre*, Galilée, coll. « Incises », 1996, p. 112-114.

peut s'élargir à tout rapport exilique à la langue. Si l'aliénation n'empêche pas l'expression authentique, la parole sera un espace précieux gagné sur le silence ; mais il est évident que ce langage littéraire sera entièrement structuré par ces contradictions, par ces déplacements successifs, par cet exil, comme le montre Isabelle Keller-Privat :

> Le texte se trouve ainsi travaillé par une esthétique de la fragmentation (énonciative, narrative, diégétique, linguistique) rendant impossible tout récit linéaire, articulée sur le manque et rappelant au lecteur que l'exil, loin d'être un statut ou un aboutissement, est un processus tout autant physique qu'intime, un cheminement de l'être en soi-même et au monde[27].

L'auteure écrit par ailleurs : « L'écriture de l'exil se jouerait alors dans ce que Maroussia Hadjukowski-Ahmed appelle cet "espace intersticiel" entre les codes, les traditions, les langages et les langues[28]. » Dans l'interstice renaît la vie.

Quant au silence, n'est-il pas davantage qu'une simple extinction ? Ne peut-il être aussi le début d'une expression sacrée et d'un retour intérieur à ce dont on est exilé ? « Faire résonner le silence, lui prêter une langue, en tirer parti, tel est le propos de la poésie dont la merveille commence à la *vision* du silence[29]. » L'homme habite le monde, ou s'y sent en exil aussi par rapport à un espace immatériel. L'exil est un mystère, et chaque auteur revit un exil fondamental ; c'est ce que manifestent les textes étudiés ici.

Chez Rimbaud le langage est lié à la tradition française, même s'il s'en écarte violemment. Il est lié au pays d'avant le christianisme, comme il le fait bien comprendre en évoquant ses ancêtres gaulois rétifs à toute imposition du christianisme. Son langage fait entendre une forme de paganisme[30] esthétique, cependant trop tendu, trop problématique pour s'écouler librement comme chez certains poètes des XVIe et XVIIe siècles français. Rimbaud tente de retrouver l'hypothétique pureté du langage d'avant le christianisme. Il renverse la doctrine chrétienne, comme si la pratique chrétienne l'avait souillé et qu'il lui fallait retrouver son innocence. Or, même après s'être donné cette liberté d'écrire comme il le souhaitait,

27 Isabelle Keller-Privat, « Sur la nef ouverte de l'exil : ébauche de conclusion », in *Migrations, exils, errances et écritures*, dir. Corinne Alexandre-Garner et Isabelle Keller-Privat, Presses universitaires de Paris Ouest, coll. « Chemins croisés », 2012, p. 332.

28 *Ibid.*, p. 325.

29 Jean-Michel Maulpoix, *Du lyrisme*, *op. cit.*, p. 416.

30 Ne pas oublier l'étymologie de paganisme : *paganus*, pays.

dans les conditions désirées, sans aucune contrainte, en se libérant de tout ce qu'il considérait comme une emprise, comment se fait-il que le désespoir persiste et que les souffrances ne soient même pas couronnées au moins par une œuvre qu'il aurait jugée accomplie et qu'il garderait à l'esprit, même dans les années au Harar ? Nous en arrivons à la dimension spirituelle de ces textes, et nous constatons que l'œuvre, dans le domaine du spirituel, laisse entendre un exil, comme le démontre Daniel-Rops :

> L'homme ne peut pas arriver à parler ce *langage païen* si pur, si cristallin, qui rendrait sensible la réalité secrète de la nature. Il n'en a pas le droit. Nous, nous savons pourquoi, parce qu'il a perdu l'innocence originelle et que lui est fermé à jamais le Paradis terrestre où les hommes et les animaux se comprenaient. Mais cela Rimbaud ne veut pas l'admettre. Et son effort poétique, surtout dans la *Saison en enfer*, participe à sa tentative démoniaque contre l'esprit[31].

Nous avons vu la question du franchissement des frontières géographiques, nous venons de voir le dépassement lié à la langue, nous verrons enfin la transgression (ou franchissement symbolique) d'un point de vue spirituel. L'expérience du voyant prend forme dans la langue de la *Saison* pour s'achever dans le silence déjà annoncé par l'œuvre. L'outil linguistique ne perdure qu'en dehors de la tentative magicienne, et la littérature de Rimbaud « porte l'empreinte de l'expérience diabolique dans laquelle il s'est engagé : le jour où il aura été contraint de renoncer à cette tentative, il ne pourra plus que briser l'outil magique. Et il se condamnera au silence[32] ».

Le thème de la foi et de la religion étant abordé par les auteurs, il est à plus forte raison nécessaire de l'examiner, et de voir de quelle manière il s'articule à la question de la langue. « Au commencement était le Verbe », mais si tout se termine dans le silence, ce silence n'est-il pas plus éloquent ? Le silence de la transgression est-il pour ces auteurs une façon de renouer avec le Verbe autrefois si décrié ?

Même au travers d'excès dont maints auteurs auront payé le prix, il est juste de noter la tentative – au travers d'embûches nombreuses – pour raconter l'indicible exil, alors qu'ils étaient précisément en plein exil intérieur, parmi les vagues de sécheresse, au seuil du silence. Ils ont véritablement « arraché des lambeaux à l'inénarrable[33] ».

---

31 Daniel-Rops, *Rimbaud. Le drame spirituel*, *op. cit.*, p. 169-170.

32 *Ibid.*, p. 184.

33 Raymond Clauzel, Une saison en enfer *et Arthur Rimbaud*, Paris, Société française d'éditions littéraires et techniques, 1931, p. 145.

TROISIÈME PARTIE

EXIL SPIRITUEL

INTRODUCTION
À LA TROISIÈME PARTIE

Lorsque l'auteur en est arrivé à l'extinction de la langue, à l'épuisement de ses ressources langagières, il est face à un silence lourd de sens. Le commun dénominateur de tous les exils est le sentiment d'un déchirement intérieur devant l'irréversible : on ne retrouve jamais (ou jamais intact, du moins) ce dont on s'est éloigné, ou ce que l'on a laissé derrière soi. Par le lyrisme, l'auteur exprime l'élan vers cet espace originel disparu, dont l'archétype dans notre civilisation est le paradis perdu suite au péché originel. Qu'un auteur n'envisage pas la situation d'un angle religieux n'enlève rien à l'existence de l'archétype et l'articulation du phénomène littéraire avec cet archétype. Il se trouve en l'occurrence que les trois auteurs dont il est question ici sont de famille chrétienne et se positionnent à maints égards par rapport à cet héritage, que ce soit pour prendre leurs distances ou pour y revenir.

La langue ne prend-elle pas forme à travers cet éloignement ou cette fidélité à l'héritage spirituel ? D'un examen rapide des textes il en ressort immanquablement le thème mystique très ancien de l'exil sur terre : toute expérience d'exil terrestre renvoie à l'exil premier, exil du ciel. C'est le commun dénominateur à partir duquel il est possible d'évoquer de façon très générale une langue de l'exil, au-delà des expériences singulières et d'une typologie simplement existentielle de l'exil, fondée sur des critères territoriaux voire identitaires. L'exil trouve des formes et des intensités très variées, pour renvoyer toujours à l'exil premier encore informe dans le langage, parfois exprimé en filigrane, en tous les cas longtemps informulé avant de voir son avènement parfois, de façon heurtée et douloureuse, mais déjà en tant que parole conquise sur le silence.

Le thème de l'exil renvoie donc à un au-delà du langage, à un espace qui se situe au-dessus des mots ou entre ceux-ci. Ce que nous appelons « au-delà » du langage en est d'abord sa dimension incantatoire (donc religieuse dans une certaine mesure), telle qu'elle se manifeste par exemple dans les hymnes hölderliniens, les expressions saccadées de Rimbaud renvoyant à une diction primitive, et les évocations ensorcelées du *Bois* de Sarafian. L'incantation est forcément porteuse de sens également, puisqu'elle véhicule une parole sur la séparation qu'est l'exil. Lorsque l'homme ne peut plus parler, il se met à chanter, c'est bien connu[1] ; ou alors l'écriture disparate confine au silence qui est davantage mutisme du désarroi et exil de la langue, comme nous l'avons vu. Ces trois étapes sont interchangeables, et les auteurs glissent de l'une à l'autre dans toute leur carrière littéraire, mais *a posteriori* on constate en général un mouvement vers le silence, surtout pour Hölderlin et Rimbaud ; Sarafian semble avoir dépassé ce stade, même si certaines contradictions demeurent.

Après avoir abordé quelques éléments nécessaires à la compréhension du contexte religieux dans lequel s'inscrit l'œuvre de chaque auteur, nous examinerons leur chemin spirituel puis l'exil à la fois comme cause et conséquence, pour finalement tenter de dégager la dialectique essentielle qui sous-tend toute œuvre de l'exil : la tentative d'intégrer l'indicible dans la langue afin de le dépasser.

1 C'est une idée centrale de *La Musique et l'ineffable* de Vladimir Jankélévitch, Paris, Seuil, 1983.

L'EXIL DANS LA TRADITION CHRÉTIENNE ET LA PHILOSOPHIE ANTIQUE

Quelques notions préliminaires[1]

Le premier exil n'est-il pas celui du premier homme ? L'exil commence avec la vie sur terre. Dans toute la tradition religieuse chrétienne, on rappelle l'exil du Paradis terrestre à cause du péché originel. Adam et Ève, chassés du Paradis pour avoir mangé du fruit de la connaissance et enfreint l'interdit, sont des exilés et engendrent après eux des générations aussi exilées, qui espèrent toujours revenir au lieu d'origine dont les anges gardent désormais la porte avec des épées de feu. Les prophètes de l'Ancien Testament rappellent les exodes successifs du peuple de Dieu, à cause du péché et pour avoir rejeté les commandements. Ce passage de la prière du roi David le montre bien : « Car nous sommes comme des étrangers et des voyageurs devant vous, ainsi que l'ont été tous nos pères. Nos jours passent comme l'ombre sur la terre, et nous n'y demeurons qu'un moment[2]. » Les prophètes rappellent aussi la Terre promise, et les chrétiens attendent son avènement devant concerner l'humanité entière avant le jugement, pour rejoindre la Jérusalem céleste, suivant les paroles du Christ. Témoin ce passage de l'épître de saint Paul aux Hébreux :

> Tous ces saints sont morts dans la foi, [...] confessant qu'ils étaient étrangers et voyageurs sur la terre.
>
> Car ceux qui parlent de la sorte, font bien voir qu'ils cherchent leur patrie.
>
> Que s'ils avaient eu dans l'esprit celle dont ils étaient sortis, ils avaient assez de temps pour y retourner ;

---

1 Nous ne donnerons ici qu'un bref aperçu de quelques sources particulièrement connues d'un ou plusieurs auteurs du corpus. Nous ne prétendons nullement faire l'étude du sujet mentionné, qui ferait en soi l'objet d'un travail encyclopédique. L'objectif est de donner quelques indications préliminaires permettant de replacer les œuvres étudiées dans le contexte et le cadre précis des références familières des auteurs en question.

2 1. Paralipomènes 29.15 (Trad. Lemaître de Sacy.).

> Mais ils en désiraient une meilleure, qui est la patrie céleste. Aussi Dieu ne rougit point d'être appelé leur Dieu, parce qu'il leur a préparé une cité[3].

Cette cité sera celle évoquée par saint Augustin et développée dans *La Cité de Dieu*, qui s'ouvre sur les mots suivants :

> La très glorieuse cité de Dieu, en exil dans le cours des âges, mêlée aux impies, "vivant de la foi" ; la cité de Dieu, enfin rendue dans l'éternelle demeure "à laquelle elle aspire aujourd'hui patiemment", "jusqu'à ce que la justice se change en jugement", mais qui, une fois acquise la victoire finale et assurée la paix, lui reviendra de plein droit[4].

Le chemin sur terre reste un chemin d'exil, non seulement à travers l'expérience nationale ou personnelle, mais au sein de la condition humaine.

Tout exil terrestre semble renvoyer à un exil plus élevé lié à une transcendance ; c'est ce que nous amène la perspective mystique présente dans toute œuvre d'exil ayant de près ou de loin une inspiration chrétienne. L'expérience de l'au-delà du langage unit les humains dans une expérience commune au travers des siècles. La diachronie est abolie. Près de quatorze siècles après saint Augustin, Lamennais, venu quelques années avant Rimbaud (qui l'avait lu), n'avait-il pas écrit : « Pauvre exilé ! cesse de gémir : tous sont bannis comme toi [...]. / La patrie n'est point ici-bas : l'homme vainement l'y cherche, ce qu'il prend pour elle n'est qu'un gîte d'une nuit. / Il s'en va errant sur la terre. Que Dieu guide le pauvre exilé[5] ! » Maître Eckhart, mystique médiéval redevenu à la mode dans la Souabe piétiste du XVIIIe siècle, et que Hölderlin avait certainement lu, a aussi développé le thème de l'exil sur terre dans ses sermons et traités.

Les trois auteurs étudiés ici ont cette tradition religieuse commune, et ils se positionnent toujours par rapport à celle-ci. Quand bien même ils cherchent à la contrer ou à s'en détourner, c'est toujours pour se situer par

---

3 Épître de saint Paul aux Hébreux, 11.13-16 (Trad. Lemaître de Sacy.).

4 Saint Augustin, *La Cité de Dieu*, Livre premier. *Œuvres*, éd. Lucien Jerphagnon, Paris, Gallimard, « Bibliothèque de la Pléiade », 2000, t. II, p. 3. Les guillemets internes sont des citations de la Bible, relevées dans cette édition. Saint Augustin précise par ailleurs dans *La Trinité* : « Il ne nous reste qu'à nous représenter cette patrie supérieure et céleste d'où nous sommes exilés. » (In *Philosophie. Catéchèse. Polémique. Œuvres*, éd. Lucien Jerphagnon, Paris, Gallimard, « Bibliothèque de la Pléiade », 2002, t. III, p. 340.)

5 Félicité de Lamennais, « L'exilé » in *Paroles d'un croyant* ; *Œuvres complètes*, Bruxelles, Société belge de librairie, 1839, t. II, p. 510.

rapport à ce terreau, s'y rattachant même parfois par le rejet passionnel. Leur texte porte cet esprit dont ils prétendent s'éloigner parfois. Aussi la question de l'exil spirituel est-elle capitale, et il convient de l'étudier ici pour tenter de déterminer quelle langue en découle. Comme cette approche, faisant appel à la fois à la philosophie et à la théologie, demande des développements assez larges, et que l'ensemble des aspects de la vie spirituelle des auteurs est pour chacun d'eux configuré différemment, il conviendra ici, dans un premier temps, de distinguer les trois parcours.

Les trois auteurs ont aussi ceci en commun qu'ils montrent une traversée d'un gouffre de désespoir pour renaître à la lumière. Cet exil intérieur, spirituel (puisque lié à une réflexion métaphysique), est exprimé plus directement chez Rimbaud, dans cette traversée de l'enfer qu'il nomme ; mais tous se rejoignent sur ce point.

Le thème de la patrie céleste est donc très ancien. On le retrouve dans l'Ancien Testament, mais aussi chez les auteurs grecs de l'Antiquité, puis chez les Pères de l'Église. Hölderlin, qui avait une solide formation classique, avait lu notamment les *Vies des hommes illustres* de Plutarque. Avait-il lu également son essai *De l'exil* ? On peut le penser, d'autant que Plutarque y mentionne Empédocle, figure majeure de l'inspiration hölderlinienne juste après *Hypérion*. Plutarque, sur le mode de la consolation, y apparaît déjà comme un homme cosmopolite, tirant parti de tout, même de l'expulsion de la patrie aimée. Il faut se replacer dans le contexte historique : la Grèce formait un ensemble de cités, et l'exilé, rejeté de la sienne, conservait le droit de vivre dans une autre cité faisant toujours partie de la Grèce. Ce n'était donc pas un exil hors d'un pays que l'on ne retrouverait jamais, comme ce fut le cas pour Sarafian. Ainsi, Plutarque affirme :

> Tous ces écrivains, et bien d'autres encore, éloignés de leur patrie, ne s'abandonnèrent pas au découragement ni au désespoir ; ils mirent à profit leur talent, regardant comme une aide de la Fortune l'exil, qui, même après leur mort, leur assure une réputation universelle, tandis que, parmi ceux qui les firent exiler après l'avoir emporté sur eux par leurs menées factieuses, il n'en est pas un aujourd'hui dont on ait conservé une seule parole[6].

Une telle définition, évoquant une forme d'exil providentiel, est bien éloignée de nos auteurs. Mais plus loin, Plutarque nuance son propos en

6 Plutarque, « De l'exil », in *Œuvres morales. Traités 42-45. Tome VIII*, éd. bilingue, trad. Jean Hani, Paris, Les Belles Lettres, 1980, p. 164.

l'élargissant à la question de l'exil sur terre et à l'universalité de l'exil, en prenant le cas d'Empédocle. On sait comme Empédocle et Plutarque ont compté dans la formation du jeune Hölderlin. En ce sens, Plutarque est peut-être plus proche de lui, non pour le cosmopolitisme (qui n'est pas vraiment le fait du jeune Souabe), mais pour cette nuance qu'il ajoute vers la fin de son essai, où il cite Empédocle, qui donne une couleur plus métaphysique – et plus sombre – à l'exil, comparant l'exilé à un errant, banni du bonheur des dieux :

> Mais, dans le prélude de son poème philosophique, Empédocle déclare :
>
> C'est un oracle du Destin, un antique et divin décret,
> que si l'un des démons, qui ont le privilège d'une longue existence,
> en commettant un meurtre, dans un instant d'égarement s'est souillé les mains,
> il doit, pendant trois fois dix mille saisons, errer loin du séjour des Bienheureux :
> voilà le chemin que je suis à présent moi aussi, exilé du pays des dieux et errant.
>
> Empédocle nous apprend par là que ce n'est pas seulement lui, mais, à sa suite, nous tous, « qui, êtres de passage ici-bas, sommes des étrangers… » et des exilés. […] [L]'âme est exilée et errante, chassée du ciel par les décrets et les lois des dieux […][7].

Le « démon » en question est à prendre dans le sens antique ; il s'agit ici de l'entité qui habite un humain et le fait agir, ici pour commettre un meurtre. Quel est le meurtre commis par Hölderlin ? Tous les témoignages concordent pour parler de la bonté et de la douceur du jeune poète ! Il faut prendre ce « meurtre » au second degré : la transgression prométhéenne – ou icarienne – dont il parle lui-même dans ses lettres tardives. Il a désiré plus que ce que sa condition humaine pouvait supporter. Il s'agit du fameux « détournement des dieux », dont Rimbaud fera aussi état (en

---

7 *Ibid.*, p. 169. Ce que corrobore un extrait précédent : « Tel est le cas de l'exil qui t'éloigne aujourd'hui du pays que tu considères comme ta patrie. Car il n'y a pas de lieu qui en lui-même soit une patrie, non plus qu'une maison, un champ, une forge ou un hôpital, comme dit Ariston ; dans chacun de ces cas, le lieu devient tel, ou plutôt, prend ce nom, par référence à l'habitant ou à l'usager. Car l'homme, comme dit Platon, n'est pas une "plante terrestre", rivée au sol, "mais une plante céleste", une plante inversée et tournée vers le ciel, la tête, qui en est comme la racine, maintenant le corps vertical. » (*Ibid.*, p. 152.) Cet extrait n'est pas sans faire penser, cette fois sur un mode certainement plus subversif et en inversant la perspective, à Paul Celan, qui évoque le *Verbannte* (le banni) dans le dernier poème de *Die Niemandsrose* (*La rose de personne*) : « *In der Luft, da bleibt deine Wurzel, da, / in der Luft.* », que nous pourrions traduire par : « Dans l'air, c'est là que demeure ta racine, là, / dans l'air. » *Cf.* Paul Celan, *Die Niemandsrose* [1963], Frankfurt am Main, Fischer, 2002, p. 81.

d'autres termes) à la fin de la *Saison*. De même, Sarafian restera lucide sur le piège de l'intelligence ; il n'oublie pas, même dans ses errances intérieures, le fruit amer de la connaissance qui l'exile loin de la vérité et ne lui donne finalement qu'un doute terrible qui le ronge. C'est tout ce parcours spirituel que découvre la langue d'exil des auteurs ; parcours à la fois occasionné par l'exil et occasionnant l'exil ainsi qu'une langue de l'exil, depuis la religion de l'enfance jusqu'aux dernières paroles, avant l'extinction – ou avant la renaissance.

CHEMIN SPIRITUEL ET EXIL

LE CHRISTIANISME DE L'ENFANCE

HÖLDERLIN. PROTESTANTISME ET PIÉTISME SOUABE

Les premiers écrits de Hölderlin montrent un jeune homme fervent, chrétien et priant. Sa lettre au diacre Nathanaël Köstlin est éloquente à cet égard : il recherche une direction spirituelle, et son correspondant est pour lui un exemple de vertu qu'il veut suivre à tout prix. Hölderlin est éduqué au séminaire de Maulbronn, puis de Tübingen. Les biographes ont souvent parlé de l'austérité et du parcours très aride de ces études davantage susceptibles de former des érudits que des ministres du culte, en misant plus sur le savoir que sur la foi. Cette aridité intellectuelle a certainement atteint Hölderlin, qui dès les premières pages de *Hypérion*, lance une violente diatribe contre l'enseignement rationaliste du siècle. Cette jeune génération exprimait en même temps une admiration aveugle pour la Révolution française, et pour les Lumières allemandes. Nous avons vu que, très tôt, Hölderlin avait fait de Kant le Moïse de la nation allemande : la philosophie est-elle devenue la nouvelle religion, et son principal représentant en Allemagne en a-t-il été le directeur « spirituel » ? Hölderlin lit aussi très tôt Spinoza[1] et le reconnaît comme athée, mais l'admire, et sa pensée aura une grande place dans l'expression d'un néo-panthéisme tel qu'il pouvait se répandre dans l'Europe du XVIIIe siècle. Spinoza avait mis en place en effet un système de divinité immanente rappelant le panthéisme des Stoïciens comme Marc Aurèle,

1 *Cf.* Margarethe Niemeyer, *Hölderlins Spinoza-Rezeption und ihre Bedeutung für die Konzeption des "Hyperion"*, Tübingen, Niemeyer, « Studien zur deutschen Literatur », Band 112, 1990. (« *La réception de Spinoza par Hölderlin et sa signification dans la conception de* Hypérion »)

dont Hölderlin était aussi très bien imprégné. Mais l'attaque de Spinoza contre le christianisme ne pouvait laisser indemne un Hölderlin même très pieux. Si l'on ajoute à cela l'étendue de la formation humaniste gréco-latine au séminaire, avec toute la déférence à l'égard des grands classiques et une admiration prônée pour cette littérature somme toute païenne, (Homère était et restera longtemps l'idole de Hölderlin), le terrain était tout prêt à l'éclosion d'un paganisme esthétique fortement teinté de panthéisme stoïcien et spinoziste, dans lequel ne devaient demeurer qu'à peine quelques traces du christianisme protestant et du piétisme de l'enfance. C'est en tout cas le point où en est Hölderlin au moment de la rédaction de *Hypérion.*

Hölderlin a cependant évolué dans une Souabe piétiste qui avait vu la réédition d'œuvres de mystiques anciens. Certains auteurs ont fait ressortir cette imprégnation, comme Erich Przywara, et à sa suite Jean-Michel Garrigue, selon lequel Hölderlin aurait lu comme nombre de ses congénères les œuvres de Böhme, maître Eckhart et saint Macaire, qui dans ses écrits exhorte à un retour à une foi intériorisée, recentrée sur l'essentiel : le rapport à Dieu. Cette mystique pouvait s'accorder à certains milieux protestants dans lesquels Hölderlin a vécu.

Jochen Schmidt place clairement Hölderlin dans la lignée de Klopstock et les rattache tous deux à des traditions piétistes : « La patrie dont ils parlent est d'abord la patrie céleste et à partir d'elle, secondairement pourrait-on dire, s'ouvre le passage à une conception intellectuelle et culturelle de la patrie[2]. » Selon l'auteur, la patrie a d'abord ses origines dans le ciel et se sécularise ensuite sous la forme d'un lien à une culture ou à un pays ; ce qui corrobore l'idée d'un exil spirituel qui n'est pas entièrement dégagé de la question de la nation. Il est possible d'envisager l'exil spirituel comme premier exil, suivi de sa représentation terrestre dans le cadre de la nation, de l'art et de tout autre domaine. Schmidt poursuit : « On peut prendre au sérieux la notion de patrie : en elle fusionnent pour Hölderlin des visions religieuses et culturelles caractéristiques du patriotisme piétiste[3]. »

2 Jochen Schmidt, « La France et l'Allemagne : modèles opposés de la philosophie de l'histoire chez Hölderlin : évolution au lieu de révolution », trad. Jacques Le Rider, in *Hölderlin vu de France*, Éditions Gunter Narr, coll. « Œuvres et critiques », études réunies par Bernhard Böschenstein et Jacques Le Rider, Tübingen, 1987, p. 43.

3 *Ibid.*, p. 44.

Ce patriotisme est vécu dans la paix, l'amour, le silence intérieur et une atmosphère d'éveil spirituel, et Schmidt fait bien la distinction entre cette forme de patriotisme et celle du siècle suivant : « Il est presque inutile de signaler combien ce patriotisme encore nourri de courants religieux profonds du XVIIIe siècle est diamétralement opposé au patriotisme de la violence, de la puissance et du nationalisme haineux qui a de plus en plus proliféré depuis le XIXe siècle[4]. » Chez les piétistes, même la question de la patrie méconnue, méprisée et souffrant avec patience est vécue avec douceur, comme un martyre intériorisé, imprégné de mysticisme, comme une humiliation qui sera suivie d'une magnificence spirituelle. Exil sur terre donc, quête de la patrie… et retrouvailles après l'errance. Cette explication est confirmée par une lettre de Hölderlin à son frère, quelques années après la rédaction de *Hypérion* :

> *Aber daß der Egoismus in allen seinen Gestalten sich beugen wird unter die heilige Herrschaft der Liebe und Güte, daß Gemeingeist über alles in allem gehen, und daß das deutsche Herz in solchem Klima, unter dem Segen dieses neuen Friedens erst recht aufgehn, und geräuschlos, wie die wachsende Natur, seine geheimen weitreichenden Kräfte entfalten wird, dies mein' ich, dies seh' und glaub' ich, und dies ists, was vorzüglich mit Heiterkeit mich in die zweite Hälfte meines Lebens hinaussehn läßt*[5].

> « L'essentiel, c'est que l'égoïsme sous toutes ses formes s'inclinera devant le pouvoir sacré de l'amour et de la bonté, qu'en toute chose l'esprit de communauté prévaudra, et que sous le climat et la bénédiction de cette paix nouvelle le cœur allemand s'épanouira et déploiera en silence, comme la nature en croissance, ses forces lointaines et secrètes ; voilà ce que je pense, voilà ce que je vois et ce que je crois ; et voilà essentiellement pourquoi j'envisage avec sérénité la seconde moitié de ma vie[6]. »

Quant à Saint Macaire, que Hölderlin aurait lu, il est clair sur la question : l'homme s'est éloigné de la Parole originelle à cause du péché, et seul celui qui naît de l'Esprit peut renaître à la vie. Cette notion, largement évoquée par saint Paul, et en premier lieu par Jésus-Christ dans les Évangiles, se répercute dans le thème hölderlinien de la naissance de l'Esprit dans les derniers hymnes, mais l'idée se trouve incorporée ici à une forme de paganisme : l'Esprit est associé au feu originel qui embrase tout. On retrouve là à la fois des formules héraclitéennes et des formes hymniques

4 *Ibid.*
5 Lettre à son frère, fin décembre 1800, de Nürtingen, DKV-III, p. 438.
6 H-Pl, p. 986.

héritées de Pindare, que l'auteur avait traduit. Ce type de syncrétisme correspondra progressivement à un moment de confusion grandissante jusqu'à la folie. Hölderlin, dès ses premières années d'études, avait montré dans ses lettres à sa mère une volonté d'indépendance et d'éloignement du monde, où la certitude de devoir faire son œuvre était vécue comme un vrai sacerdoce. Il cherchait paradoxalement une certaine gloire également. Cette inadéquation entre le poète et le monde ne pouvait produire de fruits durables, et Hölderlin a possiblement formulé cette idée en écho aux écrits de saint Macaire : « Si le rejeton né de l'Esprit veut se livrer à la parole du monde, aux affaires de la terre et à la gloire du siècle présent, il en meurt et en périt [...]. En effet, son vrai repos se trouve là d'où il est originaire[7]. » La vie dans le monde n'est possible que si celui né de l'Esprit ne s'en détourne pas dans sa parole qu'il porte dans le monde, et s'il ne la reprend pas pour son compte ou pour sa gloire personnelle. Mais la contradiction à l'œuvre chez Hölderlin entre désir de servir un verbe de vérité pure et d'être reconnu comme serviteur ne peut porter longtemps des fruits, et on ne peut oublier la naissance spirituelle, comme le rappelait saint Macaire : « Tu vois qu'il n'est pas possible de vivre dans le monde où l'on [n']est pas né[8]. »

Armel Guerne, en 1963, évoque aussi le poème « L'Unique », qui fait référence à la venue du Christ, et où, selon Guerne, Hölderlin « commet l'excès dernier de ce détournement dans le mensonge d'un verbe de vérité. [...] Conscient pourtant de sa *faute*, il la commet néanmoins en acte, [...] parce que telle est son obéissance et sa véracité de cœur. Aller au bout[9]. » Et l'acte, transgression spirituelle, aboutira à une brutale interruption de la parole. En pleine période de *Hypérion* déjà, Hölderlin écrit à son frère : « *Lieber Karl ! ich spreche wie einer, der Schiffbruch gelitten hat.* [...] *Ich hatte offenbar zu früh hinausgestrebt, zu früh nach etwas Großem getrachtet, und muß es wohl, so lang ich lebe, büßen* [...][10]. » (« Cher Karl ! je parle comme quelqu'un qui a fait naufrage. [...] J'ai de toute évidence voulu m'élancer trop vite, j'ai aspiré trop tôt aux grandes choses, et je l'expierai sans doute tant que je vivrai [...][11]. »)

7 Pseudo-Macaire, *Œuvres spirituelles*, I, Homélie 27, 2, 1, Paris, Éditions du Cerf, p. 319.
8 *Ibid.*, Homélie 27, 2, p. 319.
9 Armel Guerne, *L'âme insurgée*, *op. cit.*, p. 83.
10 Lettre à son frère du 12 février, expédiée le 14 mars 1798, de Francfort-sur-le-Main, DKV-III, p. 287.
11 H-Pl, p. 435. – Sur le piétisme (et plus largement, la spiritualité) sous l'angle de la sociocritique, voir aussi l'ouvrage (issu de la thèse de doctorat) de Meinhard Prill, *Bürgerliche*

Le même mouvement de transgression apparaît chez Rimbaud et aboutira aussi à la rupture du langage, puis au silence, à la « réalité rugueuse à étreindre[12] », dans un désespoir moral et la solitude, et avec l'impression de s'« être nourri de mensonge[13] ».

RIMBAUD. CATHOLICISME ET RÉVOLTE

Rimbaud a reçu un enseignement religieux dans l'enfance, puis au collège de Charleville. Il est issu d'une famille pieuse. Dès l'adolescence, il s'attaque à la religion et à l'Église, et produit des écrits blasphématoires (*cf.* les poèmes « La guerre » et « Les premières communions »). Ses lettres révèlent aussi une révolte contre l'autorité de la mère. De nombreux critiques ont donné une très grande importance à ces éléments et se sont attaché à y voir l'expression d'une esthétique et d'un système de pensée précis, sans envisager qu'il s'agissait d'une révolte adolescente, qui est passée bien vite d'ailleurs[14]. On a parfois entièrement dégagé ces faits du contexte qui les a vus naître. On peut très bien n'y voir aussi que rébellion contre tout ordre établi ou institution officielle. Mais de façon générale, la foi de la mère d'Arthur a été l'objet de vives critiques, de même que celle du fils par contrecoup, ainsi que son retour à la foi, telle qu'elle s'est manifestée après être revenu d'Afrique, sur son lit d'hôpital peu de temps avant sa mort. Nous ne comprenons pas la visée littéraire de l'hypothèse d'une légende forgée par sa sœur Isabelle et son beau-frère Paterne Berrichon. On ne voit pas en quoi elle reposerait sur un argument vérifiable, puisque tout ce qui a trait à la foi est de l'ordre du chemin intérieur. Quoi qu'on dise des écrits de sa sœur Isabelle, il est impossible de vérifier ou de réfuter définitivement l'idée selon laquelle – même si (selon elle) Rimbaud a mangé du fruit défendu et a transgressé certaines limites – « [...] il entrait aussi dans les desseins d'En-Haut que cet élu se vêtît sur la terre des oripeaux de l'incroyance, afin de mieux prouver aux hommes l'inanité de leurs révoltes contre

Alltagswelt und pietistisches Denken im Werk Hölderlins. Zur Kritik des Hölderlins-Bildes von Georg Lukacs, Tübingen, Max Niemeyer, « Studien und Texte zur Sozialgeschichte der Literatur » Band 10, 1983.

12 *SE*, p. 279.

13 *SE*, p. 280.

14 On a souvent fait remarquer que la Bible familiale (le fameuse « Bible à la tranche vert-chou ») était celle des jansénistes, courante à l'époque ; mais cela ne veut pas dire que la famille était acquise aux principes jansénistes.

la Puissance Éternelle[15] ». Ce point de vue reste une façon valable d'envisager l'œuvre. Elle propose aussi pour son frère la figure du Fils prodigue. Nous serions plutôt d'avis de laisser le bénéfice du doute aux documents qui nous sont parvenus et qui nous semblent cohérents avec les caractères familiaux et l'évolution probable des personnes concernées – d'autant qu'on ne voit pas ce qui est impossible dans cette histoire, ni en quoi elle nuirait à l'analyse des textes littéraires de Rimbaud. C'est l'avis de Daniel-Rops, qui voit dans cette conversion l'aboutissement cohérent d'une courbe qui va de la révolte de Dieu à sa reconnaissance, dont l'œuvre porte les germes[16].

Toujours est-il que Rimbaud grandit dans une ambiance pieuse, et que, comme de nombreux garçons de son âge et de son époque, il se révolte contre l'autorité. Son père est parti quelques années plus tôt sans laisser de nouvelles, et ce n'est que dans la figure bienveillante (paternelle en quelque sorte, même s'il n'avait que quelques années de plus que son élève) de Georges Izambard, son professeur de lettres, qu'il reconnaît un appui, à qui il ose se confier et duquel il peut prendre des conseils avec un grand respect.

L'œuvre est porteuse d'une empreinte profonde de l'Ancien et du Nouveau Testament, comme l'a démontré Suzanne Briet en établissant un relevé comparatif de citations de la Bible et du poète. Elle a établi les convergences dans les thèmes, formulations, courants de pensée et mouvements du texte[17]. Dans le même ordre d'idées, Max Vilain fait ressortir toutes les contradictions présentes : « [...] le problème de la foi, sans cesse désirée, refusée, reprise, rejetée, reste absolument central[18]. » De même, il souligne le point suivant : « Le Christ n'est plus rien pour certains hommes. Pour Rimbaud, il est plus que jamais le "*signe de contradiction*", et c'est beaucoup[19]. » C'est dans *Une saison en enfer* que le « combat spirituel », « aussi brutal que la bataille d'hommes[20] », se

15 Isabelle Rimbaud, « Rimbaud catholique » [1914, paru d'abord sous le titre de « Rimbaud mystique »], in *Rimbaud mourant*, éd. Éric Marty, Houilles, Éditions Manucius, coll. « Littéra », 2009, p. 130.

16 N'oublions pas la phrase presque prophétique d'*Une saison en enfer* : « Sur mon lit d'hôpital, l'odeur de l'encens m'est revenue si puissante [...]. » (*SE*, p. 275.)

17 *Cf.* Suzanne Briet, « La Bible dans l'œuvre de Rimbaud », in *Études rimbaldiennes I (1968)*, Amis de Rimbaud, Paris, Minard, coll. « Lettres modernes », 1969, p. 87-129.

18 Max Vilain (abbé), « Un prêtre regarde Rimbaud », in *Études rimbaldiennes I*, *ibid.*, p. 145.

19 *Ibid.*, p. 143.

20 *SE*, p. 280.

déploie dans toute sa complexité, articulant l'œuvre entière sous le signe de l'exil, en une prose parfois proche des accents terribles des prophètes.

Exilé en enfer, le narrateur aspire à retrouver l'éternité, comme dans le poème du même nom[21], repris dans *Une saison en enfer*[22]. Mais le souhaite-t-il vraiment ? Il glorifie le travail avant de le rejeter, en sachant bien que le travail, selon la Genèse, a été donné à l'homme pour expier la faute. À la fin il se résout au travail, mais cette fréquente évocation des pays chauds et sauvages, où il sera travailleur, et dont il reviendra robuste et brutal, n'est-ce pas là un simple fantasme (annonciateur, certes, mais fantasme quand même) ? Cet espace lointain, assimilé au paradis, sous la forme d'un orient à la sagesse première, n'est-ce pas une projection imaginaire, ou, à la limite, archétypale ? Quoi qu'il en soit, ce paradis est « anhistorique[23] », comme l'a souligné Pierre Brunel : « C'est moins un Orient perdu qu'un Orient jamais atteint. Là encore, tout sera donc toujours à recommencer[24]. » Cet incessant va-et-vient fait partie de la poétique rimbaldienne de l'exil, de la projection vers un ailleurs toujours renaissant qui se situe sur le double axe du temps et de l'espace[25].

À cela s'ajoute le raccourci théologique que semble faire Rimbaud : il ne se sent pas digne du Paradis, or, il croit que les païens (qui n'ont pas été baptisés), selon l'Église romaine, iront dans les limbes (ce qui est quand même moins terrible que l'enfer), donc c'est son baptême qui aurait fait sa damnation (à cause de ses mauvaises actions et de son impiété). En fait c'est une erreur : selon l'Église romaine, les justes de l'Ancien Testament attendent la résurrection à la fin des temps, mais tout païen ne peut espérer ce sort réservé aux justes ; et les Pères de l'Église (comme saint Augustin, qui a exercé une influence considérable sur la doctrine catholique) sont clairs : sans baptême, la personne ne peut être sauvée, surtout depuis la Révélation chrétienne. Si Rimbaud pensait alors que c'était le baptême qui introduisait cette dualité, c'est

21 « L'éternité », in R-Pl, p. 215.

22 *SE*, p. 267.

23 Pierre Brunel, « Rimbaud et l'Orient », in *Les Afriques de Rimbaud*, éd. David Ellison et Ralph Heyndels, Schena Editore, Presses de l'Université de Paris-Sorbonne, Biblioteca della Ricerca, « Transatlantique », 5, 2006, p. 15.

24 *Ibid.*, p. 16.

25 « Arrivée de toujours, qui t'en iras partout. » (« À une raison » in *Illuminations*, R-Pl, p. 297.)

qu'il croyait à la damnation et à la rédemption ; or s'il y croyait, il ne pouvait avoir en toute logique le raisonnement suivant lequel, n'étant pas baptisé, il ne serait pas soumis à cette dualité et serait donc sauvé ; ce serait alors considérer les dogmes de l'Église comme une simple construction humaine, invalidant alors la damnation même. Tout ceci montre bien que Rimbaud se situe toujours non seulement par rapport à une éducation d'enfance, mais aussi une foi bien tenace, même jusque dans sa révolte. Il cherchait la liberté, et il pensait la trouver en renversant l'idée qu'il se faisait de la religion. Mais par le fait même, il a renversé la religion également et a confessé son errance.

N'oublions pas que Rimbaud avait nommé la *Saison* « livre païen[26] » alors qu'il l'écrivait. L'auteur cherche à se définir comme païen, mais le christianisme refait surface et révèle, on va le voir, bien davantage qu'une simple lutte idéologique.

SARAFIAN. FÊTES CHRÉTIENNES ET DOUCEUR DE L'ENFANCE

L'évocation de l'enfance dans *Le Bois de Vincennes* et les écrits autobiographiques montre un terreau véritablement chrétien et la présence de parents pieux qui, au-delà de toutes les révoltes que traversera l'auteur, contribueront à apaiser le poète par la stabilité des fondements de la foi. « Զատիկ[27] » (« Pâques ») raconte cette réminiscence des cloches de Pâques et de la joie d'une fête du retour à la vie : la souffrance de l'exil est considérée du domaine de l'éphémère, le mystère sacré de Pâques (la résurrection) comme le domaine de la pérennité. Le texte « Մանկութիւն եւ լոյս[28] » (« Enfance et lumière[29] ») témoigne de cette présence de la foi en famille, avec la figure de la mère en prière, sous le regard de l'enfant. Ce rapport est néanmoins problématique dans la relation avec le père, comme en témoigne le passage du *Bois* où le narrateur revoit son père dire les prières de confession, alors que le jeune Nigoghos était enfant et qu'il ne comprenait pas ; le narrateur, adulte, semble associer la difficulté

---

26 Dans la lettre à Ernest Delahaye de mai 1873, de Roches, R-Pl, p. 370 : « Je travaille pourtant assez régulièrement, je fais de petites histoires en prose, titre général : Livre païen ou Livre nègre. »

27 In *Վէնսէնի անտառը*, *op. cit.*, p. 78-81 (non traduit).

28 *Ibid.*, p. 162-166.

29 Traduit par Anahide Drézian dans *Nos terres d'enfance. L'Arménie des souvenirs*, textes rassemblés par Anahide Ter Minassian et Houri Varjabédian, Marseille, Parenthèses, coll. « Diasporales », 2010, p. 179-184.

d'accéder au père et à la prière. Cette incompréhension se redouble du reproche larvé de cette génération envers les pères, et le narrateur en vient à rejeter à la fois la figure paternelle et les pères de la nation, évoquant la difficulté (voire le rejet) de la transmission et de la communication après la rupture catastrophique de 1915. Comment transmettre l'amour sans transmettre la mort qui a eu lieu ? Ou comment surmonter cette mort et rester en vie, si le projet des Jeunes Turcs était l'anéantissement des Arméniens jusqu'au dernier ? Comment alors se percevoir soi-même en tant que vivant, en tant que survivant ? Toutes ces problématiques seront évoquées explicitement chez des auteurs de la même génération ; chez Sarafian elles demeurent implicites ou allusives dans *Le Bois de Vincennes*, et nous ne développerons pas davantage dans ce cadre-ci[30]. Contentons-nous de dire que l'auteur a par endroits l'intuition d'une vie et d'un amour plus forts que la mort et la destruction, comme il l'exprime bien à la toute fin du *Bois* au moment de la renaissance à l'aube.

LA QUÊTE PHILOSOPHIQUE

HÖLDERLIN, ENTRE PANTHÉISME ET PAGANISME

Le panthéisme est intimement lié à la question de l'exil dans *Hypérion* et rejoint le livre de chevet du jeune Hölderlin, les *Pensées* de Marc Aurèle :

> Si c'est être étranger au monde d'ignorer les êtres qui sont en lui, on ne l'est pas moins en ignorant ce qui y arrive. Exilé, celui qui s'exile de la règle de la cité. [...] Lambeau arraché à la cité universelle, celui qui sépare sa propre âme de l'âme de tous les êtres raisonnables, alors qu'il n'y a qu'une seule âme[31].

Pourtant, Hypérion, plongé dans le désespoir au tout début du roman, en appelait à la fusion avec la Nature originelle, et rien ne semblait pouvoir l'arrêter dans sa quête : « *Ja, vergiß nur, daß es Menschen gibt, darbendes,*

---

30 *Cf.* les travaux d'orientation psychanalytique de Janine Altounian, notamment « *Ouvrez-moi seulement les chemins d'Arménie* ». *Un génocide aux déserts de l'inconscient* [1990], Paris, Les Belles Lettres, coll. « Confluents psychanalytiques », 2003, et *La survivance. Traduire le trauma collectif*, *op. cit.*

31 Marc Aurèle, *Pensées*, IV, 29 ; *Les Stoïciens*, éd. Pierre-Maxime Schuhl, Paris, Gallimard, « Bibliothèque de la Pléiade », 1962, p. 1164.

angefochtenes, tausendfach geärgertes Herz! und kehre wieder dahin, wo du ausgingst, in die Arme der Natur, der wandellosen, stillen und schönen[32]. » (« Oui, oublie simplement qu'il existe des hommes, cœur meurtri, agressé, mille fois indigné! et repars aux lieux d'où tu es sorti, dans les bras de la nature, de la belle, de la paisible, de l'immuable nature[33]. ») Hölderlin, lecteur de Rousseau, avait lu les mots suivants : « Je sens des extases, des ravissements inexprimables, à me fondre, pour ainsi dire, dans le système des êtres, à m'identifier avec la nature entière[34]. » Rousseau écrit également :

> Une rêverie douce et profonde s'empare alors de ses sens, et il se perd avec une délicieuse ivresse dans l'immensité de ce beau système avec lequel il se sent identifié. Alors tous les objets particuliers lui échappent; il ne voit et ne sent rien que dans le tout[35].

Cette pensée est à mettre en parallèle avec le stoïcisme de Marc Aurèle :

> Penser sans cesse que le monde est un vivant unique, ayant une seule substance et une seule âme, comment tout se rapporte à une conscience unique qui est la sienne, comment il agit en tout par une conscience unique; comment tout concourt à tout ce qui naît; comment les choses sont tissées et enroulées ensemble[36].

Mais les dissonances du monde auront le dessus, implicitement dans *Hypérion* (l'auteur tourne court, et termine son œuvre en suspendant simplement l'action, sans apporter de réponse probante), et de façon manifeste dans sa propre vie, avec son isolement mental. L'appel de Marc Aurèle à résorber l'exil par la philosophie ne pourra porter fruit, et l'unité du monde matériel par une dynamique immanente semble bel

32 DKV-II, p. 15. Novalis écrira la même année : « [...] qui ne sent pas son cœur ému d'une joie bondissante, lorsqu'en sa plénitude pénètre dans l'âme le sentiment de la vie la plus profonde, la plus intime de la Nature! lorsque ce puissant sentiment auquel la langue n'a donné aucun nom, si ce n'est Amour et Volupté, se dilate comme un parfum très fort qui dissolvait tout, et qu'alors on s'enfonce, tremblant de la plus délicieuse angoisse, au sein attirant et obscur de la Nature, alors que se disperse la pauvre personnalité dans les vagues envahissantes de la joie, et que plus rien ne reste, plus rien que le foyer de l'immesurable force génératrice, un tourbillon dévorant sur l'immense océan! » Novalis, *Les disciples à Saïs*; *Œuvres complètes*, éd. Armel Guerne, Paris, Gallimard, 1975, p. 61.

33 *Hy*, p. 67.

34 Jean-Jacques Rousseau, *Les Rêveries du promeneur solitaire*, éd. Louis Martin-Chauffier, Paris, Gallimard, « Bibliothèque de la Pléiade », 1933, p. 719.

35 *Ibid.*, p. 717.

36 Marc Aurèle, *Pensées*, IV, 40; *Les Stoïciens*, *op. cit.*, p. 1166.

et bien être une utopie. Le panthéisme de Hölderlin n'est pas accompli : force est de constater davantage le regret de l'harmonie originelle que la jouissance actuelle de l'unité ou sentiment d'une réelle unité à venir. Il y manque l'élévation due à un espace transcendant, que reconnaissait pourtant Rousseau dans ses méditations en pleine nature :

> De quoi jouit-on dans une pareille situation ? De rien d'extérieur à soi, de rien sinon de soi-même et de sa propre existence ; tant que cet état dure, on se suffit à soi-même, comme Dieu. Le sentiment de l'existence dépouillé de toute autre affection est par lui-même un sentiment précieux de contentement et de paix [...][37].

L'entité suprême, sans être identifiée à une religion révélée, est néanmoins transcendance et apporte l'unité et l'apaisement : « La méditation dans la retraite, l'étude de la nature, la contemplation de l'univers, forcent un solitaire à s'élancer incessamment vers l'Auteur des choses, et à chercher avec une douce inquiétude la fin de tout ce qu'il voit et la cause de tout ce qu'il sent[38]. »

De même, le « ἓν καὶ πᾶν[39] » repris par Spinoza restera un concept philosophique et ne sera pas plus incarné. Hölderlin, d'un certain point de vue, aura fait partie de cette génération romantique allemande qui a voulu concilier un idéalisme lyrique et un strict rationalisme, sans succès. Novalis faisait sienne cette formule à la même époque : « En toutes choses l'Un, et dans l'Un toutes choses[40] » : affirmation restée simple formule pour ces poètes ayant quitté si tôt la vie dans de grands remous, et qui voulaient trouver l'unité en ce monde comme principe universel de la matière même. Une lettre de Hölderlin à son frère, au moment où il rédigeait *Hypérion*, exprime même une nuance ambiguë qui laisse peut-être voir dans cet élan une poussée suicidaire inconsciente :

> *Freilich sehnen wir uns oft auch, aus diesem Mittelzustand von Leben und Tod überzugehn in's unendliche Sein der schönen Welt, in die Arme der ewigjugendlichen*

37 Jean-Jacques Rousseau, *Les Rêveries du promeneur solitaire*, *op. cit.*, p. 702.

38 *Ibid.*, p. 669.

39 « *hen kai pan* », littéralement « un et tout », formule issue du panthéisme grec antique.

40 Novalis, *Henri d'Ofterdingen* ; *Œuvres complètes*, *op. cit.*, p. 208. Voici la strophe entière : « En toutes choses l'Un, et dans l'Un toutes choses, / Vois l'image de Dieu sur une herbe, un caillou, / L'esprit de Dieu chez l'homme et dans les animaux, / Là est ce qu'on se doit d'avoir au fond du cœur. / Rien n'est plus commandé par le temps ni l'espace, / Le futur est ici présent dans le passé. »

> *Natur, wovon wir ausgegangen. Aber es geht ja alles seine stete Bahn, warum sollten wir uns zu früh dahin stürzen, wohin wir verlangen*[41].
>
> « Il est vrai que nous aspirons souvent à passer de cet état intermédiaire entre la vie et la mort à l'Être infini du monde, à nous jeter dans les bras de la Nature éternellement jeune dont nous sommes issus. Mais puisque toute chose poursuit sa voie immuable, pourquoi nous précipiter à l'avance où nous aboutirons de toute manière[42] ! »

Se « précipiter à l'avance », qu'est-ce sinon provoquer la mort ?

Nous ne cherchons pas ici à approfondir les conceptions philosophiques de Hölderlin, qui du reste reflètent en grande partie la pensée de son temps ; cela déborderait le cadre du présent travail. Nous pensons simplement qu'il est utile de souligner de quelle façon cette spéculation philosophique, cherchant manifestement une unité originelle et une harmonie du monde, a abouti à un exil identitaire et spirituel de l'auteur. Il faut lire la correspondance à l'époque de la rédaction de *Hypérion* pour s'en convaincre, par exemple une lettre à Neuffer : « *Übrigens komm' ich jetzt so ziemlich von der Region des Abstrakten zurück, in die ich mich mit meinem ganzen Wesen verloren hatte*[43]. » (« Au reste, je reviens tout doucement des régions de l'abstraction où je m'étais perdu corps et âme[44]. ») Il écrira de même à son frère :

> *Unter rastloser Tätigkeit reift man zum Manne* [...] *unter der heiligen unerschütterlichen Maxime, sein Gewissen nie von eigner oder fremder Afterphilosophie, von der stockfinstern Aufklärung, von dem hochwohlweisen Unsinne beschwatzen zu lassen, der so manche heilige Pflicht mit dem Namen Vorurteil schändet* [...][45].
>
> « On devient un homme [...] grâce à la sainte et inébranlable résolution de ne jamais laisser berner sa conscience par la pseudo-philosophie des autres ou par la nôtre, par la ténébreuse philosophie des lumières, les insanités à prétentions ultra-savantes qui, sous couleur de préjugés, violent tant de devoirs sacrés [...][46]. »

---

41 Lettre à son frère du 2 juin 1796, de Francfort, DKV-III, p. 232.

42 H-Pl, p. 387.

43 Lettre à Neuffer, mi-avril 1794, de Waltershausen, DKV-III, p. 132.

44 H-Pl, p. 303. – Un lien frappant est à faire entre ces propos et ceux de Rimbaud dans « Alchimie du verbe » : « Ma santé fut menacée. La terreur venait. Je tombais dans des sommeils de plusieurs jours, et, levé, je continuais les rêves les plus tristes. J'étais mûr pour le trépas [...]. » (*SE*, p. 268.)

45 Lettre à son frère du 21 août 1794, de Waltershausen, DKV-III, p. 150-151.

46 H-Pl, p. 318-319.

Ce qui ne l'empêchera pourtant pas d'exprimer dans un élan irrésistible, quelques années plus tard : « *Kant ist der Moses unserer Nation*[47] » (« Kant est le Moïse de notre nation[48] ») ! La fascination qu'exerce la philosophie sur son esprit lui laisse bien quelques moments de discernement ; mais l'exil spirituel aura le dessus.

N'oublions pas que le jeune Hölderlin avait déjà, sur les bancs de l'école, formé un groupe de réflexion et même écrit un manifeste avec Hegel et Schelling, « *Das ältestes Systemprogramm des deutschen Idealismus* » (« Le plus ancien programme systématique de l'idéalisme allemand »), qui avait pour but de fonder une nouvelle spiritualité. Au sein même du séminaire protestant se formait l'idée d'une nouvelle Église embrassant l'humanité entière, sur les ruines de l'ancienne, hors de l'État officiel, dévoilant par là un programme se rapprochant étrangement de groupes occultes à la même époque. De nombreux membres des cercles littéraires étudiants feront d'ailleurs partie plus tard de ces sociétés secrètes. On sent chez le Hölderlin de *Hypérion* cette fascination pour la préparation secrète d'un nouveau culte qui reprend de nombreux éléments religieux en les déchristianisant :

> *O Regen vom Himmel ! o Begeisterung ! Du wirst den Frühling der Völker uns wiederbringen.* [...] *so wirst du kommen, kommen wirst du, mit deinen allmächtigen Wonnen, in goldne Wolken wirst du uns hüllen und empor uns tragen über die Sterblichkeit, und wir werden staunen und fragen, ob wir es noch seien, wir, die Dürftigen, die wir die Sterne fragten, ob dort uns ein Frühling blühe* – [...] *wann die Lieblingin der Zeit, die jüngste, schönste Tochter der Zeit, die neue Kirche, hervorgehn wird aus diesen befleckten veralteten Formen, wann das erwachte Gefühl des Göttlichen dem Menschen seine Gottheit, und seiner Brust die schöne Jugend wiederbringen wird* [...]. *Dann, dann erst sind wir, dann ist das Element der Geister gefunden*[49] *!*

« Ô pluie du ciel ! Ô venue de l'esprit ! Tu nous ramèneras le printemps des peuples. [...] et tu viendras alors, tu viendras à nous avec tes tout-puissants délices, tu nous envelopperas dans des nuages d'or et nous emportera par-delà notre mortelle condition, et nous serons frappés d'étonnement et nous nous demanderons si c'était bien nous, nous les êtres de besoin, qui interrogions les étoiles pour savoir si là-haut fleurissait un printemps – [...] ce sera le jour où la préférée du Temps, où la plus jeune et la plus belle des filles du Temps, où la nouvelle Église surgira de ces formes salies et révolues, quand le sentiment

---

47 Lettre à son frère du 1er janvier 1799, de Hombourg, DKV-III, p. 331.
48 H-Pl, p. 690.
49 DKV-II, p. 40.

> du divin réveillé en l'homme lui rendra sa divinité [...]. Alors, alors seulement nous serons, alors nous aurons trouvé l'élément des esprits[50] ! »

La « venue de l'esprit » (traduction de « Begeisterung », traduit ailleurs par « enthousiasme ») pour un « printemps des peuples » appelés à former l'alliance universelle est une forme de sécularisation de la Pentecôte. L'emploi d'un vocabulaire péjoratif pour qualifier l'Église ancienne montre bien le caractère idéologique du texte, qui met en place une vision mythique du nouvel homme déifié, à qui est révélé une chose aussi vague que « l'élément des esprits » – tous éléments dont Nietzsche pourra s'inspirer dans une certaine mesure, moins d'un siècle plus tard. L'alliance universelle suit une courbe qui va de la nation à la nouvelle Église.

La fiction de *Hypérion*, comme nous l'avons montré, ne donne pas d'accomplissement probant, et la suite de l'œuvre de Hölderlin passera par une incohérence progressive jusqu'au mutisme complet. Rousseau annonçait-il ce que vivrait Hölderlin ?

> Tout est fini pour moi sur la terre. On ne peut plus m'y faire ni bien ni mal. Il ne me reste plus rien à espérer ni à craindre en ce monde, et m'y voilà tranquille au fond de l'abîme, pauvre mortel infortuné, mais impassible comme Dieu même.
>
> Tout ce qui m'est extérieur m'est étranger désormais. Je n'ai plus, en ce monde, ni prochain, ni semblables, ni frères. Je suis sur la terre comme dans une planète étrangère où je serais tombé de celle que j'habitais[51].

Hypérion exprimait aussi cet exil du monde ; Hölderlin le vivra lui-même quelques années plus tard.

Nous avons vu qu'il était malaisé de définir le genre de cette œuvre. La seule constante est le lyrisme, qui se manifeste au-delà des catégories et qui se rapporte à une instance sacrée, que ce soit dans la nostalgie d'un état perdu ou dans l'aspiration à l'unité. Cela peut être considéré comme la double face de la *Sehnsucht*. Il ne serait pas non plus facile de définir une spiritualité dans l'œuvre, qui emprunte à toutes celles susmentionnées. Là encore un élément unifie l'ensemble : l'exil, qui donne une teinte particulière à chacune des spiritualités. Il ne serait

---

50 *Hy*, p. 100. Jean-Pierre Lefebvre oublie de traduire « *und seiner Brust die schöne Jugend* » ; Philippe Jaccottet traduit la proposition entière par : « quand le réveil du sens du divin rendra à l'homme son dieu et au cœur sa jeunesse » (H-Pl, p. 159.).

51 Rousseau, *Les Rêveries du promeneur solitaire*, *op. cit.*, p. 655.

pas vain de voir dans la source de cet exil le « *Überfluß der Sprache*[52] » (« superflu du langage[53] ») qu'il évoque dans *Hypérion*, puisque, comme l'a souligné Ernst Müller, par cette ouverture immense s'ouvre aussi le risque de perdre ce qui s'était ouvert ; c'est cependant là que réside l'entreprise titanesque du poète, qui trouvera sa pleine mesure dans les grands hymnes.

> [...] *er dichtet nicht, um zu beichten, einen großen inneren Druck loszuwerden, vielmehr ist sein Dichten stets ein existentielles Wagnis, ein titanischer Versuch entweder Alles oder Nichts zu geben, ein Wurf ins Große und Größte, von dem der Dichter nicht weiß, ob er gelingen oder verfehlen wird, ob er überhaupt endet oder nicht in ein unendliches Gespräch ausläuft*[54].
>
> « [...] il n'écrit pas pour se confesser ou se défaire d'une grande pression interne ; son écriture poétique, est en permanence un hasardeux pari existentiel, une tentative titanesque de donner Tout ou Rien, un jet dans le Grand et le Plus Grand, dans laquelle le poète ne sait pas s'il va réussir ou échouer, s'il va finir ou se prolonger en une conversation infinie[55]. »

Selon Müller, le narrateur, perdu entre les dieux, la Nature et la Beauté, veut partager le « *Überfluß der Sprache* », mais le risque du néant est toujours suspendu sur sa tête. Il nous semble que le risque demeure même une fois l'œuvre terminée, car Hölderlin ne conclut pas vraiment, comme nous l'avons démontré, mais aussi parce qu'il se cache encore derrière une fiction – ce ne sera plus le cas dans la période des grands hymnes. Quoi qu'il en soit, ce lyrisme demeure l'expression d'une âme exilée et annonce un exil plus grand encore, celui que vivra le poète loin de la société des hommes.

Le paganisme des dieux grecs est de même complètement esthétisé. Hölderlin était lecteur et admirateur de Schelling, qui écrivait à la même époque :

52 *Cf.* DKV-II, p. 131-132 : « [...] *die Sprache ist ein großer Überfluß. Das Beste bleibt doch immer für sich und ruht in seiner Tiefe, wie die Perle im Grunde des Meers.* » (« [...] le langage est une grande chose superflue. Le mieux, eh oui, reste toujours pour soi et repose dans ses profondeurs, comme la perle au fond de la mer. » (*Hy*, p. 213.)

53 On peut également l'entendre comme « débordement de la langue » ou « surabondance de paroles ».

54 Ernst Müller, « Hyperion als Existenz », in *Hölderlin. Studien zur Geschichte seines Geistes*, Kohlhammer, Stuttgart, 1944, p. 186. Sur cette question, *cf.* aussi Jürgen Wertheimer, « Sprachzeichen : Zeichensprache – Hyperions Weg ins dialogische Abseits », in *Hölderlin und die Moderne. Eine Bestandsaufnahme*, *op. cit.*

55 Nous traduisons.

> [...] la loi fondamentale de la poésie moderne est l'*originalité* [...]. Tout individu vraiment créateur doit se créer lui-même sa mythologie [...]. Mais cette mythologie pourra être *forgée* de toutes pièces, et non seulement projetée selon les directives de certaines idées philosophiques ; auquel cas il serait impossible, en effet, de lui attribuer une vie poétique indépendante[56].

Pourtant, les essais philosophiques de Hölderlin montrent un jeune créateur très embarrassé, tentant de faire entrer tant bien que mal la création spontanée dans le carcan conceptuel de la philosophie, comme l'a démontré Zweig.

À l'époque de Hölderlin, la relecture des Grecs par les jeunes allemands constituait une césure entre les modernes et le monde grec, comme l'a démontré Jacques Taminiaux, qui voit aussi dans l'écriture des indices d'une volonté de dépasser le retour vers l'Un-Tout associé à la Grèce en un mouvement nostalgique. Cette réflexion convient particulièrement à *Hypérion*, dont les versions successives témoignent d'une évolution dans ce sens, toujours selon Taminiaux[57].

La mythologie de Hölderlin est certes une relecture personnelle des mythes grecs et une mise à distance. Mais la pensée que l'auteur tend à insuffler dans l'œuvre finit par écraser la production elle-même. Hölderlin n'achèvera pas son œuvre, et ses dernières esquisses d'hymnes ne seront que lambeaux de pensée. En ce qui concerne *Hypérion*, Hölderlin a surtout retenu la quête esthétisante de l'Antiquité et le stoïcisme. La partie la plus artificielle de l'œuvre, la moins fluide, la plus maladroite, difficilement intégrée au reste, est celle où il fait état des différents âges de l'humanité ainsi que de l'idéal grec. On croirait voir une pâle copie des écrits de Herder. Peut-être que cette mythologie « de seconde main » est une façon déjà d'élever un rempart contre le gouffre qui le menace. Le même Schelling énonçait dans ses premiers écrits : « La *conscience de soi* implique d'emblée le risque de perdre le Moi[58]. »

Les écrits d'exil mettent en place souvent une quête de l'unité perdue. Le narrateur tente de retrouver cette unité qui redonnera cohérence à sa vie. *Hypérion*, nous l'avons vu, se présente comme une longue narration

56 F. W. J. Schelling, *Textes esthétiques*, trad. Alain Pernet, Paris, Klincksieck, coll. « L'esprit et les formes », 1978, p. 67.

57 *Cf.* Jacques Taminiaux, « La nostalgie de la Grèce à l'aube de l'Allemagne classique », in *Turm-Vorträge. 1987/88. Hölderlin und die Griechen*, hrsg. Valérie Lawitschka, Tübingen, Hölderlin-Gesellschaft, Hölderlinturm, 1988, p. 27-43.

58 F. W. J. Schelling, *Premiers écrits*, trad. J.-F. Courtine, Paris, PUF, 1987, p. 82.

poétique, fleuve lyrique qui est l'aspiration du moi vers son unité perdue, vers son origine qui se trouve dans la nature. Mais le narrateur est en proie à la dureté du monde et à la bêtise, et son élan est brisé, ce qui pousse le narrateur à rechercher toujours plus la solitude. En cela, il s'agit d'une œuvre romantique, directement issue du *Sturm und Drang*, également porteuse de l'écho préromantique d'un Rousseau exilé de la société des hommes dans une nature-refuge.

Dès les premières pages, le jeune Grec contemple la nature de la patrie et s'y sent exilé. Ce paysage envisagé comme société des hommes est insoutenable et ne redevient envisageable que comme le berceau réparateur et originel de la nature déifiée. L'affirmation sera réitérée à la toute fin, traçant ainsi une courbe de retour vers l'origine par la forme même de l'œuvre.

Le lyrisme romantique se traduit dans la glorification de la nature nourrissante et enivrante : « *Die Fülle der allebendigen Welt ernährt und sättiget mit Trunkenheit mein darbend Wesen*[59]. » (« Toute la plénitude de la vie universelle nourrit et rassasie d'ivresse mon être affamé[60]. ») L'universalité, nous l'avons vu, trouve ainsi une manifestation dans la fondation d'une Église unissant tous les êtres du monde.

Le besoin d'union avec la nature se traduit aussi par des apostrophes douloureuses où le poète fait état également de ce qui le sépare d'elle : « *O selige Natur ! Ich weiß nicht, wie mir geschiehet, wenn ich mein Auge erhebe vor deiner Schöne, aber alle Lust des Himmels ist in den Tränen, die ich weine vor dir, der Geliebte vor der Geliebten*[61]. » (« Ô Nature bienheureuse ! Je ne sais ce qui m'arrive quand je lève les yeux devant ta beauté, mais toute l'allégresse du ciel est dans les larmes que je pleure devant toi, tel l'aimé devant son aimée[62]. ») La relation amoureuse à la nature mène à la spiritualité panthéiste, où la Nature devient la divinité-totalité : « [...] *mir ist, als öffnet' ein verwandter Geist mir die Arme, als löste der Schmerz der Einsamkeit sich auf in's Leben der Gottheit*[63]. » (« [...] il me semble alors qu'un esprit parent m'ouvre ses bras, et que la douleur de la solitude se dissout dans la vie de la divinité[64]. »)

59 DKV-II, p. 15.
60 *Hy*, p. 68.
61 DKV-II, p. 15.
62 *Hy*, p. 68.
63 DKV-II, p. 16.
64 *Hy*, p. 68.

Surgit alors le crédo qui doit tant à Spinoza, à Héraclite, aux Stoïciens et à Rousseau :

> *Eines zu sein mit Allem, das ist Leben der Gottheit, das ist der Himmel des Menschen. Eines zu sein mit Allem, was lebt, in seliger Selbstvergessenheit wiederzukehren in's All der Natur, das ist der Gipfel der Gedanken und Freuden, das ist die heilige Bergeshöhe, der Ort der ewigen Ruhe* [...][65].

> « Ne faire qu'un avec le Tout, c'est la vie de la Divinité, le ciel de l'homme. Ne faire qu'un avec tout ce qui vit, plonger dans la félicité de l'oubli de soi en revenant dans le Tout de la nature, voilà l'ultime sommet des pensées et des joies, la cime sacrée, le lieu de l'éternelle quiétude [...][66]. »

Or la transcendance a disparu sous la plume de l'auteur, puisque le « ciel de l'homme » repose dans l'immanence de la nature terrestre. De fait, le narrateur dira quelques lignes plus loin : « *Warum ist die Welt nicht dürftig genug, um außer ihr noch Einen zu suchen*[67] *?* » (« Pourquoi le monde n'est-il pas pauvre au point qu'il faille encore aller chercher Quelqu'un hors de lui[68] ? »)

L'exil n'est plus du ciel, mais à la fois de la nature et de la société. L'exil de la société mène à l'exil de la nature. La conscience de la souffrance fait retomber le poète : « [...] *die Natur verschließt die Arme, und ich stehe, wie ein Fremdling, vor ihr, und verstehe sie nicht*[69]. » (« La nature me refuse ses bras, je suis là en arrêt devant elle comme un étranger, et je ne la comprends pas[70]. ») C'est aussi la douleur de s'être adonné à la philosophie, d'être « devenu tout à fait raisonnable », et, par la froide raison, de s'être suffisamment circonscrit et détaché du monde, s'éloignant de la fusion originelle.

Le narrateur s'analyse sur le mode du regret, et de ce fait le moi est distinct du monde. Cette séparation est le début de l'exil. En fait le moi oscille entre le lyrisme vers la nature – reste d'une unité – et le témoignage de la séparation.

Quant au christianisme, il est quasi absent ; l'auteur prend peut-être même un certain plaisir à rejeter, à l'instar de Spinoza, l'idée d'une

65 DKV-II, p. 16.
66 *Hy*, p. 68-69.
67 DKV-II, p. 19.
68 *Hy*, p. 72.
69 DKV-II, p. 16.
70 *Hy*, p. 69.

divinité transcendante, notamment dans le passage sur la divinité hors du monde qui fit des remous à l'époque, ce qui amena Hölderlin à ajouter une note de bas de page pour relativiser le propos[71]. Mais l'œuvre entière montre le contraire : un tel élan vers l'absolu dépasse les bornes de l'immanence. Comme le montre R. Guardini pour les hymnes plus tardifs, il est possible de considérer les éléments grecs sacrés comme une restructuration – ou recomposition – des éléments de la foi chrétienne de l'enfance.

> Les dieux chantés par Hölderlin sont des aspects ou des modes de la puissance, de la bonté, de la miséricorde du Dieu réel tels qu'ils sont éprouvés par une âme véritablement religieuse. Ces manifestations du divin ont été ressenties tout au long d'une expérience religieuse authentique mais Hölderlin en a perdu ou en a travesti la signification vraie. Hölderlin est, en effet, un homme au sens religieux exceptionnellement aigu mais comme il a rejeté ou n'a jamais eu la foi rationnelle en un Dieu unique, il se trouve amené à fragmenter les divers aspects de son expérience en autant de « dieux » séparés. Or, comme ce poète est à la fois épris de littérature classique et insoucieux de la cohérence logique, il utilise tout naturellement, pour exprimer les diverses phases de son expérience, les symboles dont il dispose et qu'il admire : les dieux et la Grèce [...][72].

L'enthousiasme hölderlinien fait éclater le cadre du rationalisme des Lumières. Si bien que le sentiment d'exil qui parcourt l'œuvre voit apparaître en arrière-fond la nostalgie du paradis perdu et l'espérance d'une rédemption finale : entre les « dissonances du monde » de l'homme exilé de la Nature originelle et le retour à l'unité souveraine, il est possible de distinguer en filigrane l'aspiration chrétienne de son enfance[73]. L'image première se lit entre les lignes et le poète va au-delà du système établi rationnellement par les philosophes qu'il admire. Sa correspondance de la même époque témoigne de cet élan sans limite qui perce les limites de l'immanence.

Jürgen Link développe une analyse plus générale et relie la question des dieux à Rousseau dans son rapport à la nature :

---

71 Il faut rappeler aussi la délicatesse de Hölderlin auprès de sa mère lorsqu'il ne veut pas qu'elle s'inquiète de ses explorations païennes et philosophiques, dans la lettre à sa mère du 14 février 1791, de Tübingen, DKV-III, p. 78-79, citée dans notre première partie.

72 Alphonse De Waelhens, compte rendu du livre de Romano Guardini, *Hölderlin. Weltbild und Frömmigkeit* [1939], *Revue néo-scolastique de philosophie*, 1940, vol. 43, n° 67, p. 316.

73 On serait presque tenté de parler alors de panthéisme chrétien, si la chose était possible !

> Les « dieux » de Hölderlin doivent être conçus comme les noms de forces naturelles et de processus soumis aux lois de la nature, comme le voulait le discours des sciences naturelles « éclairées » aux alentours de 1800. Dans le discours de Hölderlin, Rousseau, le moderne [...] représente la quintessence du savoir éclairé, opérant un retour inventif (progressif, et non pas régressif) à la nature[74].

Le parcours spirituel de Hölderlin a été retracé par Ernest Tonnelat, de la jeunesse jusqu'aux derniers fragments avant l'époque de la tour. Il distingue d'une part ce qui est resté chrétien, et d'autre part les nouvelles voies que Hölderlin a suivies. Concernant la foi qui transparaît dans ses œuvres, il perçoit un va-et-vient entre christianisme et néo-paganisme, avant de conclure qu'elle semble être « un mélange assez complexe de mysticisme naturiste, de rationalisme d'*Aufklärer* et de sentimentalité chrétienne[75] ».

Enfin, certains ont même fait un lien entre le néo-paganisme philosophique et l'exil spirituel dans la tour, qui a gagné peu à peu l'esprit du poète ; à commencer par le menuisier Zimmer, qui eut l'occasion de l'observer pendant trente ans. L'écrivain Gustav Kühne, qui rendit visite à Hölderlin et à Zimmer en 1836, transcrivit le témoignage du menuisier :

> Ce n'est pas le manque d'esprit qui l'a rendu fou [...]. C'est toute sa science, croyez-moi. Quand le vase est trop plein, et clos, il ne peut qu'éclater. Et si vous voulez rassembler les morceaux, vous constatez que tout le contenu s'est perdu. Tous nos savants se remplissent de science à ras bord, il s'en faut d'un rien pour que ça déborde. Avec ça, ils n'écrivent qu'impiétés. Lui, c'est la manie du paganisme qui lui a brouillé les idées. Il s'est arrêté avec toutes ses pensées sur un point, et n'a plus cessé de tourner autour depuis[76].

Plus récemment, Karl Jaspers a même placé l'ensemble du parcours littéraire de Hölderlin sous le signe de la schizophrénie, les différentes phases de création marquant l'évolution de la maladie. Il fait un lien direct entre le début de la folie et la fixation sur la Grèce antique : « On peut dire que dès le moment où la folie commence à l'envahir, la Grèce antique devient la patrie de son âme, il y vit, il absorbe tout ce qui, dans

74 Jürgen Link, *Hölderlin Rousseau. Retour inventif*, trad. Isabelle Kalinowski, Presses Universitaires de Vincennes, Créations européennes, Saint-Denis, 1995, p. 291.
75 Ernest Tonnelat, *L'œuvre poétique et la pensée religieuse de Hölderlin*, Paris, 1950, p. 304.
76 Cité par Philippe Jaccottet in H-Pl, p. 1109-1110.

cette civilisation, demeure assimilable[77]. » Jaspers emploie aussi le terme d'« exilé » dans une problématique psychologique, liée à la nostalgie des jours heureux et à la séparation, dont il ne sort que par une résilience de courte durée, lorsqu'il fait corps avec l'objet de sa création : « L'ancienne nostalgie, cette angoisse de se sentir partagé, malheureux, exilé, se transforme au cours de sa maladie en un sentiment de présence immédiate qui le comble et le soulève jusqu'à une sphère plus vaste, plus extérieure à lui, plus impersonnelle et située hors du temps[78]. » Mais il s'agit en réalité d'un éloignement progressif du monde, qui contraste paradoxalement avec le rapprochement (imaginaire) de la patrie grecque, à partir de l'époque de la lettre à Böhlendorff du 4 décembre 1801 : « Désormais, Hölderlin a su donner une présence à cette lointaine patrie grecque vers qui le poussait son désir ; son idée du divin ne se fige plus en des apparences d'emprunt ; elle est pour lui actuelle, visible, originellement et il nous la rend telle [...][79]. » L'étude de Jaspers nous amène un éclairage original sur la personnalité du poète, mais il ne conclut pas de façon probante et n'entre pas dans le détail de l'écriture, ce qui limite l'apport de l'étude à notre réflexion sur une éventuelle poétique[80].

En réalité, Hölderlin se situe à la croisée des chemins, entre diverses spiritualités, courants de pensées, théologies et philosophies, ce qui n'a pas manqué de rendre les sentiers sinueux et d'éloigner l'auteur d'une unité qui l'eût peut-être préservé du naufrage. Paul Böckmann a bien montré que le rapport aux dieux chez Hölderlin correspond précisément à une situation historique de bouleversement, au sein d'une multiplicité de chemins spirituels, entre orthodoxie, piétisme, *Aufklärung*, humanisme et idéalisme[81].

Plusieurs critiques ont également souligné le rôle que l'éducation chrétienne a tenu dans le parcours littéraire de l'auteur. La filiation grecque est plus tardive et reste quelque peu artificielle, ou du moins très conceptuelle. Ce n'était pas sa culture d'enfance ; c'est tout au plus le bain culturel dans

77 Karl Jaspers, *Strindberg et Van Gogh, Hölderlin et Swedenborg* [1953], préface de Maurice Blanchot sur Hölderlin, Paris, Minuit, 1968, p. 178.

78 *Ibid.*, p. 179.

79 *Ibid.*, p. 180.

80 *Cf.* aussi, plus généralement sur la question de l'exil et de la schizophrénie, Remo Bodei, « Exilés dans le temps. Les deux exils », trad. Guillaume Gueguen, in *Écritures de l'exil*, dir. Augustin Giovannoni, Paris, L'Harmattan, coll. « Espaces littéraires », 2006, p. 13-39.

81 *Cf.* Paul Böckmann, *Hölderlin und seine Götter*, München, Beck'sche, 1935, notamment p. VIII-IX (introduction).

lequel Hölderlin avait fait ses études : tout jeune homme faisant ses lettres classiques était d'emblée plongé dans ces humanités gréco-latines qui prenaient une intensité particulière au XVIIIe siècle, puisqu'elles apportaient à nouveau une forme de transcendance que la remise en question du christianisme par les Lumières avait plus ou moins bannie. Les jeunes lettrés de la génération de Hölderlin reportaient sur la Grèce antique leur besoin de transcendance, facilités en cela par la très grande ouverture intellectuelle des milieux protestants. C'est une idée avancée notamment par Wulf Koepke dans « *Hölderlin in einer gottverlassenen Zeit*[82] ».

Il nous semble possible de faire un lien entre l'exil géographique et l'exil spirituel, en ce sens où la terre est souvent associée non seulement à une culture et à une nationalité, mais aussi à une force spirituelle et à un attachement non seulement affectif mais parfois mystique, comme nous le verrons plus loin en ce qui concerne le piétisme souabe. Lawrence Ryan a bien souligné l'exil de la patrie chez le jeune Hypérion, et ses retrouvailles accompagnées insensiblement d'un glissement à la sphère spirituelle : « *In diesem Sinne ist Hyperions Weg nach Deutschland der Weg in ein Land, in dem er ein Heimatrecht erwirbt, gleichsam eine neue, geistige Heimat findet, eben jene, die der durch Hyperion zu sich selbst als Dichter findende Hölderlin als die seine erkennen wird*[83]. » (« En ce sens, le chemin de Hypérion vers l'Allemagne est un chemin dans un pays dans lequel il hérite d'un droit à la patrie et trouve une nouvelle et spirituelle patrie, celle qu'à travers Hypérion, Hölderlin, se découvrant, va reconnaître en lui en tant que poète[84]. »)

Paul Böckmann met l'accent aussi sur le lien entre le passage de l'historique au spirituel à travers le mythe[85]. Il souligne la facticité du caractère grec de ses œuvres, qui ne sont que l'expression profonde d'une spiritualité restée chrétienne et d'une identité culturelle restée allemande, et qui, à travers l'utilisation du fonds grec, cherche simplement une direction[86].

Erich Przywara va plus loin encore, puisqu'en plein après-guerre, où la tendance critique allait davantage dans une dénationalisation de Hölderlin

---

82 *Cf.* Wulf Koepke, « *Hölderlin in einer gottverlassenen Zeit* » [« Hölderlin en une époque abandonnée des dieux »], in *Ästhetiken des Exils*, hrsg. Helga Schreckenberger, « Amsterdamer Beiträge zur neueren Germanistik », Amsterdam – New York, Rodopi, Band 54, 2003, p. 209-233.

83 Lawrence Ryan, « "So kam ich unter die Deutschen." Hyperions Weg in die Heimat », in *Hölderlin-Jahrbuch*, 31, 1998-1999, p. 122.

84 Nous traduisons.

85 *Cf.* notamment *Hölderlin und seine Götter*, *op. cit.*, p. 116.

86 *Cf. ibid.*, p. 119.

(vu l'utilisation qui en avait été faite durant la Deuxième Guerre mondiale), tente de restituer à l'auteur tout son caractère national et chrétien. Przywara lit tout l'œuvre de Hölderlin à la lumière du christianisme et particulièrement de l'apocalypse selon saint Jean[87]. Selon lui, dans l'œuvre la plus « grecque » de l'auteur (*Hypérion*) subsiste le christianisme. Hypérion, malgré ses élans panthéistes liés à l'union de tous les hommes dans la lutte pour l'indépendance, perd foi en l'homme. À la fin le caractère grec demeure (entre autres dans la question panthéiste de la résolution des dissonances du monde), mais l'œuvre sous-tend quand même cette quête plus élevée, transcendante, qui seule pourrait apporter une réponse après la chute *apocalyptique* des systèmes. Il ne resterait à Hypérion que cette transcendance d'amour que le christianisme pourrait apporter, et que même l'amour terrestre n'avait pu donner. C'est dans la double perte de la patrie que réside le conflit irrésolu. Hypérion n'est chez lui ni chez les Grecs, ni en Allemagne. Sa patrie est-elle de ce monde ? Hölderlin a cherché l'union du christique et de l'hellénique, et, toujours selon Przywara, il l'aurait trouvée dans la folie. On peut simplement s'étonner qu'il l'ait trouvée alors que la folie a été une réelle souffrance, d'après le témoignage de ses visiteurs à la tour de Tübingen. Mais si l'on entend « union » comme la jonction de deux visions du monde antagonistes, on comprend que le résultat se solde par une situation explosive.

Par sa folie, Hölderlin a-t-il ainsi échappé à une union impossible, blasphématoire ? C'est ce que semble penser Armel Guerne, mais Przywara n'en dit guère plus. On voit simplement le résultat : perte de raison, absence désormais de grands poèmes syncrétiques sur Christ-Dionysos-Héraklès, et écriture de petits poèmes sereins sur la beauté de la nature… qui donnent l'impression que l'auteur s'est élevé à une sainte simplicité. Przywara y voit même une résurrection, que traduit une phrase du poème tardif « *In lieblicher Bläue* », transcrit par Wilhelm Waiblinger dans son roman biographique *Phaeton* : « *Leben ist Tod, und Tod ist auch ein Leben*[88]. » (« Vivre est une mort, et la mort elle aussi est une vie[89]. ») C'est à propos de cette phrase que Przywara écrit : « *Die Umnachtung Hölderlins ist Osternacht in den*

87 Michel Arouimi a tenté une expérience similaire avec *Une saison en enfer*. *Cf. Les apocalypses secrètes. Shakespeare, Eichendorff, Rimbaud, Conrad, Claudel, Tchékhov, Ramuz, Bosco, Carlo Levi*, Paris, L'Harmattan, 2007.

88 DKV-I, p. 481.

89 « En bleu adorable », in H-Pl, p. 941.

Ostermorgen[90]. » (« La folie de Hölderlin est nuit de Pâques dans le matin de Pâques[91]. ») Il est à noter que l'auteur joue sur le mot *Nacht*, puisqu'on traduit en général « Umnachtung » par folie, dans le sens d'« entouré de nuit », et il parle ici d'entrée dans la nuit, celle de Pâques, sans doute la dernière nuit avant la crucifixion, ou encore celle avant la résurrection, donc celle de l'attente, entre la mort sur la croix et la résurrection. Przywara associe donc le parcours de Hölderlin à un chemin initiatique christique qui va de la nuit à la lumière, et qu'il met en parallèle avec le chemin de l'Occident, dont Hölderlin partage le déclin. Quoi qu'il en soit, il y a dans cette perspective également une forme d'exil sur terre en attendant de rejoindre la patrie céleste. C'est ce que nous rappelle le poème « *An Zimmern* » (« À Zimmer »), écrit en 1812 :

> *Die Linien des Lebens sind verschieden*
> *Wie Wege sind, und wie der Berge Grenzen.*
> *Was hier wir sind, kann dort ein Gott ergänzen*
> *Mit Harmonien und ewigem Lohn und Frieden*[92].

> « Les lignes de la vie sont diverses
> Comme les routes et les contours des montagnes.
> Ce que nous sommes ici, un Dieu là-bas peut le parfaire
> Avec des harmonies et l'éternelle récompense et le repos[93]. »

Hölderlin avait-il eu une prémonition lorsqu'il avait écrit à sa sœur en 1799 :

> *Jeder Mensch hat doch seine Freude, und wer kann sie ganz verschmähen ? Die meine ist nun das schöne Wetter, die heitre Sonne und die grüne Erde und ich kann diese Freude mir nicht tadeln, sie heiße wie sie will, ich habe nun einmal keine andre in der Nähe, und hätt' ich noch eine andre, so würd' ich diese niemals doch verlassen, und vergessen, denn sie nimmt niemand nichts, und altert nicht, und der Geist findet so viel Bedeutung in ihr ; und wenn ich einmal ein Knabe mit grauen Haaren bin, so soll der Frühling und der Morgen und das Abendlicht mich Tag für Tag ein wenig noch verjüngen, bis ich das letzte fühle und mich ins Freie setze und von da aus weggehe – zur ewigen Jugend*[94] *!*

> « Chacun trouve pourtant sa joie et qui donc la dédaignerait entièrement ? La mienne, c'est maintenant le beau temps, le gai soleil, la verdure, et je ne puis

90 Erich, Przywara, *Hölderlin*, Nürnberg, Glock und Lutz, 1949, p. 180.
91 Nous traduisons.
92 DKV-I, p. 454.
93 H-Pl, p. 1023.
94 Lettre à sa sœur, juillet 1799, de Hombourg, DKV-III, p. 383.

me reprocher cette joie, quel que soit le nom qu'on lui donne. D'ailleurs, je n'en ai pas d'autre sous la main, et même si j'en avais une, je n'abandonnerais et n'oublierais jamais celle-ci, car elle ne fait de tort à personne, ne vieillit jamais et l'esprit y trouve tant de signification ; et quand je serai un enfant aux cheveux gris, je voudrais que le printemps, l'aurore et le crépuscule me rajeunissent chaque jour un peu davantage, jusqu'à ce que je sente venir la fin et que j'aille m'asseoir dehors pour m'en aller vers la jeunesse éternelle[95]. »

L'exil en littérature n'est peut-être donc pas uniquement un regard vers l'arrière, mais aussi vers l'avant. L'exil est à venir, comme pour Rimbaud et ses départs interrompus. Mais il contient aussi sa possible résolution dans le mouvement même qu'il envisage, comme Hölderlin le fait lorsqu'il évoque la « jeunesse éternelle » à venir.

Dans le parcours d'exil de Hölderlin (et de Hölderlin seul parmi les trois auteurs étudiés), le pays acquiert une dimension sacrée qui l'élève au-dessus des autres, comme le montre la fin de l'hymne « La Germanie ». Cette vision transparaît déjà à la fin de *Hypérion*, mais le narrateur est encore trop désabusé pour transcender sa douleur de la nation encore absente. Aussi Przywara écrit-il à propos des derniers hymnes, en évoquant la mission allemande et le « *deutsches Wesen* » (« l'être allemand ») en lequel Hölderlin croyait :

Und es ist nicht nur so, daß das wirkliche Hellas in dem verachteten Deustchland wohnt, sondern in den unbewußten Zeilen des Hymnus erscheint es, wie die späteren Hymnen noch deutlicher sagen werden, als heiliges Land. Als Land zu dem Erdteil hin, in dem allein das Göttliche im alten und Neuen Bund sich offenbarte[96].

« Et non seulement la véritable Hellas habite dans l'Allemagne méprisée, mais elle apparaît dans les lignes inconscientes de l'hymne, comme les hymnes tardifs le diront encore plus clairement, comme une terre sainte. En tant que pays d'une partie d'une monde, unique, où le divin s'est révélé dans l'ancienne et la Nouvelle Alliance[97]. »

Mais au-delà de toutes les errances de l'auteur parmi les conceptions nationalistes, philosophiques et théologiques, un grand point d'interrogation demeure sur l'exil ici-bas tel qu'exprimé dans cet extrait de *Hypérion* : « *Freilich ist das Leben arm und einsam. Wir wohnen hier unten, wie der Diamant im Schacht. Wir fragen umsonst, wie wir herabgekommen, um*

95 H-Pl, p. 734-735.
96 Erich Przywara, *Hölderlin, op. cit.*, p. 72.
97 Nous traduisons.

wieder den Weg hinauf zu finden[98]. » (« Certes la vie est pauvre et solitaire. Nous vivons ici tout en bas, comme le diamant dans la veine de minerai. Nous nous demandons en vain comment nous sommes descendus jusque-là, dans l'espoir de trouver le chemin de la remontée[99]. »)

RIMBAUD, ENTRE OCCULTISME ET PROGRESSISME

Rimbaud s'écarte très tôt de l'orthodoxie catholique pour puiser à diverses traditions ésotériques et socialistes en vogue au XIXe siècle. Nous avons vu qu'un des premiers poèmes de Rimbaud, « Credo in unam », était un hymne païen et panthéiste qui reprenait la formule de la liturgie de l'Église romaine pour la détourner de son orientation première, ouvrant une longue série de poèmes comportant une touche de paganisme ou un blasphème. On ne peut parler ici d'exil spirituel ; en tout cas la démarche n'est pas ressentie comme telle. Il est possible de voir en « Credo in unam » la tentative d'un jeune poète qui fait ses armes avec la matière antique apprise en classe, avec un brin de provocation déjà. On peut le considérer comme annonciateur d'une révolte plus profonde contre le christianisme, et de la recherche alchimique où le moi se dédouble et finit par se perdre[100].

À partir du « Bateau ivre », un exil esthétique se manifeste, qui est aussi déjà spirituel sans doute, mais il ne sera ouvertement exprimé que plus tard, dans *Une saison en enfer*. On constate toujours chez Rimbaud cet élan sans limite qui se heurte à une impossibilité, dans la démarche créatrice notamment ; cet élan lyrique constitue un élément de sa poétique, et il lui porte un regard sarcastique dans la *Saison*, où l'élan devient à la fois chrétien et prométhéen.

Rimbaud a pu assez tôt s'intéresser aux ouvrages d'occultisme et d'illuminisme en vogue au XIXe siècle, et son œuvre en porte la trace dans toutes ses allusions à la question des poètes voyants dirigeant le peuple, tradition portée par le romantisme et des poètes comme Lamartine, et au siècle précédent Hölderlin en Allemagne[101]. Une foule d'autres détails

---

98 DKV-II, p. 61.

99 *Hy*, p. 127.

100 Sur le le moi multiple du poète et son dérèglement qui vient après le sentiment d'union avec le Tout, *cf.* Hiroo Yuasa, « La tentative de "je-autre" ou l'approche de l'"inconnu" », in *Rimbaud multiple. Colloque de Cerisy*, dir. Alain Borer *et. al.*, Dominique Bedou et Jean Touzot Éditeurs, Gourdon, 1985, p. 228-244.

101 Albert Béguin brosse un riche tableau de ces influences sur les auteurs du XIXe siècle dans son ouvrage *L'Âme romantique et le rêve* [1939], Paris, Le Livre de poche, coll. « Biblio essais », 1991.

(comme la vision des nombres) se rattachent à ce courant. L'expérience même de l'alchimie du verbe plonge ses racines dans la kabbale et ses prolongements illuministes. Seulement, Rimbaud se plonge corps et âme dans ces vertiges hallucinatoires de la connaissance, et il ne s'en sortira pas indemne. Il est frappant de constater le lien entre ces expériences et l'éloignement progressif de la vie, au seuil de la mort, des « confins du monde et de la Cimmérie[102] » d'où il a failli ne pas revenir, si l'on se réfère au témoignage d'*Une saison en enfer*. Contenu esthétique et biographie sont intimement liés chez Rimbaud, et on ne peut étudier l'un en faisant abstraction de l'autre. L'exil a une portée littéraire et biographique, et la poétique se construit sur ce double aspect, qui est en réalité les deux facettes du même objet : la démarche créatrice d'un auteur qui donne sa vie à l'œuvre.

Depuis 1870 on sait que Rimbaud s'intéresse aux mouvements sociaux. Certains pensent qu'il a participé à la Commune, ou du moins qu'il brûlait d'aller rejoindre ceux qu'il considérait comme les travailleurs du progrès[103]. Il a lu Lamennais et les fresques lyriques de Michelet. La foi dans le progrès dans *Une saison en enfer* est néanmoins fortement teintée d'ironie et de sarcasme. Au moment où il rédige l'œuvre, il a pris du recul sur sa création et ses premières années de production poétique, et il semble être revenu de cette politique à laquelle il ne pourra plus vraiment s'identifier ; d'autant que le jeune poète est trop révolté pour se rattacher à un mouvement social précis. Les nombreuses allusions au progrès se font toujours sur le mode emphatique de l'exclamation, ou de l'affirmation déterminée, voire tranchante. Ces expressions comme « tenir le pas gagné[104] » sont les sentences résolues d'un homme qui tente aussi la voie du pragmatisme, celui qui prendra son baluchon en dehors de tout engagement politique et parcourra les chemins du monde dans une aventure personnelle. « La poésie ne rythmera plus l'action : elle *sera en avant*[105] » : mais ce poète qui ouvre la voie n'est-il pas également le mage des *Rayons et des ombres* de Victor Hugo, que Rimbaud a lu et

102 *SE*, p. 268.
103 Il n'est pas tant important de savoir si Rimbaud a participé à la Commune que de cerner l'impact que l'événement a eu dans sa création. *Cf.* à ce sujet Steve Murphy, *Rimbaud et la Commune. Microlectures et perspectives*, Paris, Classiques Garnier, coll. « Études rimbaldiennes », 4, 2010.
104 *SE*, p. 280.
105 Lettre à Paul Démény du 15 mai 1871, de Charleville, R-Pl, p. 347.

admiré, et qu'il a presque fait sien dans sa lettre du voyant ? Ce dernier n'était-il pas alors porteur de progrès, comme un Prométhée qui se sacrifie pour l'humanité ? Voilà néanmoins ce dont le poète de la *Saison* semble revenu ; et sa poétique s'élabore autour de ce constant aller retour entre le sarcasme et la gravité d'une chose en laquelle il a cru (et il croit encore un peu peut-être). Rimbaud le révolté s'était extrait d'une foule qu'il méprisait un peu trop pour croire que le poète pourrait ouvrir sa marche ; et le poète errant Rimbaud n'est pas le député Hugo.

Ce désenchantement de l'enchanteur progressiste, cette déchristianisation apparente du chrétien, cette dissipation des brumes occultes projetteront le poète hors de la littérature… *Une saison en enfer* est la dernière grande confrontation des trois courants spirituels principaux de Rimbaud, qui constituent le même chemin.

SARAFIAN, ENTRE PHILOSOPHIE EXISTENTIELLE ET MYSTIQUE CHRÉTIENNE

Multiples sont les influences philosophiques de Sarafian. Il faut signaler Kierkegaard avant tout. Il a aussi lu Sartre et Camus. Le poète arménien a en commun avec le philosophe danois cette quête spirituelle qui prend d'abord la forme d'une errance – après l'errance géographique pour Sarafian, qui dit lui-même en être arrivé au point où toutes les philosophies, idéologies et systèmes politiques s'effondrent pour laisser place au doute.

Chez Sarafian se dessine une forme de philosophie de la non-philosophie, dans laquelle on voit là aussi un écho de Kierkegaard. Quand Sarafian, dans la ville étrangère qui ne le reconnaît pas dans son drame, écrit qu'il n'a nulle part où jeter l'ancre, il rejoint les préoccupations du Danois dans son journal[106], mais par un tout autre chemin terrestre. Et le philosophe danois, après avoir réprouvé la tendance à acquérir un savoir qui ne soit pas principe actif, écrit : « J'ai vainement tenté de jeter mon âme aussi bien sur l'océan sans fond des plaisirs que dans les abîmes de la connaissance[107]. » C'est le sens du leitmotiv sarafianien, « Օ՜ իմացականութիւն, դառնութեան բաժակս[108] » (« Oh ! intelligence,

106 Sören Kierkegaard, « Il faut un point où jeter l'ancre », in *Journal, 1er août 1835* ; *L'existence*, trad. P.-H. Tisseau, Paris, PUF, coll. « Sup », 1972, p. 167-168.

107 *Ibid.*, p. 168.

108 *ՎԱ*, p. 52.

ma coupe d'amertume[109] »), écho du journal de Kierkegaard : « J'ai l'impression de ne pas avoir bu à la coupe de la sagesse, mais d'y être tombé[110]. » Kierkegaard s'était ensuite résigné : « J'ai cherché ce principe de ma vie dans la résignation en me disant que, puisque tout suivait des lois immuables, il ne pouvait en être autrement, en engourdissant mon ambition et les antennes de la vanité[111]. » Et le philosophe de conclure : « Ce que j'ai trouvé ? Ce n'est pas mon moi, car je le cherchais justement dans ces voies [...]. La première chose à décider, c'était donc de chercher et de trouver le royaume des cieux[112]. »

Le royaume des cieux : il s'agit donc d'une quête spirituelle dans laquelle un désir se manifeste, celui de retrouver le havre de paix éternelle, quitté pour les turpitudes de l'existence. Sarafian dans le même texte s'en tient au port, sans explication : « Չունիմ խարիսխ նետելու տեղ մը... խաղաղ նաւահանգիստ մը[113]... » (« Je n'ai nulle part où jeter l'ancre, un port tranquille[114]... »)

Ainsi on peut constater comme la pensée de Sarafian se révèle par le contact avec celle du philosophe et théologien danois, par ce jeu d'écho qui montre un raisonnement apparenté. Dans un cas comme dans l'autre, on voit à la fois le sentiment d'étroitesse dans le cadre traditionnel des systèmes de pensée, et la volonté de s'élever par la dimension spirituelle au-dessus de la philosophie pour trouver une fin à l'exil.

La philosophie ne peut à elle seule résoudre le problème, puisque par l'exil, les catégories mises en jeu par la philosophie ont été bouleversées et ne peuvent répondre par les concepts à une expérience qui a déréglé les concepts et s'est situé par le traumatisme au-dessus de tous les concepts, dans la région de l'indicible et de l'impensable. Comment penser l'impensable ? Nous entrons dans le domaine de l'invisible, de l'imperceptible et de la foi. Mais l'auteur n'y a pas toujours accès. Entre deux états, ayant quitté un lieu et n'étant pas parvenu au havre, il reste ainsi entre la philosophie et le questionnement religieux. La philosophie, pour lui, semble être un pis-aller pour comprendre et retrouver une cohérence, alors que la foi demande de se déprendre, exige un abandon

109 *BV*, p. 78.
110 Sören Kierkegaard, *op. cit.*, p. 168.
111 *Ibid.*
112 *Ibid.*
113 *ՎԱ*, p. 46.
114 *BV*, p. 69.

que le narrateur commencera à trouver dans l'expérience religieuse au contact des lectures d'auteurs mystiques espagnols du XVIe siècle.

Le narrateur ne peut alors plus concevoir la parole comme porteuse de la spiritualité de la prière, et il devient imperméable à la dilection de celle-ci. Il regarde le Verbe de vie comme un spectateur regarde une forme sur une scène inaccessible, un spectateur extérieur au phénomène, curieux dans le meilleur des cas, méprisant dans le pire. Le fossé entre la douceur de l'enfance chrétienne et les turpitudes du monde adulte sans foi montrent bien un exil spirituel. Cet exil est également manifestation langagière, qui ne crée pas vraiment une langue, mais habite la langue de l'auteur. Le narrateur traverse les remous de l'errance philosophique, du non sens, du sentiment de vanité de toutes choses. Il cite le livre biblique de l'Ecclésiaste (comme Rimbaud, d'ailleurs, mais ce dernier en subvertit le sens).

Ce n'est qu'après cette traversée obscure qu'il retrouve la paix et la lumière de l'aube sur le bois. Mais il ne retrouve pas la paix chrétienne : la déclaration est agnostique. L'auteur ne laisse pas de reprendre quand même la formulation de la liturgie arménienne, cette fois appliquée aux éléments créés et non encore au Créateur : « Օրհնեալ՝ լուսաբացի արեւը[115]: ». (« Béni soit le soleil naissant[116]. ») On serait tenté d'y voir là une forme de paganisme, mais peut-être ne s'agit-il que d'une contemplation apaisée de la nature : Sarafian retrouve la lumière en lui et la contemple à l'extérieur. Il n'y a là rien qui s'oppose au christianisme, mais, comme il l'écrit lui-même, une identité qu'il ne reconnaît pas encore, et dont il attend l'avènement. Sarafian tente visiblement de traverser les épreuves du monde avec un sentiment religieux dégagé de toute religion révélée, dont il sent le poids institutionnel. Il range l'Église dans la catégorie des créations terrestres et idéologiques, et ne peut y voir le lieu d'émergence, de croissance et de protection d'une foi. Il l'associe à la parole des pères, qu'il rejette encore. Il ne peut s'arrêter à une vérité éternelle : « Ճշմարտութիւնները այլազան են ու անոնց ոչ մէկը վերջնական է[117]: » (« Les vérités sont diverses ; aucune d'elles n'est définitive[118]. »)

Cette semi-ouverture est perceptible également dans le poème « Le livre de la sagesse », qui est la philosophie et le pain amers de l'expérience,

115 Վ.Ա., p. 61.
116 *BV*, p. 92.
117 Վ.Ա., p. 31.
118 *BV*, p. 47.

seul livre valable selon le poète, et affirmation sans illusion d'une foi dépouillée et sans forme précise après avoir déchiré les livres d'auteurs qu'il place indifféremment côte-à-côte : Narek, Hugo et la Bible. Sarafian rejette périodiquement tout ce que la civilisation a donné, comme si tout élément terrestre avait une origine forcément immanente. C'est le sens du Hamlet de « Վկայութիւն մը » (« Un témoignage », déjà cité), écho du Hamlet des *Essais quasi politiques* de Paul Valéry, dont Sarafian était grand lecteur. Valéry écrit au lendemain de la Première Guerre mondiale :

> [...] l'Hamlet européen regarde des millions de spectres.
> Mais il est un Hamlet intellectuel. Il médite sur la vie et la mort des vérités. Il a pour fantômes tous les objets de nos controverses ; il a pour remords tous les titres de notre gloire ; il est accablé sous le poids des découvertes, des connaissances, incapable de se reprendre à cette activité illimitée. Il songe à l'ennui de recommencer le passé, à la folie de vouloir innover toujours. Il chancelle entre les deux abîmes, car deux dangers ne cessent de menacer le monde : l'ordre et le désordre.
> [...] Son esprit affreusement clairvoyant contemple le passage de la guerre à la paix. Ce passage est plus obscur, plus dangereux que le passage de la paix à la guerre ; tous les peuples en sont troublés[119].

On peut à présent comparer avec le texte que Sarafian écrivit au lendemain de la Seconde Guerre mondiale :

> Կեցած է ան վերջալոյսի մը մէջ, ու իր աչքերուն առջեւ ունի անսահման տարածութիւնը, Սփիւռքը: Աշխարհի հինգ մասերը՝ ուր կ'ապրին ու կը մեռնին իր հայրենակիցները: Ան կը նայի անոնց, այդ երկիրներուն, որոնք եղան կեղծ հայրենիքները ցրուած իր ցեղին: Ու իր յստակատես աչքերուն առջեւ կը քակուի մարդկութեան ողբերգութիւնը ինչպէս եւ ողբերգութիւնը իր ազգին: [...] Ան կեցած է գերեզմանատան մը մէջ, եւ ունի իր կողքին իր ուրուականը: Ունի իր զղջումները: [...] Գտնել կեդրոնական գաղափար մը, փրկել հայ միտքը, արդարացնել Սփիւռքը, ուր գրականութիւնը աւերակներու գրականութիւն մը եղաւ միայն, հինին կեղծ շարունակութիւնը: Իր ձեռքին մէջ բռնած է գեղեցկութեան գանկը: [...] Կ'ընկնէ զինք ունայնութեան գաղափարը: Ու կը փսփսայ մերթ կրակէ բառերով. « Գրե՞լ թէ չգրել[120]... »:

« Elle se tient debout dans la lumière d'un crépuscule, et devant ses yeux elle a des étendues sans limites, la Diaspora. Sur les cinq continents, où vivent

119 Paul Valéry, *Essais quasi politiques* ; *Œuvres*, éd. Jean Hytier, Paris, Gallimard, « Bibliothèque de la Pléiade », 1957, t. I, p. 993.

120 « Վկայութիւն մը » [« Un témoignage », en arménien, non traduit], in *Վէնսէնի անտառը*, *op. cit.*, p. 65.

> et meurent ses compatriotes. Elle les regarde, ces pays qui ont été des patries fallacieuses à sa race dispersée. Et devant ses yeux lucides s'étale la tragédie de l'humanité, ainsi que la tragédie de son peuple. [...] Elle se tient debout dans un cimetière ; à ses côtés, son fantôme. Elle a ses regrets. [...] Trouver une idée centrale, sauver l'esprit arménien, justifier la Diaspora, où la littérature est devenue une littérature de ruines seulement, une fausse continuation de l'ancienne. Dans sa main elle a saisi le crâne de la beauté. [...] L'idée de la vanité l'oppresse. Et il chuchote parfois avec des mots de feu : "Écrire ou ne pas écrire..."[121] »

Ce développement très perplexe et dubitatif constitue une méditation qui se déploie dans l'ensemble de l'œuvre de Sarafian. Elle lève une question de grande importance pour l'auteur : comment trouver une langue après l'effondrement, et pour quelle communauté ? Comment retrouver une direction après le brouillage de toutes les directions, tant pour le peuple arménien que pour l'humanité ? Et surtout, comment donner à entendre une parole, sans poursuivre artificiellement la littérature nationale à l'étranger et en vase clos, comme si aucune Catastrophe n'avait eu lieu ? Et inversement, comment témoigner des événements et du parcours sans s'enfermer dans une douleur qui détruit l'avenir ? Où trouver le territoire pour une littérature qui ne prend plus naissance au pays, sans provenir pour autant du sol d'accueil de l'exilé ? L'auteur termine l'article en affirmant que toute cette souffrance n'est justifiable que comme témoignage – sans préciser la portée ni le sens de ce témoignage. De façon générale, la lucidité reste une exigence incontournable chez Sarafian, mais cette lucidité même est soumise à la contradiction systématique : « Գիտակցութիւնը ամէնէն մեծ վտանգն է որմէ վեր պէտք է զալ գիտակցութեամբ, պահելով նոյն ատեն մանուկի մը սիրտը[122]: » (« La lucidité est le plus grand danger ; il faut le surmonter à force de lucidité, tout en gardant la candeur d'un enfant[123]. »)

Sarafian refuse toute concession à l'optimisme ; toutefois, il garde une forme d'espoir latent, et l'extrait sur la civilisation cité ci-dessus

121 Nous traduisons.

122 *ՎԱ*, p. 44.

123 *BV*, p. 66. – « Lucidité » est la traduction donnée pour « գիտակցութիւն », qui veut dire le plus souvent « conscience » : la conscience d'une vérité, donc la lucidité, est un danger en ce qu'elle expose à une réalité que l'on ne peut pas toujours admettre. Dans « գիտակցութիւն » est présente la racine « գէտ- », « savoir », comme en français pour le mot « conscience » : on en revient toujours au leitmotiv sarafianien de la connaissance, coupe d'amertume, renvoyant au motif biblique du fruit défendu de la connaissance.

n'est pas sans rappeler à nouveau Valéry et le célèbre début de « La crise de l'esprit » : « Nous autres, civilisations, nous savons maintenant que nous sommes mortelles. [...] Et nous voyons maintenant que l'abîme de l'histoire est assez grand pour tout le monde. Nous sentons qu'une civilisation a la même fragilité qu'une vie[124]. » Dans l'esprit de l'auteur, doctrines, croyances, religions, systèmes de pensée se sont succédé, et à présent le navire oscille[125]. L'image du navire sera celle employée par Sarafian dans « Le livre de la sagesse ». Le peuple est exilé, et le poète devient implicitement porte-parole ; mais ce livre a surtout une sagesse qui est celle de l'expérience amère de la vie, antidote contre toutes les illusions et les pièges. Il est le seul havre de paix auquel l'humain peut aspirer après les catastrophes du XXe siècle. Cette idée n'empêche pas celle d'une patrie en esprit (*cf.* Annexe I).

La conscience d'un désastre irréversible semble s'élever de cette génération qui a vécu les deux guerres mondiales ; mais il ne faut pas oublier que Valéry évoluait dans le cadre de frontières d'un pays stable qui était le sien, alors que Sarafian était apatride, et cette réflexion n'est pas seulement une interrogation angoissée mais un véritable leitmotiv qui fonde l'œuvre en exil. Elle est à rattacher à une remise en question spirituelle qui empêche l'auteur de retrouver la paix intérieure et le pousse à la révolte – qui par contrecoup le maintient ouvertement en exil.

Dans toute l'œuvre de Sarafian, le blasphème côtoie l'affirmation renaissante d'une foi enfouie : le texte « *Զատիկ*[126] » (« *Pâques* ») en est une expression frappante, notamment à travers le motif de la cloche de l'église, qui marque la perpétuelle renaissance. On ne peut donc parler d'athéisme ou d'agnosticisme continuels chez l'auteur, mais simplement constater les turpitudes qu'il traverse lorsqu'il s'éloigne du christianisme, et la paix qu'il retrouve quand il s'en rapproche.

La langue de cet exil spirituel est, nous l'avons vu, une langue lyrique, d'un lyrisme sans illusion, souvent critique, qui fait bien ressortir l'élan spirituel confronté aux vicissitudes du monde et aux épreuves du passé ; un élan heurté, renaissant, à nouveau heurté, et ainsi de suite : alternance

---

124 Paul Valéry, *Essais quasi politiques*, *op. cit.*, p. 988.

125 Valéry écrit plus loin : « Nous voilà donc en proie à une confusion d'*espoirs illimités, justifiés par des réussites inouïes*, et de *déceptions immenses* ou de *pressentiments funestes*, effets inévitables d'échecs et de catastrophes inouïes. » (*ibid.*, p. 1019) Parole lourde de signification en 1919 pour un Arménien...

126 Prononcer « *Zadig* ». In *Վէնսէնի անտառը*, *op. cit.*, p. 78-81.

entre phrases courtes, voire monolexicales, et phrases longues, au souffle ample, qui expriment à la fois le désespoir persistant et la renaissance du Phénix. Espoir et désespoir s'expriment indifféremment dans les unes et les autres, créant ainsi une suite de contrastes, exploitant les multiples ressources du rythme. Le propos se prolonge en écho de Hamlet et de l'Ecclésiaste : la lucidité devant l'Histoire est la seule ressource viable à l'exilé qui n'a plus que son esprit pour survivre. Le texte poétique devient le lieu de réitération de la dévastation dans laquelle l'injustice avant tout serait dévastée ; il est à la fois lyrisme sans illusion, purgation bienfaisante et annonce d'un apostolat du témoignage :

> Ու այսպէս այդ օրը կը տեսնէի թէ ցեղս եղած էր նուազ անհեթեթը բոլոր ցեղերուն մէջ: Տառապած էր ան այս բոլոր յիմարութիւններով ու սրբութեան մը հասած: Չէր երազած աշխարհակալութիւններ ու տիրութիւն, ու վեհանձնութիւն ունեցած էր իր քանի մը յաղթանակներուն մէջ ալ: Ու ան իր պզտիկութեան ու անյայտութեան մէջ՝ եղած էր առաքելական, մեծ, բերելով դարերն ի վեր միակ գեղեցիկ ճշմարտութիւնը, մարդոց եղբայրութիւնը: Ու իր այս առաքինութիւններով տուժած՝ խաբուած իր անկեղծ ու միամիտ խանդավառութիւններուն համար, ան դարձաւ իրանս ի վեր բարձրացող բողոք մը, արդարութեան կարօտի յուզում մը, վիշտ մը որ հետզհետէ դարձաւ ցասումներուն դաժանը: Կ'երազէի ահաւոր ուրախութիւնը աշխարհի քանդումին: Կ'ուզէի տեսնել քաղաքակրթութեան սնանկութիւնը ինքնաքայքայումը: Պիտի հաւաքէի այն ատեն մեր մեռելները անտառին բոլոր կողմերէն, պիտի անցնէի անոնց առջեւ եւ պիտի առաջնորդէի զանոնք դէպի աւերակները երբեմն զոռոզ ոստաններուն: Ու իրիկունները, երկար պտոյտներէ վերջ, մենք պիտի նստէինք աւերակներուն վրայ, եւ աշխարհի բոլոր սնափառ աշխարհակալներուն զանկերուն խարոյկին, եւ ժողովուրդներու մոխիրի ծովուն առջեւ՝ մենք պիտի երգէինք երգը ունայնութիւններուն ու մահը աւերիչ տգիտութեան[127]...

« Et ainsi ce jour-là je me rendais compte que mon peuple avait été le moins absurde de tous les peuples. Il avait souffert de toutes ces stupidités et était parvenu à une forme de sainteté. Il n'avait pas rêvé de conquêtes et avait même eu de la magnanimité et de la tristesse dans ses quelques victoires. Bien que petit et méconnu, il avait été avec grandeur l'apôtre de la seule belle vérité depuis des siècles : la fraternité des hommes. Et ayant souffert à cause de cette mission, trompé, massacré pour ses enthousiasmes sincères et naïfs, il est devenu en moi une protestation grandissante, une passion de justice, une peine qui s'est transformée peu à peu en la plus cruelle des indignations. J'imaginais ma joie épouvantable à la destruction du monde, j'aurais voulu voir la faillite de la civilisation, son autodestruction. À ce moment-là, j'aurais rassemblé nos morts de toute part dans le bois, je serais passé à leur tête et

127 ՎԱ, p. 49.

> je les aurais conduits vers les ruines des villes prétentieuses d'autrefois. Et le soir, après de longues promenades, nous nous serions assis sur ces ruines et, devant le bûcher de crânes de tous les conquérants vaniteux, face à la mer de cendres des peuples, nous aurions chanté le chant des vanités, et la mort de l'ignorance dévastatrice[128]. »

En un emportement quasi prophétique qui n'est pas sans faire penser à la prophétie d'Ézéchiel sur la résurrection des ossements[129], Sarafian donne le fruit de son savoir acquis par le pain amer de l'expérience. L'ignorance est ici donnée en contrepoint à la connaissance amère elle-même associée à la transgression originelle. L'homme qui vit dans l'ère de la destruction ne retrouvera pas le chemin du bien en s'acharnant dans la connaissance aveugle, ni en la fuyant par la stupidité, mais en la recherchant avec lucidité, revenu de toute illusion. La sagesse de l'exilé est celle des vanités : tout n'est que poursuite de vent, mais si nous en sommes conscients, du moins ne serons-nous pas des producteurs de vanité : telle serait, chez Sarafian, l'intelligence de celui qui cherche la paix et l'unité intérieure.

---

128 *BV*, p. 74.
129 Ézéchiel, 37.

EXIL ET QUÊTE DE L'UNITÉ INTÉRIEURE

UNE DIALECTIQUE COMPLEXE

Le caractère apparemment irréparable de l'exil se heurte au besoin de vivre et de reconstituer l'identité. Les chemins deviennent multiples, déployant une foule de problématiques et de thèmes que nous ne pouvons ici analyser en détail. Relevons toutefois, à partir de ce que nous avons déjà explicité, diverses pistes qui pourront nous amener à préciser cette poétique de l'exil et les diverses formes littéraires que prend l'exil dans son aspect spirituel.

Dans les écrits d'exil, la traversée de la nuit (symbolique) est un thème récurrent. Le parallèle peut être fait entre Hölderlin (la nuit sainte, sacrée, du poète prophète), Rimbaud (la nuit de l'enfer) et Sarafian (la nuit obscure des mystiques)[1]. Nous verrons plus loin que cette traversée peut devenir un dépouillement salutaire dans certains cas.

Dans la lignée romantique apparaît la figure du poète prophète, qui se sait investi d'une mission sacrée et se considère comme l'intermédiaire entre Dieu et les hommes, en occupant la place que le prêtre tient dans l'Église. Il ne s'agit pas d'autre chose pour le dernier Hölderlin ; à l'époque de *Hypérion*, l'idée est encore pensée et discours, et si l'élan se fait sentir dans la correspondance, il n'en a pas encore trouvé la langue. Du reste, cette idée sera présente de façon générale chez les romantiques allemands[2] et français, jusqu'à Rimbaud dans ses « Lettres

1 Ce parallèle a été tenté entre Hölderlin et Rimbaud, par Guillaume Arcuset, « L'autre et Rimbaud », in *L'Infini*, 115, juin 2011, Paris, Gallimard, 2011, p. 92-99.

2 Au moment où Hölderlin rédige *Hypérion*, Novalis n'écrit-il pas : « Poète et prêtre ne faisaient qu'un, aux commencements, et ne se sont différenciés que plus tard. Mais le vrai poète est toujours demeuré prêtre, de même que le vrai prêtre est toujours resté poète. Et

du voyant » et dans l'« Alchimie du verbe ». C'est la thèse développée par Paul Bénichou dans *Le Sacre de l'écrivain*. D'ailleurs, Rimbaud avait vraisemblablement lu *Les Rayons et les Ombres* de Victor Hugo, paru en 1840. Il n'y a qu'à comparer certains passages de « Fonction du poète » pour voir la filiation[3].

La problématique du poète prophète et prêtre rejoint celle de l'exil chez Hölderlin et Rimbaud, car l'entreprise est prométhéenne – aux dires mêmes de Rimbaud, qui ne s'en cache donc pas, et qui perçoit le poète comme le sacrifié à la cause du Progrès… s'il réussit. Car s'il n'arrive pas tout à fait à ses fins, comment justifier la démarche ? Les expériences hölderlinienne et rimbaldienne mènent à l'inaboutissement et au mutisme, comme si la transgression châtiait à la fois l'homme et l'œuvre. Certes, cette dernière a amené une inspiration pour de nombreux artistes, et certaines personnes ont pu se reconnaître dans ce qu'elle exprime… Mais est-ce le résultat escompté ? En se référant aux

---

l'avenir ne va-t-il pas nous ramener l'ancien état des choses ? » (Novalis, *Œuvres complètes*, *op. cit.*, p. 367-368.)

3 Nous donnons quelques extraits du poème de Hugo et des passages apparentés dans la lettre de Rimbaud à Paul Demeny, à titre indicatif : Hugo : « La nature est la grande lyre, / Le poète est l'archet divin ! » ; Rimbaud : « […] j'assiste à l'éclosion de ma pensée : je la regarde, je l'écoute : je lance un coup d'archet : la symphonie fait son remuement dans les profondeurs […]. » – Hugo : « Je vous aime, ô sainte nature ! / Je voudrais m'absorber en vous ; / Mais dans ce siècle d'aventure / Chacun, hélas ! se doit à tous ! » (Ici on peut également comparer le propos au personnage de Hypérion.) ; Rimbaud : « Il est chargé de l'humanité, des *animaux* même ; il devra faire sentir, palper, écouter ses inventions […]. » – Hugo : « Courage ! – Dans l'ombre et l'écume / Le but apparaîtra bientôt ! / Le genre humain dans une brume. / C'est l'énigme et non pas le mot ! // Assez de nuit et de tempête / À passé sur vos fronts penchés. / Levez les veux ! levez la tête ! / La lumière est là-haut ! marchez ! // Peuples ! écoutez le poète ! / Écoutez le rêveur sacré ! / Dans votre nuit, sans lui complète, / Lui seul a le front éclairé. / Des temps futurs perçant les ombres. / Lui seul distingue en leurs flancs sombres / Le germe qui n'est pas éclos. » ; Rimbaud : « Le poète définirait la quantité d'inconnu s'éveillant en son temps dans l'âme universelle : il donnerait plus – que la formule de sa pensée, que la notation *de sa marche au* Progrès ! Énormité devenant norme, absorbée par tous, il serait vraiment *un multiplicateur de progrès* ! / Cet avenir sera matérialiste, vous le voyez ; – Toujours pleins du *Nombre* et de l'*Harmonie* ces poèmes seront faits pour rester. – Au fond, ce serait encore un peu la Poésie grecque. / L'art éternel aurait ses fonctions ; comme les poètes sont citoyens. La Poésie ne rythmera plus l'action, elle *sera en avant*. / Ces poètes seront ! » (Ici aussi la comparaison avec *Hypérion* peut se faire, en ce qui concerne la poésie grecque et le rôle du poète.) – *Cf.* Victor Hugo, *Les Rayons et les ombres*, éd. Pierre Albouy, Paris, Gallimard, coll. « Poésie », 2011, p. 241-250, et Arthur Rimbaud, lettre à Paul Demeny du 15 mai 1871, de Charleville, R-Pl, p. 342-349. Il faut noter aussi que Hugo commence le poème avec le thème de l'exil du poète dans la foule : « Pourquoi t'exiler, ô poète, / Dans la foule où nous te voyons ? »

textes, n'y allait-il pas du Progrès, de la marche de l'Humanité vers un avenir radieux et de la vérité sur terre ?

La tentative d'invention d'une langue semble aller de pair, pour certains auteurs, avec une forme de transgression et de malédiction, constituant une expérience qualifiée d'*exil* et présentée comme un « choix spirituel » par Sandra Beckett et Leslie Boldt-Irons :

> [L]a rupture, l'exil et la violence constituent les conditions nécessaires à la création rimbaldienne. L'exil et la marginalisation assumés par Rimbaud constituent une sorte de choix spirituel, car l'auteur sait qu'il doit devenir le grand malade, le grand criminel et le grand maudit pour accéder au savoir suprême, savoir livré quand le langage poétique, jaillissant au rythme de son mouvement, se trouve placé au cœur de la vie, à la naissance des formes. Pour accueillir ce rythme et cette naissance, Rimbaud sait qu'il faut se déporter "jusqu'à des frontières psychiques, aux bordures mouvantes, limites extrêmes où se forme la vision"[4].

Une question se pose cependant : Rimbaud accédera-t-il au « savoir suprême » ? Les auteurs posent cet exil comme condition pour y accéder. Mais si la condition est présente sans la conséquence qui semblait aller de soi, peut-on encore parler de condition ? L'exil nous semble davantage *résulter* de l'expérience que la provoquer. Certes, Rimbaud doit s'imposer un exil esthétique, et dans une certaine part, mental, pour tenter l'expérience. Mais l'exil qui en résulte est beaucoup plus important, puisqu'il vient après un inachèvement : le poète ardennais, de son propre aveu, n'est pas parvenu à ses fins. S'il était déjà en exil au début de l'expérience, il vit un double exil après celle-ci.

La contradiction entre écriture et silence se double d'une oscillation entre foi et blasphème, mais aussi entre foi chrétienne et agnosticisme. Le choc de la Catastrophe a dû occasionner une répercussion immense sur le parcours spirituel de Sarafian. Quand bien même il englobe la Catastrophe dans le même paragraphe où il cite également guerres et révolutions de l'Histoire en général, il est évident que ce qui se démarque nettement des autres et qui cause son désespoir est celle que son peuple a vécue entièrement, et que lui-même a traversée à sa manière, dans sa vie personnelle. Elle peut être vécue comme un facteur stérilisant

4 Sandra Beckett et Leslie Boldt-Irons, *Exilés, marginaux et parias dans les littératures francophones*, textes réunis et publiés par Sandra Beckett, Leslie Boldt-Irons et Alain Baudot, Toronto, Éditions du Gref, coll. « Dont actes », 12, 1994, p. 3 (introduction).

et mortifère, d'autant dans sa négation, dans la mesure où personne ne veut l'entendre, confinant l'auteur dans sa solitude où le souvenir non partagé le dévore. Le passage qui évoque le cri étouffé de l'oiseau dans la nuit l'illustre. Le témoignage, à travers l'écrit littéraire, devient parole, et la stérilité laisse place à une certaine fertilité, mais l'auteur n'est pas sans évoquer quelques pages plus loin les nuits d'angoisse qu'il a traversées ; il nous est possible d'imaginer tous les tourments affrontés avant de pouvoir rédiger la scène de l'oiseau, et que puisse se dire cette parole qui témoigne de l'étouffement de la parole.

Nous ne pouvons envisager notre problématique sans développer sur la spiritualité de l'auteur, et pourtant nous ne pouvons donner valeur de système aux idées mises en avant par lui : lorsqu'il rejette la religion, c'est manifestement par désespoir, et non par volonté d'établir un système, une théologie ou une philosophie quelconque. Si nous voulions y voir un système de pensée, il serait bien malaisé d'expliquer qu'à la même époque il écrit son texte sur Pâques, qui est un aveu à peine voilé d'une foi chrétienne renaissante et un abandon à une voix qu'il entend du ciel. Les contradictions sont au cœur d'une démarche qui inscrit la parole et la pensée de l'auteur dans l'expérience, avec tous les aléas et les variations inhérentes, parfois d'un jour à l'autre. Il nous est impossible de nous cantonner à une lecture « entre les lignes », mais juger « à la lettre » uniquement mène également à une impasse. Nous ne pourrons arriver à une réponse définitive, mais nous devons pour l'instant constater la coexistence de deux élans : l'un négateur et désespéré, l'autre porté par l'espérance et la foi. L'expérience ne se situe pas sur un axe dont les deux pôles seraient d'une part l'acceptation d'un système religieux et d'autre part sa déconstruction, mais bien une expérience irrationnelle, faisant appel à une dimension que la raison ne peut englober. Sarafian traverse ses pires moments en compagnie de saint Jean de la Croix, et même si leur nuit obscure n'est pas qualitativement tout à fait la même, le principe d'une expérience du passage de la nuit à la lumière à travers une bouleversante épreuve cathartique est, en des traits très généraux, similaire.

Ce chemin de tourments intérieurs est parallèle à la foi chrétienne : les pages où le narrateur horrifié évoque les cadavres qu'il a vus de ses propres yeux, ou encore celles où il parle des affres du désespoir de l'exil, côtoient celles où il se remémore le Christ en croix, notamment à travers l'art, dans la suite qu'il projetait pour le *Bois* (*Dans le brouillard*). Ses vagues de doute et de propos torturés à la limite du blasphème ne sont pas des vagabondages philosophiques ; c'est l'expérience qui parle, inspirée par la lecture de Kierkegaard. On sait par ailleurs comme ce dernier errait dans de tels doutes, cherchant la vérité et demandant un christianisme intransigeant face au mensonge du monde et des institutions ; de même, il ne se définissait pas comme philosophe.

Rimbaud aussi, à travers son œuvre polyphonique où se côtoient des croyances et pensées contradictoires (si bien qu'on peut parler d'une poétique de la contradiction), laisse entendre les souffrances de son errance. Bien des critiques ont tenté d'ériger un système de pensée et une esthétique complète sur les simples écrits de cet adolescent meurtri. Ce n'est pas la route que nous entendons suivre ici. Rien ne peut être fixé une fois pour toutes, et les trois auteurs sur lesquels nous nous penchons le montrent bien. Il faut voir à quel degré (et à quel moment précis) l'auteur s'est rapproché ou éloigné de la source d'unité intérieure et de réalisation de soi, et l'expression littéraire qu'a prise alors l'expérience.

Seul Hölderlin peut-être a tenté de vraiment théoriser sa pratique. Il a essayé d'être philosophe alors qu'il avait une vocation poétique, comme l'a souligné Stefan Zweig, qui signale le carcan idéologique et rationaliste que Kant a exercé sur toute une génération de poètes, écrasant et faisant sombrer toute leur sensibilité et leur spontanéité. Si on veut vraiment analyser la pensée de Hölderlin avec toute la rigueur nécessaire, il faut alors démontrer un système philosophique à l'époque de la folie du poète ; ce dont on ne peut rien tirer évidemment. Or, le vrai système philosophique est celui qui forme un tout dans la vie de l'auteur, même au-delà des contradictions que cela suppose. La pensée de Hölderlin n'est donc pas réductible à un système philosophique ou esthétique. Elle est bien davantage affaire de foi et de sensibilité, qui varie au gré des expériences.

Sarafian, au travers de ses écrits, semble avoir senti que la réparation de l'exil ne peut se faire qu'en s'élevant au-dessus des vissicitudes qui font souffrir la part terrestre de l'humain. D'où les multiples allusions aux mystiques, d'ailleurs plus apaisées que celles à l'encontre des philosophes et écrivains. Sartre et Camus évoqués par Sarafian ne donnent pas de réponse à l'existence. Mais saint Jean de la Croix, sainte Thérèse d'Avila et maître Eckhart accompagnent manifestement l'errant qui marche à tâtons sur son chemin obscur, d'après l'auteur.

Le motif de la traversée de la nuit est très présent chez Sarafian de même que pour tout poète pour qui l'écriture est une expérience spirituelle[5]. Lorsqu'elle est parcourue sans expérience mystique, l'angoisse règne. Inversement, dès que la mystique est évoquée, tout semble s'éclairer et le sens apparaît. Sarafian joue de la même contradiction au niveau symbolique ; il affirme que tout est question de contraste en ce monde : lumière et obscurité coexistent. La traversée de la nuit terrestre doit mener à la lumière ; mais jamais dans la certitude. Expérience mystique, qui réunit chez Sarafian à la fois les tourments de la nuit et l'innocence renouvelée ; l'auteur en parle dans les périodes de rémission. « Բաժնուած այսպէս երկուքի, գիշերուան լռութեան մէջ, կէս քուն ու կէս արթուն՝ ես կ'ենթարկուիմ չարչարանքներուն ամէնէն մեծին: [...] կը նմանիմ մահապարտի մը՝ որ կ'անգիտանայ իր մեղքը[6]: ». (« Ainsi partagé dans le silence de la nuit, somnolent, je suis soumis au plus grand des supplices. [...] je ressemble à un condamné à mort qui ignore sa faute[7]. ») La purification est amorcée : « Ժամն է երբ մահն ու կեանքը կ'անցնին ալիքներու նման [...]: Կ'արիւնի գոռոզութիւնս: [...] Կ'աճի բարութեան եւ անմեղութեան սէր մը: Ու աճող, տարածուող միսերուս այդ անսահման տարածութեան մէջ՝ կորսուած, անհետացած կէտ մըն եմ[8]: » (« C'est l'heure où la mort et la vie passent comme des vagues [...]. Mon orgueil saigne. [...] L'amour de la bonté et de l'innocence grandit en moi. Et dans cette étendue infinie de mes chairs qui grandissent et s'étendent, je suis un point perdu, disparu[9]. ») Le feu purificateur est un motif d'ailleurs présent, et quelques lignes plus haut l'auteur évoque sous la forme d'une « torche incendiaire » ce rien qui grandit en lui et le menace d'anéantissement, comme un danger qui fait ressortir la hantise de la stérilité : « Ժամն է սփիւռքի ծնունդը կ'ապրի իր ամբողջ ողբերգութեամբ[10]: » (« C'est l'heure où celui qui est l'homme né de la dispersion, vit toute l'étendue de sa tragédie[11]. ») L'exil de la patrie trouve un écho dans l'exil humain sur terre dans un corps de souffrance, accentué par une anaphore au fil des pages :

---

5 Ainsi, Hölderlin écrit à sa mère, le 17 novembre 1794, d'Iéna, DKV-III, p. 162 : « *Hindurch durch die Nacht müssen wir einmal, und glücklich der, der auch mithilft, und arbeitet.* » (« Il nous faut, bon gré, mal gré, traverser la nuit ; heureux celui qui participe à l'effort et qui travaille. » H-Pl, p. 328.)

6 *ՎԱ.*, p. 51-52.

7 *BV*, p. 78.

8 *ՎԱ.*, p. 54.

9 *BV*, p. 82.

10 *ՎԱ.*, p. 52.

11 *BV*, p. 78.

« Ժամն է ուր սիրտս կը զարնէ վէրքի մը նման, ու ձեռքերս կը փնտռեն զայն փեթթելու ու նետելու համար կուրծքէս դուրս[12]։ » (« C'est l'heure où mon cœur bat comme une plaie et mes mains le cherchent pour l'arracher et le jeter hors de ma poitrine[13]. »). La traversée de cette nuit est donc celle aussi du peuple arménien : « Անտուն ու մինակ եմ եւ կ'ուզեմ տուն մը եւ հայրենիք մը՝ ձգտումիս հաւասար[14]։ » (« Je suis sans gîte et seul, je voudrais avoir un gîte et une patrie à la hauteur de mon désir[15]. ») Après la nuit vient la lumière, que Sarafian perçoit comme une victoire et une libération, une renaissance ; il devient un homme nouveau, qui ne se connaît pas encore. Ainsi, saint Jean de la Croix écrit :

> […] cette bienheureuse nuit de la contemplation ne produit les ténèbres dans l'esprit que pour l'éclairer sur toutes choses ; si elle l'humilie et le rend dépourvu de tout, ce n'est que pour l'élever et l'exalter ; si elle l'appauvrit et le dépouille de toute possession et de toute attache naturelle, ce n'est que pour qu'il soit divinement préparé à la jouissance et au goût de toutes les choses naturelles et surnaturelles ; il possède alors une liberté d'esprit qui s'étend généralement à tout[16].

Sarafian, dans la langue comme dans l'idée, ne semble pas très éloigné :

> Խաւարէն վերջ, լուսաբացը ունի շնորհի մը գեղեցկութիւնը։ Երանութեան պահ մը կայ քունին ու զարթնումին միջեւ։ Երկինքին պէս, կը բացուի կարծէք ամբողջ մարմինս, կը դառնայ թափանցիկ իրերուն եւ էակներուն առջեւ։ Ունիմ յաղթանակ մը տարած ըլլալու անյայտ տպաւորութիւնը։ Ունիմ ապրելու գեղեցկութեան գաղտնիքը[17]։
>
> « Après l'obscurité, l'aube a la beauté d'une grâce. Il y a un instant de béatitude entre le sommeil et le réveil. Comme le ciel, on dirait que tout mon corps se découvre, devient transparent aux choses et aux êtres. J'ai l'impression vague d'avoir remporté une victoire. Le secret de la beauté de vivre m'est donné[18]. »

Les cycles de la nature, le retour du printemps et de l'aube se retrouvent aussi dans *Hypérion* ; même s'ils ne s'insèrent pas tout à fait dans la même dynamique (chez Hölderlin, elle est davantage panthéiste), il

12 *ՎԱ*, p. 54.
13 *BV*, p. 82.
14 *ՎԱ*, p. 54.
15 *BV*, p. 81.
16 Saint Jean de la Croix, *La nuit obscure*, *op. cit.*, p. 128.
17 *ՎԱ*, p. 58.
18 *BV*, p. 88.

est possible de faire un lien, comme lorsque *Hypérion* traverse la nuit du deuil après avoir perdu son ami Alabanda alors que le printemps et l'aube reviennent : « *O das Morgenlicht und ich, wir gingen nun uns entgegen, wie versöhnte Freunde, wenn sie noch etwas fremde tun, und doch den nahen unendlichen Augenblick des Umarmens schon in der Seele tragen*[19]. » (« Ô la lumière de l'aube et moi, nous allions maintenant à la rencontre l'un de l'autre, tels des amis réconciliés, quand ils se donnent encore pour étrangers l'un à l'autre, cependant qu'en leur âme ils portent déjà, tout proche, l'instant infini de leur embrassement[20]. »)

L'expérience de Sarafian, si elle mystique, reste néanmoins au seuil du christianisme ; on peut sans doute parler davantage d'une forme d'agnosticisme ; du moins les articles de foi ne sont pas nommés : « Ունիմ ջերմեռանդ հաւատացեալի մը երանութիւնը առանց հաւատքին[21]: » (« J'ai d'un croyant fervent la félicité sans la croyance[22]. ») On peut d'ailleurs parler davantage d'influences spirituelles et intellectuelles que de similitudes, puisque l'expérience de Sarafian n'est pas un acte d'ascèse comme celle de saint Jean de la Croix. « Հաւատք ու ուրացում զուրկ են նշանակութենէ: […] Յորդող կամք ու խանդավառութիւն եմ: […] մէտիումը սրբազան խորհուրդի մը […][23]: » (« Croyance et reniement sont vides de sens. […] Je suis volonté débordante et enthousiasme. […] le médium d'un mystère sacré […][24]. ») La fin de l'exil semble proche, mais le territoire n'est pas encore défini :

> Ի՞նչ պահ երբ տակաւին չեմ ճանչնար ես զիս, չեմ առած ինքնութիւնս ու չեմ գիտեր ուր ըլլալս: […] Ձուլուած են ներքին ու արտաքին աշխարհները: Ոչ մէկ սահման: Ու ես ամէն կողմ եմ, երկրագունդին հեռաւոր ծայրերուն վրայ, տարտամ վերյիշումովը ապրած երկիրներուս ու քաղաքներուս, տեսած դաշտերուս ու արտերուս, ծառերուս ու ճամբաներուս, ծովերուս ու գետերուս[25]:

19 DKV-II, p. 52.

20 *Hy*, p. 115.

21 ՎԱ, p. 59.

22 *BV*, p. 90.

23 ՎԱ, p. 60.

24 *BV*, p. 90-91. Sur le poète comme médium d'un mystère sacré, un lien serait à faire avec Hölderlin et Rimbaud, mais cet aspect est minime chez Sarafian et ne survient qu'à la fin de l'œuvre, ne la portant pas tout entière. De plus, elle résulte d'une purification silencieuse, là où, chez Hölderlin et Sarafian, elle prend la première place, dans l'enthousiasme débordant des premières créations et de la jeunesse. Il ne faut pas oublier que *Le Bois de Vincennes* est une œuvre de maturité.

25 ՎԱ, p. 59.

> « Quel instant, celui où je ne me reconnais pas, où je n'ai pas repris encore mon identité, et ne sais pas où je suis. [...] Les mondes intérieur et extérieur sont confondus. Aucune frontière. Et moi, je suis partout, sur les points les plus éloignés du globe, habité par la réminiscence incertaine des pays et des villes où j'ai vécu, des campagnes et des champs que j'ai vus, de mes arbres et de mes chemins, de mes océans et de mes fleuves[26]. »

Les territoires de l'exilé se rapprochent, trouvent peu à peu une cohérence, se retracent par la langue, par ce lyrisme qui, par ses longues phrases habitées d'émotions, forme un fil conducteur auquel se rattachent les parties disparates d'un itinéraire morcelé. La patrie est toujours présente tout au long du livre, et on la sent comme un élément stable, mais le territoire intérieur, plus vague, support de la patrie, de la culture, de l'identité, est à définir, à venir. C'est ce territoire qui devient langue spécifique du poète pour exprimer un fait universel et général comme la nation. Et c'est cette stabilité du fond des âges qui, ayant pris forme dans la langue poétique, permet au narrateur de retrouver « խաղաղութիւն[ը] անյուշ բերդի մը մէջ[27] » (« la paix dans un château immémorial[28] »). S'il s'agit d'une allusion au château de Vincennes, cela n'a plus d'importance : au-delà du château qui a pris forme en France et dans la langue, on ne serait pas étonné d'y retrouver une allusion voilée à une forteresse d'Arménie qui abrite les rêves et les espoirs du poète, et permet à la nation de perdurer même dans l'exil, même dans le silence d'une langue qui ne nomme pas directement les choses, mais fait entendre leur écho.

LE SILENCE ÉNIGMATIQUE
Un au-delà des mots ?

L'œuvre d'exil amène forcément la question du silence, qui prend diverses significations. Silence de la perte et de l'inexprimable, silence de ce qui est à venir et qui ne peut encore être dit, silence entre non-dit et

---

26 *BV*, p. 89-90.
27 *ՎԱ*, p. 57.
28 *BV*, p. 86.

indicible. Le silence peut être privation de sens et mutisme, voix étouffée, mais aussi sens caché, inexprimable, au-delà du langage.

Hypérion se termine sur les mots « *Nächstens mehr*[29] » (« Je t'en dirai plus très bientôt[30] »), comme si un épisode devait suivre. Mais rien n'a suivi, et Hölderlin s'est rapidement tourné vers d'autres formes poétiques. *Hypérion* a été publié comme une œuvre achevée ; mais elle donne une impression d'inachèvement. Il y reviendra, même dans les années de la tour. Toute la carrière poétique de Hölderlin est une répétition de cet inachèvement, jusqu'au silence final. Rupture et reprise, comme de nouveaux rameaux sur un tronc coupé. Le silence de Hypérion survient précisément dans l'histoire après l'effondrement de l'idéal grec et la consternation du jeune héros devant le vide identitaire de l'Allemagne, transposition de Hölderlin lui-même devant l'Allemagne de 1798, qui le fait sentir étranger dans son propre pays, exilé à rebours d'une nation qui n'existe pas encore.

Il y aurait un parallèle à faire avec Ernst Jünger, qui écrit en 1975 dans *Le Contemplateur solitaire* : « D'année en année, j'ai aussi été accablé d'une souffrance que Hölderlin attribue à Hypérion : le sentiment d'être étranger dans ma propre patrie[31]. » Ce parallèle introduit la notion d'exil universel au-delà de la situation historique : Hölderlin se prononce dans une Allemagne qui n'a même pas vécu sa renaissance et qui demeure encore morcelée, tandis que Jünger le fait de façon similaire bien après non seulement l'avènement de la nation mais aussi son effondrement. L'exil est en tous les cas lié au devenir du pays, que ce soit avant ou après son effondrement.

Hölderlin-Hypérion ne peut qu'attendre cette nation et l'appeler de ses vœux, mais son lot est alors, après l'avoir énoncé, le silence. Ce silence est espoir malgré tout. Les hymnes chanteront ensuite clairement la Germanie, le Rhin et l'Allemagne, avec une profondeur philosophique que n'avaient pas les premières odes au pays. Reste le silence donc, après le désarroi devant une Allemagne en ruines avant même d'avoir été érigée. Ce désarroi survient après le drame des dissonances du monde qui clôt

---

29 DKV-II, p. 175.

30 *Hy*, p. 263.

31 Cité dans les notes des *Carnets du grand chemin* de Julien Gracq, in *Œuvres complètes*, *op. cit.*, t. II, p. 1662. Gracq l'évoquait cependant en reprenant le titre d'Aragon : « D'ailleurs "en étrange pays dans son pays lui-même" a été le leitmotiv de la plus longue partie de sa vie », p. 1081.

également *Hypérion*. C'est cet élan mystique vers une Nature déifiée, en parallèle avec l'élan vers un pays encore informe, qui nous fait penser, en écho au sentiment analogue de Jünger, que certains auteurs vivent une situation d'exil liée à un élan spirituel et qui se situerait au-delà d'un simple phénomène matériel.

Non moins significatif est le silence de Rimbaud, comme nous l'avons déjà dit à propos de la langue. Nous tenterons ici d'axer notre réflexion davantage sur l'aspect spirituel de l'expérience. La fin d'*Une saison en enfer* amène progressivement ce silence, cet adieu à la littérature, puis ce renouveau – ou chant du cygne – des *Illuminations*.

Chez Rimbaud aussi s'élabore une poétique de l'adieu/retour : *Le bateau ivre* montrait déjà la même dynamique : c'est l'histoire d'une aventure terminée… pourtant écrite avant une grande partie de l'œuvre de son auteur, et dans une langue poétique maîtrisée, même pour dire l'adieu à cette langue poétique ! Tout se passe comme si l'adieu permettait d'ouvrir les portes de la création et congédiait l'adieu par le fait même ; et plus largement, comme si l'exil permettait de revenir au Pays, un pays renouvelé, illuminé d'une nouvelle lumière à travers le filtre esthétique. Le poème « Larme » dit la même chose : Rimbaud crée un poème singulier sur l'impossibilité de formuler le langage qui serait à même d'exprimer ces visions qui lui sont venues. Selon Gracq, « Il est possible qu'il ait jugé que la poésie ne lui avait pas donné cette clef pour *changer la vie* qu'il semble lui avoir demandée, et qu'il ait tiré de ce bilan une conséquence radicale[32] ». En effet, les poèmes faisant état d'une démarche alchimique proprement dite sont-ils aussi convaincants qu'on l'a dit ? Qu'apporte le « Sonnet des voyelles » à la possibilité d'une transfiguration du monde ? Pour Rimbaud, cette quête finira d'ailleurs par être vaine : comment parvenir à la vérité objective par un chemin aussi subjectif ? « Je demanderai pardon pour m'être nourri de mensonge[33] », confesse-t-il. Ce qui demeure aujourd'hui et ne laisse pas d'interroger, c'est la trajectoire esthétique et spirituelle en soi : deux domaines sont en réalité indissociables et mènent à l'interrogation sur un au-delà du langage, indicible, qu'il vaut mieux laisser dans le silence plutôt que de sonder par une parole qui finit par transgresser, comme le montrent bien l'expérience rimbaldienne et celle de Hölderlin avant lui.

32 Julien Gracq, « Entretiens avec Jean Carrière », in *Œuvres complètes*, *ibid.*, t. II, p. 1264.
33 *SE*, p. 280.

Chez ces deux auteurs, la carrière poétique s'achèvera précisément au moment où ils commençaient à dépasser certaines bornes, comme l'a démontré Armel Guerne pour Hölderlin : la transgression ne pardonne pas, et Prométhée doit être enchaîné. Tout se passe comme s'ils avaient été préservés d'un dérèglement plus grave qui les eût mené dans des tourments beaucoup plus grands encore.

Avant de raconter ses nuits d'angoisse dans *Le Bois de Vincennes*, Sarafian a dû les vivre à maintes reprises. Il n'aura d'ailleurs pas le fin mot sur ces ombres : il les laisse simplement repartir comme elles sont venues et accueillir la lumière qui les dissipe, comme le fait l'aurore à la fin du récit. Par ailleurs, l'expression de la Catastrophe, nous l'avons vu, est allusive, et se traduit en maints endroits par les métaphores. Les premières œuvres (comme *La Conquête d'un espace*) ne la mentionnent pas. C'est principalement à partir de la suite poétique intitulée *14*[34] qu'il en est question, lorsque Sarafian achève ses explorations futuristes. Dans *Le Bois*, Sarafian cherche le langage adéquat pour inscrire le témoignage de la Catastrophe dans un nouveau territoire qui puisse faire entendre ce que les mots courants ne peuvent communiquer. Ce territoire est à créer, tout en constituant une réminiscence d'un espace originel intouché. Ce demi-silence est donc fertile en inventions d'images, en expressions originales, portées aussi par un style très personnel ; la phrase, ample et mélodieuse, développées par un lyrisme sans illusion, est caractéristique de l'écriture de Sarafian. Mais le silence est celui de la mystique, à laquelle l'auteur s'intéresse, si bien qu'il n'hésite pas s'inscrire lui-même dans cette démarche, dans une perspective paradoxalement profane.

Le silence de la nuit est celui du poète exilé sur cette terre, en attente de retrouver sa patrie, à la fois terrestre (même si cela semble impossible pour Sarafian) et céleste (même s'il en reste à des remarques allusives). Les niveaux de réalité se mélangent et le lecteur ne peut les distinguer à chaque instant : les éléments terrestres évoqués renvoient constamment au rêve, à la philosophie, à la mystique, au souvenir, à un espace lumineux innommé incarné par le bois à la fin du récit. L'auteur déploie un réseau d'images qui ne laissent de résonner dans l'imaginaire, comme certaines images d'*Une saison en enfer* et des *Illuminations*. Il n'est pas interdit d'y

34 *14* ; *Չափածոյ երկեր* [*Œuvres en vers*, en arménien], Antelias, Catholicossat arménien de Cilicie, 1982, p. 47-77.

voir l'expression d'un espace spirituel au-delà d'une simple influence du surréalisme, puisqu'il ne s'agit pas du tout d'écriture automatique.

Les trois auteurs sont bien dans cet espace de transition, à la limite de ce monde et du langage, où, semble-t-il, une nouvelle langue est à la veille de naître. L'un se résoudra à une poésie paysagiste limpide, l'autre n'écrira plus et partira à l'aventure, le dernier continuera à cheminer au travers d'une langue qui toujours cherche sans nommer tout à fait. Mais la langue issue de l'exil n'est-elle pas toujours à naître ? N'a-t-elle pas toujours été ? Et que cherche-t-elle à dire ?

DÉTOURNEMENT ET SILENCE

La question du « double détournement » est essentielle dans le cadre du problème de la parole, de la terre natale et du silence. Elle a été abondamment traitée par Beda Allemann :

> [...] sous la notion de Retournement, il faut comprendre un mouvement qui advient avant tout dans l'espace intermédiaire entre les dieux et les hommes, entre le monde des morts et notre terre, entre le Principe empédocléen et le Principe royal, donc À L'INTÉRIEUR du domaine d'une terre natale, que ce soit la terre grecque ou la terre hespérique[35].

Allemann poursuit : « Le Natal pris dans un sens patriotique n'est qu'une réfraction d'un Natal plus général ; en tant que tel, il est absolument insuffisant et inadéquat à la conception du Natal chez Hölderlin[36]. » Certes, le mot dépasse la simple acception patriotique, mais François Fédier traduit « *vaterländische* » par « natal ». Or, il faut noter que l'original dit « *das vaterländische Umkehr* », de « *Vaterland* », qui signifie « patrie » (littéralement « pays du père »)... ce qui n'est pas à négliger[37] ! L'exil, qu'il soit pris dans son acception géographique, linguistique ou spirituelle, est toujours lié à la terre d'origine en tant que nation des pères. Les

35 Beda Allemann, *Hölderlin et Heidegger* [1959], trad. (revue) François Fédier, Paris, PUF, Épiméthée, 1987, p. 58.

36 *Ibid.*, p. 62.

37 Jacques Le Rider traduit « retournement patriotique » dans *Hölderlin vu de France*, *op. cit.*, p. 51.

domaines peuvent être considérés distinctement, mais un jeu d'écho se fait entendre en filigrane et prend une dimension symbolique dans l'œuvre d'exil.

Cet élan caché de la recherche hölderlinienne, qui reste encore très bridé dans *Hypérion*, ressort nettement dans les dernières esquisses d'hymnes, écrites de façon désordonnée, hachée, comme si l'auteur était en proie à la folie qui s'emparera progressivement de son esprit. On constate tout le tumulte que cachaient ses recherches philosophiques, qui semblent avoir eu raison de son esprit sensible :

> Mais durant la nuit, pendant l'époque de l'éloignement des dieux, ce même divin se change sans pitié en sauvagerie titanesque pour l'homme immodéré qui le poursuit et ne veut pas admettre son infidélité. Le désert sauvage et le monde des morts ne sont donc rien d'autre que l'aspect nocturne du Dieu qui se montre, le jour, paisible et serein[38].

Hölderlin s'est ainsi détourné du Dieu de son enfance en choisissant *les* dieux grecs, pensant accomplir une simple recherche esthétique, comme nous l'avons dit en évoquant la position de M. Guardini.

La folie de Hölderlin, véritable exil de la société des hommes, qui a suivi ces recherches simplement esthétiques et philosophiques au début, doit nous amener à prendre en considération les réflexions de Deleuze avec certes beaucoup d'intérêt mais aussi une certaine prudence, puisque l'auteur y voit un élément positif dans le devenir de l'artiste :

> Une fuite est une espèce de délire. Délirer, c'est exactement sortir du sillon [...]. Il y a quelque chose de démoniaque, ou de démonique, dans une ligne de fuite. [...] Il y a toujours de la trahison dans une ligne de fuite. [...] trahir à la façon d'un homme simple qui n'a plus de passé ni de futur. On trahit les puissances fixes qui veulent nous retenir, les puissances établies de la terre. Le mouvement de la trahison a été défini par le double détournement : l'homme détourne son visage de Dieu, qui ne détourne pas moins son visage de l'homme. C'est dans ce double détournement, dans l'écart des visages, que se trace la ligne de fuite, c'est-à-dire la déterritorialisation de l'homme[39].

Or, plusieurs critiques hölderliniens et rimbaldiens depuis les années 1930[40] ont vu dans l'interruption de la parole du poète la manifestation

38 Beda Allemann, *Hölderlin et Heidegger*, *op. cit.*, p. 86.
39 Gilles Deleuze et Claire Parnet, *Dialogues*, *op. cit.*, p. 51-52.
40 Principalement dans la mouvance de la critique de la conscience.

d'une rupture spirituelle (voire d'un *châtiment*, pour reprendre une terminologie plus religieuse). Ils ont refusé de n'y voir que le reflet d'une lutte idéologique ou d'une simple problématique esthétique.

Il est tout à fait possible d'adapter la notion de double retournement à Rimbaud : ayant tourné le dos à la religion de son enfance dans sa quête prométhéenne, il traverse la nuit de la création puis, plutôt que de rentrer dans un ordre qu'il exècre, prend une ligne de fuite en Orient où il traversera d'autres affres.

Ainsi Armel Guerne écrit en 1953 que Hölderlin, « né de cœur religieux, avait reçu le “don du verbe” » et « était le dépositaire d'une vertu spirituelle[41] ». Qu'en a-t-il fait ? Selon Guerne, il en a mésusé :

> [...] au lieu de la jeter en avant, dans le sens de l'esprit, à la conquête de l'espérance et de toute la vérité accessible, il s'en est servi exclusivement pour ressusciter des lieux et des dieux morts, et des temps révolus. Une lumière défunte a pris vie *mensongèrement* de la lumière véritable dont il avait reçu le don verbal, de ce nombre vivant et véridique qu'il lui connaissait et dont il faisait la clé des harmonies[42].

C'est situer le drame hölderlinien sur le terrain spirituel, et voir dans la langue littéraire l'écho du verbe créateur et verbe de vie. L'idée exprimée à propos du « nombre vivant et véridique » peut tout aussi bien concerner Rimbaud, qui a cru posséder la « vision des nombres » et en est revenu.

En 1937, Albert Béguin ne disait pas moins à propos de la *Saison en enfer* : « [...] entre la révolte désespérée du voleur de feu et la soif d'humble apaisement du mystique, un combat sans merci se livrait en lui. [...] Rimbaud tente maintenant de se soustraire à la terrible menace qu'il sent en lui[43]. » Béguin et Guerne voient dans ce processus un enjeu bien supérieur à l'enjeu esthétique : c'est le problème du *salut*. Pour Guerne, « la folie [...] date bien plutôt d'un acte spirituel grave, dont elle fut la sanction immédiate[44] », l'empêchant de tomber davantage, et le préservant pour ainsi dire d'une chute plus grave sur le plan moral et spirituel. Béguin est plus modéré pour Rimbaud : après la *Saison*, « l'apaisement se fait, et l'humilité succède à l'orgueil. Il n'y a plus que

41 Armel Guerne, *L'âme insurgée*, *op. cit.*, p. 61.
42 *Ibid.*, p. 76-77.
43 Albert Béguin, *L'Âme romantique et le rêve*, *op. cit.*, p. 524.
44 Armel Guerne, *L'âme insurgée*, *op. cit.*, p. 82.

"la réalité rugueuse à étreindre"[45] ». Béguin se refuse à interpréter le silence, qui pour lui demeure pleinement un mystère.

La dialectique établie entre destruction et création est développée par George Poulet. Évoquant Rimbaud, il parle d'« attentats pratiqués un peu sur tous les êtres mais en particulier surtout sur lui-même[46] ». Que sortira-t-il de toute cette violence ? Poulet continue : « la dénaturation monstrueuse de son être est une destruction qui lui offre la chance d'une libération[47]. » Poulet conserve cette conception de la création succédant à la destruction, trouvant même son origine en elle, comme si la destruction de l'ordre ancien pouvait permettre le renouveau tant espéré. Béguin était plus prudent lorsqu'il affirmait que sous la menace, Rimbaud se raccrochait encore à l'expérience du langage littéraire sans dire si elle s'avérait positive ou négative.

Il serait malaisé ici de s'aventurer ici sur le terrain des conséquences théologiques. Armel Guerne a tenté de le faire et reste sur une interrogation à propos du péché contre l'Esprit Saint par le mauvais emploi des dons reçus par l'artiste. Albert Béguin évoque vaguement Prométhée voleur de feu et Icare châtiés, comme de nombreux critiques l'ont fait. Paul Claudel avait semblé plus optimiste, puisqu'il dit avoir découvert Dieu et Rimbaud en même temps : chose impossible si Rimbaud n'avait servi qu'une force destructrice de la religion. En tout état de cause, force est de constater l'exil spirituel progressif de ces auteurs correspondant à une cessation progressive ou brutale du langage littéraire, pressentie d'ailleurs par les auteurs : « nous avons presque / Perdu la langue à l'étranger », « je ne sais plus parler » ni « prier » : Rimbaud et Hölderlin en arrivent à des conclusions semblables. Et cette cessation, évoquée d'abord par la langue des auteurs, semble se situer, aux dires des auteurs mêmes et des critiques, au-delà du langage comme simple véhicule idéologique et esthétique, et situer la problématique dans une perspective spirituelle. Toute la *Saison en enfer* est traversée par l'expérience religieuse et l'évocation à la Bible. La langue créatrice est considérée d'un point de vue spirituel, dans sa dimension fondamentalement sacrée.

Toute rupture avec la langue est alors une rupture spirituelle et signe l'exil du poète de la langue, et par le fait même, permet d'envisager

45 Albert Béguin, *L'Âme romantique et le rêve*, *op. cit.*, p. 524.

46 Georges Poulet, *La Poésie éclatée : Baudelaire, Rimbaud*, Paris, PUF, coll. « Écriture », 1987, p. 139.

47 *Ibid.*

par l'œuvre une poétique de l'exil, dont le dernier résultat visible sera le silence de ces poètes. Avant le silence, c'est encore un constat d'exil ontologique, déjà contenu dans le discours de Hypérion qui ne peut revenir ni dans le monde de l'enfance, ni à l'âge d'or en général, et peine à retrouver l'harmonie originelle, comme s'il avait souffert un manque fondamental :

> *Aber es ist die vorige Welt nicht mehr, zu der ich wiederkehre. Ein Fremdling bin ich, wie die Unbegrabnen, wenn sie herauf vom Acheron kommen, und wär ich auch auf meiner heimatlichen Insel, in den Gärten meiner Jugend, die mein Vater mir verschließt, ach! dennoch, dennoch, wär' ich auf der Erd' ein Fremdling und kein Gott knüpft ans Vergangne mich mehr*[48].
>
> « Mais ce n'est plus dans le monde d'antan que je reviens. Je suis un étranger, comme les non-ensevelis quand ils remontent de l'Achéron, et même si j'étais dans mon île natale, dans les jardins de ma jeunesse, dont mon père m'interdit l'accès, ah, malgré tout, malgré tout je serais sur cette terre un étranger, et aucun dieu ne me rattache plus au passé[49]. »

L'emploi répété de « *Fremdling* » (« étranger ») pour marquer avec insistance l'étrangéité du séjour sur terre et le caractère d'exil proprement dit de l'existence terrestre, est doublé d'une supposition qui en dit long sur cette condition : même dans le jardin de l'enfance, Hypérion est exilé, la terre est son lieu d'exil. Temps et espace sont confondus en une seule condition humaine, et dans cet extrait le désarroi est renforcé par l'aveu d'une solitude spirituelle. Sur terre, il n'y a parfois plus d'habitation possible, et l'emploi de « *wohnen* » (« habiter ») indique bien que la terre n'est qu'un lieu de résidence passager : « [...] *ich bin ja ohnedies dazu geboren, Heimatlos und ohne Ruhestätte zu sein. O Erde! o ihr Sterne! werde ich nirgends wohnen am Ende*[50] *?* » (« [Je] [...] suis né, de toute façon, pour n'avoir ni pays, ni repos. Ô terre! et vous étoiles! habiterai-je jamais nulle part enfin[51] ? ») L'errance de l'humain est associée à ceux qui errent sans sépulture sur l'Achéron[52], soulignant bien la dimension spirituelle de l'exil.

48 DKV-II, p. 165.
49 *Hy*, p. 252.
50 DKV-II, p. 134.
51 *Hy*, p. 215.
52 On pense évidemment à Polynice dans *Antigone* de Sophocle, que Hölderlin traduira quelques années plus tard.

Le cheminement aride lié à la parole (et son absence) est également visible chez Sarafian, mais il ne se soldera pas par le silence ; l'auteur poursuivra son œuvre jusqu'à sa mort. Toutefois, il a visiblement connu ces périodes de sécheresse de l'inspiration, puis de renouveau, et ainsi de suite. Là où Sarafian, à l'instar de Hölderlin et de Rimbaud, a touché à la transgression par rapport à la théologie chrétienne, c'est dans les violents propos de révolte à l'égard de Dieu et de la religion. Il semble en « payer les frais » dans les nuits d'angoisse qu'il décrit abondamment dans le *Bois de Vincennes*, puisqu'il a accepté de ne plus avoir de gouvernail, de son propre aveu. Ces nuits sont présentées par l'auteur comme le contraire de l'abandon et de la confiance qui émanaient des jours de fête de l'enfance comme Pâques. Sur l'axe de la foi et de son rejet, Sarafian semble toujours préférer une croyance non révélée qui n'aurait pas encore pris forme, comme en témoigne la fin du *Bois* : « Յաղթանակ մը, շնորհ մը։ Հաւատք ու ուրացում զուրկ են նշանակութենէ։ Մոռցած եմ բոլոր կեղծիքները։ Կեանքը նորութիւն մըն է առջիս։ Կ'ապրիմ հրաշքի մը մէջ։ Տէրն եմ բոլոր ուժերուս։ Յորդող կամք ու խանդավառութիւն եմ[53]։ » (« Une victoire, une grâce. Croyance et reniement sont vides de sens. J'ai oublié tous les faux-semblants. La vie est une nouveauté devant moi. Je vis un miracle. Je suis maître de toutes mes forces. Je suis volonté débordante et enthousiasme[54]. ») Sans doute l'auteur fait-il un amalgame entre liberté et agnosticisme, mais on peut néanmoins y voir le début d'une croyance, encore timide ; une renaissance après avoir touché un fond – même si cette croyance n'a pas encore trouvé sa pleine expression.

Nous pouvons parler des œuvres de l'exil sur terre. Nous ne pouvons pas parler de l'aboutissement de l'exil, mais seulement considérer, au regard d'un exil spirituel, la courbe de vie qui mène à un apaisement. N'oublions pas que Hölderlin écrivait à sa mère en janvier 1799 : « *Aber gerade wie nach dem Winter der Frühling kömmt, so kam auch immer nach dem Geistestodes der Menschen neues Leben, und das Heilige bleibt immer heilig, wenn es auch die Menschen nicht achten*[55]. » (« Mais de même que le printemps succède à l'hiver, la vie nouvelle survient toujours après la mort spirituelle des hommes ; et le sacré reste toujours sacré, quand même les hommes ne le respectent pas[56]. ») Certains en doutent, comme

---

53 *ՎԱ*, p. 60.
54 *BV*, p. 90.
55 Lettre à sa mère, janvier 1799, de Hombourg, DKV-III, p. 337.
56 H-Pl, p. 695.

Sarafian dans les moments de crise, ou encore des penseurs comme Cioran, contemporain du premier, également étranger à Paris ; deux ans après la publication du *Bois de Vincennes*, l'écrivain roumain qualifie d'utopie la nostalgie et l'aspiration au retour. Cioran met en lumière la contradiction entre *Heimat* et élan vers l'Infini : « Il n'y a pas de solution à la tension entre la *Heimat* et l'Infini : c'est être enraciné et déraciné en même temps, et n'avoir pu trouver un compromis entre le foyer et le lointain[57]. » Cette ère de la suspicion ne s'explique-t-elle pas par les souffrances de l'époque ? La douleur pulvérise les certitudes et laisse place au silence toujours aussi inscrutable par la raison, et ce silence prend forme dans l'œuvre à côté des paroles de révolte.

RECHERCHE DE L'UNITÉ

La langue de l'exil pose inévitablement la question de l'unité du sujet, comme nous avons pu le constater dans l'étude de la narration et de l'énonciation : sujet multiple, jeu de miroir, questionnement sur l'identité, polyphonie, sont autant de phénomènes qui prennent forme dans la langue des auteurs de l'exil. D'un point de vue métaphysique, la déconstruction du sujet est suivie immanquablement de la remise en question de la religion de l'auteur, qui en arrive bien souvent à un vertige spirituel. Nous l'avons souligné pour le Hölderlin de *Hypérion* et pour Sarafian, mais il convient d'apporter une précision pour Rimbaud.

Une volonté délibérée d'affronter la vie seul et de se débrouiller comme une grande personne est une marque tout à fait normale de l'adolescence

57 Emil Cioran, *Précis de décomposition* [1949] ; *Œuvres*, Paris, Gallimard, « Bibliothèque de la Pléiade », 2011, p. 32. Cioran poursuit un peu plus loin : « Être arraché au sol, exilé dans la durée, coupé de ses racines immédiates, c'est désirer une réintégration dans les sources originelles d'avant la séparation et la déchirure. La nostalgie, c'est justement se sentir éternellement loin de chez soi ; et, en dehors des proportions lumineuses de l'Ennui, et de la postulation contradictoire de l'Infini et de la *Heimat*, elle prend la forme du retour vers le fini, vers l'immédiat, vers un appel terrestre et maternel. Ainsi que l'esprit forge des utopies : et de toutes la plus étrange est celle d'un univers *natal*, où l'on se repose de soi-même, un univers, – oreiller cosmique de toutes nos fatigues. » Selon l'auteur, ce « pressentiment paradisiaque » est une construction. *Cf.* aussi « Avantages de l'exil », in *La tentation d'exister* ; *Œuvres*, *ibid.*, p. 302-305.

et une étape incontournable dans le processus de maturation. On a bien souvent voulu faire une théorisation littéraire à outrance de ce qui n'était qu'un chemin courant, peut-être très accentué chez notre auteur du fait d'expériences difficiles vécues dans l'enfance et dont il a certainement subi le contrecoup. Cette démarche critique en vient à occulter par le fait même la dimension sprituelle et ne permet pas de mener à des conclusions probantes. Il apparaît clairement que Rimbaud a voulu mener à bien ses projets sans l'aide de la religion, mais il y revient toujours ; comme s'il voulait dire qu'il ne croit pas en Dieu… et que néanmoins il avait peur que Dieu lui en veuille ! Nous ne saurions souscrire au jugement de Mario Matucci, qui affirme : « Comme tous les concepts chrétiens utilisés par Rimbaud, l'éternité est quelque chose de tout à fait immanent […] le poète ignore tout attribut eschatologique[58]. » Nous ne voyons pas ce qui justifie une telle affirmation. Le texte ne montrerait pas une telle tension s'il ne s'agissait que d'immanence et si n'était pas présent pour Rimbaud la question de l'au-delà chrétien, qui semble lui peser comme une menace et dont il veut se débarrasser. Néanmoins, il tente, il est vrai, de rendre sa quête immanente, comme un travailleur purement humain, « rendu au sol », sans cantiques, avec la science. Matucci ajoute :

> De cette façon, Rimbaud veut se dépouiller complètement, se faire miroir vide d'images, il veut se rendre capable d'exprimer ce qu'est l'objet en soi : il perd les limites de son moi, au point de se reconnaître dans l'objet, retrouvant de la sorte son propre équilibre. […] C'est ainsi que le « dérèglement de tous les sens » et « le langage universel » ne sont que des aspects différents d'une même intention : celle d'unifier sujet et objet[59].

Ici la remarque nous semble plus juste dans la perspective non pas d'une immanence de fait, mais de la recherche d'une immanence – même si la quête s'avère illusoire. Cette recherche de l'image sur un fond unifié rejoint les analyses de Jean-Pierre Richard à propos des *Illuminations*. Nous avons évoqué l'exil du sujet, puis l'exil de l'objet, tel qu'il ressort dans la narration. Il s'agit d'une tentative, constante chez Rimbaud, de retrouver l'unité perdue suite à l'expérience d'exil. Dans le brouhaha

58 Mario Matucci, « Rimbaud et l'étrange évangile », in *Parade sauvage, Rimbaud « À la loupe »*, Colloque n° 2, *op. cit.*, p. 137.
59 *Ibid.*, p. 138.

de la polyphonie mettant en place un grand nombre de contradictions dans le même discours, le sujet cherche à retrouver le fil de lui-même, et il s'agit bel et bien d'une quête spirituelle issue de l'exil. « Effacé du monde, le moi va se réfugier dans sa patrie intérieure restituée par une bouffée d'hypermnésie. Le paradis perdu de l'enfance innocente s'oppose à l'autre[60] », écrit Paule Lapeyre. Mais l'intériorité n'est plus un refuge, car les paradis perdus entrent en contradiction l'un avec l'autre. Même l'enfance retraversée par le poète mi-nostalgique mi-railleur n'est plus d'aucune utilité. L'auteur est aux prises avec l'impasse dans laquelle il s'est lui-même placé en rejetant violemment toute transcendance salvatrice, à laquelle il ne peut plus avoir recours (du moins s'il reste dans ces dispositions de rejet qui s'apparentent à l'orgueil, comme l'a démontré Daniel-Rops). Il s'enferme alors dans un vertige qui, selon Lapeyre, était constitutif de l'œuvre rimbaldienne : « Stabiliser le vertige dans l'espace et dans le temps, telle apparaît la volonté qui sous-tend l'œuvre de Rimbaud. Mais cette entreprise ne connaît que d'éphémères succès et le poète constate avec amertume que le vertige retourne au vertige[61]. »

L'idée qui prévaut dans la critique rimbaldienne est que Rimbaud a tenté de se libérer de la religion chrétienne qui aurait été une forme de servitude, et ce, afin d'inventer une langue et un homme nouveaux[62] – ce qui aurait été partiellement réussi, compte tenu du fait qu'il a ouvert de nouvelles voies à la poésie et que maints créateurs s'en seraient inspirés au XXe siècle. Il nous semble un peu facile de verser dans cette opinion quelque peu réductrice. Raymond Clauzel a bien souligné la complexité du drame rimbaldien, qui demeure selon lui un drame profondément chrétien : « [...] celui qui a conscience du divin n'a pu devenir indifférent à l'égard de sa religion[63]. » Il va même plus loin : « On ne peut nier que cette œuvre ne soit essentiellement un drame chrétien dans lequel se produit le combat de l'ange et de la bête[64]. » Mais pas d'issue décisive ; simplement le

60 Paule Lapeyre, *Le Vertige de Rimbaud. Clé d'une perception poétique*, Neuchâtel, La Baconnière, coll. « Langages », 1981, p. 193.

61 *Ibid.*, p. 30.

62 Ainsi, Margaret Davies écrit : « La trajectoire tracée par *Une Saison en enfer* figure en même temps le combat spirituel d'un seul individu, et celui des hommes occidentaux pour se libérer de la lourde accumulation d'un passé chrétien, et pour se créer une nouvelle foi et de nouvelles valeurs morales. » « *Une Saison en enfer* », in *Arthur Rimbaud 2*, La Revue des Lettres modernes, Minard, 370-373, 1973, p. 18.

63 Raymond Clauzel, Une saison en enfer *et Arthur Rimbaud*, *op. cit.*, 1931, p. 130.

64 *Ibid.*, p. 133.

« combat spirituel [...] aussi brutal que la bataille d'hommes[65] », de l'aveu de Rimbaud lui-même, il ne faut pas l'oublier. De même, cette prétendue libération s'accompagne de blasphèmes qui ne sont – et ne peuvent – pas être considérés sereinement, cela va de soi, et Clauzel démontre bien le côté repoussant de la révolte et de ses fruits : « [...] je doute que le même livre, puisse induire quelqu'un à perdre la foi pour choisir les malédictions dont son auteur montre la souffrance et les ignominies. Il y a le Mal ici, mais il est répulsif; l'Esprit qui s'y manifeste, au contraire, demeure souverainement attractif[66]. » L'analyse de Clauzel est certes engagée, mais elle s'appuie sur le texte même, et il ne fait que se rapporter aux souffrances du « damné » telles que racontées par le narrateur lui-même, qui est pour finir bien content de s'en être sorti, d'une certaine façon en tout cas. Mais comme Daniel-Rops[67], il souligne en quelque sorte le drame de la sécularisation de l'élan vers l'infini, en un mouvement d'orgueil fatal :

> Nul mieux que lui ne sait que le vrai mouvement de la vie est celui qui s'oriente vers l'au-delà ; pourtant, une certaine partie de lui-même ne recherche qu'un certain finalisme temporel. Ce sont ces contradictions inhérentes à sa double nature qui le supplicient et l'anéantissent en tant qu'être supérieur, étrangement voué à la transcendance[68].

Nous retrouvons là l'aveu même de Rimbaud. C'est aussi ce que dit en substance Daniel-Rops :

> Rimbaud a voulu, véritablement, jeter à Dieu un défi. Il a essayé de sortir de la nature humaine. [...] son expérience est celle, consciente ou non, de l'humanité moderne tout entière, ce rêve d'évasion, de transsubstantiation de l'être, qui a hanté le cerveau d'un Faust, promène sans cesse parmi nous sa chimère[69].

C'est, selon Daniel-Rops qui parle par endroits d'*exil* pour ce combat acharné, le drame de l'orgueil, un orgueil luciférien :

> On ne peut formuler autrement cette expérience satanique : détourner la notion même de *grâce* de son sens véritable, c'est-à-dire chrétien, pour l'amener

---

65 *SE*, p. 280.

66 Raymond Clauzel, Une saison en enfer *et Arthur Rimbaud*, *op. cit.*, p. 135.

67 « Le drame de Rimbaud a été précisément de *se croire*, de *se vouloir* exempt du péché originel, par sa propre force : un drame monstrueux de l'orgueil. » Daniel-Rops, *Rimbaud. Le drame spirituel*, *op. cit.*, p. 16.

68 Raymond Clauzel, Une saison en enfer *et Arthur Rimbaud*, *op. cit.*, p. 137.

69 *Ibid.*, p. 127.

> à recouvrir une expansion anarchique de l'être, dressé en face de Dieu dans une posture de revendication : voilà ce qu'a essayé Rimbaud[70].

Daniel-Rops présente donc l'expérience rimbaldienne non pas (comme la plus grande partie de la tradition critique) comme une révolte *contre le christianisme* comme idéologie ou système de pensée, mais comme une révolte *chrétienne* dans son essence même. Cette révolte ne peut avoir lieu que dans le cœur d'un chrétien. Il ne s'agirait donc pas tant d'une volonté de se débarrasser de l'héritage chrétien que d'épurer ce qui a été souillé par une pratique hypocrite. Rimbaud reste dans un face-à-face avec Dieu et ne serait pas aussi révolté s'il n'était qu'un concept : « Mais le pécheur, jusque dans sa détresse et sa colère, s'il insulte Dieu, affirme Dieu. C'est en ce sens qu'on a raison de voir en Rimbaud un être "essentiellement croyant"[71]. » En tous les cas, on ne peut toucher à la foi de Rimbaud, ni aux témoignages de sa sœur Isabelle, qui selon Daniel-Rops n'ont aucune raison d'être faux, et au contraire s'inscrivent dans la courbe de vie probable du poète : « Engagé comme il l'était sur le chemin qu'il s'était fixé, Rimbaud ne pouvait aboutir qu'à cela : à cet appel suprême, à cette acceptation qui couronnait son renoncement antérieur, *même si cette acceptation n'a jamais été formulée*[72]. »

Il est possible de sentir la même tension entre christianisme et autres chemins religieux dans les derniers poèmes de Hölderlin avant la folie. Des tiraillements sont perceptibles aussi chez Sarafian, de façon plus maîtrisée toutefois – maîtrise qui apparaît du moins au moment de l'écriture, même s'il passe par des moments de tourments et de vide intérieur en dehors de l'écriture.

Il est en tout cas indéniable que les trois auteurs étudiés ici se sont acheminés vers le silence. Sarafian le vivait comme une paralysie occasionnelle de la langue créatrice. Pour Hölderlin et Rimbaud, l'événement fut vécu de façon mouvementée, allant jusqu'à l'extinction de la parole pour le poète ardennais. Tout se passe comme si, à trop vouloir créer de soi-même, le créateur recevait un châtiment qui le condamnait au silence. Mais ne faut-il voir dans ce silence qu'une peine prométhéenne ? N'y a-t-il pas aussi l'apaisement dans l'exil ? Au plus fort

70 *Ibid.*, p. 112. N'oublions pas que Verlaine appelait Rimbaud « ange en exil ».
71 *Ibid.*, p. 28-29.
72 *Ibid.*, p. 24.

de la tourmente, et passé certaines limites, il semblerait que la tension se soit relâchée subitement et que les auteurs aient pu passer de l'autre côté de la raison, tout en se trouvant en exil du langage mais peut-être en situation un peu plus sereine, comme l'affirme aussi Blanchot. Certains ne vont pas jusqu'à la métaphysique, et donnent néanmoins une dimension spirituelle au silence, comme Claude Louis-Combet :

> [...] cette défaillance à la pointe du projet, s'il ne convient pas de lui donner le sens d'un vertige métaphysique, comme serait l'évidence lumineuse du vide au cœur des mots, rappelle par analogie ce que la mystique, la poésie et l'amour ont appris à l'humanité : que la plénitude de la parole veut le délaissement de la parole, le retour au silence qui la fonde, l'émerveillement sans pensée, l'adoration[73].

L'auteur évoque dans ce passage le silence fondateur : le silence peut-il fonder ? De même, passé les limites qu'évoque Blanchot, une sérénité est-elle possible ? Il est très difficile de se prononcer sur ce qui appartient en dernier lieu à l'intériorité de l'auteur. *Hypérion*, on l'a vu, se terminait sur une anxieuse invitation à poursuivre. Les guillemets d'*Une saison enfer* ne se referment pas. *Le Bois de Vincennes* se termine sur le leitmotiv qui caractérise le bois, si ce n'est qu'il est désormais « magique » : là aussi on n'a pas l'impression d'un point final. Tout comme l'exil, les auteurs de l'exil semblent mettre difficilement un point final à leur texte. Ils mettent en place un univers qui ne se referme pas, qui reste toujours en suspension, comme pour repartir sur les routes, comme si l'énonciateur était toujours dans l'élan, dans un mouvement qui devait venir, plus tard, dans le temps qui lui serait propice. En attendant, ce silence est peut-être en effet habité. Le vacarme de la vie et ses expériences traumatisantes appellent certainement le silence enfin dispensateur de vie.

---

73 Claude Louis-Combet, *L'homme du texte*, *op. cit.*, p. 301.

SUR LE SEUIL
Confrontation et dépassement

Au moment où le poète vivait l'enfance dans sa chair, il n'avait pas besoin de l'écrire ; il n'était pas en exil et la nostalgie était absente. Il en va de même pour l'enfance de Hypérion avant qu'il n'aille dans les écoles philosophiques qui ont perverti son goût, de son propre aveu. Par un mouvement inverse, le poète en vient parfois à tendre vers un minimalisme qui épure le langage pour mieux exprimer l'essentiel. La simplicité des poésies de la tour de Tübingen en témoigne : les saisons y défilent, dans la beauté, la plénitude et le calme. Tout est apaisé. Les *Illuminations* seront simple défilé d'images, sans aucun rappel explicite de la vie de l'auteur. Sarafian n'écrira plus que de la prose pendant de nombreuses années, avant de revenir à la poésie quelque temps avant sa mort : le *Bois* est peut-être le chant du cygne poétique, déjà en prose, de ce qui n'a guère besoin davantage d'explications. Enfin, il semble qu'après trop de paroles agitées, le calme doive à tout prix revenir et laisser place à un recueillement.

Cette recherche de l'unité nous conduit à nouveau à la question de l'altérité, cette fois dans un sens théologique. Pour Lévinas[74], l'altérité ne peut se concevoir que dans un rapport au divin : l'Autre ne peut qu'être infiniment Autre, donc être l'Infini, le Divin. S'ouvrir à l'Autre, c'est s'ouvrir au Dieu. L'altérité existentielle, ce qu'on nomme « Autre » dans le langage de la sociologie, ne serait donc qu'une variation existentielle du Même.

Sans rechercher l'exhaustivité, il faudrait évoquer une autre tradition, celle amenée par un disciple de maître Eckhart, Nicolas de Cues[75], qui considère que la vérité ne se trouve pas dans l'altérité, ou plutôt nous concevons cette vérité toujours à travers le filtre de l'altérité. Pour atteindre l'unité divine, il faut reconnaître que Dieu est le non-autre – ou l'autre de l'autre. Cette vision permet de projeter sur le plan humain la

74 *Cf.* Emmanuel Lévinas, *Totalité et infini* [1971], Paris, Le Livre de Poche, coll. « Biblio essais », 2006.

75 Nicolas de Cues, *Du non-autre. Le guide du penseur*, trad. Hervé Pasqua, Paris, Les Éditions du Cerf, coll. « Sagesses chrétiennes », 2002.

croyance en un élément ontologique central, certes entouré de variations existentielles, mais donnant une assise stable à l'ensemble[76].

La quête d'unité, dans la perspective d'une transcendance unificatrice se dégageant des aléas de l'altérité, se donne à voir dans de nombreuses œuvres d'exil. C'est la recherche d'un apaisement, visible jusque dans la révolte. Sarafian aboutit aussi à une évidence ontologique à la toute fin du *Bois*, devant le soleil naissant sur le bois de Vincennes. Tous les territoires traversés et les souvenirs se répondent en un syncrétisme pacificateur au sein d'une identité à naître. Nous y retrouvons aussi le motif de la frontière que nous avions examiné à la lumière de la problématique de l'altérité. Ici, l'imprécision des frontières ne correspond plus à un malaise existentiel et à une peur de disparaître, de se dissoudre dans le monde étranger. Cette peur se rattachait à une dimension proprement terrestre, alors que la perspective spirituelle transcendante présente ici et témoignant d'une élévation fait disparaître les frontières pour arriver à un espace céleste, presque déjà sacré : n'y a-t-il pas témoignage d'une apothéose ? Après l'aveu du détachement bienheureux de toute chose, l'auteur poursuit :

> Պէ՞տք է հետեւցնել թէ աւելի մօտ եմ Արարիչին երբ չեմ մտածեր Անոր ու կ'անգիտանամ Զայն, երբ շահախնդիր աղօթողը չեմ, անձնասէրը՝ որ միշտ բան մը կ'ուզէ երկինքէն, կամ անոր դէմ ելլողը, որ, դարձեալ անձնականութեամբ՝ կը քէնոտի անոր զլացումներէն[77]:
>
> « Faut-il en conclure que je suis plus près du Créateur quand je ne pense pas à Lui et L'ignore, quand je ne suis pas celui qui prie intéressé, l'égoïste qui toujours veut quelque chose du ciel, ou celui qui s'élève contre Lui, parce que par individualisme encore, il lui porte rancune pour ses refus[78] ? »

Dans cette ébauche de théologie affleurent les réminiscences des mystiques espagnols comme saint Jean de la Croix et sa *Nuit obscure*, ou sainte Thérèse d'Avila[79]. Mais le texte lève d'autres questions liées précisément à ce qui nous intéresse ici. L'auteur est-il alors en exil, ou au contraire est-il en voie de le réparer ? Pour répondre, il faudrait interroger le rapport

---

76 Il peut sembler cependant étrange de définir l'absolu par la négativité.

77 *ՎԱ*, p. 59.

78 *BV*, p. 90.

79 Il est même possible de faire un lien avec la mystique fénelonienne de la « sainte indifférence » et du « pur amour ». Mais on ne sait si Sarafian avait lu Fénelon. *Cf.* Fénelon, *Explication des maximes des saints sur la vie intérieure* ; *Œuvres*, éd. Jacques Le Brun, Paris, Gallimard, « Bibliothèque de la Pléiade », 1983, t. I, p. 999-1095.

entre la parole poétique et le vécu de l'auteur. Nous ne pouvons le faire de façon aussi catégorique que pour Hölderlin et Rimbaud, car Sarafian semble avoir eu une vie beaucoup plus régulière, marquée certes par des crises, mais témoignant toujours d'une volonté de continuité autant dans le travail que dans l'écriture, au travers des tempêtes de la vie. Sarafian a donc continué d'écrire, davantage des articles, où il expose des idées semblables à celles que l'on retrouve tout au long du *Bois de Vincennes*. *Dans le brouillard*, qu'il considérait comme une suite du *Bois*, écrite vingt ans plus tard et qui est restée inachevée, accordait une plus grande part à la réflexion philosophique. Quoi qu'il en soit, il est permis de croire que si l'auteur a continué de vivre des remous, et s'il n'est pas arrivé enfin au « port » où l'exil se serait apaisé, il a pu toutefois toucher une vérité qui ressort par une écriture « apothéotique » ; une forme de transfiguration dont témoigne la langue.

LA LANGUE-EXIL

La poésie de l'exil est une parole qui vise à retrouver le lien à autrui, lien perdu par l'expérience d'une catastrophe ou d'un traumatisme. Du constat horrifié à l'enthousiasme de la vie retrouvée ou l'espoir du retour, elle est déjà parole gagnée sur le silence. Même dans son silence, dans les vides du texte, elle est expression de ce qui n'est pas encore, de ce qui est à venir. C'est dire comme la poésie, particulièrement celle de l'exil, est liée à l'au-delà du langage. Octavio Paz écrit :

> Conscience historique et besoin de transcender l'histoire ne sont peut-être que les noms que nous donnons aujourd'hui à cet antique et perpétuel déchirement de l'être, toujours séparé de soi, toujours en quête de soi. L'homme veut être un avec ses créations, se réconcilier avec lui-même et avec ses semblables : être le monde sans cesser d'être soi. Notre poésie est conscience de la séparation et tentative de réunir ce qui fut séparé[80].

La poésie est-elle une terre pour ceux qui en sont privés ? Est-elle un langage pour ceux qui se sentent exilés de leur langue nationale, de

80 Octavio Paz, *L'Arc et la Lyre*, *op. cit.*, p. 882.

leur culture nationale ? Si nous ne pouvons l'affirmer pleinement, elle se situe du moins sur ce chemin. Et si elle ne reconnaît pas de chemin vers un pays, elle est en chemin vers soi, vers la connaissance de soi, vers la réparation, vers l'unité. Paul Celan écrivait :

> Le poème est seul. Il est seul et en chemin. Celui qui l'écrit lui est simplement donné pour la route.
>
> Mais par cela même, ne voit-on pas que le poème, déjà ici, se tient dans la rencontre – *dans le secret de la rencontre* ?
>
> Le poème veut aller vers un Autre, il a besoin de cet Autre, il en a besoin en face de lui. Il le recherche, il se promet à lui.
>
> Chaque chose, chaque être humain est, pour le poème qui a mis le cap sur l'Autre, une figure de cet Autre[81].

L'homme a besoin de cet en-face pour retrouver le lien à autrui qui fut brisé, et ce qu'il ne peut dire avec les mots de tous les jours, c'est la parole poétique qui l'exprime, tel un chant qui vient suppléer aux carences de la langue quotidienne, comme le rappelait Jankélévitch. C'est ce chant qui permet de retrouver le lien de la parole dont l'homme a été exilé.

> Le poème devient – à quelles conditions ! le poème de quelqu'un qui – toujours encore – perçoit, qui est tourné vers ce qui apparaît, qui interroge cela qui apparaît et lui adresse la parole ; cela devient un dialogue – souvent c'est un dialogue désespéré.
>
> C'est seulement dans l'espace de ce dialogue que se constitue cela même à quoi la parole s'adresse et qui se rassemble autour du Je qui lui parle et le nomme. Mais dans ce présent, ce à quoi la parole s'adresse et qui d'être nommé est devenu pour ainsi dire un Tu, apporte aussi son être autre[82].

La poésie est donc le lieu d'un dialogue, précisément là où a eu lieu la rupture du dialogue. Elle est retrouvaille après la perte, après la Catastrophe, après l'exil.

Par la littérature, le langage dit l'exil, mais il *est* aussi un exil. Lorsqu'il enferme dans une impasse, il est forcément exil. Mais lorsqu'il place l'homme sur le chemin de la réconciliation intérieure, il est aussi exil, car il dit ouvertement la condition humaine : être en exil sur cette terre, et aspirer à la patrie originelle. C'est ce qui ressort chez de nombreux

81 Paul Celan, « Le Méridien » [1960], in *Le Méridien & autres proses*, trad. Jean Launay, éd. bilingue, Paris, Seuil, coll. « La librairie du XXIe siècle », 2002, p. 76.

82 *Ibid.*, p. 77.

auteurs de l'exil, et notamment les trois auteurs ici présentés, même s'ils ne nomment pas de transcendance : le lyrisme traduit l'élévation, même désespérée. Dans la perspective philosophique et théologique, le langage humain peut être considéré comme un outil imparfait pour exprimer des réalités originaires qui, elles, sont parfaites (ou absolues). Tout langage humain serait un pâle dérivé du Verbe d'origine, tout comme les objets de ce monde ne seraient qu'une ombre de la vérité de l'au-delà : nous retrouvons le mythe de la caverne de Platon. Nous devons évoquer à nouveau l'idée développée par Benjamin selon laquelle chaque langue participerait de la langue originaire et totale – si toutefois on considère cette assertion comme un phénomène eschatologique, qui rejoint l'idée d'une patrie céleste, où les humains retrouveraient le Verbe accompli, dans la plénitude. Mais les écrivains doivent se lancer dans l'aventure terrestre du langage, pour retrouver le lien, à autrui et à la transcendance. C'est à la fois le risque de l'existence et un renoncement, comme le souligne Ion Caraion : « Le langage est notre premier risque, notre premier exil et le renoncement à notre première langue[83]. »

Il existerait donc une langue originaire, dont nous aurions perdu l'alphabet, dont nous sommes exilés, et que nous tenterions de retrouver dans notre traversée terrestre. Cette quête est aussi celle qui survient après Babel : dans la dispersion des langages, les humains tentent de construire des passerelles, des points de jonction, des devenirs communs, au-delà des différences (et dans le respect de celles-ci), à travers les langages – à travers la langue. Hölderlin, dans l'évocation de la nouvelle Église mettant fin à la discorde des hommes, pensait peut-être à cette correspondance entre Babel (la dispersion) et la Pentecôte (le lien retrouvé au-delà de la multiplicité des langues humaines), dans une perspective sécularisée comme nous l'avons déjà dit.

Certains, comme Octavio Paz, ne souhaitant pas considérer cette idée à partir d'une religion révélée, n'en demeurent pas moins dans le même ordre d'idée de cette ouverture à autrui :

> Aujourd'hui la poésie ne peut être destruction, mais recherche de sens. Nous ne savons rien de ce sens, parce que la signification n'est pas en ce qui maintenant se dit, mais au-delà, en des régions qui s'éclairent à peine. Réalité

83 Ion Caraion, « Les Mots en Exil », fragment 23, in *Marges et exils. L'Europe des littératures déplacées*, *op. cit.*, p. 49.

> sans visage et qui est là, devant nous, non pas comme un mur, mais comme un espace vacant[84].

Si déjà la poésie cherche à « récupérer la vie concrète », c'est-à-dire « découvrir la figure du monde dans la dispersion même de ses fragments[85] », on peut dire d'après l'auteur qu'elle sera un chemin de résilience.

Définir la poétique de l'exil, c'est chercher en quoi on peut parler d'une langue de l'exil et quelles en sont les caractéristiques. Mais si la langue est elle-même exil, alors l'exil est doublement universel : universel en ce qu'il constitue une expérience vécue par les humains au-delà d'une simple typologie différenciatrice, et universel par le fait que le langage est exil et que tout être humain, même muet, utilise un langage.

Cette perspective rejoint la thématique biblique de la langue : l'Ancien Testament commence par le Verbe créateur de toutes choses ; l'Évangile selon saint Jean rappelle : « Au commencement était le Verbe. [...] Et le Verbe s'est fait chair », et ce Verbe est rédempteur d'une humanité séparée du Verbe originel depuis l'expulsion du Paradis originel. Nous avons vu que la tentative de nombreux poètes depuis les romantiques était de retrouver cette élévation, en consacrant toutefois le poète comme intermédiaire entre Dieu et les hommes. Le poète devient alors le prêtre d'une nouvelle religion, poétique, empruntant de nombreux éléments au christianisme mais s'en dégageant en reportant le sacrifice sur l'homme-poète. Hölderlin nourrissait cet élan, Rimbaud aussi à sa manière (*cf.* les lettres du voyant)... et Sarafian s'en est manifestement méfié, puisque le doute était chez lui fondateur.

En tout état de cause, l'expérience des trois auteurs exprime une volonté de s'élever toujours davantage, et marque en même temps les limites d'une construction humaine créatrice et rédemptrice par le seul langage humain. L'auteur qui mise tout sur ses propres facultés est condamné à l'impasse prométhéenne.

Si la langue est exil, l'écriture poétique est à la fois le terrain où l'exil est le plus concentré et en même temps le lieu où l'on commence à apercevoir une résolution. « Qui écrit est en exil de l'écriture : là est sa patrie où il n'est pas prophète[86] », a écrit Blanchot. Si Hölderlin et Rimbaud ont été les prophètes de l'écriture qu'ils avaient voulu être, ce

---

84 Octavio Paz, *L'Arc et la Lyre*, *op. cit.*, p. 879.

85 *Ibid.*, p. 867-868.

86 Maurice Blanchot, *L'écriture du désastre*, Paris, Gallimard, 1980, p. 105.

n'est pas là où ils ont cru l'être. Il leur a fallu sortir de l'écriture pour être enfin entendu par les poètes. Mais la pensée de Blanchot va plus loin encore : qui veut écrire doit forcément retraverser l'exil du langage pour pouvoir dire l'exil et y mettre fin :

> Le poème est l'exil, et le poète qui lui appartient appartient à l'insatisfaction de l'exil, est toujours hors de lui-même, hors de son lieu natal, appartient à l'étranger, à ce qui est le dehors sans intimité et sans limite, cet écart que Hölderlin nomme, dans sa folie, quand il y voit l'espace infini du rythme.
>
> Cet exil qu'est le poème fait du poète l'errant, le toujours égaré, celui qui est privé de la présence ferme et du séjour véritable[87].

Le poète errant dans la nuit, toujours en recherche d'inspiration, toujours menacé de mort, ne peut que traverser ces régions s'il veut surmonter la mort et créer.

> Le risque qui attend le poète [...] est l'erreur. Erreur signifie le fait d'errer, de ne pouvoir demeurer parce que, là où on est, manquent les conditions d'un ici décisif [...]. L'errant n'a pas sa patrie dans la vérité, mais dans l'exil, il se tient en dehors, *en deçà*, à l'écart, là où règne la profondeur de la dissimulation, cette obscurité élémentaire qui ne le laisse frayer avec rien et, à cause de cela, est l'effrayant.
>
> Ce que risque l'homme [...] est donc ce qu'il peut risquer de plus extrême : non pas seulement sa vie, ni seulement le monde où il demeure, mais son essence, son droit à la vérité et davantage encore son droit à la mort. Il part, il devient, comme l'appelle Hölderlin, le migrateur, celui qui, comme les prêtres de Dionysos, erre de pays en pays dans la nuit sacrée[88].

Que l'errant n'ait pas sa patrie dans la vérité mais dans l'exil nous semble une affirmation paradoxale, voire une aporie, si l'on identifie l'errant au poète. L'errant doit être distingué du poète ; ou du moins, le poète errant ne vit pas la même errance que le non-poète errant. L'écriture, même dans son silence, est porteuse de son avenir. C'est pourquoi nous ne pouvons souscrire à cet ordre d'idée lorsque Blanchot amalgame le non-vrai et l'authenticité, l'égarement à la migration féconde :

> Quand Hölderlin parle des poètes qui [...] vont errant [...], ce perpétuel passage, *malheur de l'égarement* à qui manque le lieu, serait-il aussi la *migration*

---

87 Maurice Blanchot, *L'espace littéraire* [1955], Paris, Gallimard, coll. « Folio essais », 2005, p. 318.

88 *Ibid.*, p. 319.

> *féconde*, le mouvement qui médiatise, ce qui fait des fleuves un langage et du langage, le séjour, le pouvoir par lequel le jour demeure, est notre demeure ?
> [...] l'œuvre serait [...] la merveille du commencement, en quoi l'indéfini de l'erreur nous préserverait du travestissement de l'inauthentique ? Et le non-vrai pourrait être une forme essentielle d'authenticité ? [...] nous pourrions donc avoir l'œuvre ? nous aurions l'art ?
> À cette question, il ne peut être répondu. Le poème est l'absence de réponse. Le poète est celui qui, par son sacrifice, maintient en son œuvre la question ouverte. En tout temps, il vit de la détresse [...][89].

La fécondité n'a pas besoin d'égarement, bien qu'elle soit possible après l'égarement. De plus, la notion de « non-vrai » reste ambiguë. Le poème ne nous semble pas « absence de réponse » : il est réponse, même s'il tait certaines choses. Le silence de Hölderlin en dit long sur les possibilités de transgresser, lui qui croyait établir un verbe qui serait médiateur entre les dieux et les hommes. L'apologie du sacrifice du poète, sous-jacente à cette perspective théorique, trouve quelque difficulté à être validée par une réalité dont les fruits ne sont pas forcément heureux.

La création est possible après l'errance, mais elle n'a pas besoin de l'errance. C'est pourquoi il convient de bien différencier exil et errance. Blanchot a raison d'associer errance et erreur, mais errance n'est pas de la même racine qu'exil. Nous avons suffisamment montré, pour Rimbaud et Hölderlin, que le silence qui a suivi l'œuvre inachevée, voire tout à fait inaboutie au regard de ce qu'ils recherchaient, n'était en aucun cas signe de fécondité. L'écriture est écriture *malgré* le silence menaçant de la stérilité. Sarafian l'a admirablement fait ressortir. Rimbaud l'a bien compris sur la fin lorsqu'il a réalisé qu'il s'était nourri de mensonge. Hölderlin l'aura saisi trop tard : selon le témoignage de Waiblinger, alors qu'il semblait loin de toute possibilité rationnelle de discussion sur sa carrière littéraire désormais lointaine, il était effrayé à la simple évocation de *Hypérion*, s'écriant qu'il s'agissait d'un livre « cannibale ».

Si la langue sur terre est exil, et que l'homme, dès son arrivée en ce monde, d'après les mythes fondateurs, vit l'exil, la langue n'est pas pour autant essentiellement exil. Elle se situe dans une perspective transcendante, où le point d'immanence n'a pas son accomplissement en soi, et vit une trajectoire de l'ordre de l'exil dans son passage terrestre. Donc tous les phénomènes humains racontés par l'écrivain seront des

89 *Ibid.*, p. 332-333.

manifestations d'exil, mais il existerait un espace de non-altérité, ou plutôt de réunion du Même et de l'Autre, où pourrait enfin se reposer l'homme au terme de son exil[90]. C'est sans doute le mystère de l'habitation poétique du monde, pressenti par Hölderlin et analysé par Heidegger soulignant l'essence poétique du langage, qui fonde la demeure.

Une constante apparaît dans l'œuvre d'exil : la lutte intérieure du poète ou narrateur. Une lutte qui acquiert toujours une dimension philosophique, voire métaphysique. La lutte prend souvent la forme d'une dialectique où le sujet dialogue avec lui-même (ou avec un correspondant factice, comme dans *Hypérion*). Dans le cas de Rimbaud, Margaret Davies écrivait : « Récompense éternelle ou punition éternelle, c'est cette perspective vertigineuse de deux pôles, tous les deux possibles, qui définit l'espace imaginaire d'*Une Saison en enfer*. Une des structures de base est donc dessinée dès le début par une oscillation entre deux extrêmes [...][91]. » Cette lutte, à travers toute son âpreté, trahit toujours une recherche de vérité : « D'abord la vérité, au lieu de l'oscillation constante entre illusion et désillusion, toutes les deux mensongères [...][92]. » D'où la « saison » de ce qui était censé être éternel : il faut désormais tourner la page, se libérer. Mais le poids de l'expérience demande des comptes, et l'auteur ne peut pas toujours se dégager de ses chaînes. Il n'en cherche pas moins cette liberté entrevue en se dégageant du rapport binaire mentionné, quelle que soit sa forme. C'est le cas aussi pour Sarafian et Hölderlin, comme nous l'avons démontré.

La dimension spirituelle de l'œuvre s'ouvre alors et devient une possibilité de libération, mais aussi le lieu d'un enfermement dans le cas d'une conjonction de diverses approches philosophiques contradictoires

90 De ce fait nous ne pouvons adhérer à la réflexion se Jacques Hassoun, qui semble associer ontologiquement l'existence et l'exil, pas plus qu'au titre assez emblématique de son point de vue : « Au commencement était l'exode » : « [...] la langue exilée, la mémoire en contrebande, l'étranger [...] toujours de passage, ne serait que la métaphore ultime de ce qui nous constitue comme sujet, et la marche, la mise en mouvement du corps mais aussi l'existence de ces territoires limitrophes dont l'originalité est de représenter un espace d'extériorité, en seraient la parfaite illustration métonymique. » Jacques Hassoun, « Prologue. Au commencement était l'exode », in *Migrations, exils, errances et écritures*, dir. Corinne Alexandre-Garner et Isabelle Keller-Privat, Presses universitaires de Paris Ouest, coll. « Chemins croisés », 2012, p. 28.

91 Margaret Davies, « *Une Saison en enfer* », in *Arthur Rimbaud 2*, *op. cit.*, p. 18.

92 *Ibid.*, p. 39.

(Hölderlin), d'une enfance difficile suivie d'une révolte adolescente (Rimbaud) ou de l'emprise du doute (Sarafian), qui provient aussi de la souffrance de l'être divisé, comme l'indique d'ailleurs l'étymologie du mot. L'auteur reste alors sans mot devant l'immensité de la question de la transcendance. Il laisse le lecteur avec un questionnement ouvert devant la nécessité du témoignage de sa vie et de son œuvre.

Le résultat des expériences rimbaldiennes ne peut être, selon Daniel-Rops, que le suicide, le silence ou la folie (dont il a manifestement peur). C'est la seule fin possible pour celui qui se sépare de Dieu. Quand l'entreprise contre Dieu sera devenue impossible, il se taira. Le critique évoque donc l'expérience rimbaldienne dans une perspective théologique, qu'elle offre d'emblée : on relève dès le premier abord le champ lexical du religieux, et le narrateur se positionne toujours par rapport à la religion. Peu de critiques cependant ont donné une réponse théologique à ce problème déjà théologique à la base. Le point de vue fait pourtant appel à l'évidence. Si, dans la tradition où se situent eux-mêmes les auteurs, au commencement était le Verbe, et si l'homme créateur veut être à la base du Verbe ou se l'approprier pour lui seul, il est attendu que le langage se dérobe. C'est ce qui attendit Hölderlin au seuil de la folie et qui menaça Sarafian, dans une moins grande mesure, puisqu'il a toujours gardé le recul critique nécessaire pour survivre, et par ailleurs la problématique de son écriture ne tournait pas toujours autour du religieux. Suicide, silence et folie sont des formes variées de la mort du langage. C'est l'incommunicable qui règne et écrase le lien vital, du moins si l'on interprète le mot « silence » non comme une purification, mais comme une cessation de parole là où la parole aurait pu résonner.

CONCLUSION

Nous avons tenté de cerner des éléments d'une poétique de l'exil, sachant que ce champ d'étude reste encore peu exploité. Il a donc fallu restreindre le corpus à trois aires culturelles pour pouvoir dégager des tendances de façon approfondie, tout en conservant l'intérêt d'un tel travail, qui ne peut se faire qu'en croisant les aires et les époques. Certaines constantes, certains invariants et différences ont été constatés ; il convient de récapituler ici l'ensemble.

Nous sommes partis des questions suivantes : est-il possible, à partir d'un certain nombre de textes, de dégager les caractéristiques formelles et thématiques de l'écriture de l'exil ? Peut-on par le fait même parler d'une poétique de l'exil qui transcende les époques et les aires géographiques ? L'exil peut-il constituer un phénomène générateur d'une langue littéraire ? Qu'est-ce alors qu'une « langue de l'exil » ? Faut-il parler d'*une* langue ou de *plusieurs* langues de l'exil ?

Une telle recherche déploie tout un complexe thématique formé d'autant de thèmes interdépendants qu'il est très difficile de dissocier ; nous avons été obligé de le faire pour la clarté de l'exposé. Il est apparu que la forme qui s'imposait naturellement correspondait presque à la succession des définitions de l'exil telles qu'on les trouve dans les dictionnaires. L'exil est avant tout un phénomène géographique. Or ce phénomène nous intéresse dans la mesure où il devient une manifestation de la langue. Mais l'exil géographique n'est pas un thème pour autant. Il déploie certes une constellation thématique autour de la terre d'origine, mais il constitue davantage une approche de l'exil. L'exil dans sa géographie comme génératrice de thèmes nous a semblé être la première étape d'une poétique de l'exil, sachant que le réseau thématique, partant de la terre d'origine, s'en éloigne pour atteindre rapidement un niveau symbolique. Pour ne pas restreindre le champ d'étude à la géographie proprement dite, il nous a semblé plus judicieux de parler d'« exil et pays », car le pays englobe toutes sortes de manifestations identitaires et culturelles qui se traduisent dans des thèmes que nous avons traités.

L'exil des origines est avant tout exil de l'enfance, considérée comme un monde perdu, refuge de l'esprit mais aussi lieu où l'on ne revient plus. C'est la première étape de l'exil « existentiel », c'est-à-dire lié à l'existence de l'écrivain qui en témoigne. Les trois auteurs étudiés ici avaient ceci en commun qu'ils considéraient l'enfance précisément comme cet espace-temps révolu, parfois ambivalent, mais toujours générateur de regrets qui confine le texte poétique à l'élégie.

L'enfance se situe aussi dans le cadre d'un pays précis. Pour Hölderlin, c'est l'Allemagne, qui au XVIIIe siècle ne forme pas encore un État unifié et qui se tourne vers un hypothétique âge d'or lui permettant de fonder une mythologie propre à délimiter les frontières culturelles d'une nouvelle nation. Pour Rimbaud, la France de 1870-1873, entre Second Empire, guerre franco-prussienne, Commune de Paris et Troisième République, constitue une époque mouvementée, certes, mais offre un cadre identitaire stable où se glisse cependant le malaise d'une génération de poètes qui s'éloignent peu à peu du réel et s'exileront vers les contrées du rêve symboliste. Sarafian grandit déjà en exil en Bulgarie, loin de l'Arménie elle-même sous occupation ottomane et qui ne pourra trouver son indépendance, contrairement à la plupart des États européens. Le poète est donc d'emblée en exil d'un point de vue géographique et identitaire. Son exil devient post-catastrophique après le génocide de 1915-1922 : sa réflexion s'articulera toujours autour de ce lien au pays ainsi qu'à la situation et au devenir de l'exilé en Diaspora.

Mais rapidement l'espace national d'origine est bouleversé, que ce soit dans le cadre d'un exil géographique, esthétique ou philosophique. La typologie de l'exil est transcendée et les exils se rejoignent dans l'expérience intérieure. L'usage littéral du mot et sa dimension métaphorique sont distincts, certes, et les notions peuvent être employées indépendemment ; mais les espaces traversés en viennent à se superposer dans les productions littéraires. Allemagne d'origine, Allemagne du temps de Hölderlin, Grèce antique et moderne, mondes hellénique et hespérique tant dans la sphère philosophique que dans la poésie ancienne et moderne, se mélangent. De même, France gauloise et France contemporaine, Orient ancien (biblique) et moderne (projection de celui que Rimbaud connaîtra au Harar et à Aden) se mêlent en une esthétique du mélange et du dérèglement maîtrisé. Arménie d'avant la Catastrophe, connue par les récits familiaux, Bulgarie natale, Contantinople entre deux vagues d'épouvante, France pays d'exil, ces univers se cristallisent et se fondent dans cet espace géographique clairement identifiable qu'est le bois de Vincennes, support d'une vaste métaphore où un monde est (re)créé.

L'exil prend la forme de l'errance entre plusieurs territoires, réels ou imaginaires. Les trois œuvres étudiées deviennent le creuset de ce mélange territorial qui commence par le brouillage des frontières. La frontière est lieu de définition et de différence, de délimitation en soi et autrui, entre une culture et une autre. Le bouleversement entraîné par l'exil efface ou atténue ces lignes de démarcation. Le motif du départ, catastrophique chez Sarafian, volontaire chez Rimbaud et déployant par le fait même une esthétique de la palinodie, laisse place au vertige de la perte ou de la métamorphose de l'identité : vertige métaphysique pour Hölderlin et Rimbaud, écartèlement entre assimilation et préservation pour Sarafian. Ce bouleversement des frontières extérieures redéfinit les frontières intérieures et bouscule, voire détruit ou construit autrement les lignes de démarcation dans les domaines de l'identité, de la langue et de l'éthique.

Les lieux d'exil ne mettent pas fin à l'exil, au contraire. Ils deviennent des plate-formes où se croisent les éléments d'un nouvel imaginaire issu de l'errance et du mélange des espaces traversés. C'est ici que la territorialité entre en jeu dans la formation d'une poétique de l'exil. Les constantes déterritorialisations et reterritorialisations du texte littéraire sont les résultats de ces déplacements exiliques. Parfois, comme c'est le cas pour Sarafian, on peut davantage parler de déterritorialisation sans retour, en l'absence de perspective immédiate de réintégrer la terre d'origine. La langue littéraire devient déplacement, déphasage, bouleversement non seulement des codes littéraires mais de leur lecture.

L'écrit d'exil déploie la plupart du temps une nouvelle mythologie, non exempte d'hybridation ou de confrontation. L'Allemagne d'un Hypérion exilé de sa patrie se reconfigure à travers une Grèce imaginée ; la France et sa tradition devient champ d'expérimentation d'une alchimie du verbe ; la langue arménienne, tout en conservant son fonctionnement grammatical normal, devient le lieu de confrontation entre les identités, par le poète qui lui-même n'est pas de la terre d'accueil, ne se sent plus tout à fait de sa terre d'origine, et se voit amené à fonder un tiers espace, une patrie (même inconfortable) dans la langue. La langue devient métaphore, mais la métaphore devient aussi un nouveau réel, et la réversibilité ainsi engendrée permet d'apercevoir une nouvelle mythologie, qui serait celle de l'exilé et qui va de soi avec la fondation d'une nouvelle terre qui ne serait entièrement ni la terre d'origine, ni la terre d'accueil.

Tous ces bouleversements entraînent des répercussions qui se font sentir dans le déploiement des thèmes liés à l'exil : l'étranger, l'altérité, la transgression, le regard sur le propre et les horizons nouveaux. L'exil géographique reconfigure les géographies de l'exil, ou géographies intérieures. La confrontation avec l'étranger est le lieu d'une perdition possible, mais aussi l'occasion de se retrouver, de se refonder ou de repenser sa fondation. La question est de savoir si l'altérité devient altération ou un redevenir-soi par la confrontation, comme le tronc qui grandit par le choc avec tous les éléments extérieurs qui le forcent à se redéfinir en permanence. Pour Hölderlin et Rimbaud, l'entreprise est prométhéenne et exige toujours une forme de transgression, dont ils paieront le prix non sans avoir laissé un aperçu (inachevé dans une certaine mesure) de leur alchimie prophétique. Pour Sarafian – qui frise la transgression –, le doute et la critique du propre sont à la fois souffrance et préservation : se préserve celui qui ne craint pas de passer au crible toutes ses illusions anciennes. Revivre l'exil par la traversée obscure est une façon de sortir de l'exil, temporairement du moins, ou de le faire évoluer sur un territoire nouveau.

Les trois auteurs du corpus se sont situés au seuil d'une nouvelle terre : l'évolution de leur géopoétique les a menés à fonder une langue ambiguë, indéfinissable (car mouvante par essence), langue d'exil elle-même écho d'un exil de la langue. L'ouverture pratiquée par le décadrage originel a mené au déploiement d'une constellation thématique plus symbolique que concrète ; du moins avons-nous examiné la répercussion d'une telle traversée dans le domaine poétique proprement dit. La métaphore, ou encore la nouvelle mythologie, nouvelle façon de nommer un verbe créateur, entraîne un questionnement sur la langue même. Il ne s'agit pas tant de caractériser la langue d'exil (c'est l'objet de l'ensemble, et non seulement de la deuxième partie de notre étude), mais d'examiner l'exil du point de vue spécifique de la langue ; langue d'exil, exil de la langue, exil dans la langue : l'exil entraîne un nouveau rapport à la langue, qui à la fois provient d'une nouvelle façon d'habiter le monde et façonne à son tour cette nouvelle habitation, occasionnant un constant aller retour et des engendrements successifs liés à une nouvelle manière de concevoir la communauté.

Le premier problème que pose la langue d'exil est la définition du genre littéraire. Comment définir les frontières génériques d'une œuvre fondée sur un bouleversement des frontières du pays et de la culture qu'il porte ? L'œuvre, à l'image de ce dont elle témoigne, croise forcément les genres. Étant construite à partir de cette dislocation qui pourrait la miner et abolir son existence, elle est déstructuration et restructuration à la fois de l'écriture et du mode de lecture traditionnel. Les habitudes narratives sont bousculées, et c'est dans la narration qu'on peut le remarquer dès le premier abord.

Les trois œuvres étudiées ne laissent d'interroger sur la nature du *je* qui s'exprime. Le poète exilé, loin de la nation ou de la représentation qu'il s'en fait, n'a plus la solidité du socle ancestral. L'exil de la nation mène à l'exil de soi, qui dans l'écrit se traduit par l'étrangéisation du sujet, dépersonnalisé, revêtant les masques à la fois conçus pour se libérer et pour se perdre. La réalité, voilée, devient opaque pour le poète lui-même revêtu du masque (que ce soit du Grec ou de l'alchimiste). Le poète a voulu se retrouver, mais par son expérience prométhéenne il s'égare.

Cet exil de soi mène à l'exil de la réalité. Pour Hölderlin comme pour Rimbaud, et dans une moindre mesure pour Sarafian, l'auteur aboutit à un résultat contraire à ce qu'il cherchait au départ. En quête d'une libération de l'identité et de la langue, voulant se rassembler intégralement, le poète est confiné au silence de la non-création. Exilé du monde, il l'est aussi du langage, alors même que le langage aurait pu lui permettre de retrouver le chemin de la langue et de la résilience.

L'auteur a alors forcément à se positionner face à la langue nationale, voire régionale. L'expérience n'est pas tellement concluante : tout comme ils ont quitté irrémédiablement l'enfance, les trois auteurs ont quitté l'innocence de la langue, et s'ils veulent la retrouver, c'est à travers un chemin de connaissance qu'ils pourront le faire.

La langue de l'exil est perceptible au-delà des différences de genres et d'époques. Les différents langages de l'exil semblent ramener à une langue aux nombreuses ramifications bien plus qu'à une multiplication de langues. Ce constat ne pourrait avoir lieu sans se situer dans le sillage de l'ontologie. Comprendre la multiplicité sous le signe de l'unité va au-delà de la philosophie du « je-ne-sais-quoi » : c'est le refus de l'empirisme exclusif dans le domaine de la pensée ; c'est la croyance dans la possibilité d'un discours en dehors d'un matérialisme poétique. C'est la même raison qui nous amène à parler d'*une* « poétique de l'exil », dans un irréductible singulier qui n'empêche pas la multiplicité des formes et des langages. Il va de soi qu'on ne saurait totaliser cette poétique immense en un seul livre, et, comme nous l'écrivions au début, nous ne pouvons qu'aborder ce champ nouveau de la critique littéraire, qui sera appelé à se développer.

La structure du récit, en faisant sentir les vides de la langue, rend audible cette absence indicible liée à l'exil. Il existe toujours une part qui ne pourra être dite ; peut-être est-elle même l'essentiel de l'œuvre. On le voit particulièrement pour Rimbaud, qui, à travers son cogito inversé, fait entendre un discours qui déploie un exil esthétique touchant de près tout autre type d'exil. La description, pour l'ensemble des auteurs, par son gommage, par la métaphorisation de l'expérience (Sarafian), par sa néo-mythologisation (Hölderlin), par son ensorcellement incantatoire (Rimbaud, Sarafian), par le brouillage de la temporalité et par la ritournelle enfin, devient *dé*-scription : paradoxalement, elle est inscription d'une dés-écriture du monde (dans les mécanismes littéraires traditionnels, notamment en ce qui concerne la *mimesis*), *dés*-écriture pour mieux réinscrire une parole de vérité ; témoignage pour Sarafian, désir d'une nation nouvelle pour Hölderlin, élan vers un verbe authentique pour Rimbaud. Il s'agit donc de la réalisation d'une inscription menacée de disparaître, ou d'une parole ultime au seuil du silence. Élaborer une poétique de l'exil pourrait ainsi mener à chercher à définir une poétique du silence.

Mais l'œuvre, menacée par le silence, refait surface en cherchant à habiter le monde et à retrouver le lien brisé. Nous avons examiné l'incidence du biographique sur l'écriture des auteurs. L'écriture *s'inscrit* malgré tout, même si elle s'éloigne du projet d'origine. La parole rejoint une communauté recomposée, ou configurée autrement : questionnement sur le devenir de l'exilé en Diaspora (Sarafian), sur le devenir d'une nation qui n'a pas encore trouvé pleinement sa langue (Hölderlin), sur le devenir de la poésie pour celui qui cherche le moyen d'habiter une langue qu'il ne conçoit que comme inhabitable, ou habitable dans la marginalité (Rimbaud).

Devant les auteurs d'exil, nous sommes en face d'une poly-langue : la langue est multiple et foisonnante, et elle est *une* dans sa multiplicité.

Dans l'exil, elle ne devient habitable que par l'acceptation et l'intégration de cette multiplicité territoriale puis symbolique. Au cœur du paradoxe de la recherche d'une habitation au sein de ce qui est devenu inhabitable, elle fait entendre un écho plus qu'elle ne dit. Elle fonctionne par allusions imaginaires et rythmiques (Sarafian, Rimbaud) ou par transpositions déterritorialisantes (Hölderlin). Devant l'écrit d'exil, le lecteur est certain d'avoir entendu l'élan du dire, sans pour autant entendre ce qui devait être dit. L'œuvre devient points de suspension, et l'art poétique se traduit par la façon d'habiter ces points de suspension qui déploient une pléiade de dires, de non-dires et de fragments.

Ces points se font entendre par le lyrisme, expansion du moi désarticulé-réarticulé vers un infini dont il est nostalgique, restant toutefois critique et sans illusion après la Catastrophe (Sarafian), en perpétuel désir inassouvissable d'unité (Hölderlin), ou s'éloignant toujours davantage de la langue à mesure qu'il cherche à s'en rendre maître même dans la confession lyrique (Rimbaud). Le lyrisme et, de façon plus générale, le déploiement d'une langue paradoxale, ouvrent donc un espace spirituel, où la langue n'est plus un simple outil véhiculant un message mais une véritable inscription invisible, particulièrement dans le cas de l'exil, où le poète, éloigné du verbe et le recherchant toujours davantage dans sa poétique, dévoile ce qui ne se dit plus seulement dans la langue mais aussi dans son absence – ou son envers : le silence.

Toutes les analyses menées jusqu'à ce point conduisent à la question de l'au-delà des mots, par l'espace ouvert que ce soit dans la question de la patrie absente, de l'altérité, de la polyphonie et de la quasi disparition du sujet, de la langue presque réduite au silence, ou du lyrisme se prolongeant vers un nouvel espace à formuler et qui constitue un lien entre la nostalgie de l'espace d'autrefois et l'élan vers ce qui n'est pas encore nommé. La nostalgie était la « douleur du retour », il faudrait parler ici d'une « douleur de la projection vers l'avant », de cet espace énigmatique qui apporte encore douleur mais déjà aussi joie libératrice d'un lieu à (re)trouver. L'écriture d'exil, à travers les gouffres sur lesquels se penche le poète, interroge le prolongement de la parole et l'invisible.

Quel que soit le type d'exil, quelle que soit l'aire géographique, il apparaît donc chez les auteurs présentés ici que l'éloignement de la nation et de la culture d'origine développe l'exil dans l'œuvre. Une volonté de rompre également avec les canons esthétiques afin de suivre une ligne de fuite prométhéenne (et donc redevable au créateur seul) amène aussi un exil de la langue, qui jusqu'à un certain point s'en ressent dans la langue même ; passé certaines limites, l'auteur est confiné au silence. L'éloignement de la foi de l'enfance aussi amène un désarroi métaphysique qui conduit à la stérilité littéraire, tout en faisant écho à un exil premier, originaire, fondamental, lié au rapport religieux de l'homme au monde. Nous constatons donc que l'exil, tout universel qu'il soit, s'inscrit au départ dans des éléments concrets et des expériences humaines bien réelles. L'exil est paradoxalement universel par son ancrage dans les particularités d'une nation, d'une culture, d'une langue, d'une identité ou d'une communauté. Faire l'impasse de ceci et vouloir de suite accéder à l'universel en éludant sa propre singularité reviendrait à abolir cette différence, donc toute possibilité de partage. Reprenons quelques aspects importants à la lumière des conclusions.

L'exil de l'enfance est aussi exil de la religion de l'enfance. Les trois auteurs ont eu une enfance chrétienne, et dans toute leur œuvre ils reviennent sur cette spiritualité fondatrice pour eux. Même dans la révolte, même dans le rejet complet, ils se situent toujours par rapport à cette expérience fondamentale ; ils sont plus près du Dieu qu'ils rejettent que s'ils y étaient indifférents. Ce terreau n'est pas qu'une reprise thématique. Il fait écho à une base archétypale depuis les sociétés antiques, voire les débuts de l'humanité. Approfondir la question de l'exil sans jamais analyser la question spirituelle semble difficile, à plus forte raison si les auteurs y font allusion. *Hypérion* est à la jonction entre piétisme, panthéisme, mythologie grecque et philosophie européenne des XVIIe et XVIIIe siècles. *Une saison en enfer* est un concentré de religion alchimique et de progressisme rappelant (même pour les prendre à revers) Michelet et Lamennais ; mais c'est surtout un abrégé théologique et un drame chrétien. *Le Bois de Vincennes* est un vaste tissu de réflexions philosophiques, mystiques et littéraires.

Or, dans de réflexion et d'expériences, nous avons cherché à démontrer que c'est l'exil qui tisse ces liens, les distend et les rompt. L'exil, dans toutes les manifestations que nous avons analysées, conduit à une errance spirituelle. Mais c'est aussi inversement l'errance exploratoire qui mène à davantage d'exil. Dans une certaine mesure, l'exil peut être une exploration volontaire (Rimbaud, Hölderlin), mais après quelques vertiges esthétiques, le créateur perd ses moyens et ne peut plus écrire. L'exil volontaire entraîne l'involontaire. Rimbaud l'a bien compris lui-même dans « Alchimie du verbe », très lucide analyse du processus créateur. Hölderlin l'a compris un peu tard, dans ses dernières lettres, bien après *Hypérion*. Sarafian le comprend par endroits et semble refuser de le voir dans les moments de révolte ; cette alternance, qui se retrouve autant dans *Le Bois de Vincennes* que dans le reste de l'œuvre, semble consubstantiel à l'esthétique sarafianienne même, fondée sur la contradiction ou sur une forme de dialectique.

L'œuvre devient donc récit d'un exil spirituel. La poétique de l'exil s'attache ici à faire ressortir le lien entre spiritualité et langue, tout comme elle faisait le lien entre langue et géographie. Que ce soit dans la philosophie grecque antique ou dans la Bible, nous avons bien vu que la question du *Logos* est incontournable lorsqu'il s'agit d'examiner l'exil de la langue. S'écarter du Verbe pour créer son propre verbe prophétique et générateur entraîne forcément la conséquence de la transgression. C'est le mythe de Prométhée, dont Rimbaud lui-même se revendique. Dans un article paru à la même époque que le *Bois*, Sarafian va même jusqu'à mettre en relation Prométhée et Lucifer et les considérer comme des éléments incontournables dans le chemin de l'humanité aux prises avec ses instincts et ses élans[1]. En fait, bien souvent il ne s'agit pas d'un simple lien vers le domaine spirituel (comme ce serait le cas pour une étude thématique) ; cette dimension spirituelle semble fondatrice dans l'écriture d'exil, indépendamment de toute position de l'auteur face à cette spiritualité, et quelle que soit sa foi, sa pratique ou sa révolte. Dissocier exil et spiritualité semble difficilement productif dans la mesure où, même en cas de rejet ou de silence sur la question, la base archétypale (même implicite) joue le rôle de révélateur d'un rapport au monde indéniable. Dans ce cas également nous sommes en présence de racines (même si elles sont niées), ramenant à une identité ou à une communauté. Le déracinement est possible par la présence de racines, et ces racines renvoient à plusieurs domaines de l'existence, même si tous ces domaines semblent converger vers une unité qu'il est encore difficile de caractériser, mais qui, au-delà de la réflexion sur les langues, fait penser à la parenté transhistorique des langues sur laquelle Benjamin a développé une réflexion.

1 « Վկայութիւն մը » [« Un témoignage », non traduit], in *Վենսենի անտառը*, *op. cit.*, p. 66.

Quel que soit également le parcours individuel de chaque auteur, que nous avons été obligé de dissocier par endroits, nous constatons toujours la présence d'une quête de l'unité intérieure après l'exil. Cette quête se met en place sous la forme d'une dialectique complexe. L'écriture est exploration. Le poète tente de dire une fracture existentielle et en même temps de la réparer. Mais ce faisant, il risque de l'agrandir et peut s'y engouffrer. L'expérience créatrice peut alors mener à un silence sans création, et le poète devient errant et sans parole. C'est l'expérience du « détournement des dieux », que les trois poètes ont connu chacun à leur manière, même si Hölderlin l'a ouvertement expérimenté, si bien qu'on associe traditionnellement l'expression à son nom. Un dépassement est-il possible ? Nous avons vu que le poète donne toujours naissance à l'œuvre, mais l'œuvre n'est pas forcément celle qu'il attendait. Rimbaud se voit enterrer son ambition et se résoudre à une vie plus pragmatique. Hölderlin approche une région brûlante de plusieurs manières : le gouffre du vide de sens se fait sentir à maintes reprises dans *Hypérion*, jusqu'aux derniers grands poèmes, comme « Mnemosyne[2] ». Sarafian poursuit malgré tout sa production, mais les mêmes problématiques reviennent en des termes très similaires d'une œuvre à l'autre et sur plusieurs décennies. L'écriture ne donne donc pas toujours à voir le dépassement de la contradiction vécue en exil.

L'enjeu de la quête poétique semble être de dépasser l'état d'exil et celui de non-exil, le premier étant associé à l'improductivité de l'errant, et le second, à la productivité du poète dans sa filiation nationale. Les choses ne sont évidemment pas aussi simples. En fait, il semble même que le lieu de l'exil puisse devenir un lieu particulièrement propice à la création, mais pas comme l'entendrait celui qui veut revenir à tout prix de son exil. La contradiction n'est jamais surmontée par un simple retour à l'ordre antérieur, ni même, bien souvent, par un retour par lequel l'exil serait résorbé. L'exil demeure, et la création apparaît. Mais si l'écrivain trouve une troisième terre par la création, l'exil demeure néanmoins. La poétique est donc intégrée à l'exil. La poétique devient un chemin qui côtoie celui de l'exil, et entre les deux chemins se crée

2 *Cf.* la deuxième version, DKV-I, p. 1033 : « *Ein Zeichen sind wir, deutungslos / Schmerzlos sind wir und haben fast / Die Sprache in der Fremde verloren.* » (« Un signe, tels nous sommes, et de sens nul, / Morts à toute souffrance, et nous avons presque / Perdu notre langage en pays étranger. » H-Pl, p. 879.) « *Schmerzlos* » pourrait se traduire aussi par « Sans douleur », « Indolore ».

une passerelle, ou une zone de contact et d'échange. La poétique n'est pas plus un simple instrument que l'exil n'est un simple thème.

L'unité intérieure, après l'ébranlement spirituel, n'est jamais entièrement retrouvée ; et l'écrivain joue bien souvent de la fragmentation et du morcellement. Mais l'expérience littéraire permet de comprendre un élément fondamental de la langue en général : la langue, comme simple moyen humain de communication, est elle-même exil. Nous n'avons pas simplement des auteurs qui vivent un exil puis décident d'écrire sur l'exil ; nous avons bien davantage un exil qui est condition humaine (révélé avec plus d'acuité par des exils existentiels d'intensités variables), laquelle condition ouvre la voie au langage, allant du plus près de l'exil même à un langage courant n'y faisant nullement allusion. Nous en arrivons à une conclusion similaire à ceux (comme Heidegger dans le sillage de Hölderlin) qui ont défini l'habitation poétique du monde et la poéticité du Verbe premier permettant par la suite tout type de langage. Le langage poétique est une expérience où l'auteur tente de retrouver le chemin de la communication profonde et authentique, de résorber l'exil d'autrui, l'exil de l'harmonie originelle, même parfois dans sa révolte acharnée ; il est tentative de combler cette cassure béante en considérant l'œuvre comme un lien à autrui, qui va des premiers balbutiements à un quasi accomplissement. Les auteurs inscrits dans une démarche particulièrement spirituelle montrent l'homme éloigné d'un Logos (ou Verbe) originel, la langue humaine n'en demeurant qu'un pâle reflet blessé ; la conscience lyrique de la séparation démultiplie en même temps le langage poétique. Par l'œuvre, l'auteur d'exil tente dans une certaine mesure (variable selon les auteurs) de retrouver l'unité. Il le réalise à travers ce que nous avons appelé « langue-exil ». Mais tout comme les auteurs que nous avons abordés vivaient dans le risque de sombrer en cherchant à éviter le naufrage afin de témoigner, c'est par la langue-exil que la langue cherche à s'extirper de l'exil. C'est le risque inhérent à la vie.

À partir de la réflexion sur l'unité se pose la question de la possibilité d'une altérité ontologique. Elle nous semble hypothétique ; une altérité fondatrice serait un concept plus prudent. De même, nous n'avons pas assimilé la création littéraire au Verbe créateur, d'essence divine. De nombreuses recherches seraient à mener sur le sujet, notamment sur la caractérisation de l'altérité précisément en considération de l'exil. Il serait aussi possible de prolonger la réflexion sur la question religieuse dans l'exil, précisément d'un point de vue théologique ; mais ceci ferait l'objet d'un autre travail, requérant une méthodologie tout autre.

Il nous semble clair à présent que la question d'une poétique de l'exil dépasse la simple construction d'une langue traitant de l'exil. Certes, l'exil, lorsqu'il est transformé, est fondateur d'une nouvelle langue, d'un territoire symbolique où l'œuvre vient s'inscrire, où l'exilé s'inscrit (ou se réinscrit), dans l'espace de la parole dont il avait été exclu. De plus, la *mimesis* déconstructive, nous l'avons vu, porte atteinte au langage lui-même, rendant paradoxal l'emploi même de la langue pour dire ce qui menace de disparition la langue. Mais en cherchant une poétique de l'exil, nous avons aussi été amené à conclure que l'on peut non seulement parler d'une langue de l'exil mais aussi d'une langue-exil, précisément pour les mêmes raisons qui permettaient d'en douter : la langue est elle-même exil, avec tous ses attributs. Cette conclusion serait le point de départ de nouveaux travaux visant à développer le concept de la langue-exil, à la lumière d'autres corpus également, comme les écritures postcoloniales, la Négritude, les écritures de la marge (en prison, dans les bidonvilles, etc.).

Dans la singularité des expériences, il est toujours possible de déceler un ou plusieurs points par lesquels on réalise, non pas un amalgame, mais un pont (ou une zone de contact) par lequel l'essentiel est communiqué, au-delà des simples codes linguistiques. La poétique de l'exil ne cherche donc plus à donner uniquement des caractéristiques stylistiques ou thématiques, mais à montrer qu'au-delà des singularités langagières humaines (ou à travers celles-ci), une langue permet d'intégrer autrui et de recueillir une parole dans une démarche éthique vers l'unité.

L'exil est donc lié à une partie invisible de l'expérience humaine, au-delà du territoire national, au-delà des langues humaines – tout en s'inscrivant profondément dans toutes ces singularités, qui rendent la comparaison possible d'un point de vue externe. Ceci confirme nos hypothèses de départ tout en ouvrant, nous semble-t-il, de nouvelles perspectives. L'exil a aussi une dimension spirituelle, qui se mesure dans un premier temps à l'éloignement de l'enfance mais aussi de la source religieuse de cette enfance. On constate chez tous les auteurs étudiés ici une quête d'unité (ainsi que son déni, pour certains) et une accumulation fragmentaire des expériences diverses ; évidemment, cette quête reste une expérience humaine universelle, que l'on retrouve dans la religion, les mythes et les archétypes de notre société.

La quête d'unité, que révélait déjà l'exil du pays et l'exil de la langue (dans la tentative de recomposer le moi), témoigne par le fait même d'un éloignement préalable d'une unité originelle. La langue littéraire tente de combler ce manque. Mais ce faisant, elle montre que toute langue est exil elle-même *et* en exil. La langue est exil si elle cherche à retrouver l'unité d'origine, si elle dévoile en même temps cet éloignement douloureux et si elle fait partie des éléments empiriques subissant l'exil. Elle est de même en exil, même si sa fonction est d'ores et déjà de retrouver le lien et le lieu. Elle aurait en quelque sorte le statut d'un verbe, imparfait et insuffisant, tentant de retrouver ce que les sociétés antiques nommaient déjà Logos ou Verbe parfait et accompli, mais recherchant aussi l'autonomisation qui, en contradiction avec l'unité cette fois, provoque la rupture avec la communauté. D'où les contradictions, apories et manques du langage littéraire, mais aussi l'expression d'une volonté manifeste de réintégrer et de quitter la communauté. D'où aussi cette errance déclinée en plusieurs thèmes liés au pays, à la nation, à la culture, et au propre et à l'autre. D'où enfin la difficulté à fixer, malgré toutes les recherches, une notion aussi mouvante : l'exil est révélation continue et protéiforme ; elle est un phénomène éphémère révélant paradoxalement une pérennité.

L'intérêt d'une poétique de l'exil n'est donc pas tant dans la permanence de caractéristiques de l'écriture d'un corpus à l'autre que dans le constat d'un lien possible entre expériences radicalement différentes et éloignées dans le temps, dans l'espace et dans les aires culturelles. « Radicalement » donc dans le double sens, emphatique d'une part et, d'autre part, étymologique : constat étrange d'une présence à la fois de *racines* et de proximité dans la différence, au-delà des racines, au-delà de l'espace-temps. Un espace éthique s'ouvre : il existe toujours un point par lequel les personnes peuvent développer une compréhension d'autrui à partir de l'expérience de soi.

Mais il est essentiel de dégager également l'irréductibilité de certaines expériences comme les génocides, les persécutions, les migrations dues aux guerres et aux catastrophes. Un certain seuil ontologique est dépassé et l'incommunicabilité est alors à approfondir, en l'absence d'une définition probante à ce jour.

L'expérience catastrophique de l'exil peut paradoxalement, lorsqu'une part de douleur est surmontée, donner lieu à une nouvelle langue : une langue dans la langue qui lui sert de support. Mais l'exil rejoint une configuration universelle à laquelle toutes les langues participent, comme pour surmonter la crise de Babel, tout comme le verbe poétique originel, dans l'habitation qu'il génère, permettait le langage. La comparaison est valable pour tous les thèmes, pourrait-on dire ; mais pour l'exil, il s'agit précisément, dans son essence même, d'une interrogation sur la multiplicité et l'unité. L'ambivalence d'une telle démarche auxquels maints auteurs s'essaient réside toutefois dans la déconstruction paradoxale de l'œuvre traditionnelle et du soupçon qui s'en dégage, ce qui ne porte pas atteinte pour autant au concept même d'unité ontologique mais l'interroge dans sa compréhensibilité.

Si la langue est exil dans son existence, il nous semble difficile d'affirmer que la langue est ontologiquement exilique. Elle est exil, mais rien ne dit que la langue d'origine – *Ursprache* – ne soit pas langue de l'unité dont l'expérience littéraire depuis des millénaires serait la quête incessante, et que les paroles d'exil d'auteurs viennent révéler à toutes les époques.

La poétique elle-même fait partie de l'exil, nous l'avons vu. L'essentiel semble indicible, et la poétique ne fait que le cerner sans entrer au cœur ; par essence même, elle ne peut pleinement y pénétrer et l'habiter tout entière. L'intérêt d'une poétique de l'exil, façonnée à travers les siècles par des auteurs différents, tous porte-parole différents d'une voix similaire ou participant de celle-ci, résiderait dans sa capacité de réunir les divers appels, qui sont autant de facettes singulières et irréductibles d'un appel universel.

ANNEXE I

Nigoghos Sarafian,
« Իմաստութեան գիրքը » /
« Le livre de la sagesse »

Nous donnons dans les pages qui suivent le texte original et notre traduction d'un poème de Nigoghos Sarafian, « Le livre de la sagesse », que nous évoquons à plusieurs reprises et qui peut être utile pour la compréhension des questionnements soulevés par cette étude. À notre connaissance, le poème n'a pas été intégralement traduit en français à ce jour.

La préoriginale a été publiée dans le mensuel *Հայրենիք* (*Hayrénik*, qui signifie *Patrie*) en mai-juin 1946. L'original, en vers plus réguliers, a paru dans un recueil de poèmes de l'auteur, *Միջնաբերդ* (*Mitchnapert*, qui signifie *Citadelle*), en 1946 également.

Nous reproduisons le texte édité par Haroutioun Kurkjian dans *Չափածոյ երկեր* [*Œuvres en vers*, en arménien], Antelias, Catholicossat arménien de Cilicie, 1982.

Dans la traduction, nous avons tenté d'être au plus près du sens du texte arménien afin de faire entendre avant tout les thèmes et les motifs. Nous avons tenu aussi à respecter autant que possible la disposition initiale.

ՆԻԿՈՂՈՍ ՍԱՐԱՖԵԱՆ,
« ԻՄԱՍՏՈՒԹԵԱՆ ԳԻՐՔԸ »

Հալածական՝
Եկանք, հասանք ծովու մ'ափին,
Դիրք բռնեցինք, սպասեցինք՝
Որ բարեկամ նաւերը գան ու մեզ տանին:

Նաւերն եկան
Ու հեռացան, չտեսան մեզ:
Չտեսան մեզ դիակներուն վրայ նստած մեր թշնամին,
Ձեռքերը մեր, դրօշները մեր հողմածածան՝ մեր սրտին պէս:
Մենք պոռացինք, աղաղակներ արձակեցինք եւ լռեցինք:
Մենք նայեցանք
Երկար ատեն դէպի երկինք՝
Մեր յոյսերուն ցնդող ծուխին:

Սերտեր էինք մենք սուրբ գիրքեր Նարեկի պէս, Հիւկոյի պէս:
Կռուեր էինք, մենք ունէինք արդար պարծանք:
Զոհուեր էինք, կը յուսայինք ազատութիւն, սէր ու կորով,
Բերկրանք ու հաց
Հոգիներէ մեծ, մարդասէր…
Բայց ծովն հեռուն՝ կախարդական բիւրեղներով
Շողալէ վերջ, մեզ կը յուզէր:
Կ'երգէր մեզի իր երգը սին,
Ծովն ամայի միշտ մեր դիմաց:
Կ'անհետանար ծուխն հողմավար մեր երազին:

Ու խաչակիր նաւերն եկան, գացին, եկան,
Վերջապէս մեր կեանքը տեսան ողբերգական ու մուրացկան:
Գացին, եկան ու վճռեցին, վերջապէս մեզ ընդունեցին:
Եւ երբ առին ու տարին մեզ ափեր օտար,
Սըւին մեզի կըտորն իրենց ճերմակ հացին,
Սկըսաւ սեւ ողբերգութիւնն յուսախաբման:
Խաղը տեսանք պատրանքներուն՝ որ խաբեցին մեզ տասը դար:

Եւ ժպտելու եւ օրհնէնքի համար բացուած
Շրթները մեր դողդղացին անոր դիմաց:

Պատռէ՛նք, պատռէ՛նք գիրքերը մեր
Ցնորաքեր,
Անոնք՝ որ կոյր, ցնդած մտքեր կըտակեցին,
Անոնք՝ որ կեղծ մարդասէրներ
Տըւին — գովեստ, սէր ու դարման մեր մեծ խոցին,
Եւ անոնք՝ որ արդարադատ մեծութենէն երկնային
Կամ երկրային եղբայրական նըւիրումէն կը ճառեն:
Մենք պէտք ունինք հացի, կեանքի, հպարտօրէն
Առնելու այն՝ ինչ որ մեզի պէտք է տային:
Պատռէ՛նք, պատռէ՛նք գիրքերը մեր
Եւ բանանք մենք ճշմարտութեան գիրքը՝ որ մենք դեռ չենք բացեր,
— Մարդն է մինակ եւ մինակ է ան ամէն տեղ:
Եւ ոչ մէկ մարդ կը սիրէ իր անձին նըման իր դըրացին:
Եւ ան՝ որ « Տէ՛ր » կ'ըսէ, կ'ուզէ փրկութիւնն իր թշուառ անձին:
Եւ ան՝ որ « Սէ՛ր » կ'ըսէ կընոջ, ինքզինքն է միշտ որ կը սիրէ...
Դուք ունեցէ՛ք լեզուն օձին եւ առիւծին երախն ահեղ...

Սերունդ-սերունդ՝ եկեր ենք մենք,
Որ մեր վիժած երազներուն նեխումն զգանք,
Ճշմարտութիւնն այս ըմբռնենք, անկէ հոսող թոյնը խըմենք:
Սերունդներու յուսախաբում, օտարութեան ցաւ ու զրկանք,
Պատերազմներ երկու հսկայ՝
Որպէսզի մենք կեանքը ճանչնանք,
Աշխարհը մեծ վէրք մ'է, որ մեր դէմքին շարաւն իր կը պոռթկայ:
Սերունդ-սերունդ՝ հասեր ենք մենք,
Որ գանք, կարդանք եւ ըմբռնենք
Այս գիրքը մեծ՝ մարդկութեան նենգ
Աղբէն ծընած ու բարձրացած ծառին նըման մեծ գիտութեան.
— Ցեղն է մինակ, եւ ոչ մէկ ազգ, եւ ոչ մէկ ցեղ
Կրնայ սիրել իր դըրացին սահմանակից:
Եւ երբ սիրէ, տըկար է ան եւ կամ յիմար:
Եւ երբ սիրուի, կը սիրուի իր ուժին համար
Կամ իր առթած վախին համար չա՛ր ու ահեղ,
Իր կիներուն, քարիւղներուն, իր զանձերուն համար հսկայ,

Եւ կամ անոր համար՝ որ ան միշտ կը տոկայ
Զոհաբերման, կը տանի լուծ, զրկանք ու կից:

Դարերն ի վեր եկեր ենք մենք,
Որ տեսնենք դառն զարթնումն այս մեծ՝ քաղաքակիրթ
    երկիրներուն,
Ու քայքայումն անոնց սարսռուն,
Ցուզումն անոնց՝ իրենց դարբնած
Կուռքին դիմաց,
Որ կը կոչուի խելք, զարգացում, ըրկնամուխ շէնք
Ու գիտութիւն, զէնք, մեքենայ, երկինք ու ծով ցնցող ական,
Ոսկի եւ ռումբ հիւլէական...
Եկեր ենք մենք՝ որ տեսնենք մարդն համայնական, անասնային՝
Զուրկ հոգեկան թըռիչքներէն,
Վայրենութիւնն այս՝ որ բերին ու կը բերեն
Գիրքերն, որոնց պապերը մեր կը հաւատային...
Եկեր ենք մենք: Բանա՛նք, կարդա՛նք
Ճշմարտութեան այս գիրքը թանկ:
Եւ հասկընանք, թէ ինչո՞ւ դեռ
Կ՚ապրի, կ՚ոռնայ մեր թշնամին
Եւ կը ստանայ պատիւ, յարգանք, զէնք ու զարդեր,
Մեր թշնամին ճկուն, նրբին՝
Որ մեռաւ միշտ ու յառնեցաւ:
Դարերն ի վեր եկեր ենք մենք, որ այս թշուառ դարը տեսնենք:
Մեր անհամար մեռելներուն նայուածքն ենք մենք:
Տեսնենք երկնէն ինքող ռումբին տակ փըլած սուրբ կաթողիկէն,
Որ նաւն եղաւ, դարերն ի վեր
Կը տանէր սէր, գեղեցկութիւն...
Այս բարբարոս դարը տեսնենք՝ արուեստին դէմ կոյր, անտարբեր,
Եւ գուշակենք գալիքը սեւ անասնակերպ գալիք մարդուն...

Հալածական ու ցիրուցան՝
Եկած, կեցած օտարութեան այս դառն ափին՝
Մեծ կարօտով ըսպասեցինք՝
Որ մեր երկրին նաւերը գան եւ մեզ տանին:

Նաւերն եկան ու հեռացան,
Չտեսան մեզ,

Վէրքերը մեր, կարօտը մեր հողմածածան
Դրօշներու պէս։
Մենք նայեցանք երկար ատեն դէպի երկինք
Ցնդող ծուխին։

Նաւերն եկան, գացին, եկան,
Վերջապէս մեր կեանքը տեսան ողբերգական,
Ու լուսեղէն կանչեր, սէրեր արձակեցին։

Պատռէ՛նք, պատռէ՛նք գիրքերը մեր ցընորաբեր։
Եւ նաւերէն՝ որ պիտի գան ու մեզ տանին,
Կենանք նային մեր գիրքերուն հալող ծուխին։
Սերունդ-սերունդ՝ երկրէ երկիր թափառական՝
Եկեր ենք մենք, որ տէր դառնանք
Այս մեծ գրքին ճշմարտութեան։
Շրջեր ենք մենք ու տառապեր՝
Որ աշխարհի սրտէն առնենք խորհուրդն այս թանկ։
Տանինք Երկիր այս գիրքը մենք.
– Մարդն է միևակ եւ ան միևակ է ամէն տեղ,
Բայց իր երկրին հացով ապրի
Եւ դառնութիւնն անոր ըլլայ բարի օրհնէնք,
Թըւի բարի,
Քաղցըր, հիւթեղ։

Սերունդ-սերունդ՝ մենք կը յիշենք հողերը մեր արգասաբեր,
Լեռները մեր, գետերը մեր։
Եւ անոնք մեր հոգիին մէջ եղան որպէս
Անձնական յուշ, երազ՝ որ մեզ
Յուզեցին միշտ։
– Երազ ու վիշտ։

Նաւերը գան, երթա՛նք անոնց, գանոնք գտնենք,
Նոր կեանք առնենք, ուրախանանք մենք մեր անձը գըտածի պէս։
Մեր երկրին հողն ու ջուրն ենք մենք, վառ լոյսն ենք մենք։
Ու մեզի հետ տանինք մեր այս գորքն իմաստուն
Մեզի հետ հոն. երկիրը մեր՝ որուն համար
Պայքարեցան դարեր-դարեր մեր մեռելները անհամար,

Կերտեցին զայն եւ կը կերտեն։
Տանինք անոնց եւ անոնք մեզ պիտի սիրեն։
Որովհետեւ անոնց խաբուած ու դառնացած հոգիներէն,
Սրտէն քամուած լոյսն է այս գիրքն իմաստութեան,
Անոնց յուզուած ոսկորներուն բորբ ծուծն է ան։
Մեծ ուժն է ան չար ուժերուն դիմաց վաղուան։

NIGOGHOS SARAFIAN, « LE LIVRE DE LA SAGESSE »

Pourchassés
Nous vînmes, arrivâmes sur un rivage,
Nous fîmes halte et attendîmes
Que vinssent les navires amis qui nous emmèneraient.

Les navires vinrent
Et s'éloignèrent, ne nous virent pas.
Ils ne virent pas sur nos cadavres notre ennemi assis,
Nos mains, nos drapeaux battus par le vent comme notre cœur.
Nous jetâmes des cris, hurlâmes et nous tûmes.
Nous regardâmes
Au ciel un long moment
Se dissiper la fumée de nos espoirs.

Nous avions étudié des livres saints comme Narek, comme Hugo.
Nous nous étions battus, nous avions un juste orgueil.
Nous nous étions sacrifiés, nous espérions en la liberté, l'amour et la vigueur,
En l'allégresse et le pain
Des âmes grandes et humanistes…
Mais la mer lointaine et ses cristaux ensorceleurs
Ayant brillé, nous troublait.
Elle nous chantait sa vaine mélodie,

La mer déserte toujours devant nous.
Elle s'évanouissait balayée par le vent, la fumée de notre rêve.

Et les navires croisés vinrent, s'en allèrent et revinrent,
Enfin ils virent notre vie tragique et suppliante.
Ils s'en allèrent et revinrent et enfin se décidèrent à nous accueillir.
Et quand ils nous prirent et nous emportèrent sur des rives
étrangères,
Et nous donnèrent leur morceau de pain blanc,
Commença la noire tragédie de la désillusion.
Nous vîmes le jeu des illusions qui nous trompèrent pendant
dix siècles.
Et ouvertes pour le sourire et la bénédiction
Nos lèvres tremblotèrent devant lui.

Déchirons, déchirons nos livres
Chimériques,
Ceux qui nous ont légué de fumeuses et aveugles idées,
Ceux que les faux humanistes
Nous donnèrent – louange, amour et remède à notre grande plaie,
Et ceux-là qui discourent sur l'équitable grandeur céleste
Ou le fraternel dévouement terrestre.
Nous avons besoin de pain, de vie, et de fièrement
Prendre ce qu'on devait nous donner.
Déchirons, déchirons nos livres
Et ouvrons le livre de la vérité que nous n'avons pas encore ouvert,
– L'homme est seul et il est seul en tout lieu.
Et pas un homme n'aime son voisin comme lui-même.
Et celui qui dit « Seigneur ! », il cherche le salut de sa misérable
personne.
Et celui qui dit « Amour » à une femme, il n'aime que
lui-même…
Ayez la langue du serpent et la terrible gueule du lion…

Par générations entières nous sommes venus,
Pour ressentir la putréfaction de nos rêves avortés,
Saisir cette vérité, et en boire le poison.

Le désenchantement des générations, la privation et la douleur
du monde étranger,
Les deux guerres immenses,
Afin que nous connaissions la vie,
Le monde est une grande plaie, dont le pus nous jaillit à la figure.
Par générations entières nous sommes arrivés,
Pour que nous venions, lisions et comprenions
Le grand livre de l'humanité perfide
Née et élevée des immondices tel l'arbre de la grande science.
– La race est seule, et pas un peuple, et pas une race
Ne peut aimer son voisin frontalier.
Et quand il aime, il est débile ou insensé.
Et quand il est aimé, il est aimé pour sa force
Ou pour la peur qu'il suscite par sa méchanceté ou son horreur,
Pour ses femmes, son pétrole, ses trésors immenses,
Et à celui-là qui toujours lui résiste
Au sacrifice il apporte joug, privation et ruade.

Depuis des siècles nous sommes venus,
Pour assister au grand réveil amer des pays civilisés,
Et leur effondrement frémissant,
Et leur trouble
Devant leur idole forgée,
Qu'on appelle raison, progrès, folie des grandeurs,
Et science, armement, machine, explosion secouant ciel et mer,
Or et bombe atomique…
Nous sommes venus pour voir l'homme commun, animal,
Privé d'élévation spirituelle,
Cette sauvagerie qu'apportèrent et apportent toujours
Les livres en lesquels croyaient nos aïeux…
Nous sommes venus. Ouvrons, lisons
Ce précieux livre de la vérité.
Et comprenons pourquoi
Il vit et hurle toujours notre ennemi
Et il reçoit honneur, respect, armes et décorations,
Notre ennemi fin et propret
Qui toujours mourut et ressuscita.

Depuis des siècles nous sommes venus, pour voir ce siècle
misérable.
De nos innombrables morts nous sommes le regard.
Regardons s'effondrer, sous les bombes tombées du ciel, la sainte
cathédrale
Devenue navire, et qui depuis des siècles
Apportait l'amour et la beauté…
Regardons ce siècle barbare, aveugle et indifférent à l'art,
Et devinons la bestialité humaine à venir…

Pourchassés et dispersés,
Venus, arrêtés sur les rives amères du monde étranger
Nous aspirâmes avec ardeur
À la venue des navires qui nous auraient emmenés.

Les navires vinrent et s'éloignèrent,
Ils ne nous virent pas,
Ni nos blessures ou notre nostalgie battue par le vent
Comme des drapeaux.
Un long moment nous regardâmes au ciel
La fumée se dissiper.

Les navires vinrent, s'en allèrent, revinrent,
Enfin ils virent notre vie tragique
Et ils lancèrent des amours et des appels lumineux.

Déchirons, déchirons nos livres chimériques.
Et, des navires qui viendront et nous emmèneront,
Restons à regarder nos livres disparaître en fumée.
Par générations entières, errant de pays en pays
Nous sommes venus, pour acquérir
Ce grand livre de la vérité.
Nous avons erré et souffert
Pour extirper du cœur du monde ce précieux mystère.
Emmenons ce livre sur notre terre.
L'homme est seul et il est seul en tout lieu,
Mais en son pays qu'il vive de pain
Dont l'amertume sera bénédiction,

Semblera bonne,
Douce, juteuse.

Par générations entières nous nous souvenons de nos terres fertiles,
De nos montagnes, de nos fleuves,
Qui dans nos âmes sont devenus
Espoir et rêve solitaires, qui
Toujours nous agitèrent.
– Rêve et affliction.

Viennent les navires, allons à eux, trouvons-les,
Commençons une nouvelle vie, réjouissons-nous de nous être trouvés.
Nous sommes la terre et l'eau de notre pays, nous sommes son ardente lumière.
Et emmenons avec nous ce livre sage
Avec nous là-bas ; dans notre pays, pour lequel
Pendant des siècles et des siècles nos innombrables morts ont combattu,
Ont édifié et édifient toujours.
Emmenons-les et ils nous aimeront.
Car ce livre de la sagesse est la lumière extraite de leur cœur,
De leurs âmes trompées et devenues amères.
De leurs os agités, il est l'ardente moelle.
Il est une grande force devant les forces mauvaises de demain.

ANNEXE II

Transcription des caractères arméniens

La prononciation retenue est celle de l'arménien occidental, parlé par Sarafian.

Maj.	Min.	Prononciation
Ա	ա	a
Բ	բ	p
Գ	գ	k
Դ	դ	t
Ե	ե	yé (à l'initiale), é
Զ	զ	z
Է	է	è
Ը	ը	e
Թ	թ	t
Ժ	ժ	j
Ի	ի	i
Լ	լ	l
Խ	խ	kh (comme le ch allemand)
Ծ	ծ	dz
Կ	կ	g
Հ	հ	h (aspiré)
Ձ	ձ	ts
Ղ	ղ	gh (guttural)
Ճ	ճ	dj
Մ	մ	m
Յ	յ	h (à l'initiale), y

Ն	ն	n
Շ	շ	ch
Ո	ո	vo (à l'initiale), o
Չ	չ	tch
Պ	պ	b
Ջ	ջ	dch
Ռ	ռ	r (roulé)
Ս	ս	s
Վ	վ	v
Տ	տ	d
Ր	ր	r (légèrement roulé)
Ց	ց	ts
Ւ	ւ	v (entre voyelles), yu, you
Փ	փ	p
Ք	ք	k
Օ	օ	o
Ֆ	ֆ	f

BIBLIOGRAPHIE

Dans cette bibliographie figurent tous les documents qui ont été réellement exploités pour le présent ouvrage.

La bibliographie sur Hölderlin et Rimbaud est immense. Il nous a paru judicieux de ne garder ici que les titres qui traitent directement ou indirectement de l'exil ou des thèmes complémentaires, en tout ou en partie. Cette décision nous paraît d'autant plus justifiée que ces auteurs ont rarement été envisagés du point de vue de l'écriture de l'exil, et que la bibliographie doit cerner précisément ce qui traite de ce sujet rare parmi un nombre incalculable d'ouvrages.

Les ouvrages en langue arménienne sont, comme l'allemand, intégrés dans toutes les rubriques de la bibliographie, en caractères arméniens et par ordre alphabétique phonétique correspondant, avec traduction des titres et transcription du nom des auteurs.

ŒUVRES DES AUTEURS DU CORPUS

HÖLDERLIN

Œuvres complètes et œuvres choisies

– Éditions principalement utilisées en allemand

HÖLDERLIN, Friedrich, *Sämtliche Werke und Briefe*, éd. Jochen Schmidt, Francfort-sur-le-Main, Deutscher Klassiker Verlag, 2005-2008 [1992-1994]. (Cette édition développe une analyse approfondie des œuvres et donne un bon aperçu de l'état actuel des recherches hölderliniennes. T. I : poésie ; t. II : *Hypérion* et *Empédocle* ; t. III : correspondance et documents divers.)

HÖLDERLIN, Friedrich, *Sämtliche Werke*, *Großer Stuttgarter Ausgabe*, éd. Friedrich Beißner et Adolf Beck, Stuttgart, 1943-1985. (Utile notamment pour la réception critique au XIXe siècle.)

– Éditions principalement utilisées en traduction française

HÖLDERLIN, Friedrich, *Œuvres*, éd. Philippe Jaccottet, Paris, Gallimard, « Bibliothèque de la Pléiade », 1967.

HÖLDERLIN, Friedrich, *Œuvre poétique complète*, éd. bilingue, trad. François Garrigue, texte établi par Michael Knaupp, Paris, La Différence, 2005.

– Éditions consultées en allemand

HÖLDERLIN, Friedrich, *Sämtliche Werke*, *Historisch-kritische* Ausgabe, éd. Norbert von Hellingrath, Munich, 1913-1923.

HÖLDERLIN, Friedrich, *Sämtliche Werke*, *Frankfurter Ausgabe*, *Historisch-Kritische Ausgabe*, hrsg. D. E. Sattler et Michael Knaupp. Frankfurt am Main, Roter Stern, 1975-2008. Particulièrement les volumes 10 et 11 : *Hyperion I* et *II* (1982).

– Éditions consultées en traduction française

HÖLDERLIN, Friedrich, *Hymnes, élégies et autres poèmes*, trad. Armel Guerne, intro. Philippe Lacoue-Labarthe, suivi de *Parataxe* par Th. W. Adorno, Flammarion, coll. « GF », 1983.

HÖLDERLIN, Friedrich, *Poèmes de la folie de Hölderlin*, trad. Pierre-Jean Jouve, Paris, Gallimard, 1930.

Œuvres isolées

– Édition principalement utilisée en traduction française

HÖLDERLIN, Friedrich, *Hypérion*, trad. Jean-Pierre Lefebvre, Paris, Flammarion, coll. « GF », 2005.

– Édition consultée en allemand

HÖLDERLIN, Friedrich, *Hyperion oder der Eremit in Griechenland*, Tübingen, Cotta, 1797-1799. Édition originale. Microfiche, Universitätsbibliothek Tübingen. Bibliothek der deutschen Literatur ; Fiche 1 G 3500-10137.

– Édition consultée en traduction française

HÖLDERLIN, Friedrich, *Hypérion ou l'Ermite de Grèce*, trad. Robert Rovini, 10/18, 1968.

RIMBAUD

Œuvres complètes

– Édition principalement utilisée

RIMBAUD, Arthur, *Œuvres complètes*, éd. André Guyaux, Paris, Gallimard, « Bibliothèque de la Pléiade », 2009. (Offre un bilan intéressant d'un siècle d'études sur l'auteur et notamment des dernières recherches.)

– Éditions consultées

RIMBAUD, Arthur, *Œuvres complètes*, éd. André Rolland de Renéville et Jules Mouquet, Paris, Gallimard, « Bibliothèque de la Pléiade », 1946.
RIMBAUD, Arthur, *Œuvres complètes*, éd. Antoine Adam, Paris, Gallimard, « Bibliothèque de la Pléiade », 1972.
RIMBAUD, Arthur, *Œuvres complètes*, éd. Pierre Brunel, Paris, Librairie générale française, coll. « La Pochothèque », 1999.
RIMBAUD, Arthur, *Œuvres complètes*, éd. Jean-Luc Steinmetz, Paris, Flammarion, coll. « GF », 2010.

Œuvre isolée, édition consultée

RIMBAUD, Arthur, *Une saison en enfer*, édition critique par Pierre Brunel, Paris, José Corti, 1987.

SARAFIAN

Œuvres complètes et œuvres choisies, en arménien

SARAFIAN, Nigoghos, *Վէնսէնի անտառը* [*Le Bois de Vincennes*, en arménien], éd. Krikor Beledian, Paris, 1988 (Réédition du texte publié en feuilleton en 1947 aux éditions Naïri, Alep ; suivi d'articles de Sarafian.). (Offre des informations précieuses sur les œuvres de l'auteur et les circonstances de leur publication, ainsi que les variantes d'œuvres parues en revue. *Le Bois de Vincennes* est en effet suivi d'articles de journaux rédigés par Sarafian, ainsi qu'une suite inachevée du *Bois* [*Մշուշին մէջ*, *Dans la brume*, en arménien, non traduit], le tout donnant à voir un ensemble cohérent sur la pensée de l'auteur et sa production en prose depuis l'époque du *Bois*.)

SARAFIAN, Nigoghos, *Չափածոյ երկեր* [*Œuvres en vers*, en arménien], Antelias, Catholicossat arménien de Cilicie, 1982.

Œuvres isolées, en traduction française

SARAFIAN, Nigoghos, *Le Bois de Vincennes*, trad. Anahide Drézian, prés. Marc Nichanian, Marseille, Parenthèses, coll. « Arménies », 1993.

SARAFIAN, Nigoghos, « Enfance et lumière » [1971], trad. Anahide Drézian, in *Nos terres d'enfance. L'Arménie des souvenirs*, textes rassemblés par Anahide Ter Minassian et Houri Varjabédian, Marseille, Parenthèses, coll. « Diasporales », 2010, p. 179-184. Traduction de « Մանկութիւն եւ լոյս », in *Վէնսէնի անտառը*, éd. Krikor Beledian, *op. cit.*, p. 162-166.

LITTÉRATURE SECONDAIRE

ESSAIS, BIOGRAPHIES, OUVRAGES GÉNÉRAUX ET CRITIQUES

ALEXANDRE, Maxime, *Hölderlin le poète*, Marseille, Robert Laffont, 1942.

ALLEMANN, Beda, *Hölderlin et Heidegger* [1959], trad. (revue) François Fédier, Paris, PUF, coll. « Épiméthée », 1987.

ALTER, André, *Hölderlin. Le Chemin de lumière*, Seyssel, Champ Vallon, 1992.

AROUIMI, Michel, *Les Apocalypses secrètes. Shakespeare, Eichendorff, Rimbaud, Conrad, Claudel, Tchékhov, Ramuz, Bosco, Carlo Levi*, Paris, L'Harmattan, 2007.

ASPETSBERGER, Friedbert, *Welteinheit und epische Gestaltung. Studien zur Ichform von Hölderlins Roman "Hyperion"*, München, Wilhelm Fink, « Zur Bekenntnis der Dichtung », Band 10, 1971.

BANDELIER, Danielle, *Se dire et se taire : l'écriture d'« Une saison en enfer » d'Arthur Rimbaud*, Neuchâtel, À la Baconnière, coll. « Langages », 1988.

BECK, Adolf, *Hölderlins Weg zu Deutschland. Fragmente und Thesen*, Stuttgart, J. B. Metzler, 1982.

ՊԸԼՏԵԱՆ, Գրիգոր (BELEDIAN, Krikor), *Տրամ* (*Drame*, en arménien), Beyrouth, Imprimerie Atlas, 1980.

BERJOLA, Giovanni, *Arthur Rimbaud et le complexe du damné*, Caen, Lettres modernes Minard, coll. « Archives des lettres modernes » 289, 2007.

BERRICHON, Paterne, *Jean-Arthur Rimbaud. Le poète (1854-1873)*, éd. Pierre Brunel, Klincksieck, coll. « Cadratin », 2004.
BERTAUX, Pierre, *Hölderlin. Essai de biographie intérieure*, thèse pour le doctorat ès Lettres, Université de Paris, Paris, Hachette, 1936.
BERTAUX, Pierre, *Le Lyrisme mythique de Hölderlin*, Paris, Hachette, 1936. Thèse complémentaire.
BERTAUX, Pierre, *Hölderlin und die Französiche Revolution*, Frankfurt-am-Main, Suhrkamp, 1969.
BERTAUX, Pierre, *Hölderlin ou Le temps d'un poète*, Paris, Gallimard, 1983.
BEYER, Uwe (éd.), *Friedrich Hölderlin. 10 Gedichte*, Stuttgart, Reclam, 2008.
BINDER, Franziska, *Kluft und Zwiesprache. Ein literaturwissenschaftlicher Versuch zu Hölderlins "Hyperion"*, Stuttgart, Verlag Hans-Dieter Heinz, Akademischer Verlag Stuttgart, « Stuttgarter Arbeiten zur Germanistik », 301, 1994.
BLANCHOT, Maurice, « L'expérience originelle » et « L'itinéraire de Hölderlin », in *L'espace littéraire* [1955], Paris, Gallimard, coll. « Folio essais », 2005, p. 313-334 et p. 363-374.
BLANCHOT, Maurice, « La parole "sacrée" de Hölderlin », in *La Part du feu*, Paris, Gallimard, 1949, p. 115-132.
BÖCKMANN, Paul, *Hölderlin und seine Götter*, Munich, Beck'sche, 1935.
BONNEFOY, Yves, « Une saison en enfer », in *Notre besoin de Rimbaud*, Paris, Seuil, coll. « La librairie du XXIe siècle », 2009, p. 383-404.
BORER, Alain, *Rimbaud en Abyssinie*, Paris, Seuil, coll. « Fiction & Cie », 1984.
BORER, Alain, *Un sieur Rimbaud se disant négociant*, Paris, Lachenal et Ritter, 1984.
BOUNOURE, Gabriel, *Le Silence de Rimbaud. Petite contribution au mythe*, Fata morgana, 1991.
BRUNEL, Pierre, *Arthur Rimbaud ou l'éclatant désastre*, Seyssel, Champ Vallon, 1983.
BRUNEL, Pierre, *« Ce sans-cœur de Rimbaud ». Essai de biographie intérieure*, Paris, L'Herne, coll. « Mémorables », 1999.
BRUNEL, Pierre, *Rimbaud sans occultisme*, Fasano, Schena et Paris, Didier, coll. « Bibioteca della ricerca », 2000.
CHAR, René, « Arthur Rimbaud », in *Recherche de la base et du sommet* ; *Œuvres complètes*, éd. Jean Roudaut, Paris, Gallimard, « Bibliothèque de la Pléiade », 2008, p. 727-733.
CLAUDEL, Paul, « Arthur Rimbaud », in *Accompagnements* ; *Œuvres en prose*, éd. Jacques Petit et Charles Galpérine, Paris, Gallimard, « Bibliothèque de la Pléiade », 1965, p. 514-527.
CLAUZEL, Raymond, Une saison en enfer *et Arthur Rimbaud*, Paris, Société française d'éditions littéraires et techniques, 1931.

CLAVERIE, *La Jeunesse d'Hölderlin jusqu'au roman Hypérion*, Paris, F. Alcan, 1921.

CRAYSSAC, Marie, *Études sur l'« Hypérion » d'Hölderlin*, thèse soutenue à l'Université de Nancy, impr. M. Colin, 1924.

DANIEL-ROPS, *Rimbaud. Le drame spirituel*, Paris, Plon, 1936.

DASTUR, Françoise, *Hölderlin. Le retournement natal*, Fougères, Encre marine, 1997.

DAVIES, Margaret, *« Une saison en enfer » d'Arthur Rimbaud : analyse du texte*, Minard, coll. « Archives des lettres modernes », 1975.

DELAHAYE, Ernest, Les Illuminations *et* Une saison en enfer, Paris, Albert Messein, 1927.

EIGELDINGER, Marc, « L'inscription du silence dans le texte rimbaldien », in *Lumières du mythe*, Paris, PUF, 1983.

ÉTIEMBLE, *Le Mythe de Rimbaud*, Paris, Gallimard, 1961.

ÉTIEMBLE, et GAUCLERE, Yassu, *Rimbaud*, nouvelle édition, Paris, Gallimard, coll. « nrf Essais », 1950.

FRÉMY, Yann, *« Te voilà, c'est la force ». Essai sur* Une saison en enfer *de Rimbaud*, Paris, Classiques Garnier, coll. « Études rimbaldiennes », 2, 2009.

FRIEDRICH, Hugo, *Structure de la poésie moderne* [1956], trad. Michel-François Demet, Paris, Librairie Générale Française, coll. « Références », 1999.

GRACQ, Julien, *Œuvres complètes*, éd. Bernhild Boie, Paris, Gallimard, « Bibliothèque de la Pléiade », 1995, t. II.

GUYAUX, André, *Duplicités de Rimbaud*, Paris-Genève, Champion-Slatkine, « Bibliothèque de littérature moderne », 1, 1991.

HABERER, Brigitte, *Sprechen. Schweigen. Schauen. Rede und Blick in Hölderlins "Der Tod des Empedokles" und "Hyperion"*, Bonn – Berlin, Bouvier, « Abhandlungen zur Kunst-, Musik- und Literaturwissenschaft » Band 388, 1991. Thèse de doctorat, Munich.

HACKETT, C. A., *Le Lyrisme de Rimbaud*, Nizet et Bastard, 1938.

HACKETT, C. A., *Rimbaud : l'enfant*, 1947.

HÄRTLING, Peter, *Hölderlin*, trad. Philippe Jaccottet, Paris, Seuil, 1980.

HEIDEGGER, Martin, *Hölderlins Hymnen « Germanien » und « Der Rhein »*, éd. Susanne Ziegler, Frankfurt-am-Main, Vittorio Klostermann, 1992.

HEIDEGGER, Martin, *Hölderlins Hymne « Andenken »*, éd. Curd Ochwadt, Frankfurt-am-Main, Vittorio Klostermann, 1992.

HEIDEGGER, Martin, *Hölderlins Hymnen « Der Ister »*, éd. Susanne Ziegler, Frankfurt-am-Main, Vittorio Klostermann, 1993.

HEIDEGGER, Martin, *Erläuterungen zu Hölderlins Dichtung*, éd. Friedrich Wilhelm von Herrmann, Frankfurt-am-Main, Vittorio Klostermann, 1996.

HEIDEGGER, Martin, *Approche de Hölderlin* [1962], trad. Henry Corbin *et al.*, Paris, Gallimard, coll. « tel », 2008.

HEIDEGGER, Martin, *Vorträge und Aufsätze* [1954], éd. Friedrich Wilhelm von Herrmann, Stuttgart, Klett-Cotta, 2009.

HEIDEGGER, Martin, *Essais et conférences* [1958], trad. André Préau, Paris, Gallimard, 2010.

HEINRICHS, Johannes, *Revolution aus Geist und Liebe. Hölderlins "Hyperion" durchgehend kommentiert*, München, Steno, 2007.

HERDER, Johann Gottfried, *Auch eine Philosophie der Geschichte zur Bildung der Menschheit*, éd. Hans Dietrich Irmscher, Stuttgart, Reclam, 2007.

HERDER, Johann Gottfried, *Une autre philosophie de l'histoire*, éd. bilingue, trad. Max Rouché, Paris, Aubier, 1964.

HERDER, Johann Gottfried, *Histoire et cultures*, trad. Max Rouché, prés. Alain Renaut, Paris, Flammarion, coll. « GF », 2000.

Internationale Hölderlin-Bibliographie (IHB), hrsg. Hölderlin-Archiv der Württembergischen Landesbibliothek Stuttgart, Erste Ausgabe 1804-1983, bearb. Maria Kohler, Stuttgart, Frommann-Holzboog, 1985.

IZAMBARD, Georges, *Rimbaud tel que je l'ai connu*, Nantes, Le Passeur / Cecofop, 1991.

JACCOTTET, Philippe, « Hölderlin », in *Une transaction secrète. Lectures de poésie*, Paris, Gallimard, 1987, p. 42-92.

JALLET, Gilles, *Hölderlin*, Seghers, coll. « Poètes d'aujourd'hui », 1985.

JASPERS, Karl, *Strindberg et Van Gogh, Swedenborg-Hölderlin* [1953], préface de Maurice Blanchot sur Hölderlin, Paris, Minuit, 1968.

JEANCOLAS, Claude, *Dictionnaire Rimbaud*, Paris, Balland, 1991.

KNAUPP, Michael, *Hyperion. Erläuterungen und Dokumente*, Stuttgart, Reclam, 1997.

LACOUE-LABARTHE, Philippe, *L'Imitation des Modernes. Typographies II*, Paris, Galilée, coll. « La philosophie en effet », 1986.

LAPEYRE, Paule, *Le Vertige de Rimbaud. Clé d'une perception poétique*, La Baconnière, coll. « Langages », Neuchâtel, 1981.

LAPLANCHE, Jean, *Hölderlin et la question du père*, Paris, PUF, 1962.

LINK, Jürgen, *Hölderlin Rousseau. Retour inventif*, trad. Isabelle Kalinowski, Saint-Denis, Presses Universitaires de Vincennes, coll. « Créations européennes », 1995.

MATUCCI, Mario, *Le dernier visage de Rimbaud en Afrique*, Florence-Paris, Sansoni-Didier, 1962.

MICHEL, Wilhelm, *Hölderlins abendländische Wendung*, Jena, 1923.

MONNEROT, Jules, « Post-scriptum, Rimbaud » in *La Poésie moderne et le Sacré*, Gallimard, coll. « Les Essais », 1945, p. 177-182.

MÜLLER, Ernst, « Hyperion als Existenz », in *Hölderlin. Studien zur Geschichte seines Geistes*, Kohlhammer, Stuttgart, 1944, p. 174-187.

MÜLLER-RASTATT, Carl, *Friedrich Hölderlin. Sein Leben und sein Dichten*, Bremen, Verlag von Eduard Kampe, 1894.

MURPHY, Steve, *Rimbaud et la Commune. Microlectures et perspectives*, Paris, Classiques Garnier, coll. « Études rimbaldiennes », 4, 2010.

NAKAJI, Yoshikazu, *Combat spirituel ou immense dérision ? Essai d'analyse textuelle d'« Une saison en enfer »*, Paris, José Corti, 1987.

NICHANIAN, Marc, *Le Deuil de la philologie. Entre l'art et le témoignage. Littératures arméniennes au XXe siècle*, Volume II, Genève, MetisPresses, prunus armeniaca, 2, 2007.

NIEMEYER, Margarethe, *Hölderlins Spinoza-Rezeption und ihre Bedeutung für die Konzeption des « Hyperion »*, Tübingen, Niemeyer, « Studien zur deutschen Literatur », Band 112, 1990.

NIETZSCHE, Friedrich, *Considérations inactuelles* ; *Œuvres*, éd. Marc de Launay, Paris, Gallimard, « Bibliothèque de la Pléiade », 2000, t. I.

NIETZSCHE, Friedrich, « Lettre à mon ami, pour lui recommander de lire mon poète favori » [19.10.1861], in *Premiers écrits*, trad. Jean-Louis Backès, Paris, Librairie Générale Française, coll. « Les Classiques de Poche », 2010, p. 149-152.

NOULET, Émilie, *Le Ton poétique. Mallarmé, Verlaine, Corbière, Rimbaud, Valéry, Saint-John Perse*, José Corti, 1971, p. 93-165.

POULET, Georges, « Rimbaud » in *La Pensée indéterminée, II. Du Romantisme au début du XXe siècle*, PUF, coll. « Écriture », 1987, p. 207-216.

POULET, Georges, *La Poésie éclatée : Baudelaire, Rimbaud*, Paris, PUF, coll. « Écriture », 1987.

PRENGEL, Werner, *L'Évolution morale et politique de Hölderlin*, Casablanca, impr. A.B.C., 1958. (Thèse de doctorat, Alger.)

PRILL, Meinhard, *Bürgerliche Alltagswelt und pietistisches Denken im Werk Hölderlins. Zur Kritik des Hölderlins-Bildes von Georg Lukacs*, Tübingen, Max Niemeyer, « Studien und Texte zur Sozialgeschichte der Literatur », Band 10, 1983. (Thèse de doctorat, Munich.)

PRZYWARA, Erich, *Hölderlin*, Nürnberg, Glock und Lutz, 1949.

RAYMOND, Marcel, *De Baudelaire au Surréalisme*, Paris, José Corti, 1940.

RICHARD, Jean-Pierre, *Poésie et profondeur* [1955], Paris, Seuil, coll. « Points essais », 1976.

RIMBAUD, Isabelle, *Rimbaud mourant*, éd. Éric Marty, Houilles, Éditions Manucius, coll. « Littéra », 2009.

RIMBAUD, Vitalie, *Journal et autres écrits*, Charleville-Mézières, Musée-Bibliothèque Arthur Rimbaud, 2006.

ROLLAND DE RENÉVILLE, André, *Rimbaud le voyant* [1929], Vanves, Thot, 1985.

SACCHI, Sergio, *Introduction à l'« Alchimie du verbe » d'Arthur Rimbaud*, 1992.

SCHUFFELS, Klaus, *Hypérion de Friedrich Hölderlin. Reflet des aspirations révolutionnaires de son temps*, thèse de doctorat soutenue à Paris III, dir. Pierre Bertaux, 1980.

SEGALEN, Victor, *Le Double Rimbaud* [1906], Fata morgana, coll. « Explorations », 1979.

STIENING, Gideon, *Epistolare Subjektivität. Das Erzählsystem in Friedrich Hölderlins Briefroman "Hyperion oder der Eremit in Griechenland"*, Tübingen, Max Niemeyer, 2005.

SZONDI, Peter, *Poésie et poétique de l'idéalisme allemand*, trad. Jean Bollack, Paris, Gallimard, coll. « tel », 1991.

THISSE, André, *Rimbaud devant Dieu*, Paris, José Corti, 1975.

TONNELAT, Ernest, *L'Œuvre poétique et la pensée religieuse de Hölderlin*, Paris, 1950.

VERLAINE, Paul, « Œuvres critiques », in *Œuvres en prose complètes*, éd. Jacques Borel, Paris, Gallimard, « Bibliothèque de la Pléiade », 1972, p. 595-980.

VILAIN, Max (abbé), « Un prêtre regarde Rimbaud », in *Études rimbaldiennes I (1968)*, Amis de Rimbaud, Paris, Minard, coll. « Lettres modernes », 1969, p. 130-146.

WAIBLINGER, Wilhelm, *Vie, poésie et folie de Friedrich Hölderlin*, trad. Lionel Duvoy, Paris, Allia, 2010.

Wörterbuch zu Friedrich Hölderlin. II. Teil : Hyperion. Auf der Textgrundlage der Großen Stuttgarter Ausgabe, bearb. Hans Otto Horch, Klaus Schuffels und Manfred Kammer, Tübingen, Max Niemeyer, 1992.

ZWEIG, Stefan, *Le Combat avec le démon* [1925], trad. Alzir Hella, Librairie Générale Française, coll. « Biblio essais », 2004.

REVUES, VOLUMES COLLECTIFS, ARTICLES

ALBRECHT, Christoph V., « Über neue Realien des Hyperion », in *Hölderlin Jahrbuch*, t. XXIX, Tübingen, 1994-1995, p. 248-261.

ARCUSET, Guillaume, « L'autre et Rimbaud », in *L'Infini*, 115, juin 2011, Paris, Gallimard, 2011, p. 92-99.

BARTHELEMY, Lambert, « "Sur le passage frontalier [...], c'était le foutoir" », in *Lieux de la frontière, frontière des lieux*, textes réunis par C. Murcia, Textuel, 57, Paris, Université Paris Diderot – Paris 7, 2008.

BECKETT, Sandra, et BOLDT-IRONS, Leslie, « Introduction », in *Exilés, marginaux et parias dans les littératures francophones*, textes réunis et publiés par Sandra Beckett, Leslie Boldt-Irons et Alain Baudot, Toronto, Éditions du Gref, coll. « Dont actes » n° 12, 1994. Actes du colloque international de l'Université Brock, St. Catharines, Canada (23-24 octobre 1992).

BEISSNER, Friedrich, « Über die Realien des "Hyperion" », in *Hölderlin-Jahrbuch*, Tübingen, 1954, p. 93-109.

BIVORT, Olivier, « Remarques sur l'alchimie du verbe », in *Rimbaud dans le texte*, études réunies et présentées par Yves Reboul, *Littératures* n° 54, Toulouse, Presses universitaires du Mirail, 2006, p. 133-146.

BOBILLOT, Jean-Pierre, « Rimbaud, Thiers, Pétain & les autres », in *Europe*, 966, octobre 2009.

BORER, Alain, « La part de Shiva » in *Parade sauvage*, 1, Charleville-Mézières, Musée-Bibliothèque Rimbaud, 1984, p. 4-15.

BÖSCHENSTEIN, Bernhard, et LE RIDER, Jacques (éd.), *Hölderlin vu de France*, Tübingen, Gunter Narr, 1987.

BRIET, Suzanne, « La Bible dans l'œuvre de Rimbaud », in *Études rimbaldiennes I (1968)*, Amis de Rimbaud, Paris, Minard, coll. « Lettres modernes », 1969, p. 87-129.

BÜTTNER, Stefan, « Natur – ein Grundwort Hölderlins », in Hölderlin-Jahrbuch, t. XXVI, Tübingen, 1988-1989, p. 224-247.

CERMAKIAN, Stéphane, « Armen Lubin : exil, langue et littérature », in *Acanthe. Annales de Lettres françaises*, 28, dir. Nayla Tamraz, Faculté des Lettres et des sciences humaines, Université Saint-Joseph de Beyrouth, 2010, p. 11-26.

CERMAKIAN, Stéphane, « Hölderlin et Sarafian : l'exil dans les littératures allemande et arménienne », in *Babel. Heureux qui comme Ulysse… : voyage et exil*, dir. Aurélie Dell'olio, Faculté des Lettres et des sciences humaines, Université du Sud Toulon-Var, 2012, p. 69-84.

CERMAKIAN, Stéphane, « Exil et frontières dans la littérature arménienne de France », in *Langages (de) frontaliers. La traduction esthétique de situations-limites dans la littérature occidentale (XIXe-XXe siècles)*, dir. Florence Godeau, Éditions Kimé, 2013, p. 177-186.

CERMAKIAN, Stéphane, « Le chemin d'exil de Nigoghos Sarafian », in *Chemin, cheminement*, dir. Bernadette Rey Mimoso-Ruiz, Inter-Lignes, janvier 2013, p. 39-46.

CERMAKIAN, Stéphane, « Poétique de l'exil dans *Hyperion* de Hölderlin », in « Transnationalité & Transculturalité – L'Expérience de l'ailleurs », *Malice*, dir. Stéphane Lojkine, Fridrun Rinner, Sylvie Requémora-Gros, Mathilde Bedel, n° 7.

CERMAKIAN, Stéphane, « Exiliade », *Alkemie*, dir. Mihaela-Gențiana Stănişor et Răzvan Enache, Paris, Classiques Garnier, 2, n° 24, 2019, p. 273-280.

CHAMBERS, Ross, « Réflexions sur l'inspiration communarde », in *Arthur Rimbaud 2*, La Revue des Lettres modernes, Minard, 370-373, 1973, 8, p. 63-80.

CHAMBON, Jean-Pierre, « Régionalismes rimbaldiens ? », in *Parade sauvage*, 5, juillet 1988, p. 20-27.

CHAMBON, Jean-Pierre, « Pour un inventaire des particularismes lexicaux dans l'œuvre et la correspondance de Rimbaud », in *Rimbaud 1891-1991*, Actes du colloque de Marseille des 6-10 novembre 1991, éd. André Guyaux, Honoré Champion, 1994, p. 125-153.

CLAUDON, Francis, « Exil et création littéraire : Hölderlin et Rousseau », in *Exil et littérature*, présenté par Jacques Mounier, Université des langues et des lettres de Grenoble, 1986, p. 251-266.

COMBE, Dominique, « Silence de Rimbaud ? », in *Rimbaud. Des* Poésies *à la* Saison, études réunies par André Guyaux, Paris, Classiques Garnier, coll. « Rencontres », 4, 2009, p. 311-326.

CORSETTI, Jean-Paul, « *Une saison en enfer* ou la Morale en travers », in *Parade sauvage. Colloque n° 1 : Rimbaud ou la Liberté libre*, 1987, p. 62-72.

COURTINE, Jean-François (éd.), *Hölderlin*, *Cahiers de l'Herne*, 57, Paris, 1989.

DAVIES, Margaret, « *Une saison en enfer* », in *Arthur Rimbaud 2*, La Revue des Lettres modernes, Minard, 370-373, 1973, 8, p. 17-40.

DEGUY, Michel, « Témoignage », in *Hölderlin*, *Cahiers de l'Herne*, 57, dir. Jean-François Courtine, Paris, 1989, p. 131-142.

DE WAELHENS, Alphonse, compte rendu du livre de Romano Guardini, *Hölderlin. Weltbild und Frömmigkeit* [1939], *Revue néo-scolastique de philosophie*, 1940, vol. 43, n° 67, p. 314-321.

DÜRRSON, Werner, *« Rimbaud und die Hölle » [Nachwort]*, in *Une saison en enfer. Eine Zeit in der Hölle* [1992], éd. bilingue, *übertragen und hrsg.* W. Dürrson, Stuttgart, Reclam, 2011, p. 99-109.

ELLISON, David, et HEYNDELS, Ralph (éd.), *Les Afriques de Rimbaud*, Schena Editore, Presses de l'Université de Paris-Sorbonne, Biblioteca della Ricerca, « Transatlantique », 5, 2006.

FRÉMY, Yann (éd.), *« Je m'évade ! Je m'explique ». Résistances d'*Une saison en enfer, Paris, Classiques Garnier, coll. « Études rimbaldiennes », 6, 2010.

FUKAI, Yosuke, « "L'Impossible" – Le dialogue de l'esprit ou la possibilité d'une évasion », in *Rimbaud vivant*, 51, juin 2012, Charleville-Mézières, Amis de Rimbaud, p. 55-78.

GARRIGUES, Jean-Michel, « Du "Dieu présent" au "Dieu plus médiat d'un Apôtre" », in *Hölderlin*, *Cahiers de l'Herne*, 57, dir. Jean-François Courtine, Paris, 1989, p. 370-398.

GOLDSCHMIDT, Marc, « Hölderlin dans l'absolu romantique hors de lui », in PO&SIE, 134, dir. Michel Deguy, Paris, Belin, 2010, p. 93-113.

GUYAUX, André (éd.), *Rimbaud*, *Cahiers de l'Herne*, 64, Paris, 1993.

HACKETT, Cecil Arthur, « *Une saison en enfer.* Frénésie et structure », in *La Revue des lettres modernes. Arthur Rimbaud*, 2, 1973, p. 7-15.

HOF, Walter, « *Zur Frage einer späten "Wendung" oder "Umkehr" Hölderlins* », in *Hölderlin-Jahrbuch*, 11, Tübingen, 1958-1960, p. 120-159.

HOFFMANN, Wilhelm, « *Wann hat Wilhelm Waiblinger seinen Lebensabriß Hölderlins verfaßt ?* », in *Hölderlin-Jahrbuch*, Tübingen, 1950, p. 127-130.

KAUFFMANN, Marc, « Image vivante du néant », in *Hölderlin*, *Cahiers de l'Herne*, 57, dir. Jean-François Courtine, 1989, p. 177-183.

KOEPKE, Wulf, « *Hölderlin in einer gottverlassenen Zeit* » *in* Ästhetiken des Exils, *hrsg.* Helga Schreckenberger, « *Amsterdamer Beiträge zur neueren Germanistik* », Amsterdam – New York, Rodopi, Band 54, 2003, p. 209-233.

KREUZER, Johann (éd.), *Hölderlin-Handbuch*, Stuttgart/Weimar, J. B. Metzler, 2011.

LEFEBVRE, Jean-Pierre, « Les yeux de Hölderlin », in *Hölderlin*, *Cahiers de l'Herne*, 57, dir. Jean-François Courtine, Paris, 1989, p. 416-443.

LINK, Jürgen, « *"Hyperion" als Nationalepos in Prosa* », in *Hölderlin-Jahrbuch*, 16, Tübingen, 1969-1970, p. 158-194.

LITTLE, Roger (éd.), *Arthur Rimbaud. Bruits neufs*, *Sud*, hors-série, 1991.

MARCHAL, Bertrand (éd.), *Rimbaud. Tradition et modernité*, Paris, Eurédit, 2005.

MATUCCI, Mario (éd.), *Parade sauvage*, *Rimbaud « À la loupe »*, colloque n° 5, Charleville-Mézières, 16-19 Septembre 2004.

MAYER, Gerhart, « *Hölderlins "Hyperion" – ein frühromantischer Bildungsroman* », in *Hölderlin-Jahrbuch*, 19-20, Tübingen, 1975-1977, p. 244-266.

MURPHY, Steve, et TUCKER, George Hugo (éd.), *Parade sauvage*, *Rimbaud « À la loupe »*, colloque n° 2, 10-12 Septembre 1987, Cambridge, Charleville-Mézières, 1989.

MURPHY, Steve, « Rimbaud communaliste » in *Europe*, 966, octobre 2009, p. 82-93.

ՕՇԱԿԱՆ, Յակոբ, եւ ՍԱՐԱՖԵԱՆ, Նիկողոս (OCHAGAN, Hagop, et SARAFIAN, Nigoghos), « Նամականի », *ԳԱՄ*, թիւ 3-4 (« Correspondance » in *GAM*, n° 3-4, en arménien) Փարիզ-Պուքրէշ-Թորոնթօ, ԳԱՄ եւ Զօրեան Հիմնարկ, 1986.

PARFAIT, Nicole (éd.), *Hölderlin et la France*, Actes du Colloque organisé par l'Institut d'Études Françaises de Sarrebruck (1996), Paris, L'Harmattan, coll. « La philosophie en commun », 1999.

RICHTER, Mario, « "Race" et "sang" dans *Une saison en enfer* », in *Parade sauvage*, 8, septembre 1991, p. 53-63.

RIVIÈRE, Jacques, « Rimbaud », in *La Nouvelle Revue française*, 67, 1er juillet 1914, p. 209-230 ; rééd. dans *Rimbaud : dossier 1905-1925*, éd. Roger Lefèvre, Paris, Gallimard, 1977, p. 76-193.

RYAN, Lawrence, « *"So kam ich unter die Deutschen." Hyperions Weg in die Heimat* », in *Hölderlin-Jahrbuch*, 31, Tübingen, 1998-1999, p. 99-122.

SCHMIDT, Jochen, « La France et l'Allemagne : modèles opposés de la philosophie de l'histoire chez Hölderlin : évolution au lieu de révolution », trad. Jacques

Le Rider, in *Hölderlin vu de France*, Éditions Gunter Narr, coll. « Œuvres et critiques », études réunies par Bernhard Böschenstein et Jacques Le Rider, Tübingen, 1987, p. 35-51.

SKORGEN, Torgeir, « *Hölderlins Balanceidee und Konzeption des Nationellen* », in *Hölderlin-Jahrbuch*, 36, Tübingen, 2008-2009, p. 94-110.

SUDOUR, Thierry, « Les vies parallèles d'Arthur Rimbaud », in *L'Infini*, 116, automne 2011, Paris, Gallimard, p. 109-125.

TAMINIAUX, Jacques, « La nostalgie de la Grèce à l'aube de l'Allemagne classique », in *Turm-Vorträge. 1987/88. Hölderlin und die Griechen*, hrsg. Valérie Lawitschka, Tübingen, Hölderlin-Gesellschaft, Hölderlinturm, 1988, p. 27-43.

UERLINGS, Herbert (éd.), *Theorie der Romantik*, Stuttgart, Reclam, 2009.

VOLKE, Werner, « *"O Lacedämons heiliger Schutt !", Hölderlins Griechenland : Imaginierte Realien – Realisierte Imagination* », in *Hölderlin Jahrbuch*, t. XXIV, Tübingen, 1984-1985, p. 63-86.

WERTHEIMER, Jürgen, « *Sprachzeichen : Zeichensprache – Hyperions Weg ins dialogische Abseits* », in *Hölderlin und die Moderne. Eine Bestandsaufnahme*, hrsg. Gerhard Kurz, Valérie Lawitschka und Jürgen Wertheimer, Tübingen, Attempto Verlag, 1995, p. 213-223.

YUASA, Hiroo, « La tentative de "je-autre"ou l'"inconnu" », in *Rimbaud multiple. Colloque de Cerisy*, dir. Alain Borer *et al.*, Gourdon, Dominique Bedou et Jean Touzot Éditeurs, 1985, p. 228-244.

YUASA, Hiroo, « Sur les façons de parler parodiques dans *Une saison en enfer* », in *Parade sauvage. Colloque n° 5 : Vies et poétiques de Rimbaud*, 2005, p. 474-482.

SOURCES DES AUTEURS DU CORPUS,
CONTEXTE GÉNÉRAL, HISTOIRE LITTÉRAIRE

ԱԲԵՂԵԱՆ, Մանուկ (APEGHIAN, Manoug), *Հայոց հին գրականութեան պատմութիւն* (*Histoire de la littérature arménienne ancienne*, en arménien), Երեւան, Հայկական ՍՍՌ գիտութիւնների հրատարակութիւն, 1946.

APOLLINAIRE, Guillaume, *Œuvres poétiques*, éd. Marcel Adéma et Michel Décaudin, Paris, Gallimard, « Bibliothèque de la Pléiade », 1956.

APOLLINAIRE, Guillaume, *L'Esprit nouveau et les Poètes* ; *Œuvres en prose complètes*, éd. Pierre Caizergues et Michel Décaudin, Paris, Gallimard, « Bibliothèque de la Pléiade », 1991, t. II, p. 941-954.

ԱՐԻՍՏԱԿԷՍ ԼԱՍՏԻՎԵՐՑԻ (ARISTAKÈS de LASTIVER), *Պատմութիւն Արիստակեայ Վարդապետի Լաստիվերցւոյ* [11. դար] (*Histoire de l'archimandrite Aristakès de Lastiver* [XIe siècle], en arménien), Վենետիկ, Ս. Ղազար, 1901.

BANVILLE, Théodore de, *Les Exilés*, Plan de la Tour, Éditions d'aujourd'hui, coll. « Les Introuvables », 1979 (conforme à l'édition originale d'Alphonse Lemerre, 1867).

BAUDELAIRE, Charles, *Œuvres complètes*, éd. Claude Pichois, Paris, Gallimard, « Bibliothèque de la Pléiade », 1975-1976.

BELEDIAN, Krikor, *Cinquante ans de littérature arménienne en France*, Paris, CNRS, 2001.

BOEHME, Jakob, *Confessions*, éd. Alexis Klimov, Paris, Fayard, coll. « L'espace intérieur », 1973.

BOEHME, Jakob, *Christosophia*, hrsg. Gerhard Wehr, Frankfurt am Main, Insel, 1992.

BOEHME, Jakob, *Aurora*, hrsg. Gerhard Wehr, Frankfurt am Main, Insel, 1992.

BRETON, André, *Manifeste du surréalisme* [1924] ; *Œuvres complètes*, éd. Marguerite Bonnet, Paris, Gallimard, « Bibliothèque de la Pléiade », 1988, t. I, p. 309-346.

CHAHINIAN, Krikor, *Œuvres vives de la littérature arménienne*, Antélias, Catholicossat arménien de Cilicie, 1988.

CHANDLER, Richard, *Voyages dans l'Asie mineure et en Grèce*, trad. I. P. Servois et Barbié du Bocage, Paris, Arthus Bertrand, 1806.

CHATEAUBRIAND, René de, *Itinéraire de Paris à Jérusalem et de Jérusalem à Paris* ; *Œuvres romanesques et voyages*, éd. Maurice Regard, Paris, Gallimard, « Bibliothèque de la Pléiade », 1969, t. II.

CHATEAUBRIAND, René de, *Essai sur les révolutions. Génie du Christianisme*, éd. Maurice Regard, Paris, Gallimard, « Bibliothèque de la Pléiade », 1978.

CHOISEUL-GOUFFIER, *Voyage pittoresque de la Grèce*, Paris, J.-J. Blaise, 1782.

CIORAN, Emil, *Précis de décomposition* [1949] ; *Œuvres*, éd. Nicolas Cavaillès, Paris, Gallimard, « Bibliothèque de la Pléiade », 2011.

DANTE, *Divine Comédie* ; *Œuvres complètes*, 5e éd., éd. André Pézard, Paris, Gallimard, « Bibliothèque de la Pléiade », 1983.

DANTE, *La Comédie*, éd. bilingue, trad. Jean-Charles Vegliante, Paris, Gallimard, coll. « Poésie », 2012.

DESCARTES, René, *Méditations métaphysiques* [1647], éd. bilingue, éd. Jean-Marie et Michelle Beyssade, Paris, Flammarion, coll. « GF », 2011.

ՃԱՆԱՇԵԱՆ, Հ. Մ. (DJANACHIAN, P. M.), *Հայ գրականութեան նոր շրջանի համառօտ պատմութիւն* (*Précis de littérature arménienne moderne*, en arménien), Վենետիկ, Ս. Ղազար, 1973.

DOUAY, Abel, et HERTAULT, Gérard, *Franc-maçonnerie et sociétés secrètes contre Napoléon. Naissance de la nation allemande*, Paris, Nouveau Monde, coll. « Fondation Napoléon », série « Études », 2005.

ECKHART (Maître), *Œuvres. Sermons-traités*, trad. Paul Petit, Paris, Gallimard, coll. « tel », 2006.

ESCHYLE – SOPHOCLE, *Théâtre complet. Tragiques grecs*, éd. Raphaël Dreyfus et Jean Grosjean, Paris, Gallimard, « Bibliothèque de la Pléiade », 1967, t. I.

FÉNELON, *Explication des maximes des saints sur la vie intérieure*; *Œuvres*, éd. Jacques Le Brun, Paris, Gallimard, « Bibliothèque de la Pléiade », 1983, t. I.

FICHTE, Johann Gottlieb, *Discours à la nation allemande*, trad. Alain Renaut, Paris, Imprimerie nationale, coll. « La Salamandre », 1992.

FORGET, Philippe (éd.), *Nouvelle histoire de la littérature allemande. Tome I : Baroque et Aufklärung*, Paris, Armand Colin, coll. « U », série « Langue et civilisation germaniques », 1998.

GOETHE, Johann Wolfgang von, *Faust*, München, Deutscher Taschenbuch, 2001.

ԳՐԻԳՈՐ ՆԱՐԵԿԱՑԻ (սուրբ) (GRÉGOIRE de NAREK [saint]), *Աղօթամատեան* (*Le livre de prières*, en arménien), transl. en arménien moderne du Patriarche Torkom Koushghian (Patriarcat arménien de Jérusalem, 1926), Antelias, Catholicossat arménien de Cilicie, 2005.

GRÉGOIRE de NAREK, *Le livre de prières*, trad. Isaac Kéchichian s. j., postface de Krikor Beledian, Paris, Les Éditions du Cerf, coll. « Sources chrétiennes », 78, 2000.

HEINE, Henri, *De l'Allemagne* [1835-1855], éd. Pierre Grappin, Paris, Gallimard, coll. « tel », 1998.

HÉSIODE, *Théogonie. Les travaux et les jours*, éd. bilingue, trad. Paul Mazon, Paris, Les Belles Lettres, 1986.

HOMÈRE, *Iliade. Odyssée*, éd. Jean et Victor Bérard, Paris, Gallimard, « Bibliothèque de la Pléiade », 1955.

HUGO, Victor, *Les Rayons et les ombres*, éd. Pierre Albouy, Paris, Gallimard, coll. « Poésie », 2011.

JEAN de la CROIX (saint), *La Nuit obscure*, trad. père Grégoire de Saint Joseph, Paris, Seuil, coll. « Points Sagesses », 1984.

KANT, Emmanuel, *Vers la paix perpétuelle. Que signifie s'orienter dans la pensée ? Qu'est-ce que les Lumières ?* [1783-1798], éd. Françoise Proust, Paris, Flammarion, coll. « GF », 2006.

KHAYADJIAN, Edmond, *Archag Tchobanian et le mouvement arménophile en France*, Marseille, CNDP/CRDP, 1986.

KIERKEGAARD, Sören, *L'existence*, trad. P.-H. Tisseau, choix par Jean Brun, Paris, PUF, coll. « Sup », 1972.

KIERKEGAARD, Sören, *Miettes philosophiques. Le concept de l'angoisse. Traité du désespoir* [1844-1849], trad. Knut Ferlov et Jean-Jacques Gateau, Paris, Gallimard, coll. « tel », 1990.

KLOPSTOCK, Friedrich Gottlieb, *Der Messias* [1748], hrsg. Elisabeth Höpker-Herberg, Stuttgart, Reclam, 2005.

KLOPSTOCK, Friedrich Gottlieb, *Oden*, hrsg. Karl Ludwig Schneider, Stuttgart, Reclam, 2006.

KUNTH, Anouche, et MOURADIAN, Claire, *Les Arméniens en France : du chaos à la reconnaissance*, Toulouse, Attribut, coll. « Exils », 2010.

LAMENNAIS, Félicité de, « L'exilé », in *Paroles d'un croyant* ; *Œuvres complètes*, Bruxelles, Société belge de librairie, 1839, t. II, p. 510.

LE BLANC, Charles, *La Forme poétique du monde. Anthologie du romantisme allemand*, Paris, José Corti, coll. « Domaine romantique », 2003.

LEIBNIZ, Gottfried Wilhelm, *Discours de métaphysique et autres textes* [1663-1689], Paris, Flammarion, coll. « GF », 1969.

LEIBNIZ, Gottfried Wilhelm, *Essais de théodicée* [1710], Paris, Flammarion, coll. « GF », 1969.

LEIBNIZ, Gottfried Wilhelm, *L'Harmonie des langues*, trad. Marc Crépon, Paris, Seuil, coll. « Points essais », 2000.

LUTHER, Martin, *À la noblesse chrétienne de la nation allemande* ; *Œuvres*, éd. Marc Lienhard et Matthieu Arnold, Paris, Gallimard, « Bibliothèque de la Pléiade », 1999, t. I.

MACAIRE (Pseudo-), *Œuvres spirituelles I*, trad. Vincent Desprez, Paris, Les Éditions du Cerf, « Sources chrétiennes », 275, 1980.

MALEBRANCHE, Nicolas, *Œuvres*, éd. Geneviève Rodis-Lewis, Paris, Gallimard, « Bibliothèque de la Pléiade », 1979-1991, t. I-II.

MALLARMÉ, Stéphane, « Arthur Rimbaud », in *Médaillons et portraits* ; *Œuvres complètes*, éd. Henri Mondor et G. Jean-Aubry, Paris, Gallimard, « Bibliothèque de la Pléiade », 1945, p. 512-519.

Մարգարիտներ Հայ քնարերգութեան (*Perles du lyrisme arménien*, en arménien), Երեւան, « Հայաստան » հրատարակչութիւն, 1971.

MELIK, Rouben (éd.), *La Poésie arménienne. Anthologie des origines à nos jours*, Paris, Les Éditeurs français réunis, 1973.

MUSSET, Alfred de, *La Confession d'un enfant du siècle* ; *Œuvres en prose*, éd. Maurice Allem, Paris, Gallimard, « Bibliothèque de la Pléiade », 1938.

NERVAL, Gérard de, *Œuvres complètes*, éd. Jean Guillaume et Claude Pichois, Paris, Gallimard, « Bibliothèque de la Pléiade », 1993, t. III.

NICHANIAN, Marc, *Âges et usages de la langue arménienne*, Paris, Éditions Entente, coll. « Langues en péril », 1989.

NOVALIS, *Œuvres complètes*, éd. Armel Guerne, Paris, Gallimard, 1975.

OPITZ, Martin, *Buch von der Deutschen Poeterey* [1624], hrsg. Herbert Jaumann, Stuttgart, Reclam, 2008.

PASCAL, Blaise, *Œuvre*, éd. Jacques Chevalier, Paris, Gallimard, « Bibliothèque de la Pléiade », 1936.

PINDARE, *Œuvres complètes*, éd. bilingue, trad. Jean-Paul Savignac, La Différence, coll. « Minos », 2004.

PLATON, *Œuvres complètes*, éd. Léon Robin, Paris, Gallimard, « Bibliothèque de la Pléiade », 1950.

PLUTARQUE, *Les Vies des hommes illustres*, trad. Jacques Amyot, éd. Gérard Walter, Paris, Gallimard, « Bibliothèque de la Pléiade », 1951.

Présocratiques (Les), éd. Jean-Paul Dumont, Paris, Gallimard, « Bibliothèque de la Pléiade », 1988.

RAULET, Gérard (éd.), *Aufklärung. Les Lumières allemandes*, Paris, Flammarion, coll. « GF », 1995.

Romantiques allemands, éd. Maxime Alexandre, Paris, Gallimard, « Bibliothèque de la Pléiade », 1963, t. I.

ROUSSEAU, Jean-Jacques, *Les Confessions, Les Rêveries du promeneur solitaire*, éd. Louis Martin-Chauffier, Paris, Gallimard, « Bibliothèque de la Pléiade », 1933.

ROUSSEAU, Jean-Jacques, *La Nouvelle Héloïse* ; *Œuvres complètes*, éd. Bernard Gagnebin et Marcel Raymond, Paris, Gallimard, « Bibliothèque de la Pléiade », 1961, t. II.

ROUSSEAU, Jean-Jacques, *Discours sur les sciences et les arts* ; *Œuvres complètes*, éd. Bernard Gagnebin et Marcel Raymond, Paris, Gallimard, « Bibliothèque de la Pléiade », 1964, t. III.

SCHELLING, Friedrich Wilhelm Joseph von, *Textes esthétiques*, trad. Alain Pernet, prés. Xavier Tilliette, Paris, Klincksieck, coll. « L'esprit et les formes », 1978.

SCHELLING, Friedrich Wilhelm Joseph von, *Premiers écrits. 1794-1795*, trad. Jean-François Courtine, Paris, PUF, coll. « Épiméthée », 1987.

SCHILLER, Friedrich, *Sämtliche Gedichte*, éd. Georg Kurscheidt, Frankfurt-am-Main, Deutscher Klassiker Verlag, 1992.

SCHILLER, Friedrich, *Briefe über die ästhetische Erziehung des Menschen / Lettres sur l'éducation esthétique de l'homme*, éd. bilingue, trad. Robert Leroux, Paris, Aubier, coll. « Domaine allemand bilingue », 1992.

SCHLEGEL, Friedrich, *« Athenäums »-Fragmente*, Stuttgart, Reclam, 2005.

SCHLEGEL, Friedrich, *Fragments*, trad. Charles Le Blanc, Paris, José Corti, 1996.

SCHNEIDER, Ferd. Josef, *Die Freimauerei und ihr Einfluss auf die geistige Kultur in Deutschland am Ende des XVIII. Jahrhunderts. Prolegomena zu einer Geschichte der deutschen Romantik*, Prag, Taussig & Taussig, 1909.

SCHOR, Ralph, *Écrire en exil. Les écrivains étrangers en France. 1919-1939*, Paris, CNRS Éditions, 2013.

SPINOZA, Baruch, *Œuvres complètes*, éd. Roland Caillois, Paris, Gallimard, « Bibliothèque de la Pléiade », 1954.

SPIEWOK, Wolfgang, *Histoire de la littérature allemande du Moyen Âge*, Paris, Nathan, coll. « Université », série « Littérature », 1992.

STAËL, Germaine de, *De l'Allemagne* [1813], Paris, Flammarion, coll. « GF », 1968.

Stoïciens (Les), éd. Pierre-Maxime Schuhl, Paris, Gallimard, « Bibliothèque de la Pléiade », 1962.

STOLBERG, Friedrich Leopold Graf zu, *Oden und Lieder*, Innsbruck, Brenner, 1923.

TACITE, *La Germanie*, trad. Patrick Voisin, Paris, Arléa, coll. « Poche-retour aux grands textes », 2011.

TADIÉ, Jean-Yves, *Introduction à la vie littéraire du* XIXe *siècle*, Paris, Dunod, coll. « Lettres Sup », 1998.

ԴԱՆԻԷԼԵԱՆ, Ժիրայր (TANIELIAN, Jirayr), *« "Կիլիկեան Տարեցոյցը" եւ Նիկողոս Սարաֆեանի երկու քերթուածները »*, *Գրական Որոնումներ* (« Le "Calendrier cilicien" et les deux poèmes de Nigoghos Sarafian », *Recherches littéraires*, en arménien), Անթիլիաս, 2007.

THÉRÈSE D'AVILA (sainte), *Le Château de l'âme ou le Livre des demeures*, trad. père Grégoire de Saint Joseph, Paris, Seuil, coll. « Points Sagesses », 1997.

THIESSE, Anne-Marie, *La Création des identités nationales. Europe* XVIIIe-XXe *siècle*, Paris, Seuil, coll. « Points Histoire », 2001.

POÉTIQUE ET LIVRES DE RÉFÉRENCE

ARISTOTE, *Poétique*, trad. Michel Magnien, Paris, Librairie Générale Française, coll. « Classiques de Poche », 1990.

BARTHES, Roland, *Critique et vérité*, Paris, Seuil, coll. « Tel Quel », 1966.

BARTHES, Roland, *Le Bruissement de la langue*, Paris, Seuil, 1984.

BARTHES, Roland, *Mythologies*, Paris, Seuil, coll. « Pierres vives », 1995.

BÉGUIN, Albert, *Création et destinée. Essais de critique littéraire*, Paris, Seuil, 1973.

Bible de Jérusalem (*La*), trad. École biblique de Jérusalem, Desclée de Brouwer, 2000.

Bible (*La*), trad. œcuménique, Société biblique française – Le Cerf, 2004.

Bible (*La*), trad. Lemaître de Sacy, Paris, Robert Laffont, coll. « Bouquins », 2008.

BRUNEL, Pierre, *Mythocritique. Théorie et parcours*, Paris, Presses Universitaires de France, coll. « Écritures », 1992.

BRUNEL, Pierre, *Mythopoétique des genres*, Paris, Presses Universitaires de France, coll. « Écritures », 2003.

BRUNEL, Pierre, et CHEVREL, Yves (dir.), *Précis de littérature comparée*, Paris, PUF, 1989.

GASPARINI, Philippe, *Est-il je ? Roman autobiographique et autofiction*, Paris, Seuil, coll. « Poétique », 2004.

GENETTE, Gérard, *Figures I*, Paris, Seuil, coll. « Tel Quel », 1966.

GENETTE, Gérard, *Figures II*, Paris, Seuil, coll. « Tel Quel », 1969.
GENETTE, Gérard, *Figures III*, Paris, Seuil, coll. « Poétique », 1972.
GENETTE, Gérard, *Introduction à l'architexte*, Paris, Seuil, coll. « Poétique », 1979.
GENETTE, Gérard, *Palimpsestes. La littérature au second degré*, Paris, Seuil, coll. « Poétique », 1982.
GORP, Hendrik van (dir.) *et al.*, *Dictionnaire des termes littéraires*, Honoré Champion, coll. « Champion Classiques », série « Références et Dictionnaires », Paris, 2005.
HORACE, « Art poétique », in *Épîtres*, éd. bilingue, trad. François Villeneuve, Paris, Les Belles Lettres, 1978.
JARRETY, Michel, *La Poétique*, Paris, Presses Universitaires de France, coll. « Que sais-je ? », 2003.
LEJEUNE, Philippe, *Le Pacte autobiographique*, Paris, Seuil, coll. « Poétique », 1996.
MAULPOIX, Jean-Michel, *La Poésie comme l'amour. Essai sur la relation lyrique*, Paris, Mercure de France, 1998.
MAULPOIX, Jean-Michel, *Du lyrisme*, Paris, José Corti, 2000.
MAULPOIX, Jean-Michel, *Pour un lyrisme critique*, Paris, José Corti, 2009.
MAXUDIANZ, M. (Archimandrite), *Le Parler arménien d'Akn*, Paris, Paul Geuthner, 1912.
MESCHONNIC, Henri, *Pour la poétique I*, Paris, Gallimard, coll. « Le Chemin », 1970.
TADIÉ, Jean-Yves, *La Critique littéraire au XX*e *siècle*, Paris, Pocket (Belfond), 179, 1997.
TODOROV, Tzvetan, *Qu'est-ce que le structuralisme ? 2. Poétique*, Paris, Seuil, Points Essais, 1968.
TODOROV, Tzvetan (éd.), *Théorie de la littérature. Textes des formalistes russes*, Paris, Seuil, coll. « Points essais », 2001.
VALÉRY, Paul, *Ego scriptor. Poèmes et petits poèmes abstraits. Poésie*, éd. Judith Robinson-Valéry, Paris, Gallimard, coll. « Poésie », 1992.
VERSINI, Laurent, *Le Roman épistolaire* [1979], 2e éd. corrigée, Paris, PUF, coll. « Littératures modernes », 1998.
WARREN, Austin, et WELLEK, René, *La Théorie littéraire*, trad. Jean-Pierre Andigier et Jean Gattégno, Paris, Seuil, coll. « Poétique », 1971.

ÉTUDES, ESSAIS ET ARTICLES SUR L'EXIL EN LIEN AVEC LES THÈMES COMPLÉMENTAIRES
Nation, étranger, territoire, hybridité, altérité…

ÉTUDES

AGAMBEN, Giorgio, *La Communauté qui vient. Théorie de la singularité quelconque*, trad. Marilène Raiola, Paris, Seuil, coll. « La librairie du XXe siècle », 1990.

ALTOUNIAN, Janine, *« Ouvrez-moi seulement les chemins d'Arménie ». Un génocide aux déserts de l'inconscient* [1990], Paris, Les Belles Lettres, coll. « Confluents psychanalytiques », 2003.

ALTOUNIAN, Janine, *La survivance. Traduire le trauma collectif*, Paris, Dunod, coll. « Inconscient et culture », 2000.

ALTOUNIAN, Janine, *L'Intraduisible*, Dunod, coll. « Psychismes », 2005.

AMSELLE, Jean-Loup, *Branchements. Anthropologie de l'universalité des cultures*, Paris, Flammarion, coll. « Champs », 2001.

AUGUSTIN (saint), *La Cité de Dieu*, trad. Louis Moreau revue par Jean-Claude Eslin, Seuil, coll. « Sagesses », 1994.

AUGUSTIN (saint), *La Cité de Dieu. Œuvres*, éd. Lucien Jerphagnon, Paris, Gallimard, « Bibliothèque de la Pléiade », 2000. t. II.

AUGUSTIN (saint), *Philosophie. Catéchèse. Polémique. Œuvres*, éd. Lucien Jerphagnon, Paris, Gallimard, « Bibliothèque de la Pléiade », 2002, t. III.

BAKHTINE, Mikhaïl, *Esthétique et théorie du roman*, trad. Daria Olivier, Paris, Gallimard, coll. « tel », 2003.

BÉGUIN, Albert, *L'Âme romantique et le rêve* [1939], Paris, Librairie Générale Française, coll. « Biblio essais », 1991.

BELEDIAN, Krikor, *Diaspora : l'exil, le poème*, Paris, 2007.

BÉNICHOU, Paul, *Le Sacre de l'écrivain*, *Romantismes français* I, Paris, Gallimard, coll. « Quarto », 2004.

BERMAN, Antoine, *L'Épreuve de l'étranger. Culture et tradition dans l'Allemagne romantique*, Paris, Gallimard, coll. « tel », 1984.

BESSIÈRE, Jean, et KARATSON, André, *Déracinement et littérature*, Université de Lille III, 1982.

BHABHA, Homi K., *Les Lieux de la culture. Une théorie postcoloniale* [1994], trad. Françoise Bouillot, Paris, Payot, 2007.

BLANCHOT, Maurice, *Le Livre à venir* [1959], Paris, Gallimard, coll. « Folio essais », 1986.

BLANCHOT, Maurice, *L'Entretien infini*, Paris, Gallimard, 1969.

BLANCHOT, Maurice, *L'Écriture du désastre*, Paris, Gallimard, 1980.
BREMOND, Henri (abbé), *Prière et poésie*, Paris, Bernard Grasset, 1926.
BRUNEL, Pierre, *Le Mythe de la métamorphose* [1974], Paris, José Corti, coll. « Les Massicotés », 2004.
CELAN, Paul, *Le Méridien & autres proses*, éd. bilingue, trad. Jean Launay, Paris, Seuil, coll. « La librairie du XXIe siècle », 2002.
CENDRARS, Blaise, *Œuvres autobiographiques complètes*, éd. Claude Leroy, Paris, Gallimard, « Bibliothèque de la Pléiade », 2013.
CERTEAU, Michel de, *L'Étranger ou l'union dans la différence*, Paris, Seuil, coll. « Points essais », 2005.
CIORAN, Emil, « Avantages de l'exil », in *La Tentation d'exister* ; *Œuvres*, éd. Nicolas Cavaillès, Paris, Gallimard, « Bibliothèque de la Pléiade », 2011, p. 302-305.
COQUIO, Catherine (dir.), *Parler des camps, penser les génocides*, Paris, Albin-Michel, 1999.
COQUIO, Catherine (dir.), *L'Histoire trouée. Négation et témoignage*, Nantes, L'Atalante, 2003.
COQUIO, Catherine, *Le Mal de vérité ou l'utopie de la mémoire*, Paris, Armand Colin, 2015.
CRÉPON, Marc, *Les Géographies de l'esprit*, Paris, Payot & Rivages, coll. « Bibliothèque Philosophique Payot », 1996.
CRÉPON, Marc, *Terreur et poésie*, Paris, Galilée, coll. « La philosophie en effet », 2004.
CRÉPON, Marc, *Langues sans demeure*, Paris, Galilée, coll. « La philosophie en effet », 2005.
CRÉPON, Marc, *Altérités de l'Europe*, Paris, Galilée, coll. « La philosophie en effet », 2006.
CUES, Nicolas de, *Du non-autre. Le guide du penseur*, trad. Hervé Pasqua, Paris, Les Éditions du Cerf, coll. « Sagesses chrétiennes », 2002.
DELEUZE, Gilles, et GUATTARI, Félix, *Mille plateaux*, Paris, Minuit, coll. « Critique », 1980.
DELEUZE, Gilles, *Qu'est-ce que la philosophie ?* [1991], Paris, Minuit, coll. « Reprise », 2005.
DELEUZE, Gilles, et PARNET, Claire, *Dialogues*, Paris, Flammarion, coll. « Champs », 1996.
DERRIDA, Jacques, *L'Écriture et la différence*, Paris, Seuil, coll « Points essais », 1967.
DERRIDA, Jacques, *La Dissémination*, Paris, Seuil, coll « Points essais », 1972.
DERRIDA, Jacques, *Le Monolinguisme de l'autre*, Paris, Galilée, coll. « Incises », 1996.

ENGLMANN, Bettina, *Poetik des Exils. Die Modernität der deutschsprachigen Exilliteratur*, Tübingen, Niemeyer, Untersuchungen zur deutschen Literaturgeschichte, 109, 2001.

GREEN, Julien, *Le Langage et son double / The Language and its shadow* (bilingue) ; *Œuvres complètes*, éd. Giovanni Lucera, Paris, Gallimard, « Bibliothèque de la Pléiade », 1990, t. VI, p. 1293-1467.

HAUSBACHER, Eva, *Poetik der Migration. Transnationale Schreibweisen in der zeitgenössischen russischen Literatur*, Blaufelden, Stauffenburg, « Discussion », 25, 2009.

JACCARD, Roland, *L'Exil intérieur. Schizoïdie et civilisation*, Paris, PUF, coll. « Perspectives critiques », 1975.

JANKÉLÉVITCH, Vladimir, *L'Irréversible et la nostalgie*, Paris, Flammarion, coll. « Champs essais », 1974.

JANKÉLÉVITCH, Vladimir, *La Musique et l'ineffable*, Paris, Seuil, 1983.

KAËS, René, *Différence culturelle et souffrance de l'identité*, Paris, Dunod, coll. « Inconscient et culture », 2012.

KRISTEVA, Julia, *Étrangers à nous-mêmes*, Paris, Gallimard, coll. « Folio essais », 1988.

KURKJIAN, Haroutioun, *Essai sur l'exil / Փորձ տարա-գրութեան մասին* (bilingue), Paris, Haratch, coll. « Diaspora arménienne », 1, 1978.

LAPLANTINE, François, et NOUSS, Alexis, *Métissages d'Arcimboldo à Zombi*, Paris, Pauvert, 2001.

LA ROCHEFOUCAULD, François de, *Maximes. Édition de 1678* ; *Œuvres complètes*, éd. Louis Martin-Chauffier, Paris, Gallimard, « Bibliothèque de la Pléiade », 1964.

LÉVINAS, Emmanuel, *Éthique et Infini*, Paris, Fayard et Radio-France, coll. « L'espace intérieur », 1982.

LÉVINAS, Emmanuel, *De l'évasion* [1935], Paris, Librairie Générale Française, 1982.

LÉVINAS, Emmanuel, *Totalité et infini* [1971], Paris, Librairie Générale Française, coll. « Biblio essais », 2006.

LUSSIER, Martine, *Terre d'asile, terre de deuil. Le travail psychique de l'exil*, Paris, PUF, coll. « Le fil rouge », 2011.

MAKOUTA-MBOUKOU, Jean-Pierre, *Littératures de l'exil. Des textes sacrés aux œuvres profanes. Étude comparative*, Paris, L'Harmattan, coll. « Critiques littéraires », 1993.

MARITAIN, Jacques, *Frontières de la poésie et autres essais*, Paris, Louis Rouart et fils, 1935.

MILICH, Stephan, *Poetik der Fremdheit. Palästinensische und irakische Lyrik des Exils*, Wiesbaden, Reichert, 2009. Thèse de doctorat, Freiburg.

MORGAN, Jacques de, *Essai sur les nationalités*, Académie de Marseille, 1917. Réimpression avec présentation de Francis J.-P. Chamant et Edmond Khayadjian.

NANCY, Jean-Luc, *La Communauté désœuvrée*, 2e éd., Christian Bourgois, coll. « Détroits », 1990.

NANCY, Jean-Luc, *L'Intrus*, Paris, Galilée, coll. « Lignes fictives », 2000.

NOUSS, Alexis, *La Modernité*, Paris, PUF, coll. « Que sais-je ? », 1995.

NUSELOVICI, Alexis, *La condition de l'exilé. Penser les migrations contemporaines*, Paris, Maison des Sciences de l'Homme, coll. « Interventions », 2015.

PAZ, Octavio, « Poétique » (incluant *L'Arc et la* Lyre, *Point de convergence*, *Lecture et contemplation*, *L'Autre Voix*), in *Œuvres*, éd. Jean-Claude Masson, Paris, Gallimard, « Bibliothèque de la Pléiade », 2008, p. 621-1220.

PINSON, Jean-Claude, *Habiter en poète*, Seyssel, Champ Vallon, 1995.

PLUTARQUE, « De l'exil », in *Œuvres morales. Traités 42-45. Tome VIII*, éd. bilingue, trad. Jean Hani, Paris, Les Belles Lettres, 1980, p. 131-170.

PROUST, Marcel, *Contre Sainte-Beuve*, éd. Pierre Clarac, Paris, Gallimard, « Bibliothèque de la Pléiade », 1971.

RENARD, Jean-Claude, « L'altérité », in *Autres notes sur la poésie, la foi et la science*, Paris, Seuil, 1995, p. 65-71.

RICŒUR, Paul, *Soi-même comme un autre*, Paris, Seuil, coll. « L'ordre philosophique », 1990.

SAID, Edward W., *Réflexions sur l'exil et autres essais*, Arles, Actes Sud, 2008.

STEINER, George, *Extraterritorialité*, trad. Pierre-Emmanuel Dauzat, Paris, Calmann-Lévy, coll. « Petite bibliothèque des idées », 2002.

STRELKA, Joseph P., *Exil, Gegenexil und Pseudoexil in der Literatur*, Tübingen, A. Francke Verlag, 2003.

TODOROV, Tzvetan, *Nous et les autres. La réflexion française sur la diversité humaine*, Paris, Seuil, coll. « La couleur des idées », 1989.

VALÉRY, Paul, *Essais quasi politiques* ; *Œuvres*, éd. Jean Hytier, Paris, Gallimard, « Bibliothèque de la Pléiade », 1957, t. I.

WALDENFELS, Bernard, *Topographie de l'étranger. Études pour une phénoménologie de l'étranger 1.* [1997], trad. Francesco Gregorio *et al.*, Paris, Van Dieren, coll. « par ailleurs Riponne », 2009.

WEIL, Simone, *L'Enracinement*, Paris, Gallimard, coll. « Folio essais », 1990.

REVUES, VOLUMES COLLECTIFS, ARTICLES

ALEXANDRE-GARNER, Corinne, et KELLER-PRIVAT, Isabelle (éd.), *Migrations, exils, errances et écritures*, Presses universitaires de Paris Ouest, coll. « Chemins croisés », 2012.

ALTOUNIAN, Janine, « Le silence du survivant s'inscrit violemment dans l'écriture de son héritier », in *Le Survivant. Un écrivain du XXe siècle. Dire sa mort, dire la mort*, textes réunis par Anny Dazan Rosenman et Carine Trevisan, Université Paris 7 – Denis Diderot, Paris, *Textuel*, 43, 2003, p. 147-158.

ALTOUNIAN, Janine, « Écrire pour habiter et transmettre une lettre morte », in *Transmissions et filiations*, textes réunis par Crystel Pinçonnat et Carine Trevisan, Revue des Sciences Humaines, 301, janvier 2011, Université Charles-de-Gaulle – Lille 3, Lille, Septentrion, 2011, p. 183-195.

ARA, Angelo (éd.) *et al.*, *Marges et exils. L'Europe des littératures déplacées. Pour Louis Bolle*, Bruxelles, Labor, coll. « Archives du futur », 1987.

BAUDOT, Alain, BECKETT, Sandra, et BOLDT-IRONS, Leslie (éd.), *Exilés, marginaux et parias dans les littératures francophones*, Actes du colloque international de l'Université Brock, 23-24 octobre 1992, Toronto, Éditions du Gref, coll. « Dont actes », 12, 1994.

BISCHOFF, Doerte, « *Avantgarde und Exil. Else Lasker-Schülers "Hebräerland"* », in *Exilforschung*, 16, 1998.

BRONFEN, Elisabeth, « *Exil in der Literatur : Zwischen Metapher und Realität* », in *Arcadia*, 28, 1993.

CARRERA, Hyacinthe (éd.), *Exils*, Presses Universitaires de Perpignan, coll. « Études », 2010.

CECCHETTO, Vittorina, et STROINSKA, Magda (éd.), *Exile, language and identity*, Frankfurt am Main, Peter Lang, 2003.

CRÉPON, Marc, « La traduction entre les cultures », *Revue germanique internationale* [en ligne], 21, 2004 : L'horizon anthropologique des transferts culturels. Adresse : rgi.revues.org/998

DABAG, Mihran, und PLATT, Kristin (éd.), *Identität in der Fremde*, Bochum, Brockmeyer, 1993.

D'ELIA, Helena, et DOLLEZ, Nathalie (dir.), *Exil et violence politique, les paradoxes de l'oubli*, Centre Primo-Lévi, Toulouse, Érès, 2019.

FERRÉOL, Gilles, et JUCQUOIS, Guy (dir.), *Dictionnaire de l'altérité et des relations interculturelles*, Paris, Armand Colin, coll. « Dictionnaire », 2003.

FOREST, Philippe, et SZKILNIK, Michelle (dir.), *Théorie des marges littéraires*, Nantes, Éditions Cécile Defaut, coll. « Horizons comparatistes », Université de Nantes, 2005.

GALITZINE-LOUMPET, Alexandra, et SAGLIO-YATZIMIRSKY, Marie-Caroline, « Traduire l'exil : l'enjeu central des langues », in *Plein droit*, Paris, vol. 124, nº 1, 2020, p. 3-8.

GAUTHIER, Cécile, « Changer de langue pour échapper à la langue ? L'"identité linguistique" en question », in *Revue de littérature comparée*, 2, Paris, Klincksieck, 2011.

GIOVANNONI, Augustin (dir.), *Écritures de l'exil*, Paris, L'Harmattan, coll. « Espaces littéraires », 2006.

KÉRAVEC, Yannick, « Revues Plurielles : “Les écritures en exil et de l'exil” au salon LittExil », in *Hommes & Migrations*, Paris, Musée National de l'histoire de l'immigration, vol. 1327, n° 4, 2019, p. 136-140.

LE RIDER, Jacques, et RINNER, Fridrun (dir.), *Les Littératures de langue allemande en Europe centrale*, Paris, PUF, 1998.

MARSZALEK, Magdalena, et SASSE, Sylvia (éd.), *Geopoetiken. Geographische Entwürfe in den mittel- und osteuropäischen Literaturen*, Berlin, Kadmos, 2010.

NUSELOVICI, Alexis, « Littérature, exil et migration », *Hommes & Migrations*, Paris, Musée National de l'histoire de l'immigration, vol. 1320, n° 1, 2018, p. 161-164.

NUSELOVICI, Alexis, « Le secret du nulle part », in *Mémoires*, Centre Primo-Lévi, vol. 72, n° 1, 2018, p. 5-7.

SABBAH, Danièle (éd.), *Écritures de l'exil*, Presses universitaires de Bordeaux, « Eidôlon », 85, 2009.

SABBAH, Danièle (éd.), *L'Exil et la différence*, Presses universitaires de Bordeaux, « Eidôlon », 90, 2011.

SAGLIO-YATZIMIRSKY, Marie-Caroline, « Face à l'exil au risque des subjectivités », in « Subjectivités face à l'exil », *Journal des anthropologues*, Charenton-le-Pont, hors-série, n° 5, 2018, p. 7-17.

SCHRECKENBERGER, Helga (éd.), *Ästhetiken des Exils*, *Amsterdamer Beiträge zur neueren Germanistik*, Amsterdam – New York, Rodopi, Band 54 – 2003.

SIMON, Sherry, « Hybridités culturelles, hybridités textuelles », in *Récit et connaissance*, dir. François Laplantine *et al.*, Presses universitaires de Lyon, Montfort et Villeroy, 1998, p. 233-244.

ZAKKA, Najib (éd.), *Littératures et cultures d'exil. Terre perdue, langue sauvée*, Presses de l'Université Charles-de-Gaulle – Lille-III, 1993.

INDEX[1]

1 Nous n'avons pas fait figurer les entrées « Hölderlin » (Friedrich), « Rimbaud » (Arthur) et « Sarafian », leur présence étant pratiquement continue tout au long du texte. De même n'apparaissent pas les personnages de *Hypérion*. Ne figurent dans cet index que les noms des personnes ayant une existence historique. Les personnages mythologiques ne sont pas inscrits.

TABLE DES MATIÈRES

PREMIÈRE PARTIE

EXIL ET PAYS

DEUXIÈME PARTIE

EXIL ET LANGUE

TROISIÈME PARTIE

EXIL SPIRITUEL

IMPRIM'VERT®

Achevé d'imprimer par Corlet Numéric,
Z.A. Charles Tellier, Condé-en-Normandie (Calvados), en juin 2021
N° d'impression : 172010 - dépôt légal : juin 2021
Imprimé en France